Scenario

Jochen Brunow (Hrsg.)

Film- und Drehbuch-Almanach

BERTZ + FISCHER

Bibliografische Information Der Deutschen Bibliothek
Die Deutsche Bibliothek verzeichnet diese Publikation in der Deutschen
Nationalbibliografie; detaillierte bibliografische Daten sind im Internet über
<http://dnb.ddb.de> abrufbar.

Eine Publikation der Carl-Mayer-Gesellschaft

Gefördert durch den Beauftragten der Bundesregierung für Kultur und Medien

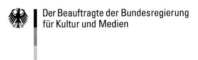

Umschlaggestaltung, Layout, Grafiken, Fotos im »Journal« und Drehbuchillustrationen: Hauke Sturm

Redaktioneller Beirat: Alfred Holighaus, Detlef Michel, Ruth Toma, Michael Töteberg, Joachim von Vietinghoff

Die Carl-Mayer-Gesellschaft und der Herausgeber betonen, dass sie den Inhalt dieses Almanachs allein verantworten und *Scenario* nicht in Verbindung steht mit anderen Institutionen, die den Begriff »Scenario« ebenfalls im Namen führen.

Alle Rechte vorbehalten
© 2008 by Bertz + Fischer GbR, Berlin
Wrangelstr. 67, 10997 Berlin
Druck und Bindung: druckhaus köthen, Köthen
Printed in Germany
ISBN 978-3-86505-185-1

Inhalt

Vorwort des Herausgebers — 8

Werkstattgespräch — 10

»Ich glaube, ich kann eher kurz« — 12
Ein Werkstattgespräch mit der
Drehbuchautorin Ruth Toma
Von Jochen Brunow

Essays — 56

Von einem, der auszog, das Gruseln zu lernen — 58
Bekenntnisse aus den Untiefen des Horrorgenres
Von Benjamin Hessler

Die Konstruktion des Schicksals — 83
Über die Filme von Guillermo Arriaga
und Alejandro González Iñárritu
Von Lars-Olav Beier

Blume, Mond und Schnee oder die Ekstase des Moments — 99
Das Filmische im Bildgedicht Haiku
Von Jochen Brunow

Ich bin ein Anderer — 115
Der Autor Peter Märthesheimer: Versuch einer Würdigung
Von Michael Töteberg

Journal — 132

Mein Herz im fremden Land — 134
Ein Journal
Von Christoph Fromm

Backstory.
Splitter einer Geschichte des Drehbuchs 166

Lauter erste Schritte 168
Über *The Schreiber Theory* von David Kipen und
Talking Pictures von Richard Corliss – Zwei Widerreden
gegen die Autorentheorie
Von Gerhard Midding

Der fremde Freund 178
Erinnerungen an den Autor Ulrich Plenzdorf.
Ein Blick zurück ohne Zorn
Von Thomas Knauf

Lesezeichen 188

Old School – New School 190
Kleine Bestandsaufnahme der gegenwärtigen
amerikanischen Filmdramaturgie
Von André Georgi

Dem Diversen seine Zonen schaffen 205
Margrit Tröhler: *Offene Welten ohne Helden. Plurale
Figurenkonstellationen im Film* / Von Roman Mauer

Into the Future 208
Katharina Bildhauer: *Drehbuch reloaded. Erzählen im Kino
des 21. Jahrhunderts* / Von Jochen Brunow

Ein alter Bekannter, neu entdeckt 211
Stephen King: *Das Leben und das Schreiben* / Von Christoph Callenberg

Gescheitert in Hollywood 214
Doris Dörrie: *Und was wird aus mir?* / Von Oliver Schütte

Schalt aus und schau hin! 216
Johanna Sinisalo: *Glasauge* / Von Monika Schmid

Auf der Suche nach der verlorenen Realität 218
Daniel Sponsel: *Der schöne Schein des Wirklichen.
Zur Authentizität im Film* / Von Jochen Brunow

Dancer between the Lines 223
Dagmar Benke / Christian Routh: *Script Development.
Im Team zum guten Drehbuch* / Von Petra Lüschow

Drehbuch des Jahres 226

Bisherige Preisträger 228
Kurze Geschichte des Preises 229

Sierra 230
Drehbuch
Von Christoph Fromm

Christoph Fromm: Bio-Filmografie 324
Laudatio der Jury 325

Über die Autorinnen und Autoren 328

Danksagung / Fotonachweis 332

Vorwort des Herausgebers

Der zweite Film sei immer der schwerste, heißt es, und der Druck beim zweiten Werk am größten. Gelingt es, an den Erfolg des Debüts anzuknüpfen, die mit dem ersten Film geweckten Erwartungen zu erfüllen? Oder basierte alles nur auf Zufall, auf schierem Glück, und entlarven sich Regisseur und Autor als Eintagsfliegen? Schaffen sie es, sich weiterzuentwickeln, einen Schritt weiter zu gehen als beim ersten Mal?

Diese Fragen sind für den Herausgeber eines Jahrbuches wie *Scenario* nicht weniger drängend. Gelingt es aufs Neue, thematisch interessant zu sein und auch den literarischen Anspruch auf Lesbarkeit zu wahren? Als entspannend erwies sich dabei im Vorfeld, dass all die materiellen und geistigen Förderer des Projektes ihr Interesse und ihre großzügige Unterstützung enthusiastisch weiter aufrechterhalten haben. Für diese Unterstützung sei dem Vorstand der Carl-Mayer-Gesellschaft, dem BKM, dem redaktionellen Beirat sowie allen Beiträgern, Freunden und Kollegen ausdrücklich gedankt. Ohne diese breite Unterstützung gäbe es *Scenario 2* nicht.

Darüber hinaus erwies sich bei der Vorbereitung der neuen Ausgabe – man könnte sagen, der ersten echten Seriennummer nach dem Piloten – das für *Scenario* entwickelte inhaltliche Gerüst als äußerst tragfähig. Die Rubriken *Werkstattgespräch*, *Journal*, *Essays*, *Backstory* und *Lesezeichen* wurden beibehalten und mit neuen Inhalten bespielt. Nach dem eher intimen, ebenso amüsanten wie den Schreiballtag erhellenden Tagebuch, das Susanne Schneider mit *Sommer vorm PC* im letzten Jahr vorgelegt hat, versieht Christoph Fromm seinen Auftrag mit einem anderen Impetus. Auch wenn die aus Shakespeares *Sommernachtstraum* entlehnte Überschrift *Mein Herz im fremden Land* poetisierend und emotional klingt, nutzt er das Journal doch mutig zu explizit filmpolitischen Stellungnahmen. Mit einer Klarheit und Entschiedenheit, die in der Branche durchaus nicht selbstverständlich sind, reizt er die Möglichkeiten dieser Textsorte aus. Und vielleicht ist es mehr als ein glücklicher Zufall, dass ich ihn als Autor eingeladen habe, das Journal zu verfassen, lange bevor die Jury des BKM sein Drehbuch *Sierra* als bestes unverfilmtes Drehbuch des Jahres 2007 auswählte und ihm die »Goldene Lola« dafür verleihen wurde.

Auch die Übung, den Absolventen eines Filmstudiums auszusuchen und über seine Erfahrungen berichten zu lassen, erwies sich als erfolgreich. So kommt der Leser in den Genuss, mit Benjamin Heßler, *einem, der auszog das Gruseln zu lernen*, auf eine sehr unterhaltsame private Reise zu den Gesetzen des Horrorfilmgenres zu gehen.

Benjamin Hessler besucht noch die Drehbuchklasse der Hamburg Media School, zu deren Absolventen des ersten Jahrgangs die inzwischen außerordentlich erfolgreiche Ruth Toma gehört. Sie erzählt zum Auftakt im Werkstattgespräch neben anderem auch von den turbulenten Anfängen dieses Studienganges. Auf diese Weise verweben sich die einzelnen Beiträge in *Scenario* immer wieder und treten in einen Dialog.

Eine Rubrik »Nachrufe« gibt es absichtlich nicht in *Scenario*. Die flexible Struktur des Jahrbuches lässt auch so Raum für das Gedenken an verstorbene Kollegen. So kann Thomas Knauf dem »fremden Freund« Ulrich Plenzdorf in seinem Rückblick auf die Filmszene der DDR nachspüren. Petra Lüschow nimmt eine Rezension zum Anlass, sich an Dagmar Benke zu erinnern. Und in einem ausführlichen Essay würdigt Michael Töteberg das Werk des 2004 verstorbenen Autors Peter Märthesheimer.

Bei Gesprächen mit Kollegen, bei Beobachtungen in der Branche und der Lektüre neuer Bücher fiel mir eines auf: Es sieht aus, als wären wir momentan Zeugen eines Paradigmenwechsels in der Filmdramaturgie. Das filmische Erzählen kommt scheinbar verspätet in den narrativen Unsicherheiten der Moderne an. Nach den Erfolgen der Filme bei Kritik und Publikum, die von alten Erzähltraditionen abweichen, stellen sich langsam die Wissenschaftler und auch Drehbuchratgeber darauf ein. Dies wird in verschiedenen Beträgen der *Lesezeichen* und vor allem in André Georgis Blick auf Neuerscheinungen des US-Marktes deutlich. Seine kleine Bestandsaufnahme der gegenwärtigen amerikanischen Filmdramaturgie analysiert zwei unterschiedliche Herangehensweisen, die wir uns vielleicht angewöhnen werden die Old School und New School der Drehbuchratgeber zu nennen.

Dem aufmerksamen Leser wird nicht entgehen, dass sich *Scenario* auf dem Titel nun mit einem großen »S« schreibt und der bisher ausschließlich auf das Drehbuch rekurrierende Untertitel auch den Film einschließt. Dies geschieht zum einen, um Verwechselungen auszuschließen, und zum anderen, um anzuzeigen, das Jahrbuch beschäftigt sich mit allen Facetten des filmischen Erzählens.

»Die erste Ausgabe von *Scenario* schafft einen Gesprächsraum, den es so in Deutschland vielleicht in den 1920er Jahren des vergangenen Jahrhunderts, zu Zeiten eines Carl Mayer oder Billy Wilder gegeben haben mag«, schrieb Michael Esser in seiner Kritik über *Scenario 1* in *Recherche Film und Fernsehen*. Diesen Gesprächsraum zu erhalten, eine offene Plattform für einen Diskurs darüber zu bieten, was wir vom filmischen Erzählen heute erwarten können und wollen, daran liegt mir als Herausgeber.

Jochen Brunow

Scenario

stattgespräch

»Ich glaube, ich kann eher kurz«
Ein Werkstattgespräch mit der Drehbuchautorin Ruth Toma

Von Jochen Brunow

Lass uns zu Beginn über den Anfang, den Urgrund des Geschichtenerzählens sprechen, über die Kindheit. Bereits in dieser frühen Phase unseres Lebens hören wir die ersten Geschichten, und das prägt unseren späteren Umgang mit dem filmischen Erzählen. Du bist im Bayerischen Wald geboren und aufgewachsen. In den Biografien, die ich gefunden habe, gibt es unterschiedliche Angaben, die Orte wechseln.

Ruth Toma, geborene Wenzl, mit ihrem späteren Mann Sebastiano Toma in dem Stück Bäng Bäng *(1989)*

Das liegt vielleicht daran, dass ich in Kötzting geboren bin, einer Kleinstadt mit einem Krankenhaus; aufgewachsen bin ich aber in Bodenmais.

Das klingt nach einem noch kleineren Weiler mitten im Wald.

Das ist ein inzwischen recht bekannter Urlaubsort mit etwa 3.500 Einwohnern. Als ich Kind war, war es dort noch wunderschön und sehr beschaulich. Damals fing das gerade an mit dem Fremdenverkehr. Einige meiner Schulfreundinnen mussten im Sommer in die Garage ziehen, damit ihre Eltern das Kinderzimmer als Gästezimmer vermieten konnten.

Wie war das damals mit dem Geschichtenerzählen? Gab es da eine Prägung im regionalen Sinn? Jetzt lebst du in Hamburg. Nicht nur geografisch, auch von der Mentalität her so etwas wie ein Gegenpol.

Ruth Toma

Das würde ich nicht unbedingt sagen. Der Bayerische Wald ist nicht München. Die Niederbayern sind beinahe ebenso trocken und wortkarg wie die Küstenbewohner.

Haben deine Eltern oder Großeltern viele Geschichten erzählt, Legenden oder Mythen vom Wald?

Ich kann mich an einige ziemlich schauerliche Mythen erinnern. Zum Beispiel hieß es immer am Tag der heiligen Lucia, dass die schreckliche Lucia ins Haus kommt und den Kindern den Bauch aufschlitzt. Der heilige Thomas wurde in diesen Geschichten zum »Dammer mit dem Hammer«, der alles kaputthaut. Ich weiß wirklich nicht, warum den armen Heiligen so schlimme Sachen angedichtet wurden. Das hab' ich behalten, weil ich damals furchtbare Angst vor diesen beiden hatte. Aber die alten Geschichten wurden bald von meinen Kindermärchenschallplatten und vor allem vom Fernsehen verdrängt. Meine Eltern waren als Besitzer einer kleinen Holzwarenfabrik recht wohlhabend. Wir hatten schon früh einen Fernseher in unserem Haus, wo wir mit Großeltern und Urgroßmutter unter einem Dach wohnten. Der Fernseher stand merkwürdigerweise im Büro. Dort versammelten sich dann immer alle zum Fernsehgucken. Ich saß auf dem Schoß meiner Mutter, ich muss noch sehr, sehr klein gewesen sein, und habe alles geguckt. Wirklich alles! Meine Eltern haben sich überhaupt nicht gefragt, ob das kindgerecht ist. Wenn ich später Melodramen, Western oder einen Film noir aus der Zeit gesehen habe, war ich mir oft sicher, dass ich die schon kannte.

Kannst du dir im Nachhinein vorstellen, rekonstruieren, wie dich das beeinflusst hat? Geschichten waren anscheinend für dich als Kind immer schon medial vermittelt als Hörstück oder als Film. Hast du weiter viel Fernsehen geschaut?

In meiner Familie herrschte immer ein recht sorgloser, unbewusster Umgang mit dem Fernsehen. Ich glaube schon, dass mich das filmische Erzählen früh geprägt hat. Film gucken muss man ja erst lernen. Als mein Sohn noch sehr klein war, war ich mit ihm und einer Freundin von ihm im Kino, und plötzlich fragte mich das Mädchen: »Wo ist denn der Tiger?« Sie hatte nicht verstanden, was bei einem Schnitt passiert, dass man plötzlich an einem anderen Ort ist.

Ich war mit zweien meiner Patenkinder in einer Kaspertheateraufführung. Das war in einem ziemlich großen Saal, und die beiden schauten immer zur Seite und folgten der Geschichte gar nicht wie die anderen Kinder. Ich wunderte mich darüber, bis ich merkte, sie schauen zu den Lautsprechern, aus denen die Stimmen der Figuren übertragen wurden. Weil sie von ihren Eltern bis dahin bewusst medienfern erzogen wurden, konnten sie die Trennung von Ton und Bild nicht verarbeiten und schauen immer auf die unmittelbare Schallquelle.

Kann schon sein, dass mir die filmische Art zu erzählen nah ist, weil ich damit sehr, sehr früh in Berührung gekommen bin und das Gesehene unbewusst eingeordnet und verstanden habe.

Visuelle und akustische Montage hast du sozusagen mit der Muttermilch eingesogen.

Und die Faszination, wie viel in aller Kürze erzählt werden kann. Ich glaube, ich kann eher kurz. Grob gesagt, erzählen Dramatiker kurz, Romanschreiber lang. Ich liebe dicke Romane, ich kann mir nicht vorstellen, wie jemand es fertigbringt, so viele Seiten zu füllen. Aber ich gestehe, dass ich auch leicht ungeduldig werde, wenn sich ein Roman zu lange mit Beschreibungen aufhält und die Handlung nicht vorwärtsschreitet.

Wie ging es dir in der Schule mit dem Schreiben?

Deutsch ist ein Fach, das einen in vielfältiger Weise quälen kann. Aufsätze waren nicht gerade meine Stärke. Literatur hat mich auch nicht besonders interessiert. Es ist nicht der Lehrplan, es sind einzelne Lehrer, die einem als Schüler eine Welt eröffnen – oder eben nicht. Bei mir war es ein Kunsterzieher, der die Faszination für Malerei geweckt hat und den Glauben, dass ein gewisses Talent dafür in mir steckt. So habe ich im ersten Studium Kunst studiert.

Warum hat dich die bildende Kunst am meisten gereizt?

Kunst war als Schulfach für mich sichtbar. Film war nicht sichtbar, das war so weit weg. Ich kannte niemanden, der damit etwas zu tun hatte, und ich hatte keine Ahnung, dass es so etwas wie ein Filmstudium gab. Wäre ich in München aufgewachsen, wäre das vermutlich anders gewesen.

Bild und Perspektive

Im Studium hatte ich ein großes Handikap. Ich kann nicht gut zeichnen. Ich habe Probleme mit räumlicher Darstellung und kann einfach nicht gut mit Perspektive umgehen. Einige Semester lang war ich ziemlich unglücklich, bis ich verstanden habe, dass Kunst im Kopf stattfindet und dass die Mittel, sich auszudrücken, vielfältig sind. Ohne bewusst zu »schreiben«, habe ich bereits damals viel mit Texten gearbeitet. Ich habe beispielsweise Buchobjekte gemacht mit Texten und Fotografien oder anders hergestellten Bildern. Im Buch als Kunstobjekt ist – im Gegensatz zum Bild an der Wand – Zeit enthalten. Man schlägt Seite um Seite um, und das Buch drängt dem Betrachter seine Zeit auf, so wie auch der Film das tut.

Es gibt auch in der bildenden Kunst Elemente der Narration. Hattest du damals das Gefühl, nicht nur zu zeigen, sondern auch bereits zu erzählen?

Durchaus. Ich habe damals sogar mit einem Freund zusammen einen Kurzfilm gedreht, der handelte davon, dass wir beide das Haus der Kunst in München, einen alten Nazibau, abreißen. Dabei entdeckte ich einen fundamentalen Filmtrick. Man kann den Ort wechseln und so tun, als wäre es derselbe. Wir haben den zweiten Teil unseres Films auf einem Trümmergrundstück gedreht und getan, als wäre es das Haus der Kunst nach vollbrachter Arbeit. Zugegeben ein sehr bekannter Trick, aber man muss ihn einmal selbst erfunden haben – wie so vieles im Film.

Das ist im Grunde die alte filmische Urerkenntnis, die der Pionier des fantastischen Films, Georges Méliès, bei seinen Stop-Motion-Tricks hatte und für die erste Reise zum Mond nutzte. Wenn du diese Phase von heute aus betrachtest, also vom Bildnerischen zum Erzählen und Drehbuchschreiben, welche Rolle spielen da für dich in den Scripts die Bilder, die du mit deiner Sprache evozierst und die du sicher wieder finden willst im fertigen Film?

LE VOYAGE DANS LA LUNE
(Die Reise zum Mond; 1902;
D+R: Georges Méliès)

Ich sehe die Bilder oft sehr genau vor mir und versuche sie in den Büchern knapp, aber präzise zu beschreiben. Ich schreibe nie das

Wort Kamera, versuche aber, wenn es mir darauf ankommt, den Blick so genau zu lenken, dass der Bildausschnitt quasi vorgegeben ist. Eine Kamerabewegung dagegen kann ich mir nur schwer vorstellen. Darin zeigt sich mein altes Problem mit Perspektive und räumlicher Darstellung. Wenn sich Kamera und Schauspieler gleichzeitig bewegen sollen, bin ich ganz verloren. Deshalb könnte ich nie Regie führen. Mit Bewegung im Bild bin ich überfordert, aber das Bild als Ganzes, das ist mir beim Schreiben präsent.

Man muss sich für eine dramatische, fotografisch aufzuzeichnende Filmszene die konkrete physische Realität der Situation vorstellen können. Aber bei eigentlich jeder Form des erzählenden Schreibens rekurriert man als Autor auf einen Raum. John Berger, der Drehbuchautor der frühen Filme von Alain Tanner, der auch viele kunsthistorische Essays über Malerei geschrieben hat – dessen gesamtes Œuvre gewissermaßen um die Fragestellung Text und Bild kreist –, hat darüber geschrieben. Ich weiß nicht, ob du ihn kennst; sein Buch Die Kunst des Sehens *müsste in der Zeit deines Studiums Pflichtlektüre gewesen sein. John Berger ist auch Romanautor, und er sagt, bei jeder Form des Erzählens müsse sich der Autor einen Raum vorstellen. Der von ihm für die Organisation von Worten zu einem erzählenden Text als erforderlich beschriebene Raum ist natürlich kein physikalischer. Es kann sein, dass ein Gegenstand wie der Schal einer Frau mehr Raum beansprucht als eine Wolke, das hängt von der besonderen Erfahrung ab, über die berichtet wird. Und doch lässt der Raum, der nötig ist, die Worte zu organisieren, sich auch für mich nur bildhaft denken.*

Meine Vorstellung von einem Filmbild ist nicht fotografisch. Ich sehe nicht, was die Kamera sieht. Alles, was nicht wesentlich ist, kommt nicht vor. Ich imaginiere nicht ein vollständig eingerichtetes Zimmer. Was auf dem Tisch steht, sehe ich nur dann vor mir, wenn es gebraucht wird. Das ist eine selektive Art des Sehens, reduziert auf das Wesentliche. Das Bild ist schon künstlerisch verformt, verfremdet, das ist keine Wirklichkeit.

Diese Frage hat auch die religiöse und die Geistesgeschichte bewegt. Es gab diesen Streit in der katholischen Kirche, haben die Apostel zuerst gesehen und dann geschrieben, also visioniert und geschrieben, oder haben sie zuerst geschrieben, und dann entstand danach, oder daraus, das Bild? Das ist wohl ein Grundmoment von geistiger Auseinandersetzung, wie funktioniert unser Kopf, wenn wir Dinge festhalten wollen, wenn wir versuchen, sie handhabbar zu machen? Solange wir den Film, den wir uns vorstellen, nur im Kopf haben, existiert er nicht wirklich. Material wird er erst in dem Moment, wo wir anfangen, ihn aufzuschreiben. Dann wird er auch Gegen-

---

John Berger, Autor und Kunsthistoriker (*1926 in Stoke Newington, London) war zunächst Maler und Zeichenlehrer und begann zu schreiben, um sich gegen die nukleare Bedrohung zu engagieren. Für seinen Roman G. erhielt er 1972 den Booker Prize.

Alain Tanner (*1929 in Genf), Filmregisseur. 1957 inszenierte er mit Claude Goretta den ersten eigenen Kurzfilm NICE TIME. 1960 bis 1968 realisierte er in der Schweiz mehr als 40 Filme sowie Dokumentationen für das französischsprachige Fernsehen. Sein erster großer Film, CHARLES, TOT ODER LEBENDIG, gewann 1969 den ersten Preis der Internationalen Filmfestspiele von Locarno. Seit 1969 hat er 20 Spielfilme gedreht. »Es ist eines der Hauptverdienste von Alain Tanner als Filmemacher, in einer von der Ideologie der ›Neutralität‹ betäubten Nation das Gewissen und den kritischen Geist der Zuschauer wiedererweckt und angeregt zu haben.« (Domenico Lucchini, 2002)

John Berger: *Das Leben der Bilder oder die Kunst des Sehens* (Wagenbach 2000)

stand für andere, Objekt der Auseinandersetzung mit anderen. Aber das ist nicht der Film, den wir im Kopf gehabt haben.

Die geschriebenen Worte machen »den Film im Kopf« plötzlich eindeutig. Man legt sich fest. Aus einer vielfältig schillernden Möglichkeit wird eindeutige Wirklichkeit. Am Ende sollen aus den Worten wieder Bilder werden. Und vermutlich erzeugen weniger Worte im Gegenüber mehr Bilder.

Das Theater

Kehren wir nach München zurück. Hast du einen Abschluss in bildender Kunst gemacht?

Ja. Und zwar – weil das für meine Eltern leichter zu verdauen war – in der Kunsterzieher-Klasse. Ich wäre berechtigt gewesen, ein Referendariat auf irgendeinem bayerischen Gymnasium zu beginnen. Die Unterlagen habe ich nach dem Examen gleich entsorgt – soweit ging die Rücksicht auf meine Eltern nicht. Während der Studienzeit hatte ich angefangen, Theater zu spielen. Das ist aus dem Wunsch einiger von uns Kunststudenten entstanden, etwas mit anderen zusammen zu machen und nicht vereinzelte Künstler in ihrem Elfenbeinturm zu bleiben. Wir gebrauchten Theaterformen, die unseren Fähigkeiten angemessen waren. Wir machten ein sehr bildhaftes Theater, im Grunde bewegte Bilder ohne Sprache. In München etablierte sich zu der Zeit, das war so '77 oder '78, ein Theaterfestival. Für mich war das Theater, das dort gezeigt wurde, eine unglaubliche Erleuchtung. Bisher kannte ich Theater nur als gelesenen Text aus der Schule oder als verstaubte Aufführung. Das hatte für mich überhaupt nichts mit meinem Leben zu tun. Und da kamen nun Theaterformen, die es vorher so noch nicht gab. Zum Beispiel *Bread and Puppet*, ein sinnenfrohes Theater, das mit großen, bewegten Bildern zu den Leuten auf die Straße ging. Das fand ich toll. Dann gab es das *Living Theater*, das war mir persönlich nicht so sympathisch, sehr existenziell, sich selbst geißelnd, und schwer psychologisch. Die Radikalität, mit der die mit sich selbst umgingen, hat mich allerdings schon beeindruckt. Auf der anderen Seite der Skala gab es die *Drei Tornados*, ein fröhliches, anarchisches Spaßtheater, trotzdem durchaus politisch. Wir haben versucht, uns mit unserem Theater daran zu orientieren. Darüber hinaus haben wir uns Zirkusfertigkeiten angeeignet. Ich kann Seillaufen – heute vermutlich nicht mehr besonders gut. Wir wollten ein buntes, vielfältiges, artistisches Theater herstellen. Unsere Truppe hieß *Die fliegenden Bauten* und existierte 10 Jahre als freie Gruppe.

Ruth Toma in den Stücken Entführt *und* Bäng Bäng

Ihr habt das dann professionell betrieben?

Wir haben angefangen, das berufsmäßig zu machen, und landeten natürlich einen überwältigenden Misserfolg. Es ist eine andere Geschichte, ob man sich mal auf die Straße stellt, und die Leute finden das ganz lustig, sie müssen auch nichts dafür bezahlen, oder ob man eine professionelle Infrastruktur schaffen muss. Wir haben ein altes Zirkuszelt gekauft, aber wir konnten das gar nicht aufbauen, das musste uns erst gezeigt werden. Dann kam ein Sturm und riss es uns weg. Das erste Jahr war unglaublich harte, körperliche Arbeit, worunter die Proben sehr gelitten haben. Ein Stück schreiben konnten wir auch nicht, wollten es aber unbedingt. Wir haben alles nicht unter einen Hut gekriegt. Schließlich war in Tübingen Premiere, und ich musste den Satz in der Kritik lesen: »Guter Rat in kalter Zeit – erst üben, dann spielen.« Wir saßen in unseren Zirkuswägen und hatten das Gefühl, wir gehen jetzt nach Hause und lassen uns nie wieder in der Welt draußen blicken. Schrecklich!

Dann habt ihr trotz dieses Misserfolges zehn Jahre durchgehalten.

Nach dem ersten Jahr ging es bergauf. Das ist das Schöne am Theater im Gegensatz zum Film, man bekommt eine Reaktion und man kann es besser machen, und zwar an dem gleichen Stoff. Ich habe in dieser Zeit so viel wie nirgendwo anders über das Dialogschreiben gelernt, weil ich auf der Bühne stand, einen Satz sagte und unmittelbar eine Reaktion darauf aus dem Publikum bekam.

Die Art des Spielens, die ihr praktiziert habt, war speziell. An der Kunstakademie hätte man auch Schauspiel studieren können, man hätte Dramentechnik gelernt, Schauspieltechniken, man hätte Stanislawski und andere Theorien eingetrichtert bekommen. Diese Art von Schauspiel und Darstellen, das gezielte Erarbeiten einer Rolle, fand bei euch ganz anders statt?

Schauspielerisch konnten wir sehr wenig. Wir haben uns unsere Rollen durch Improvisation angeeignet. So mussten wir uns nicht ein völlig fremdes Hemd anziehen. Durch diese Improvisationsarbeit haben wir einen speziellen Stil entwickelt. Dabei findet man Szenen, die man als Autor am Schreibtisch schlichtweg nicht erfinden kann. Wenn einer richtig auf seiner Rolle sitzt, dann fallen ihm Sätze aus dem Mund, auf die kommt man als Autor nicht. Improvisation ist ein unglaublich starkes Mittel. Was man damit allerdings nicht machen kann, ist Stücke schreiben. Unsere Stücke waren amüsant und sie hatten Glanzlichter, aber dramaturgisch waren sie nicht besonders

»Ich glaube, ich kann eher kurz«

Das Zelttheater Die Fliegenden Bauten *mit dem Stück* Helden ... haarscharf am Leben vorbei *in München*

gut, und die Enden waren immer unter aller Sau. Wir haben immer das Ende des Stücks im Laufe einer Tournee mindestens zehnmal geändert, doch besser wurde es dadurch nicht.

Das Theater war zwar ständig unterwegs, doch in München beheimatet. Wie kam es zur Niederlassung in Hamburg?

Unser bayerischer Standort mit Probenraum, Scheune und Wiese zum Zeltaufstellen wurde uns mitten in der Tournee gekündigt. Zu dem Zeitpunkt haben wir gerade auf Kampnagel gespielt. Kampnagel ist eine ehemalige Kranfabrik und war gerade von der alternativen Szene als Theaterwerkstatt mit Aufführungsmöglichkeiten und Probebühnen besetzt worden. Wir wussten nicht, wo wir bleiben sollten, und der damalige Leiter, Corny Littmann, lud uns ein dazubleiben. Wir haben dann über Jahre auf Kampnagel das Zelt aufgebaut, haben im Winter dort geprobt und auch dort gewohnt, in den Wagen auf dem Gelände. Unsere Küche konnten wir in einem der Gebäude einrichten, den Probenraum auch, und hatten so im Winter eine »halbfeste« Lösung. Nach der Auflösung der Gruppe waren wir alle inzwischen in Hamburg festgewachsen.

Corny Littmann (*1952) ist Unternehmer, Theaterbesitzer und Vereinspräsident des FC St. Pauli. Von 1982 bis 1985 war er Leiter der freien Theatergruppen auf dem Kampnagel-Gelände in Hamburg, seit 1988 bzw. 1991 ist er Geschäftsführer des *Schmidt Theater / Schmidts Tivoli* auf der Reeperbahn.

Das Drehbuchstudium

Aufgelöst habt ihr euch um 1990, und nur wenig später entstand der neue Aufbaustudiengang Film, den Hark Bohm gegründet hat. Damals war das

Hark Bohm (*1939) ist Regisseur, Drehbuchautor, Schauspieler und Produzent. Er gründete 1979 das Hamburger Filmbüro mit und leitete von 1992 bis 2005 das Filmstudium an der Universität Hamburg. Regisseur u.a. von WIR PFEIFEN AUF DEN GURKENKÖNIG (1976), NORDSEE IST MORDSEE (1976), DER FALL BACHMEIER (1984), YASEMIN (1988), VERA BRÜHNE (2001).

Programm noch an die Uni angeschlossen, inzwischen ist daraus die Hamburg Media School hervorgegangen. Wie hast du damals davon gehört?

Ich hatte von der Gründung in der Zeitung gelesen. Damals war ich 35, rechnete nicht im Leben damit, dass ich dort noch studieren kann, habe mich aber trotzdem beworben. Ich stellte mir vor, da gehst du vormittags hin, lässt dir ein bisschen was erzählen, und nachmittags schreibst du dann deinen Kram. Dass dort die Studierenden für zwei Jahre verhaftet und 24 Stunden am Tag beschäftigt gehalten wurden, ahnte ich nicht, sonst hätte ich mir das vielleicht noch einmal überlegt. Denn ich hatte zu der Zeit schon als Autorin ein bisschen zu tun. Ich schrieb für das Szenetheater Tivoli ein Musical und für eine ehemalige Kollegin ein Solostück. Außerdem wurde ein alter Freund von mir Chefautor bei einer Infotainmentreihe bei RTL. Das Format kam aus Holland und war eine Verbrauchersendung, in der sich Leute beschweren konnten, weil die Versicherung sie blöd behandelt hat oder weil die Post fünf Jahre gebraucht hat, um ein Päckchen auszuliefern. Er brauchte jemanden, der ihm kleine Sketche schreibt, und rief mich an. Das war ein wunderbarer Job, es dauerte nicht lange, die Sketche zu schreiben, und ich hatte finanziell den Rücken frei. Das gab es damals häufig. Leute aus der freien Szene, aus der Kabarett- und Kleinkunstszene wurden von den unersättlich neues Futter verlangenden Comedy- und Infotainmentformaten im Fernsehen aufgesogen. Viele waren – wie ich auch – in einem Alter, wo sie dachten, jetzt muss aber ein bisschen Butter bei die Fische. Ich brauchte also einige Zeit zum »Fremdschreiben«, aber die Studienleitung nahm an, man stehe ihnen 100 Prozent zur Verfügung.

Peter Steinbach (*1938) ist seit 1975 Drehbuchautor für Hörspiele und Fernsehfilme. Er schrieb u.a. die Bücher für KLEMPERER – EIN LEBEN IN DEUTSCHLAND (1999), HERBSTMILCH (1989) und, zusammen mit Edgar Reitz, für die Fernsehserie HEIMAT (1984), für die sie den Adolf-Grimme-Preis in Gold erhielten. Seit 1992 ist er Professor für Drehbuch an der Universität Hamburg bzw. der Hamburg Media School.

Der erste Drehbuchprofessor der Filmklasse war Peter Steinbach. Kannst du darüber erzählen, wie der Unterricht bei ihm war? Steinbach ist ja ein sehr spezieller Autor und auch ein Typ, den man nicht unbedingt mit einer akademischen Ausbildung in Beziehung bringt.

Die, die das Studium organisierten, machten das zum ersten Mal. Alles war noch unerprobt. Es ist ein Glück und Pech zugleich, wenn man in so einer Phase studiert.

Du warst im allerersten Jahrgang?

Ja, wir waren damals fünf Autoren und fünf Regisseure und wurden einfach aufeinander losgelassen. Und das war nicht sehr hilfreich. Wenn du zwei Dilettanten hast, dann gibt immer der eine dem anderen die Schuld, wenn's nicht funktioniert, und zwar beide mit Recht. Es gab manchmal ein ordentliches Gemetzel. Die Regisseure riefen: »Die Bücher sind schlecht!« Und die Autoren sagten: »Die können nicht lesen!« Die Lehrer haben es auch nicht viel anders gemacht und gaben sich gegenseitig die Schuld. Peter Steinbach hat mit uns Bücher erarbeitet, hat sie abgenommen, und Hark Bohm und seine Schützlinge haben sie anschließend völlig zerrupft und uns wieder vor die Füße gekippt. Worauf Steinbach dann rief: »Ich kündige.« Was wiederum Bohm zum Einlenken bewog. Peter Steinbach ist – wie du gesagt hast – als Lehrer sehr ungewöhnlich. Er schreibt selbst keine Treatments und hat für Struktur nicht viel übrig. Man durfte dieses Wort in seiner Gegenwart nicht mal in den Mund nehmen, ...

... dann bekam er einen cholerischen Anfall.

Genau. Auf der anderen Seite hatten wir durchaus Dramaturgieunterricht und zwar bei Alexander Mitta, einem russischer Dramaturgen, den ich toll fand. Er hat anhand von Filmen Strukturprobleme sehr genau aufgeschlüsselt, das war absolut lehrreich. Aber als Student musste man sich zweiteilen. Was Mitta uns erzählt hat, durften wir bei Steinbach auf keinen Fall zur Sprache bringen. Das war schon etwas anstrengend. Was ich bei Peter Steinbach andererseits unglaublich faszinierend fand, war die Art, wie er selbst arbeitet. Ich glaube, sein Schreiben speist sich stark aus seinem phänomenalen Gedächtnis. Er kann sich an ungeheuer viele Einzelheiten seines Lebens präzise erinnern, sodass ich verstanden habe, das ist seine Quelle. Bei manchen Lehrern lernt man, indem man ihnen beim Denken zuguckt. In der Hinsicht fand ich ihn großartig.

Alexander Mitta (*1933 in Moskau), Karikaturist und Regisseur. Großen Erfolg hatte er 1970 mit dem poetischen, tragikomisch-ironischen Film LEUCHTE, MEIN STERN, LEUCHTE. Weitere Filme sind u.a. TANJA SUCHT FREUNDE (1966), MOSKAU, MEINE LIEBE (1974), WIE ZAR PETER SEINEN MOHREN VERHEIRATETE (1976), FLUG DURCHS FEUER (1980). Filme nach 1990: GULAG 3 (1991), GRANIZA. TAIJOSCHNI ROMAN (TV, 2001), RASKALYONNAYA SUBBOTA (2002).

Wie kam Alexander Mitta an die Schule? Und was hat er konkret im Unterricht gemacht?

Er war das Gegenteil von Steinbach, unglaublich systematisch. Ich weiß nicht, ob das generell die russische Schule ist oder sein eigenes, erarbeitetes System. Er hat beispielsweise bei einem Charakter drei Dinge bestimmt: seine Haltung, seine Absicht und seine Philosophie. Ich fand das durchaus hilfreich, zumal ich von Dramaturgie keine Ahnung hatte. Mitta war unermüdlich, er konnte ununterbrochen acht Stunden Seminar halten. Er hat gesprochen und doziert, ich musste nur zuhören. Und ich war eher erschöpft als er.

Alte Männer haben manchmal diese schier unglaubliche Energie. Das kenne ich von Frank Daniel. Er hat acht Stunden Seminar gegeben, und dann

Frank Daniel (1926-1996). Er war zunächst Autor und Regisseur in der Tschechoslowakei, leitete die Prager Filmschule und gewann einen Oscar als Produzent für OBCHOD NA KORZE (Das Geschäft in der Hauptstraße; 1965; D: Ladislav Grosman, Ján Kadár, Elmar Klos; R: Ján Kadár, Elmar Klos). 1968 in die USA emigriert. Etablierte u.a. für Robert Redford das Sundance Institut, war Dekan der Filmabteilung der UCLA. Als erster prominenter *script doctor* hat er über fast zwei Jahrzehnte Autoren in Amerika und Europa mit Spielregeln des Drehbuchschreibens vertraut gemacht. Seine Aura ist Legende geworden, ein Buch hat er nicht hinterlassen.

hat er gesagt: »*After lessons is more important than lessons, let's go to the bar.*« Er hat Anekdoten und Witze erzählt am Tresen, du hast da tatsächlich mehr erfahren oder gelernt, als im Unterricht. Frank hatte eine spezielle Methode, über wichtige Dinge Hrubicek-Witze zu erzählen. Er war Tscheche, hatte die Prager Filmschule geleitet, und Hrubicek ist eine tschechische Schwejk-Figur. Einen der Witze werde ich nie vergessen, weil er Franks eigenes Leben grandios illuminiert. Frank Daniel ist zusammen mit Milos Forman '68 vor den Russen nach Amerika geflohen. Und an der Bar erzählte er dann, Hrubicek und sein Freund, die wollen unbedingt raus aus Prag. Sie gehen jeden Tag zur amerikanischen Botschaft, stellten sich jeden Tag in die lange Warteschlange, und immer wird das Tor geschlossen, bevor sie überhaupt dran sind. Aber sie wollen unbedingt weg und versprechen einander, wenn es einer von ihnen schafft, dann ruft er an und berichtet, wie das ist in Amerika. Und dann gehen die wieder zur Botschaft, und wieder schaffen sie es nicht. Am nächsten Tag kommt Hrubicek wieder dahin und guckt in die Schlange, und sein Freund ist weg, nicht mehr da. Er denkt, vielleicht hat der es geschafft, und dann sitzt Hrubicek zu Hause und wartet lange auf den versprochenen Anruf. Endlich geht das Telefon: »..., wo bist du?« »Ja, bin ich in Amerika.« »Das ist wunderbar, gratuliere, du hast es geschafft. Ist es so scheen, wie wir gedacht haben?« Da sagt der Freund: »Ja, bin ich hier am Boardwalk und sehe ich das Meer, und das ist wunderbar, Amerika ist wonderful.« Und da fragt Hrubicek: »Ja, dann bist du also glicklich?« »Na, happy bin ich schon, aber glicklich, glicklich bin ich nicht.« So fühlte Frank Daniel sich als tschechischer Emigrant in den USA. Den Witz erzählte er um drei Uhr morgens an der Bar, wir Zuhörer waren fertig, wir waren betrunken und kippten erschöpft ins Bett. Frank ist auf sein Zimmer gegangen, hat drei 90-minütige Drehbücher von uns gelesen und am nächsten Morgen in aller Herrgottsfrühe zu den Stoffen ein professionelles Feedback gegeben. Diese Kraft war beeindruckend. Die hatte Mitta offensichtlich auch.*

Unbedingt. Alexander Mitta sprach weder Deutsch noch Englisch, er hat also auf Russisch unterrichtet. Als leidenschaftlicher Redner war er toll anzuschauen, nur hat man ihn leider nicht verstanden. Er hatte eine Übersetzerin, die sehr gut war, aber von ihrem Wesen her genau das Gegenteil von ihm. Sie gab seine Sätze korrekt und in stets gleichbleibender Tonlage an uns weiter, während Mitta daneben herumhüpfte wie angestochen. Wir mussten die Emotionen, die er vermittelt hat, auf die Übersetzung drauflegen. Das machte das unmittelbare Verständnis nicht leichter.

Auf welche Theorien ist er eingegangen? Gab es so etwas wie eine Russische Schule?

Er hat sich vor allem auf Aristoteles bezogen. Und wenn er amerikanische Drehbuchgurus zitiert hat, dann oft mit dem Hinweis, dass deren Lehren alle in Aristoteles ihren Ursprung haben. Aber so lehrreich ich seine Unterrichtsstunden auch fand, so wurde doch bald klar, dass es sehr viel einfacher ist, das Funktionieren dramaturgischer Regeln an einem fertigen, gelungenen Film zu zeigen, als dieselben Regeln auf ein unfertiges Drehbuch anzuwenden. Auch für Sascha Mitta war das nicht so einfach. Ich fand, er hat uns nicht immer die richtigen Empfehlungen gegeben. Mir machte er einmal einen Vorschlag zur Veränderung eines Plots und sagte dazu: »Ich habe ausgerechnet, dass die Wirkung so am größten ist.«

Als ich dann erwiderte: »Das mag schon sein, doch das gefällt mir nicht, es ist nicht das, was ich erzählen will«, setzte er sich ziemlich unwirsch darüber hinweg. Das war kein Argument für ihn. Aber ich glaube, es trennt den Autor von seiner kreativen Kraft, wenn er etwas erfüllt, was objektiv vielleicht gut funktioniert, was aber eben nicht seins ist.

Wenn die acht besten Experten ein fertiges Buch analysieren, dann sind die sich alle einig, wo die Schwächen sind, wo Fehler liegen und was in der Konstruktion nicht funktioniert. Aber in dem Moment, wo gefragt wird, was machen wir anders, sind plötzlich acht verschiedene Meinungen auf dem Tisch. In dem Moment, wo etwas Neues entstehen soll, geht es um kreatives Denken, und das funktioniert anders als analytisches Denken. Dramaturgie ist immer »nur« analytisches Denken, kritisches Denken, also das, was man immer gedacht hat. Man weiß, eins und eins ist zwei. Aber eins und eins könnte auch elf sein. Wenn du nur analytisch denkst, dann denkst du mathematisch, dann kommst du nur auf die zwei, und das andere ist ein vollkommen anderer Vorgang. Frank Daniel hat das gespürt und berücksichtigt. Vor kurzem habe ich wieder an seine Ausführungen zu diesem Unterschied gedacht, weil jetzt die Neurobiologen unsere Gedankenvorgänge im Hirn analysieren und in den Tomografen gucken, welche Zonen bei welcher Art von Denken rot aufleuchten. Diese Wissenschaftler sagen, die beiden Vorgänge, analytisches und kreatives Denken, haben eine vollkommen andere materielle Basis. Der eine beruht auf selbstbestätigendem Feedback, das ist immer Erinnerung, weil es auf etwas Vorhergehendes rekurriert. Der andere muss gerade aus der Schleife der Wiederholung herausspringen, und das ist die Schwierigkeit mit der Kreativität.

Das würde auch erklären, warum sich diese Fähigkeiten oft in je verschiedenen Menschen wiederfinden, die einen haben das Talent, unglaublich scharfsinnig zu analysieren, und die anderen können das nicht so gut, bringen aber leichter etwas Neues hervor. Beides vereinigt sich selten.

Ich denke, das Analytische und das Kreative sind zwei verschiedene Pole, einander entgegengesetzte, gegenüberliegende Pole. Und wenn man sich das als Welt vorstellt, dann befinden wir Autoren uns zwangsläufig an irgendeinem Punkt der Weltkarte, der eine liegt bei manchem näher am Analytischen und etwas weiter weg vom Kreativen, oder aber dichter am Kreativen, dann hat er mit dem Analytischen ein Problem, das wir ja auch brauchen für unsere Arbeit. Ich persönlich würde mich als Autor sehr viel näher am Analytischen verorten, ich muss mich beim kreativen Prozess viel mehr anstrengen und muss mich selber mehr knechten, während etwas wie Struktur und Statik einer Geschichte mir sehr viel schneller klar ist. Aber in gewisser Weise brauchen wir als Autoren beide Bereiche, das muss sich nicht unbedingt bewusst abspielen.

Ich glaube, dass jeder Mensch instinktiv weiß, wie eine gute Geschichte funktioniert. Zumindest erkennt er es, wenn er eine gute Geschichte hört. Er muss dazu gar nicht wissen, dass es dafür laut Drehbuchregel einer Einführung und dann eines Wendepunktes bedarf. Wenn mir erzählt wird, von wem die Geschichte handelt, was das für ein Typ ist, und wie sein Alltagsleben so aussieht, dann frage ich doch ganz automatisch: »Ja, und was passiert jetzt?« Das heißt, ich erwarte einen Wendepunkt. Das ist etwas, das in jedem Menschen ganz tief drin steckt.

Liest du theoretische Literatur über das Drehbuchschreiben?

Die meisten gängigen Bücher habe ich mal gelesen und fand das auch fruchtbar. Wenn ich nicht weiterkomme beim Schreiben, zum Beispiel nicht recht eine Idee habe, wie ich die Handlung aufbauen kann, dann lese ich mal ein Kapitel hier oder da. Ich suche dann keinen direkten Ratschlag, sondern habe die Hoffnung, beim Lesen einen Einfall zu bekommen. Oft funktioniert das. Vielleicht mache ich es auch nur, um die Zeit, in der mir nichts einfällt, sinnvoll zu füllen. Aber während ich etwas lese, denke ich ganz beiläufig weiter über mein zu lösendes Problem nach. Ich gestehe, dass ich McKee gut finde.

Robert McKee, Drehbuch-Lehrer, gibt seit Anfang der 1980er Jahre Seminare im Drehbuchschreiben in aller Welt und verfasst Bücher zum Thema, u.a. das Standardwerk Story. Die Prinzipien des Drehbuchschreibens.

Wieso glaubst du, das sei ein Geständnis?

Manche kritisieren ihn wegen seiner strikten Tonart. Aber ich finde es klar und sehr einleuchtend, was er schreibt.

Seine Analyse und die Durchdringung der Struktur geht sehr feingliedrig bis in alle Verästelungen und wird dann streng hierarchisch aufgebaut. Das finde ich auch brauchbar.

Ich staune immer, mit welcher Unbekümmertheit McKee und die Amerikaner generell auf das große Ganze zugreifen und mit schlichten Worten beschreiben können, worum es im Leben und auf der Welt geht. Als Deutsche steh' ich verzweifelt vor einem Werk und frage mich, wie soll ich das als Ganzes nur fassen, wie soll ich das beschreiben. In diesem speziellen Zugriff der Amerikaner wird es nicht klein, aber irgendwie ...

... handhabbar.

Genau, handhabbar. Auch wenn so manches verkürzt wird, finde ich es hilfreich. Du brauchst für einen Film einen großen, klaren Gedanken. Film ist einfach. Film ist schrecklich einfach. Ein Schauspieler kann nur ein Gefühl zu einer Zeit ausdrücken, ein Charakter zu einer Zeit nur einer Absicht folgen.

Lass uns die Sache mit der Schule noch zu Ende bringen. Was haben diese zwei Jahre für dich gebracht?

Ich empfand es zunächst mal als unglaublichen Luxus, im Alter von 35 Jahren noch einmal an die Uni zu gehen. Man darf noch einmal einfach zuhören, man bekommt noch einmal etwas geschenkt. Ich hab' schon einiges benannt, was ich mitgenommen habe aus dem Unterricht. Wie gesagt, hatten wir als erster Jahrgang auch mit Schwierigkeiten zu kämpfen, die aber aufgewogen wurden durch das Miterleben des Anfangs und des Aufbruchs. Das Lernen war mit dem Abschluss der Schule übrigens keineswegs zu Ende. Ich habe viel von den Regisseuren gelernt, mit denen ich später gearbeitet habe. Und dieser Prozess hat natürlich nie ein Ende.

Das klingt, als sei vom konkreten Handwerkszeug nicht viel hängengeblieben?

Lernen im besten Fall – damit meine ich diese seltenen Momente, in denen es »klick« macht, und man hat etwas ein für alle Mal begriffen – ist schwer steuerbar. Manchmal passiert es wie geplant im Unterricht, manchmal in ganz anderen Zusammenhängen. Ich habe für mein erstes Drehbuch zum Beispiel ein sehr, sehr böses Lektorat gekriegt, das ich natürlich gehasst habe. Aber es stand eine Sache darin, die ich nie vergessen werde: Meine Nebengeschichten würden der Hauptgeschichte nicht dienen. Damals habe ich gedacht, ja klar, Nebengeschichten müssen der Hauptgeschichte dienen. Warum hat mir das noch keiner gesagt? Das werde ich immer behalten, obwohl das nicht gerade ein konstruktiver Lernzusammenhang war.

Ihr musstet im Studium doch wahrscheinlich auch mehrere Bücher durchschreiben?

Die Struktur wurde, glaube ich, bis heute in dem Studiengang beibehalten. Die Studenten schreiben im ersten Semester ein 5-Minuten-Buch, das die Regisseure am Ende des Semesters drehen, im zweiten einen Zehnminüter, im dritten ein 20-Minuten-Buch, das die Regisseure im vierten Semester als Abschlussfilm realisieren. Parallel schreiben die Drehbuchstudenten ein 90-Minuten-Buch. Ich musste also sehr viel schreiben. Und noch mehr umschreiben. Davon wurden die Drehbücher allerdings nicht unbedingt besser. Über mein 10-Minuten-Buch haben alle gelacht. Dann haben wir daran gearbeitet und es verbessert. Am Ende hat keiner mehr gelacht. Das Filmstudium hat sich seit der Anfangszeit stark entwickelt. Ich hab' die Abschlussfilme in den letzten Jahren immer verfolgt und war erstaunt, wie viele wirklich gute Filme dabei waren. Das zeigen ja auch die vielen Preise, die die Abschlussarbeiten bekommen haben.

Wurde dein 90-minütiges Abschlussbuch realisiert?

> Doris Zander ist Filmproduzentin. Nach langjähriger Tätigkeit bei der Studio Hamburg Produktion / Letterbox leitet sie seit Juli 2006 gemeinsam mit Markus Trebitsch die Aspekt Telefilm GmbH. Sie produzierte u.a. ENDE EINER LEIDENSCHAFT (1997), ENDE DER SAISON (2001), EINE FRAGE DES GEWISSENS (2006).

Das ist eine lustige Geschichte. Doris Zander, damals bei Studio Hamburg, hatte sich den Stoff ausgeguckt und hatte ihn dem ZDF angeboten. Der Sender wollte das Buch machen und schlug Hark Bohm als Regisseur vor. Wahrscheinlich dachten die, das ist ein Abschlussbuch, dann soll es doch der Herr Professor realisieren. Bohm war einverstanden, und dann habe ich mit ihm ein halbes Jahr lang noch einmal an dem Stoff gearbeitet. Das war ein Fiasko. Ich schätze Hark Bohm, aber er hat eine ganz andere Art als ich, an einem Buch zu arbeiten. Er stellt jede Idee gleich wieder in Frage, demontiert sie, findet Argument und Gegenargument und kommt mit seinem Partner über ein Streitgespräch zu einer neuen Lösung. Das ist in Ordnung, aber das ist etwas, was ich überhaupt nicht kann. Ich brauche jemanden, der auch mal was gelten lässt, das nur halb gelungen ist, aber vielleicht zu etwas Besserem führen kann. Der immer noch einen Baustein drauflegt und neugierig zuschaut, wo der Turm hinwächst. Ich habe ein großes Bedürfnis nach Harmonie bei der Zusammenarbeit.

Das funktionierte mir Bohm also nicht?

Wir haben den Stoff so lange entwickelt, bis das ZDF ihn nicht mehr gut fand und das Projekt abgesagt hat. Ich hab' das als Lehrgeld akzeptiert, das man am Anfang zahlen muss, und ging schnell zum nächsten Film weiter. Die Geschichte lag dann jahrelang rum, bis mich Doris Zander irgendwann fragte, was eigentlich aus dem Stoff geworden wäre, der sei doch schön gewesen. Ich hab' das Manuskript

Senta Berger und Erdal Yildiz in NETTE NACHBARN KÜSST MAN NICHT

noch mal rausgekramt, habe es mit sehr leichtem Herzen umgeschrieben, so aus ganz weiter Ferne. Doris hat den Stoff wieder angeboten, und SAT.1 hat den Film mit Stephan Wagner als Regisseur und Senta Berger in der Hauptrolle realisiert, 10 Jahre nach meinem Abschluss. Allerdings hat SAT.1 dem Film einen schrecklichen Titel verpasst: NETTE NACHBARN KÜSST MAN NICHT.

Stephan Wagner (*1968), Regisseur, Drehbuchautor, Produzent, realisierte neben mehreren preisgekrönten Kurzfilmen u.a. KUBANISCH RAUCHEN (1999), LIEBESTOD (2000), WIE KRIEG ICH MEINE MUTTER GROSS? (2004) und NETTE NACHBARN KÜSST MAN NICHT (2006).

Ein gutes Beispiel dafür, dass man als Autor an seinen Stoffen festhalten, sie auch über längere Zeiträume weiter tragen sollte.

Das Erzählen

Erzählst du deine Geschichten manchmal, um sie zu testen? Wann fängst du damit an, was dich bewegt, was eine Geschichte werden soll, auch nach außen zu kommunizieren?

Ziemlich bald. Ich probiere aus, was zurückkommt. Und mir selbst wird der Stoff dadurch klarer. Es ist, glaube ich, ein bekanntes psychologisches Phänomen, dass du unbewusst etwas auf die Weise erzählst, die genau die Redaktion auslöst, die du gerne bekommen möchtest. Ich variiere, wie ich meine Idee erzähle, um mir selber zu zeigen, wie ich es haben möchte. Beim Erzählen formt sich oft etwas Neues.

Erzählst du dann schon in einem professionellen Rahmen, sind das Ansprechpartner in der Branche, die später mit dem Projekt auch beruflich zu tun haben? Oder ist das ein eher kollegialer oder privater Rahmen?

Beides. Ich erzähle meine Geschichten gerne Leuten, die mit Film gar nichts zu tun haben. Manchmal ist es gar nicht so einfach, immer wieder interessierte Menschen zu finden – selbst wenn sie einen mögen –, die bereit sind, sich den Quatsch anzuhören. Vielleicht kennst du das auch, man wird als Autor beiläufig gefragt, woran man gerade arbeitet, hört dann – zugegeben – für eine längere Zeit nicht mehr auf zu reden und entdeckt schon ein leises Bedauern beim Gegenüber, die Frage gestellt zu haben. Auf der professionellen Ebene, also in einem Zusammenhang, wo das Erzählen einer Geschichte durchaus Konsequenzen haben kann, habe ich einen Ansprechpartner, der sowohl ein guter Freund als auch Produzent ist. Ralph Schwingel kann ich meine Geschichten unausgegoren und unkorrigiert erzählen. Bei Produzenten, die ich nicht so gut kenne, würde ich mir das vorher geschliffener zurechtlegen oder einen späteren Zeitpunkt wählen.

Ralph Schwingel (*1955), Regisseur und Produzent, gründete 1989 gemeinsam mit Stefan Schubert und dem Regisseur Lars Becker die Wüste Filmproduktion Hamburg. Er produzierte u.a. sechs Filme von Fatih Akin. 1998 gründeten Schwingel und Schubert gemeinsam mit dem Verleger Hejo Emons die Kölner Wüste Film West GmbH; 2001 mit Thomas Thielsch die Firma *filmtank hamburg*. Schwingel lehrt an der HFF Potsdam.

Christiane Altenburg / Ingo Fließ (Hg.): *Jenseits von Hollywood* (Verlag der Autoren 2000)

Eine Figur einfangen

Du hast im Buch Jenseits von Hollywood *einmal geschildert, wie ihr in deiner Theaterzeit zu Figuren gekommen seid. Zitat: »Ich spielte* Only You *auf dem Kassettenrekorder ab und schmierte mir dabei ein Brot mit Frischkäse. Während ich mich von der Musik zu sehnsuchtsvollen Seufzern rühren ließ, ritzte ich mit dem Messer sorgfältig ein dekoratives Rautenmuster in den Schmierkäse und biss schließlich hinein. Der Erfolg war verblüffend. Offensichtlich hatten meine Kollegen die Person, die vor ihnen saß, erkannt.« Kannst du das ein bisschen ausführen? Dieses Moment hat mich an die Gestalttheorie erinnert, an die Auffassung, dass bestimmte innere Prozesse ablesbar sind auf der Oberfläche, dass es Proportionen von Dingen zueinander gibt, aus denen man durch das Gesamtbild etwas Inneres erkennt.*

Ich habe als Kind immer Muster ins Butterbrot geritzt. Das ist so etwas, von dem man denkt, nur man selber tut es, aber vermutlich tun es viele. Es auf der Bühne zu tun heißt etwas von sich preiszugeben. Und der Zuschauer erkennt es auf Anhieb als »wahr«, auch wenn er die Handlung noch nie gesehen hat. Ist das nicht auch oft bei Filmen so? Man hat keine Ahnung, wie es zugeht in dem Milieu, oder in dem Land, in dem die Handlung spielt, und trotzdem ist man fest überzeugt davon, dass es stimmt, was man sieht, dass es genau so ist. Es muss nicht bewiesen werden, nicht begründet.

Es ist »evident«, eine offensichtliche Gewissheit. Könntest du erklären, wofür das Bild mit dem Muster im Butterbrot konkret steht und wie du so etwas für dich im Schreiben handhabbar machst? Ist es ein Handwerkszeug für dich?

Das Bild steht für eine kleine Frau mit einem kleinen Alltag und einer großen Sehnsucht. Eine solche Frau schmachtet man nicht an mit *Only You*. Aber genau das wünscht sie sich, dass mit *Only You* sie gemeint ist, die kleine Frau mit dem Muster im Butterbrot.

Könntest du sagen, was diese Szene, die du in dem kurzen Essay Drei oder vier Möglichkeiten, eine Figur einzufangen *geschildert hast, was diese Szene über die Person enthüllt, was man da konkret vermittelt bekommt?*

Ich glaube, Naivität wäre ein Stichwort, Naivität und eine gewisse Beschränktheit, nein, Beschränktheit ist falsch, Beschränk*ung* auf eine sehr kleine Welt.

Selbstvergessenheit?

Ja, so als hätte man vergessen, dass man gar nicht alleine ist.

Träumen? Es zeigt jemanden, der im Kopf lebt? Ich frage nach, weil ich glaube, um dieses Moment handhabbar zu machen, muss man die Bedeutung genau erfassen, das, was dann tatsächlich damit transportiert wird.

Es steckt die Idee dahinter, dass man eine Figur in ihrer Vollständigkeit vor Augen hat, obwohl man nur ein winziges Stück von ihr gesehen hat, das aber aussagekräftiger ist, als würde man viele Informationen aneinanderreihen.

Es gibt diese beiden unterschiedlichen Schulen in der Figurenfindung oder Charakterzeichnung. Die einen sagen, wenn man eine Figur erfindet, ist es so, als würde man einen Agenten in ein fremdes Land schicken, das heißt, man muss alles über ihn wissen, seine »Legende« kennen – wie es im Geheimdienstjargon heißt. In jeder fiktiven Situation der Geschichte muss die Figur so reagieren, dass es zu ihrer Legende passt. Also man muss wissen, zu welcher Schule sie gegangen ist, wer ihre Eltern sind, ob sie religiös erzogen wurde, ob sie immer noch gläubig ist, was ihre sexuellen Präferenzen sind und alle diese vielen Dinge, die einen realen Menschen ausmachen und prägen. Nur wenn man das alles weiß, wird die Figur leben. Das finde ich rein additiv und irgendwie monströs. Die andere Methode besagt, es

NETTE NACHBARN KÜSST
MAN NICHT

reicht aus, wenn man die größte Schwäche der Figur kennt und ihre größte Stärke. Wenn man diese beiden Dinge weiß – die auch immer auf bestimmte Weise zusammenhängen –, dann entsteht aus dem Kontrast, dem inneren Widerspruch der Figur ihr gesamtes Leben.

Vermutlich hat es mit dem Charakter eines Autors zu tun, ob er sich mit einer ausführlichen Biografie sicherer fühlt. Mir persönlich würde das nicht helfen, es würde eine Distanz zwischen mir und meiner Figur schaffen, wenn ich immer diesen großen Umweg über ihre Biografie gehen müsste, um einen speziellen Unterpunkt ihres Verhaltens zu suchen. Wenn ich eine Figur in einer instinktiv erfassenden Weise kenne, dann weiß ich einfach, wie sie reagiert, ohne zu wissen, wie sie vorher in so ähnlichen Situationen reagiert hat, da muss ich auch gar nicht erst darüber nachdenken.

Deine Figuren sind dir auf diese Weise sehr nahe.

Ja, die sind mir immer nah.

Wie stellst du dieses Gefühl der Nähe her?

Ich weiß es nicht.

Wie erreichst du das?

Also vielleicht noch am ehesten, indem ich mich in die Improvisationshaltung, die ich vom Theater kenne, begebe und versuche, die Figur zu fühlen und als sie zu handeln und zu sprechen. Ich spreche übrigens auch manchmal so vor mich hin beim Schreiben.

Du hast in einem anderen Gespräch einmal gesagt, um eine Figur zu verstehen, musst du nur einen kleinen Zipfel von ihrer Seele zu fassen bekommen.

Wenn wir eine Figur durch Improvisation erarbeitet haben, haben wir uns zunächst oft an etwas Äußerlichem festgehalten. Eine Art sich zu bewegen, eine bestimmte Haltung. Wenn es funktioniert hat, wussten wir plötzlich auch, was und wie die Figur spricht. Man weiß, was die Figur sagt und was sie niemals sagen würde, obwohl man gar keine Zeit hat, darüber nachzudenken. In diesem Sinne versuche ich, etwas zu fassen zu bekommen. Das kann die Art sein, wie sie ein Brot isst oder flache Schuhe oder aber Puschelhausschuhe trägt. Das gibt mir ein Gefühl für die Figur.

Auf der Suche nach der Figur suchst du also nach Schuhen, dem Kuschelpullover oder äußerlichen Elementen?

Nach etwas, das mit der inneren Haltung zusammenhängt.

Gibt es dabei ein System? Kann man das strukturieren? Wie passiert das im konkreten Akt des Schreibens und bei der Vorbereitung?

Wenn es mir nicht zufällt, suche ich danach. Ich habe das einmal so beschrieben, dass ich die Figur aus den Augenwinkeln beobachte. Ich starre sie nicht direkt an.

Warum? Guckt dann die Figur zurück?

Die guckt zurück und fühlt sich belästigt. Leute, die man nicht kennt, starrt man nicht an. Außerdem beeinflusst es ihr Verhalten, wenn sie sich beobachtet fühlt. Besser aus dem Augenwinkel gucken, was macht die denn so.

Aber irgendwann kennt man als Autor die Figur doch genauer. Wie läuft bei dir dieser Prozess? Entsteht der durch das Schreiben, durch Szenen, durch die du hindurch gehst?

Ich begegne der Figur in den einzelnen Szenen in verschiedenen Situationen und in verschiedenen Stimmungen. Dadurch frage ich mich permanent, was empfindet sie jetzt? Das beantworte ich aus meinem Anfangsgefühl für die Figur heraus und erweitere langsam, was ich von ihr weiß. Hin und wieder habe ich versucht, Figuren im Nachhinein zu ändern, weil das praktischer für die Dramaturgie war. Ich dachte, wenn ich sie nur ein bisschen anders baue, könnte sie doch diese oder jene Funktion gut erfüllen. Das geht oft nach hinten los, und die Figur zerfällt plötzlich. Ich habe inzwischen gelernt, damit sehr vorsichtig zu sein und nichts kaputt zu machen. Das nehmen die Figuren einem sehr übel.

Wobei ich vor kurzem – das hatte ich früher auch schon einmal mit Studenten als Übung gemacht – Dialogsätze des Protagonisten dem Antagonisten in den Mund gelegt habe. Wenn die beiden wirklich etwas miteinander zu tun haben, wenn der Antagonist tatsächlich der schwarze Schatten des Helden ist, dann kommt es nicht zwangsläufig zu einem Bruch.

Das kann ich mir gut vorstellen. Mein Plädoyer für die Treue zur Anfangsidee einer Figur soll auch nicht heißen, dass eine Figur sich nicht auf vielfältige Weise verhalten und vielfältige Stimmungen durchlaufen kann. Es ist ein typischer Anfängerfehler, eine Figur zu einheitlich zu schreiben. Die Figur hat ein großes Problem, also zeige ich sie in jeder Szene als eine schwermütige, übelgelaunte Person. Es ist für den Zuschauer nicht nur extrem ermüdend, es enthüllt auch den Charakter nicht, wenn die Figur immer die gleiche Haltung an den Tag legt.

Das ist auch nicht realistisch, denn wir haben alle unsere Widersprüche, eigentlich machen uns besonders unsere Widersprüche aus.

Auf jeden Fall. Ich habe festgestellt, dass ich dazu neige, eine Figur mit einer einseitigen, immer gleichen Haltung auszustatten, wenn ich mir ihrer nicht sicher bin.

STRANGER THAN FICTION
(Schräger als Fiktion; 2006;
D: Zach Helm; R: Marc Forster)

Die große Nähe, die du zu den Figuren empfindest, erinnert mich an den Film STRANGER THAN FICTION. Ein kleiner Steuerberater identifiziert die Stimme in seinem Kopf als die einer bekannten Romanautorin – gespielt von der wunderbaren Emma Thompson. Er findet heraus, er ist nur eine Figur in ihrem neuen Buch. Als er zufällig bemerkt, dass er am Ende des Buches sterben soll, beginnt er gegen seine Schöpferin zu kämpfen. Kennst du den Film und diese Situation des Zweikampfes zwischen Figur und Autor?

Es liegt in der Natur der Sache, dass die Figur gegen den Autor kämpft, denn die Figur hat nur ihr eigenes Wohlergehen im Sinn, ihre eigenen Ziele. Der Autor dagegen schaut auf das große Ganze und ist bisweilen in Versuchung, von seiner Figur Dinge zu verlangen, die wohl im Sinne des Plots, nicht aber im Sinne der Figur sind. Die Figur ist im Recht. Wenn man sie zwingt, etwas zu tun, das nicht in der Logik ihres Charakters liegt, schadet man dem Ganzen. Doch auch der Autor ist im Recht, wenn er von der Figur verlangt, bis an die Grenzen dessen zu gehen, was für sie vorstellbar ist. Filme, in denen der Hauptcharakter sich nicht entwickelt und nichts Neues über sich erfährt, sind nicht besonders interessant. Und wer verändert sich schon freiwillig, ohne dazu gezwungen zu sein – nicht einmal Filmfiguren. In STRANGER THAN FICTION ist die Romanfigur in Gefahr, nicht fiktiv, sondern ganz real vom Bus überfahren zu werden, sobald Emma Thompson die entsprechenden Worte in ihre Schreibmaschine tippt. Mir hat gefallen, dass der Film zeigt, wie die Autorin und ihre Figur wechselseitig voneinander abhängig sind. Hätte der Steuerfahnder nicht gemerkt, dass seine Autorin ihn sterben lassen will, hätte er nicht angefangen, das Leben zu leben, das er bisher verpasst hat und das ihm erstmals Grund dazu gibt, daran zu hängen. Und hätte er das nicht getan, hätte sie keinen dramaturgischen Grund, ihn zu töten.

Ich erlebe es weniger, dass sich Figuren als meine Geschöpfe gegen mich erheben. Aber du hast sicher auch nicht zu allen Figuren eines Stückes ein so intensives Verhältnis?

Manchmal tue ich mich schwer mit Figuren, die nur undankbare Funktionsträger in der Geschichte sind. Da bin ich faul und lasse sie tatsächlich nur Funktion sein, statt mich der Mühe zu unterziehen und zu fragen, was könnte das für ein spezieller Mensch sein. Dabei kann darin ein großer Reichtum liegen. In dem Film von Woody Allen MATCH POINT gibt es zum Beispiel einen ermittelnden Kommissar, der nur ein paar Fragen stellen muss, sonst braucht man ihn nicht. In einer Szene liegt er im Bett mit seiner Frau und schießt plötzlich hoch und sagt die Lösung vor sich hin, weil sie ihm sozusagen im Schlaf eingefallen ist. Und seine Frau macht: »Hm, hm, hm« im Schlaf. An diese wunderbare Szene erinnere ich mich genau. Der Autor müsste sich eigentlich dieser Aufgabe immer stellen, mit so einer winzigen, funktionalen Szene einen kleinen Diamanten zu schaffen, wie Woody Allen, der hier gleichzeitig über die Figur des Kommissars, über seine Frau und sogar noch über ihre Ehe etwas erzählt.

MATCH POINT (2005; D+R: Woody Allen)

Wolfgang Kohlhaase begründet das auch damit, man solle doch an die Kollegen Schauspieler denken, die diese kleinen Auftritte absolvieren müssen. Es muss sich für sie lohnen, an den Set zu kommen, deshalb brauchen sie so einen Diamanten, der auch in einer kleinen Rolle etwas Eigenes, Spezielles gibt und sie heraushebt.

Das ist sehr freundlich gedacht.

Heimat

Ich möchte noch mal daran anknüpfen, was wir über Herkunft, Ursprung, Heimat und Orte gesagt haben. Wie weit hat dich das geprägt, die Herkunft aus einem Wald? Es ist ja auch ein großer Mythos, der deutsche Wald. Ich komme aus einem flachen Land, wo es meist nur Wiesen gibt, tiefer Himmel, weiter Horizont. Welche Rolle spielen für dich beim Schreiben, konkret und im übertragenen Sinne, Orte?

Wolfgang Kohlhaase (*1931), Drehbuchautor, Regisseur und Schriftsteller. Er war einer der wichtigsten Drehbuchautoren der DDR (u.a. DER SCHWEIGENDE STERN [1960], ICH WAR NEUNZEHN [1968], SOLO SUNNY [1980]), blieb aber auch nach 1989 erfolgreich; zu seinen bekanntesten Filmen gehören DIE STILLE NACH DEM SCHUSS (2000) und SOMMER VORM BALKON (2005). Ein ausführliches Werkstattgespräch mit Wolfgang Kohlhaase findet sich in *Scenario 1.*

Es war mir ganz recht, dass ich mit Hamburg den größtmöglichen Abstand zwischen meinen Heimatort und meinen Wohnort gelegt habe. Erst nach Jahren habe ich gefühlt und verstanden, was für eine

Kraft darin liegt, einem bestimmten Ort anzugehören. Früher habe ich meine Sprache, das Bayerische, stark als Handikap empfunden, als ein Zeichen dafür, nicht wirklich in die große Welt zu gehören. Nicht umsonst handelt davon auch der erste Film, den ich geschrieben habe. Es geht darin um eine Hochzeit auf dem Lande. Sie kommt aus einem

SOLINO

niederbayerischen Kleinstädtchen und lebt in München mit ihrem norddeutschen Freund. Die beiden bewegen sich in einer Szene, in der Herkunft nicht wichtig ist. Als sie beschließen zu heiraten, besteht die niederbayerische Familie mit Tränen und Erpressung darauf, dass die Trauung im Dorf stattfindet. Dabei wird der Bräutigam mit dieser ihm unbekannten Seite seiner Freundin konfrontiert. Eine lockere Komödie mit realistischem Hintergrund. Auf die Idee bin ich noch in der Zeit bei *Fliegende Bauten* gekommen. Das Telefon stand im gemeinschaftlichen Küchenbus. Immer wenn ich in schwerstem Dialekt mit meiner Mutter telefoniert habe, sind meine Kollegen schier umgefallen vor Lachen, weil sie plötzlich eine ganz andere Person vor sich hatten. Mein erstes Drehbuch war für lange Zeit mein einziges Dialektbuch. Kürzlich habe ich wieder einen Film mit bayerischen Dialogen geschrieben. Über das Leben von Karl Valentin und Liesl Karlstadt. Ich bin mit Valentin-Platten aufgewachsen, und als sich die Gelegenheit bot, über ihn und Liesl Karlstadt zu schreiben, habe ich sofort »Hier!« geschrien. Ich habe das Buch in einem moderaten bayerischen Dialekt geschrieben. Ich saß den ganzen Tag allein am Schreibtisch, ging am Abend runter zu meiner Familie, und die haben sich merkwürdig angeguckt. Was war passiert? Ich habe mit ihnen bayerisch gesprochen. Das war ganz kurios.

Bei SOLINO ist am auffälligsten, welche Rolle Heimat und Orte für dich spielen. Es gibt einen sardischen Dichter, Marcello Fois, der hat geschrieben, Orte haben eine Seele, und man kann an ihnen das Säuseln der Winde und das Rauschen des Wassers hören, und sie erzählen Geschichten, wenn man sich nur hinunterbeugt und zuhört. Diese Aussage hat mich sehr bewegt. Für mich spielen Orte mindestens so eine Rolle wie Figuren, die aus ihnen ja quasi hervorwachsen. SOLINO empfinde ich als deinen persönlichen Heimatfilm, obwohl nicht deine unmittelbare Heimat Schauplatz ist, sondern die deines Mannes.

Das Dorf, aus dem mein Mann kommt, heißt Soleto. Dort waren wir sehr oft, um seine Mutter zu besuchen, als sie noch lebte. Der Ort ist für mich absolut vergleichbar mit meinem eigenen Heimatdorf, obwohl es in einem andern Land liegt und die Menschen eine andere Sprache sprechen, die ich nicht immer in all ihren Einzelheiten verstehe. Aber ich kenne die Art von Gemeinschaft, in der man dort lebt, mit ihren guten und mit ihren schlechten Eigenschaften, mit der Geborgenheit auf der einen und der Abhängigkeit auf der anderen Seite. Ich habe eine große Bewunderung für die Menschen, die sich sicher sind, dass dort, wo sie geboren sind, ihr Platz, ihr Zuhause ist. Dieses Gefühl habe ich nie gehabt, aber es fasziniert mich. Ich mag Soleto sehr. Das Alter des Dorfes wird dir bewusst, wenn du durch die engen Gassen gehst, und die Glätte und das Glänzen der Marmorquader im Pflaster erinnern dich an die Millionen von Füßen, die darüber gegangen sind.

In gewisser Weise geht es auch um eine Projektion des eigenen Heimatbegriffs auf die Situation dort. So wie Italien immer ein Land der Sehnsucht gewesen ist und auch immer noch so funktioniert.

Ja, das finde ich richtig beschrieben. Der Lösungsvorschlag, der in SOLINO angeboten wird, lautet im Grunde, man wird nur glücklich, wenn man die Heimat in sich selbst findet. Dann wirst du den Ort, in dem du letztlich landest, auch als Heimat empfinden. Heimat ist weder, was dir per Geburt verordnet ist – obwohl das natürlich eine Rolle spielt –, noch ist Heimat dort, wo du deine größte Karriere machen kannst. Heimat ist eher so etwas wie eine innere Standfestigkeit. Am Ende von SOLINO gelangt der Protagonist nicht an den Ort, an dem er eigentlich gerne sein möchte, und dennoch findet er sein Glück. Und das liegt daran, dass er ein Mensch ist, der in der Lage ist, überall sein Glück zu finden.

SOLINO (2002; D: Ruth Thoma; R: Fatih Akin)

Fatih Akin (*1973), Regisseur, Drehbuchautor, Schauspieler und Produzent. 1998 debütierte er mit KURZ UND SCHMERZLOS. Seit GEGEN DIE WAND, mit dem er auf der Berlinale 2004 den Goldenen Bären gewann, zählt er zu den erfolgreichsten und innovativsten jungen deutschen Regisseuren. 2005 war er Jurymitglied in Cannes. 2007 folgte mit AUF DER ANDEREN SEITE der zweite Teil seiner »Liebe, Tod & Teufel«-Trilogie.

SOLINO

Werkstattgespräch

Es gibt eine große Themenvielfalt in deinem Werk. Wie kommen diese Themen, wie kommen diese Geschichten zu dir? Sind es überwiegend eigene Ideen – wie wahrscheinlich bei SOLINO – oder eher von Produzenten oder von Regisseuren ausgehende Stoffe? Wie gehst du damit um?

Beim Schreiben macht es für mich keinen Unterschied, ob die Idee von mir ist oder von jemand anderem. Manchmal ist es auch eine wilde Mischung. Manchmal bringen mich Ideen von Redakteuren, Produzenten oder Regisseuren auf etwas ganz anderes. Es gibt einen Fernsehfilm, den ich gemacht habe, der hieß bei der Ausstrahlung etwas unglücklich FREUNDINNEN FÜRS LEBEN. Die Ausgangsidee kam von einer Redakteurin, die sagte, sie möchte gerne einen Film über ein Paar machen, das keine Kinder bekommen kann und sich dann letztlich damit arrangiert. Sie probieren alles, durchlaufen Hoffnung und Leid, stellen am Ende fest, es geht eben nicht, und finden trotzdem zu einem Glück. Ich habe innerlich etwas aufgeseufzt und vorgeschlagen, doch ein bunteres Bild zu zeichnen, nicht eine Frau zu nehmen, sondern drei Frauen, die in verschiedener Weise mit dem Problem zu tun haben, während die eine keine Kinder bekommen kann, wird die andere ungewollt schwanger, die dritte hat keine Zeit für ihre Kinder, es gibt anwesende oder abwesende Väter oder Ersatzväter. Das hatte mit der Anfangsidee nur noch teilweise zu tun, aber ohne sie wäre ich nicht auf die spätere Geschichte gekommen. So geht es mir öfter, dass ein Anstoß von außen kommt, und der entwickelt sich in eine vollständig neue Richtung.

FREUNDINNEN FÜRS LEBEN (2006; D: Ruth Thoma; R: Buket Alakus)

Buket Alakus (*1971 in Istanbul) ist in Hamburg aufgewachsen. Nach einem Studium zur Kommunikationswirtin in Berlin studierte sie Film bei Hark Bohm in Hamburg. 2001 debütierte sie als Regisseurin und Drehbuchautorin mit ANAM. Weitere Filme: EINE ANDERE LIGA (2005); FREUNDINNEN FÜRS LEBEN (2006), FINNISCHER TANGO (2008).

Ist das eher typisch für Fernsehprojekte? Für Kinostoffe muss doch meist eine klarere Vorstellung darüber vorhanden sein, wo man hinwill?

Ich glaube, die Vorstellung, wo man hinwill, muss in beiden Fällen präzise sein. Und die Vorstellung kann sich in beiden Fällen aus einer zunächst unscharfen Idee entwickeln.

Adaption

GLOOMY SUNDAY – EIN LIED VON LIEBE UND TOD (1999; D: Rolf Schübel, Ruth Toma, nach dem Roman von Nick Barkow; R: Rolf Schübel)

Wenn man sich deine Kinoprojekte anschaut, dann gibt es häufig literarische Vorlagen, wie zum Beispiel bei GLOOMY SUNDAY. Es sind aber nicht Literaturverfilmungen in diesem traditionellen deutschen Sinn.

Wie meinst du das?

Literatur oder Theatertexte haben in Amerika immer ganz selbstverständlich als Vorlagen für Filme gedient, das sieht man auch an der Extrakate-

Stefano Dionisi, Erika Marozsán und Joachim Król in GLOOMY SUNDAY

gorie beim Oscar für adaptierte Drehbücher. Bei uns war »Literaturverfilmung« eine eher negativ besetzte Genrebezeichnung, weil es in den 1960er, 1970er Jahren auch mit einer bestimmten, sehr konventionellen Erzählweise einherging. In den USA dagegen käme niemand auf die Idee, BROKEBACK MOUNTAIN als Literaturverfilmung zu bewerben. Bei uns in Deutschland gab es dagegen immer den Impuls, dem Film Kultur zu verleihen. Der Film war dann die Thomas-Mann-, die Heinrich-Böll- oder die Grass-Verfilmung; es wurde mit diesen Autoren geworben und daraus das Image des Films gebildet. Und noch heute basiert die Bestsellerpolitik der Constantin auf diesem Prinzip vom NAMEN DER ROSE bis hin zum PARFÜM.

BROKEBACK MOUNTAIN (2005; D: Larry McMurtry, Diana Ossana, nach der Kurzgeschichte von Annie Proulx; R: Ang Lee)

DER NAME DER ROSE (1986; D: Alain Godard, Howard Franklin, Andrew Birkin, Gérard Brach, nach dem Roman von Umberto Eco; R: Jean-Jacques Annaud)

DAS PARFÜM – DIE GESCHICHTE EINES MÖRDERS (2006; D: Andrew Berkin, Tom Tykwer, Bernd Eichinger, nach dem Roman von Patrick Süskind; R: Tom Tykwer)

Das ist richtig und hat den Nebeneffekt, dass der Drehbuchautor – hierzulande sowieso nicht besonders angesehen – vollständig hinter dem Romanautor verschwindet. Deswegen sollte sich ein Autor gut überlegen, ob er ständig Adaptionen macht. Außerdem scheinen manche Redakteure oder Produzenten – Leute, die es besser wissen müssten – zu denken, adaptieren sei eine vergleichsweise leichte Arbeit, weil ja schon so viel da ist. Der Autor wird quasi ausschließlich als Dienstleister angesehen, der das Ausgangsmaterial zu Filmstrukturen und Filmdialogen formt. Als wäre das nur ein Umsortieren. Aber nichts könnte falscher sein. Es muss tatsächlich alles vollkommen neu erfunden werden. Selbst wenn das Drehbuch nah am Werk bleibt, muss es neu erfunden werden.

GLOOMY SUNDAY war deine erste Literaturadaption?

Das war auch mein erster Kinofilm. Rolf Schübel kannte mich von einem Fernsehfilm und hatte mich deswegen für das Projekt vorgeschlagen, wodurch mir der Sprung zum Kino gelungen ist. Die Vorla-

Rolf Schübel (*1942), Produzent, Regisseur und Autor, gründete 1972 seine eigene Filmproduktionsfirma. Er machte zunächst Dokumentarfilme, bevor er 1990 mit DAS HEIMWEH DES WALERJAN WROBEL seinen ersten Spielfilm fürs Kino drehte. Er inszenierte mehrere *Tatort*-Folgen, Buch und Regie u.a. für GLOOMY SUNDAY und WOANDERS SCHEINT NACHTS DIE SONNE (1997).

Nick Barkow (*1928) lebt als freier Autor in Hamburg. Sein 1988 erschienener Roman *Das Lied vom traurigen Sonntag* (Rowohlt 1999) diente als Vorlage für den Film GLOOMY SUNDAY – EIN LIED VON LIEBE UND TOD. Er enthält zahlreiche Anspielungen auf Karrieren von NS-Größen in der BRD.

ge von Nick Barkow hat mich sehr begeistert, ein wunderschöner Roman, an dem mich vor allem sein böser, witziger, ironischer, bisweilen zynischer Tonfall fasziniert hat. Aber genau dieser Ton lässt sich gerade nicht übertragen auf einen Film. In gesprochenen Sätzen funktioniert das nicht, das wirkt künstlich und zu literarisch.

Aber als Haltung ließe sich dieses Bittere doch durchaus übertragen.

Das haben wir auch versucht. Der erste Schritt überhaupt bei der Adaption besteht darin, dass man sich fragt, was steckt in der Vorlage, was ist die Kernidee oder zumindest die Idee, die ich zur Kernidee des Films machen möchte? Möglicherweise stecken ja in einem Roman sogar mehrere.

Die weibliche dritte Hauptfigur, die du in das Drehbuch von GLOOMY SUNDAY eingeführt hast, gibt es in der Romanvorlage gar nicht. Da hast du dich ziemlich weit von dem Original entfernt.

Der Film erzählt eine Liebesgeschichte, die im Roman nicht vorkommt, im Roman gibt es überhaupt keine weibliche Figur. Die Ereignisse geschehen nacheinander und dienen eigentlich fast episodisch der Bebilderung dieser Zeit. Es ist unglaublich amüsant und scharfsichtig geschrieben, aber es ist nicht dramatisch. Deshalb mussten wir stark verändern. Nick Barkow meinte, das Ergebnis wäre schon dieselbe Geschichte, nur anders erzählt. Diese Haltung fand ich sehr freundlich, sie hat vielleicht damit zu tun, dass er Journalist ist und seine Texte nicht als so heilig und unantastbar empfindet, wie jemand, der ausschließlich Romane schreibt.

Es können vollkommen unterschiedliche Aspekte sein, die einen dazu bewegen zu sagen, dieses Buch ließe sich gut verfilmen.

Nun, in der Regel ist damit wohl gemeint, dass der Roman bereits eine starke, dramatische Struktur hat, die für den Film ebenfalls verwendet werden kann. Die literarische Qualität der Sprache nützt bei einer Adaption leider gar nichts. In die Falle bin ich schon oft getappt. Wenn Texte, wie bei Nick Barkow, bestechend schön sind, wie kann man das in Film transportieren? Gar nicht. Versucht man sie in Dialogen unterzubringen, klingt das aufgesetzt, und auch von dem Versuch, sie in eine Off-Stimme zu retten, kann ich nur abraten. Ich bin zwar ein großer Freund der Off-Stimme, bin aber auch der Überzeugung, dass man sie mit großer Leichtigkeit behandeln muss und ihr auf keinen Fall die Verantwortung aufhalsen darf, den Film zu erzählen. Jede direkte Übersetzung von Roman zu Film funktioniert nicht. Es bleibt nichts anderes übrig als, wie bei jedem Originalstoff auch, nach dem Herzen zu greifen, nach dem, was einen selbst an der Vorlage am meisten angezogen hat.

Wenn man diese »zentrale Idee« gefunden hat, sortiert man den Rest danach. Damit bewahrt man den Kern des Romans mehr als mit werkgetreuen Details. Bei GLOOMY SUNDAY haben wir am Anfang noch einen Off-Text geplant. Der stand bei Drehbeginn noch im Drehbuch. Wir haben lange überlegt, wer der Erzähler des Off-Textes sein könnte, und verfielen dann auf die Idee, es könnte das Klavier sein. Im Roman heißt es: »ein Piano der Marke Pleyel«. Und wir haben uns gedacht, das Klavier steht im Restaurant, bekommt deshalb das meiste mit und hat eine unendliche Weisheit. Ich mochte diese Idee immer gern. Letztlich haben wir es dann aber doch rausgeschmissen, weil es gebremst hat und ein bisschen geschwätzig war.

Das ist ja das Schöne beim Off-Text, man kann immer probieren, wie es funktioniert, und es selbst noch beim Schneiden wieder rausnehmen. Gab es so etwas wie eine übergeordnete Idee, die ihr im Buch gefunden und zu übertragen versucht habt?

Ich denke schon, auch wenn es mir nicht leicht fällt, das zu formulieren. Man könnte vielleicht sagen: »Die Menschen, die das Leben lieben, die Hedonisten und Menschenfreunde werden immer gegen die verlieren, die mit Zynismus und Machtbewusstsein ihr Ding durchziehen.«

Aber die letzte Wendung am Ende des Films konterkariert diese Idee, denn es wird, wenn auch spät, so doch kaltblütig Vergeltung geübt für das, was vorher geschah. Dafür gab es im Roman keinen Anhaltspunkt, glaube ich.

Nein, die späte Rache gibt es dort nicht. Aber was es in der Vorlage gibt, ist der Gedanke, »dass es sich vielleicht doch lohnt, zu den Verlierern zu gehören«. Im ersten Teil des Films verlieben sich zwei Männer in dieselbe Frau, eine sehr vorsichtige und verletzliche Dreierkonstellation entsteht. Die drei Figuren versuchen mit allem Respekt füreinander ihre Liebe zu leben. Es war uns wichtig, den Gegensatz zu denen zu zeigen, die ganz anderen Geistes sind. Man soll als Zuschauer das Gefühl bekommen, es gibt Wichtigeres und Wertvolleres, als am Ende der Sieger zu bleiben. Der Pianist begeht Selbstmord, der Restaurantbesitzer endet im KZ – und trotzdem ist vielleicht ihr Leben lebenswerter gewesen als das des alten Nazis, der reich und mächtig wird und am Ende doch noch über den Jordan geht.

GLOOMY SUNDAY

Werkstattgespräch

JULES ET JIM (Jules und Jim; 1962; D: François Truffaut, Jean Gruault, nach dem Roman von Henri-Pierre Roché; R: François Truffaut)

Du hast dieses wunderbare Dreiecksverhältnis beschrieben. Habt ihr dabei JULES UND JIM im Kopf gehabt?

Nein, eigentlich nicht.

Es gibt bei euch auch ähnliche Fahrradszenen wie bei Truffaut, also etwas wie beinahe choreografische Beziehungen zwischen den Filmen. Das ist kein bewusstes Zitat?

Das war kein bewusstes Zitat, die Idee dazu entstand anders. Im Roman gibt es diesen wunderbaren Charakter des Restaurantbesitzers. Es wird detailliert beschrieben, wie tolerant er ist und wie er jeden auf seine Weise leben lässt. Einmal heißt es von ihm, sein Ziel sei, angenehme Speisen auf hübsch gedeckte Tische zu bringen. Kein großes Ziel, aber ein sehr sympathisches. Und wenn dieser Charakter über die Welt und die Menschen philosophiert, betont er immer wieder, man müsse die Menschen sein lassen, wie sie sind, man muss Respekt vor ihnen haben. Wie bringt man so einen Charakter filmisch zum Vorschein? Er wird sichtbar, indem man seine Toleranz vor die höchstmögliche Prüfung stellt. Diese Prüfung besteht darin, dass die Frau, die er liebt, auch von einem anderen geliebt wird und er sie teilen muss. Dieser Gedanke hat zu dem Dreieck geführt. Wir wollten den Charakter in einen Konflikt bringen, in dem er glänzen kann.

REAR WINDOW (Das Fenster zum Hof; 1954; D: John Michael Hayes, nach der Kurzgeschichte von Cornell Woolrich; R: Alfred Hitchcock)

Ich komme auf diese Frage, weil ich auch bei anderen Stoffen von dir das Gefühl habe, es gibt einen starken Bezug zur Filmgeschichte. NETTE NACHBARN KÜSST MAN NICHT erscheint mir stark beeinflusst von DAS FENSTER ZUM HOF?

Ja, das ist in der Tat ein ganz bewusstes Zitat. Zu NETTE NACHBARN habe ich – wie schon erwähnt – das Drehbuch im Studium geschrieben. DAS FENSTER ZUM HOF war eins der Beispiele in der Filmanalyse, und ich lehne mich daran an. Hier habe ich zum ersten Mal die Gedankenstimme ausprobiert. Der Zuschauer hört, was die Figur denkt, und es ist fast immer das Gegenteil von dem, was sie tut oder sagt. Das hat mir gefallen.

NETTE NACHBARN KÜSST MAN NICHT

Dieses Element gibt es auf seltsame Weise auch in GLOOMY SUNDAY. Ich meine einen Moment, in dem die Figur ausspricht, was sie denkt, das dann aber nicht als Gedankenstimme, sondern direkt im »On«. Es handelt sich um eine Szene der Konfrontation zwischen Ben Becker als SS-Sturmbannführer und Joachim Król als jüdischem Restaurantbesitzer, in der ein Be-

griff fällt, und in der Reaktion thematisiert sich der nationalsozialistische Sprachgebrauch.

Du meinst, wenn Becker sagt: »Durch den Schornstein gehen.« Und das reflektiert Król und sagt so etwas wie: »Was ihr für Worte habt, so bildlich, durch den Schornstein gehen, da kann man sich richtig vorstellen, wie unten einer reingeschoben wird, und oben kommt er raus und hat Flügel hinten dran.« Becker erwidert dann: »Mann, wo wir sind, ist die Hölle.« Und ich glaube, Król sagt dann am Ende: »Und die Teufel werden immer mehr.«

So läuft der »der echte« Dialog, der schon speziell ist. Aber dann geht Becker ab. Und Król spricht nur mit sich selbst, weil das Gegenüber schon längst weg ist. »›Sonderbehandlung‹, das ist auch so ein Wort«, sagt er. Ich komme auf das Beispiel, weil dieses Moment des Selbstgesprächs für mich als Zuschauer die filmische Fiktion gebrochen hat.

Ich würde im Nachhinein vermuten, dass den Satz das Klavier sagen sollte. Er ist aus dem Roman und hat uns so gut gefallen, dass wir ihn unbedingt erhalten wollten. Du hast recht, das Mit-sich-selbst-Reden ist eine Krücke und funktioniert nicht besonders gut.

In jeder filmischen Geschichte gibt es einen Erzähler, der hinter der Organisation des Materials steht, so wie es im Drehbuch angelegt und dann in der Inszenierung umgesetzt ist. Was steht hinter deinem Wunsch oder der Begeisterung für die Methode, diesen Erzähler auch akustisch deutlich werden zu lassen, ihm damit auch andere Möglichkeiten einzuräumen, szenisch-dramatisch zu erzählen?

Wie gesagt, ich finde eine Off-Stimme gut, wenn damit spielerisch umgegangen wird. Sie kann ironisieren, kommentieren, sie kann Zeit elegant raffen und Wiederholungen kurz und knapp erzählen, für die man sonst umständliche Szenen bräuchte, sie kann den Zuschauer bei der Hand nehmen und ihm komplizierte Zusammenhänge erklären, sie kann den Zuschauer direkt informieren, was bei einem Dialog oft daneben geht, weil man die Absicht riecht. Aber die Off-Stimme kann keine dramaturgischen Funktionen erfüllen, das geht schief. Beim PARFÜM zum Beispiel, finde ich, greift der Erzähler so weit ein, dass er auch dramatische Wendepunkte einfach erzählt, ohne dass sie im »On« passieren. Es gibt in der Mitte des Romans den Teil, in dem Grenouille ewig lange auf einem Berg ist, in einer Höhle lebt und sich total von der Welt abschirmt. Er merkt eines Nachts, dass er selbst nicht riecht. Das ist ein entscheidender Wendepunkt, weil er in diesem Moment versteht, dass er nie zur Gemeinschaft der Menschen gehören wird. Sie akzeptieren ihn nicht als einen der ihren. Das ist sein Drama und der Grund dafür, warum er sich dieses spezielle Parfüm beschaffen will. Er will dazugehören. Wenn mir das die Off-Stimme einfach erzählt, kann ich Grenouilles Leid nicht wirklich erfassen. Die Off-Stimme schafft Distanz, sie erinnert uns daran, dass wir einen Film sehen. Wir sind nicht mehr wirklich emotional involviert. Aus Szenen von großer emotionaler Bedeutung sollte sich die Off-Stimme besser raushalten.

Es ist ja nicht zwangsläufig, dass der Erzähler oder die Erzählerin auch Teil des Films ist. Wenn ja, muss natürlich die Off-Stimme auch wie ein Charakter, eine Figur behandelt und geführt werden. Was sie in ihrer Rolle weiß und was sie an Haltungen hat, muss natürlich dann auch die Off-Stimme präsentieren. So wie du es für NETTE NACHBARN geschildert hast, als die Differenz zwischen Denken und Handeln, ist das keine Erzählstimme, sondern eine Gedankenstimme. In bestimmten Genres wie dem Film noir kommt die Erzählstimme häufig vor, darüber gibt es ein ganzes Buch, Invisible Storytellers.

Sarah Kozloff: *Invisible Storytellers* (University of California Press 1989)

Schauspieler

Gehen wir noch mal zu GLOOMY SUNDAY zu diesem Moment des Bitteren, auch Zynischen, das euch gereizt hat. Für mich steht das Zynische in Kontrast zu der großen, absoluten Offenheit und Verletzlichkeit, mit der Król seine Rolle spielt. Habt ihr an Schauspieler gedacht beim Schreiben? Stellst du dir, wenn du Figuren entwirfst, Darsteller vor?

Nein, das hemmt mich eher, weil ich möchte, dass eine Figur ganz neu für mich ist, sie soll kein Gesicht haben, das ich schon kenne. Trotzdem war es bei GLOOMY SUNDAY so, dass Joachim Król einer der ersten Darsteller war, den Rolf Schübel und auch ich uns gewünscht hatten. Also schlich er sich schon in die Gedanken beim Schreiben ein. Das ist aber eine Ausnahme gewesen. Es kommt manchmal vor, dass ich gefragt werde, ob ich eine Geschichte für einen bestimmten Schauspieler schreiben würde. Dazu fällt mir dann absolut nichts ein. Ich muss immer von der Geschichte ausgehen. Es mag aber sein, dass es Autoren gibt, bei denen das anders ist.

Im Gespräch mit Wolfgang Kohlhaase behandelten wir dieses Thema auch, er stellt sich schon sehr häufig einen bestimmten Schauspieler vor. Nicht einen konkreten Darsteller vielleicht, aber einen bestimmten Typus. Ich vermeide das auch, weil mein Lehrer Frank Daniel mich davor gewarnt hat, und weil ich merke, dann schreibe ich die Figur, den Charakter nicht wirklich aus.

Ich hätte da auch Sorge, dass ich mich unbewusst beschränke.

Verändert sich nach dem Casting noch mal etwas am Buch? Gerade bei den Kinoprojekten spielt die Besetzung doch eine große Rolle. Wenn feststeht, wer die Hauptrollen spielt, gehst du dann noch in einen Prozess der Anpassung?

Manchmal schon.

Wie war das bei GLOOMY SUNDAY?

GLOOMY SUNDAY

Vielleicht wurde László dadurch, dass ich Joachim Król vor Augen hatte, sanfter und nachgiebiger. Bei einem Film, der jetzt gerade gedreht wird, FRIEDLICHE ZEITEN, habe ich vor nicht allzu langer Zeit erfahren, dass Axel Prahl freundlicherweise eine kleine Nebenrolle spielen wird. Da habe ich die Figur nochmal nachgelesen und die Vorstellung, wie Axel Prahl dieses oder jenes sagen würde, hat meiner Fantasie nochmal neues Futter gegeben.

FRIEDLICHE ZEITEN (vorauss. Kinostart: 2008; D: Ruth Toma; R: Neele Leana Vollmer)

Neele Leana Vollmer (*1978), Regisseurin, studierte an der Fimakademie Baden-Württemberg. Nach zahlreichen Kurzfilmen stellte sie 2005 mit URLAUB VOM LEBEN ihren ersten Langfilm fertig, seinerzeit Eröffnungsfilm der Hofer Filmtage.

Credits

Du hast nach GLOOMY SUNDAY mit sehr vielen Filmregisseuren zusammengearbeitet. Meistens endet das damit, dass diese dann auch auf den »Credits« für das Drehbuch auftauchten. Wie empfindest du das? Ist das ein unvermeidbares Moment bei der Entwicklung eines Kinostoffes?

Unvermeidbar ist das nicht. Und es gibt auch einige Kinofilme, für die ich alleine verantwortlich zeichne. Ich glaube, die Co-Autorenschaft der Regisseure rührt daher, dass im Kinobereich häufiger Autor und Regisseur von vornherein gemeinsam losmarschieren. Bei GLOOMY SUNDAY habe ich mit Rolf Schübel zusammengearbeitet. Rolf ist auch Autor. Es gibt Filme, die er allein geschrieben hat, und er versteht sich von vornherein als mitschreibender Regisseur. Wir haben die Geschichte gemeinsam entwickelt, die Treatment- beziehungsweise die Drehbuchfassungen habe aber ausschließlich ich geschrieben. Wir sind dann immer wieder gemeinsam drübergegangen. Das kann man auch als normale Regiearbeit verstehen. Co-Autorenschaft ist eine Sache der Definition. Der Regisseur hat das Drehbuch jahrelang begleitet, hat von Anfang an die Geschichte mit erdacht. Auch wenn er

Werkstattgespräch

JETZT ODER NIE – ZEIT IST GELD (2000; D: Lars Büchel, Ruth Toma; R: Lars Büchel)

ERBSEN AUF HALB SECHS (2004; D: Lars Büchel, Ruth Toma; R: Lars Büchel)

Lars Büchel (*1966), Autor, Filmproduzent, Schauspieler und Regisseur. Er studierte an der Kunsthochschule für Medien Köln u.a. bei Dominik Graf, Horst Königstein und Alfred Biolek, sein Spielfilmdebüt war 4 GESCHICHTEN ÜBER 5 TOTE (1998). JETZT ODER NIE und ERBSEN AUF HALB SECHS sind seine bislang erfolgreichsten Filme.

LIEBESLUDER (2000; D: Detlev Buck; Ruth Toma; R: Detlev Buck)

Detlev Buck (*1962), Regisseur, Schauspieler, Drehbuchautor und Produzent, machte zunächst eine Ausbildung zum Landwirt. Begann seine Karriere als Filmemacher 1984 mit ERST DIE ARBEIT UND DANN?, erst danach studierte er von 1985 bis 1989 an der Deutschen Film- und Fernsehakademie in Berlin. Regisseur u.a. von KARNIGGELS (1991), WIR KÖNNEN AUCH ANDERS (1993), MÄNNERPENSION (1996). Für KNALLHART (2006) erhielt er die Silberne Lola.

DIE WEISSE MASSAI (2005; D: Johannes W. Betz, nach dem Roman von Corinne Hofmann; Off-Texte: Ruth Toma; R: Hermine Huntgeburth)

nicht selber die Tasten bedient und die Sätze schreibt, ist das Autorenarbeit. Das habe ich Rolf Schübel zugestanden.

Bei JETZT ODER NIE und ERBSEN AUF HALB SECHS mit Lars Büchel oder bei LIEBESLUDER mit Detlev Buck war das genauso?

Bei JETZT ODER NIE hat Lars geschrieben. Als ich dazukam, gab es bereits eine Buchfassung. Ich habe ihn beraten, habe die Geschichte geändert und überarbeitet, aber er hat bis zum Schluss das Buch verwaltet. Da stehe ich an zweiter Stelle, und das ist auch korrekt. Bei ERBSEN AUF HALB SECHS hatte Lars die Idee zu dem Stoff, die aber nur aus einem Satz bestand: »Stell' dir vor, zwei Leute verlieben sich und können sich beide nicht sehen.« Ich fand das sehr magisch und hielt das für den Kern einer Kinoidee. Bei diesem Projekt habe ich geschrieben und auch weitgehend die Geschichte entwickelt. Nach den ersten Fassungen kam Lars mit einer neuen Idee. Er wollte das Ganze als Roadmovie erzählen. Ich hatte Bedenken, wie weit es noch glaubhaft ist, wenn zwei Blinde durch halb Europa reisen. Es war schon eine ziemliche Herausforderung für einen frisch erblindeten Mann, seinen Alltag zu Hause zu meistern. Aber ich fand es auch reizvoll. Wir haben gemeinsam eine neue Handlung aufgebaut, und ich hab' eine neue Fassung geschrieben. Als das Buch schon sehr weit entwickelt war und von allen Seiten gutgeheißen, hat Lars es noch einmal umgeschrieben. Darüber war ich ziemlich sauer, ich kann es nicht anders sagen.

Neben den vielen Filmen taucht dein Name auch im Vorspann von DIE WEISSE MASSAI auf.

Da gehört der nicht rein.

Du hast kein rewrite geschrieben?

Ich habe nur die sehr sparsam eingesetzten Off-Texte geschrieben. Hermine Huntgeburth ist eine gute Freundin von mir. Als der Schnitt des Films fertig war, hatten Günter Rohrbach und Hermine Sorge, dass am Anfang nicht deutlich wird, was in der Heldin vor sich geht. Da haben sie mich gefragt, ob ich nicht eine Gedankenstimme schreiben könnte, und ich habe getan, was ich konnte. Aber ich weiß nicht, ob es wirklich geholfen hat. Übrigens war mein erster Vorschlag und mein Lieblingsanfang für die Gedankenstimme: »Ich hatte eine Boutique in der Schweiz.« Den Satz haben sie leider nicht genommen, schade, ich fand das sehr komisch.

Offensichtlich fehlte Rohrbach eine gewisse Ironiefähigkeit. Auch bei KEBAB CONNECTION *ist dein Name unter vielen anderen dabei?*

Fatih Akin hatte die erste Buchfassung geschrieben. Dann hat er SOLINO gedreht, und der Stoff war liegengeblieben, sollte aber weiterverfolgt werden. Wobei schon klar war, dass Fatih keine Regie machen wollte, weil die Kebabbude zu nah an der Pizzeria von SOLINO lag. Ralph Schwingel hat mir dann ziemlich schlau erklärt, wenn Fatih sich um meinen Film kümmere, dann müsse ich wohl die nächste Fassung von seinem Buch schreiben – so in etwa. Ich war zuerst etwas irritiert, weil das vom Genre her so gar nicht meine Baustelle ist – Kung-Fu-Kämpfe und Szenevolk im Schanzenviertel. Ich habe das Buch vor allem im Hinblick auf die Liebesgeschichte überarbeitet. Als Fatih mit SOLINO fertig war, haben wir zusammen noch mal eine Fassung geschrieben, was viel Spaß gemacht hat. Später kam noch Jan Berger dazu, der das Ganze noch mal überarbeitet hat, weil sowohl Fatih als auch ich schon wieder in anderen Projekten steckten. KEBAB

Hermine Huntgeburth (*1957), Regisseurin, Produzentin, Drehbuchautorin. Sie studierte Film an der Hochschule für Bildende Künste in Hamburg und in Sydney. Für IM KREIS DER LIEBEN (1991) erhielt sie den Bundesfilmpreis in Gold. Ihre bekanntesten Filme sind BIBI BLOCKSBERG (2002) und DIE WEISSE MASSAI (2005).

Günter Rohrbach (*1928), Film- und Fernsehproduzent. Nach dem Studium arbeitete er zunächst als Journalist, von 1961 bis 1979 war er für den WDR tätig, danach bis 1994 Geschäftsführer der Bavaria Film GmbH. Seit 1994 ist er freier Filmproduzent. Er lehrt seit 1992 an der Hochschule für Film und Fernsehen in München, ist Präsident der Deutschen Filmakademie und Aufsichtsratmitglied der Constantin Film AG. Er erhielt zahlreiche Preise, u.a. den Bundesfilmpreis, die Goldene Kamera und den Adolf-Grimme-Preis.

JETZT ODER NIE

CONNECTION ist ein Stoff von vielen Autoren, aber in diesem Fall wurde recht freundlich miteinander umgegangen, und es ist auch gut ausgegangen. Ich glaube, von jedem Autor ist das Beste dringeblieben.

Was sind die Voraussetzungen dafür, dass ein doch ziemlich komplexer Prozess mit so vielen Beteiligten gut läuft, dass ein stimmiges Produkt entsteht?

KEBAB CONNECTION (2005; D: Fatih Akin, Ruth Toma, Jan Berger, Anno Saul; R: Anno Saul)

Anno Saul (*1963), Drehbuchautor und Regisseur. Er studierte von 1985 bis 1990 Spielfilm an der Hochschule für Fernsehen und Film in München. 1987 schrieb und inszenierte er das BR-Fernsehspiel ENTFÜHRUNG FÜR ANFÄNGER, seitdem realisierte er mehrere Fernseh- und Kinofilme. Regisseur u.a. von UND MORGEN FÄNGT DAS LEBEN AN (1996), GRÜNE WÜSTE (1999) und KEBAB CONNECTION (2005).

Jan Berger (*1970), Drehbuchautor. Studierte Philosophie und Germanistik. Seit 1997 schreibt er für Film und Fernsehen, u.a. die Drehbücher für SUMO BRUNO (2000), KEBAB CONNECTION (2005), EINE ANDERE LIGA (2005), FC VENUS (2006), FINNISCHER TANGO (2006).

Jean-Claude Carrière (*1931 in Colombières-sur-Orb), Drehbuchautor und Schriftsteller. Er arbeitete u.a. mit Jacques Tati, Luis Buñuel, Louis Malle, Volker Schlöndorff, Andrzej Wajda, Peter Brook und Jean-Luc Godard. 1986 wurde er zum Präsidenten der neu eingerichteten La Fémis (Hochschule für Film und Audiovision, Paris) ernannt. Er verfasste mehrere Bücher über das Drehbuchschreiben. In einem *FAZ*-Interview sagte er zu dem Zitat von Louis Malle, er habe kein Ego: »Ich habe gelernt, mich an-

Das hängt von den jeweiligen Umständen ab. Die Idee zu der Geschichte entstand, als Fatih bei Wüste aufkreuzte und sagte, er würde gern mal einen Kung-Fu-Film drehen. Und Ralph sagte: »Ich glaube eher nicht, aber du könntest einen Film über einen Typen drehen, der einen Kung-Fu-Film drehen will.« Ralph war als Produzent vom Anfang bis zum Schluss dabei und hat die Hand über Form und Inhalt gehalten. Und keiner der Autoren war so verbissen zu sagen, ich möchte nicht, dass jemand anders meine Fassung umgestaltet. Für Fatih war es längst nicht mehr das wichtigste seiner Projekte. Mit Distanz hängt es sicher auch zusammen, dass man akzeptiert und sogar gutheißt, was andere aus dem eigenen Stoff machen.

Die eigene Handschrift

Wie groß ist dein Ego?

Es kann so schlimm nicht sein, ich bin eine Frau.

Heißt das, ihr habt kleinere Egos?

Das war nicht ernst gemeint. Ich bin nicht der Typ, der sich unbedingt in den Vordergrund drängen muss. Aber bin ich es leid, dass die Arbeit von Autoren nicht angemessen wahrgenommen wird. Das ist nicht richtig. Autoren müssen nicht vorne stehen, aber sie gehören in eine Reihe mit den Regisseuren.

Ich frage nach deinem Ego, weil Jean-Claude Carrière, der von Truffaut bis Buñuel mit allen großen französischen und vielen europäischen Kinoregisseuren gearbeitet hat, angeblich kein Ego hat. Zu seinem Geburtstag gab es eine Reihe von Porträts und in einem wurde ein Regisseur mit der Aussage zitiert: »Carrière hat kein Ego.« Er selber empfiehlt auch seinen Drehbuchstudenten, kein Ego zu entwickeln. Trotzdem hat er eine Karriere, einen besonderen Ruf, vielleicht gerade wegen der Heterogenität, der Vielfältigkeit des Werkes. Meine Frage zielte darauf, ob du so etwas wie einen Stil hast, eine Handschrift? Und ob du auf diese Handschrift achtest?

Ich kann nicht sagen, dass ich meine persönliche Handschrift pflege, aber ich glaube schon, dass es eine gibt und dass sie auch erkennbar ist.

Und was wäre das?

Ich habe befürchtet, dass du nachfragst. Es fällt mir schwer, das zu beschreiben. Ich zitiere mal eine Produzentin, die mir sagte, ich hätte die Fähigkeit, in den traurigen Geschichten das Komische und in den komischen Geschichten das Traurige zu finden. Ich finde das sehr schmeichelhaft, und ich hoffe, dass es stimmt. Ich war auch sehr stolz, als mir unser Valentin-Experte sagte, er könne bei den Sätzen, die ich Valentin in den Mund lege, manchmal nicht unterscheiden, ob sie von Valentin selbst oder von mir sind. Valentin war ein Meister darin, sich die Welt von hinten anzugucken, und manchmal kann ich das auch. Als ich ROMEO geschrieben habe, war es für mich ein Schlüsselerlebnis, irgendwo zu lesen, Spionagechef Markus Wolf hätte seinen Agenten immer zu ihren Geburtstagen gratuliert, und zwar zu den falschen, zu den Geburtstagen ihrer Legenden. Er hatte überhaupt keine Hemmungen, zu diesen Anlässen Sektflaschen zu verschenken und Karten zu schreiben. Als ich das las, dachte ich, tolle Szene. Von so einem Punkt aus sehe den Film vor mir.

zupassen. Ein Autor muss alles geben, seine Arbeit, sein Talent, seine Nächte und Tage, völlig dem Werk eines anderen hingegeben, der dann als Urheber gilt. [...] Wenn ich einen Film beginne, versuche ich herauszufinden, welchen Film der Regisseur wirklich machen will, manchmal weiß er es selbst nicht.«

ROMEO (2001; D: Ruth Toma; R: Hermine Huntgeburth)

Kann es auch sein, dass dein Stil von der speziellen Art von Schauspiel, von der Improvisation und von einer ganz bestimmten Form des Theatermachens herrührt? Ich meine das nicht nur rein stilistisch, sondern auch das Ambiente kommt häufig vor. Gerade das Schlussdrittel von ERBSEN AUF HALB SECHS spielt fast ausschließlich in einem Straßentheater oder einer total theaterhaft überhöhten Kulisse.

Ach, gerade den Schluss von ERBSEN hätte ich persönlich gerne viel realistischer gehabt. Das Überhöhte des Endes mag ich nicht. Aber es stimmt, Theater als Motiv kommt oft in meinen Filmen vor, überhaupt das Spielen auf zwei Ebenen. Film im Film oder Theater im Film. Film kommt in SOLINO vor, das Theater in ERBSEN AUF HALB SECHS, und beides, Theater und Film, gibt es momentan auch beim Valentin-Projekt. Das Leben setzt sich auf der Bühne fort, und umgekehrt findet im wirklichen Leben eine Menge Theater statt. Ich mag es gerne, wenn die zwei Ebenen sich spiegeln und vielfältig ineinander verflochten sind. Das fasziniert mich immer wieder.

KARL VALENTIN UND LIESL KARLSTADT (vorauss. Kinostart: 2008; D: Ruth Toma; R: Jo Baier)

Auch das Motiv des Selbstmords oder der Sterbehilfe taucht auffällig häufig in deinen Werken auf. Nicht nur in EMMAS GLÜCK oder GLOOMY SUNDAY, wo es direkt Thema ist, sondern auch zum Beispiel in ERBSEN AUF HALB SECHS. Die alte Mutter der männlichen Hauptfigur trinkt am Schluss aus diesem Hitchcock-mäßig ausgeleuchteten Glas eine tödliche Substanz.

Jo Baier (*1949), Regisseur und Drehbuchautor, zählt zu den erfolgreichsten deutschen Fernsehregisseuren. Er erhielt Auszeichnungen u.a. für DER LADEN (1998) und STAUFFENBERG (2004). Neuester Film: DAS LETZTE STÜCK HIMMEL (2007).

Es gibt auch ständig tödliche Krankheiten in meinen Filmen, das ist mir beinahe ein bisschen peinlich. Aber nicht nur in meinen Filmen

Werkstattgespräch

EMMAS GLÜCK (2006; D: Claudia Schreiber, Ruth Toma, nach dem Roman von Claudia Schreiber; R: Sven Taddicken)

Sven Taddicken (*1974), Regisseur, studierte von 1996 bis 2002 am Fachbereich Regie/Szenischer Film der Filmakademie Baden-Württemberg in Ludwigsburg. Er drehte die preisgekrönten Kurzfilme EL CORDOBÉS, SCHÄFCHEN ZÄHLEN und EINFACH SO BLEIBEN, sein erster Spielfilm war MEIN BRUDER, DER VAMPIR (2001). Seit 2004 ist er Mitglied der Deutschen Filmakademie. EMMAS GLÜCK ist sein zweiter und bislang bekanntester Spielfilm.

geht es häufig um Krankheit und Tod, das hängt wohl einfach damit zusammen, dass am Rand des Lebens die »großen Fragen« gestellt werden.

Filme, in denen Blinde vorkommen, sind ja meistens Melodramen, also in den Gefühlen übersteigert. Kann man deinen filmischen Umgang mit Stoffen melodramatisch nennen, oder verkürzt das etwas? Ist das Melodram ein Genre, das dich reizt?

Ich finde es großartig, wenn Leute in meinen Filmen weinen. Aber ich würde es nicht aushalten, wenn es nicht auch Komik darin gäbe. Der Begriff Tragikomödie gefällt mir, glaube ich, besser als Melodram. Es war übrigens öfter so, dass die Drehbücher mehr Komik enthielten als die fertigen Filme. Bei ERBSEN AUF HALB SECHS war das so, bei ROMEO und bei EMMA auch. Witzige Dialogsätze wurden weggelassen, komische Situationen nicht komisch inszeniert, Szenen wurden wortkarger und ernster. Ich weiß nicht, ob die Regisseure beim Dreh merken, dass die Komik in bestimmten Situationen nicht funktioniert. Ich mag darüber gar nicht urteilen. Es ist mir klar, wie waghalsig es ist, den Zuschauer über komische Brüche hinweg im Gefühl der Empathie zu halten. Andererseits kann ein kurzes Loslassen, ein Aufatmen, die Emotion sogar noch verstärken. Bei ERBSEN AUF HALB SECHS fand ich, dass viele Szenen in ihrem Ton zu gleich waren. Jede für sich war sehr emotional. Aber zu viele solcher Szenen hintereinander ermüden und lassen den Zuschauer beinahe zynisch werden. Er will nicht schon wieder einen tragischen, ernsthaften Dialog, nicht schon wieder diese gewichtigen Pausen zwischen den Sätzen hören. Wenn man den langsamen, schwermütigen Rhythmus durch Komik bricht, ist der Zuschauer wieder bereit, Gefühle aufzunehmen. Es ist mir klar, dass es ein Meisterstück ist, die richtige Punkte dafür zu finden und die richtige Dosierung.

Hängen diese Verluste mit dem mangelnden Mut in der Realisierung zusammen? Oder wirken da Elemente, die auch in den Büchern vorkommen und bei denen der Regisseur merkt, er muss ihnen mehr Rechnung tragen? Ich habe das Buch von EMMAS GLÜCK vor der Realisierung gelesen, und für mich war es sehr schwierig, mit dem Ende umzugehen. Jürgen Vogel wird geschlachtet wie vorher die Schweine, könnte man sagen. Von dieser Schlussszene aus, in der Emma ihm Sterbehilfe leistet, wird der Film interpretiert. Jede Geschichte wird von ihrem Ende her erklärt oder bekommt ihr Gewicht daher. Und es ist die Frage, ob das Ende erträglich gewesen wäre, mit mehr Komik vorher.

Das werden wir nie erfahren. Ein Drehbuch wird nur ein einziges Mal inszeniert, nicht wie ein Theaterstück mehrfach. Vielleicht hätte der Film auch mit ein bisschen mehr Komik funktioniert, vielleicht war es völlig richtig, dem Gefühl zu vertrauen, dass mehr zu viel wäre.

Wie ist das für dich, auf der einen Seite Komik zu entwickeln und auf der anderen Seite bei der Figur zu bleiben, also die Figur dadurch nicht zu brechen? Wie schaffst du es, die Figur nicht zu verraten und ihr das dramatische, tragische Element zu belassen?

Fritzi Haberlandt und Hilmir Snær Guðnason in ERBSEN AUF HALB SECHS

Wir sind doch alle unendlich komisch in unseren Unzulänglichkeiten und in all diesen Situationen, in denen wir uns nicht auskennen und uns dumm anstellen, in denen uns etwas Peinliches passiert. Das sind komödiantische Momente, in denen man über die Figur lacht und ihr dennoch nah ist, weil ihr Verhalten zutiefst menschlich ist.

Für mich ist die Komödie die Königsklasse, das Allerschwierigste, weil es so sehr mit Timing zusammenhängt, weil die Komik aus der Handlung entfaltet werden und die filmische Erzählweise beibehalten werden muss. Viele deutsche Komödien sind eher Aneinanderreihungen von Gags. Vielleicht können wir dazu einen Moment in EMMA konkret anschauen. Sie fährt ein Moped, das im Schwungrad eine Unwucht hat und dadurch unruhig läuft. Emma verschafft sich sexuelles Vergnügen, indem sie damit durch die Gegend fährt. Im Film sehen wir nicht nur, wie das passiert, sondern auch in welcher räumlichen Entfernung Dorfbewohner das kommentieren. Wie hast du das geschrieben, wie hast du dir das vorgestellt? Und funktioniert das im Film?

Sowohl das Mofa mit der Umwucht als auch die Kommentare der Dorfbewohner sind Elemente aus dem Roman. Ich fand das sehr schön und wollte es auch im Film benutzen. Aber du hast Recht, man fragt sich tatsächlich, kann man das Mofa im Dorf wirklich hören? Im Roman glaubt man die Behauptung viel eher als im Film, weil man im Film die räumlichen Verhältnisse konkret vor Augen hat. Man sieht Leute mit dem Auto vom Dorf zum Hof fahren, also muss das schon ein Stück weg sein. Im Roman würde nie ein Leser sagen: »Moment mal, hört man das?« Seltsam, dass man beim Film realistischer denkt.

Das finde ich gar nicht seltsam, der Raum ist nicht mehr der, den du imaginierst, sondern es ist im Film immer ein konkreter, physischer Raum. In dem Moment, wo du den konkreten, physischen Raum siehst, verbindest du damit alle deine Kenntnisse über diesen Raum, die du im Alltag erworben hast, du projizierst das automatisch darauf. Du weißt, schon nach 100 Metern ist ein Ton nur noch leiser zu hören, weil das deiner Erfahrung entspricht.

Wobei du im Roman auch die Information bekommst, dass das Dorf so und so weit entfernt ist, aber da denkt man das nicht ständig mit. Ich hatte ursprünglich zweimal die Mofaszene drin und auch

Jürgen Vogel und Jördis Triebel in EMMAS GLÜCK

beide Male Kommentare der Dorfbewohner, die sagen: »Ach, die Schlampe, jetzt ist sie wieder unterwegs«, oder der Polizist, der sie anbetet, sagt: »Ach Gott, jetzt macht die das schon wieder.« Und dann verändern sich die Kommentare beim zweiten Mal: »Jetzt ist doch gar nicht ihre Zeit. Und wieso fährt sie denn heute dreimal hin und her?« Und aus Gründen, die ich jetzt nicht mehr weiß, fielen die ersten Kommentare raus. Dadurch wirken die verbleibenden jetzt ein bisschen gewollt.

Ich fand generell das Zusammenbringen dieser räumlich doch sehr weit auseinanderliegenden Dinge heikel, denn woher wissen die Dorfbewohner, was mit Emma passiert, sie können sie nicht sehen, sie hören, wenn überhaupt, nur das Moped. Woher wissen die, dass sie dabei einen Orgasmus bekommt?

Das hätte sich durch die Zweimaligkeit erklärt, dann wäre es ein Ritual gewesen. Jeder weiß Bescheid, denn Emma macht das schon seit Jahren, und irgendeiner wird mal zugeguckt haben. Aber es erfordert vom Zuschauer Abstraktion, das ist wohl wahr.

Musik

Was bedeutet dir Musik?

Ich bin ein leidenschaftlicher Konsument, und es schmerzt mich, dass ich nicht mehr davon verstehe.

Hast du Einfluss auf die Musik bei deinen Filmen?

EMMAS GLÜCK

Manchmal suche ich mir Songs aus. Zum Beispiel bei SOLINO habe ich etliche 1960er- und 1970er-Jahre-Songs rein geschrieben, die ich im Ohr hatte. Die sind alle nicht im fertigen Film, weil sie viel zu teuer waren. Die waren auch eher als Hinweis gemeint, was ich mir vorstelle, und nicht als konkrete Anweisung.

Mir ist aufgefallen, dass es in deinen Filmen häufig eine sehr emotionale Musik gibt, die oft beinahe zirkusartig klingt. In SOLINO finde ich manche Source-Musik – also Musik, die aus der Szene selbst kommt – sehr schön; die Partymusik, aber auch der Chor am Schluss in der Kirche sind sehr stark. Dann gibt es aber eine heftige, untermalende Musik, ein Leitmotiv, das auftaucht, sobald es um das Kino geht, das ich als leierkastenhafte, zirkusartige Musik empfunden habe und das die Töne des »On« überdeckt. Wie hast du das bei SOLINO empfunden?

ERBSEN AUF HALB SECHS

Jánnos Eolou, ein griechischer Komponist, hat die Musik geschrieben, und ich mag sie sehr. Ich kann den Eindruck nachvollziehen, dass die Musik sehr dominant ist, ich mag sie trotzdem. Auch bei ERBSEN AUF HALB SECHS finde ich die Musik sehr schön, und auch da ist sie vielleicht ein paar Mal zu oft und zu laut eingesetzt.

Woher kommt dieser spezielle Einsatz der Musik? Hat das vielleicht auch mit deinem Stil zu tun? Du strebst ja keine irgendwie geartete Form von Realismus an mit dem, was du schreibst?

Nein?

Ich glaube nicht. Aber wenn du das doch so empfindest, musst du es sagen.

Ich habe ein bisschen Angst vor einem am Boden klebenden Realismus.

Das ist dir zu wahrhaftig.

Ich strebe einen so weit wie möglich ausgedehnten Realismus an.

Einen poetischen Realismus?

Ja. Und für die Musik musst du die Regisseure verantwortlich machen.

Aber eine gewisse Form von Überhöhung legst du schon im Schreiben an.

Der amerikanische Begriff *bigger than life* klingt immer ein bisschen billig, aber ich empfinde ihn nicht als unwahr.

Sehr konsequent hast du dich – vielleicht aus diesem Grund – dem Genre des Krimis, der im Fernsehen eine sehr große Rolle spielt, verweigert. Hast du dich dem bewusst entzogen?

Ich glaube, ich kann es nicht. Es interessiert mich auch nicht. Ich gucke kaum Krimis, *Tatort* oder andere Fernsehkrimis. Ich habe nie verstanden, was die Leute daran fasziniert. Ich empfinde beim Zugucken immer eine Distanz. Die Helden, die Kommissare, erleiden die Geschichte nicht selbst. Die zentrale Frage, wer der Mörder war, würde mich als Autorin vor große Schwierigkeiten stellen. Ich weiß nicht, wie das geht. Es müssen mehrere Personen in Frage kommen. Unter diesen Bedingungen kann ich keinen Charakter konsequent führen, in ihn reinschlüpfen, mit ihm mitgehen und herbeiführen, dass nur er dieses unglaubliche Verbrechen begangen haben kann. Alle Verdächtigen müssen so behandelt werden, dass sie es gewesen sein könnten. Und welcher von ihnen es dann war, das ist dadurch letztlich nicht wirklich interessant.

Es wird dir zu beliebig?

Ja, deshalb vergesse ich die Auflösung auch immer. Mir scheint das ein dem Genre innewohnendes unauflösliches Dilemma. Aber vielen Leuten scheint das gut zu gefallen. Eine andere Geschichte sind für mich Thriller, die allerdings eher im Kino stattfinden. Ich bin fasziniert von Filmen wie DIE ÜBLICHEN VERDÄCHTIGEN, die einerseits mit Verrätselungen arbeiten, die einen intellektuell fordern, und die gleichzeitig eine hohe Emotionalität erreichen. Grauen, Lust am Abgründigen, Schaudern darüber, wozu Menschen fähig sind. Den Blick auf die dunkle Seite kann ich zwar genießen, mir selbst als Autorin würde ich das aber nicht zutrauen. Dafür bin ich zu brav, glaube ich.

THE USUAL SUSPECTS (Die üblichen Verdächtigen; 1995; D: Christopher McQuarrie; R: Bryan Singer)

Wenn man deinen Weg anschaut zu der im Kino am meisten vertretenen deutschen Autorin, zu einer häufig ausgezeichneten Autorin, was glaubst du, war für dich wichtig, um das zu erreichen? Schreibroutine oder handwerkliche Kenntnisse, Disziplin oder Fantasie?

Es ist schwer, eine Aussage über die eigene Fantasie zu treffen. Wer weiß schon, wie das bei ihm selber funktioniert, und was ist das überhaupt? Beim Klang des Wortes sehe ich seltsame, bunte Märchenwelten vor mir. Aber Fantasie kann keine noch nie dagewesene Welt erschaffen, sie kann nur Bekanntes neu und auf überraschende Weise kombinieren. Und die Fähigkeit dazu kann man sogar erweitern, sozusagen beim Denken ein bisschen nach links und rechts schauen. Disziplin kann ich auf jeden Fall bejahen. Ich bin ein ziemlich disziplinierter Mensch, war ich schon immer.

Von außen betrachtet verbindet man eine spontaneistische, anarchische Geschichte wie das Theater Fliegende Bauten *nicht unbedingt mit Disziplin. Aber wahrscheinlich braucht es gerade eine selbst geschaffene Disziplin, um eine solche Truppe so lange zusammenzuhalten.*

So eine Gruppe baut einen Druck auf, dem sich keiner so leicht entziehen kann. Jeder muss seine Aufgaben erfüllen, wenn es funktionieren soll. Später, beim Schreiben, hat mir erstaunlicherweise auch die Geburt meines Sohnes zu mehr Disziplin verholfen. Ich musste vorher nicht zu einer bestimmten Zeit aufstehen und habe eher lange geschlafen, um dann irgendwann anzufangen und bis in den Abend hinein zu schreiben. Ein kleines Kind zwingt einen dazu, sich zu organisieren. Es gibt dann eine Zeit, da ist das Kind im Kindergarten, und was man in der Zeit nicht geschafft hat, existiert nicht. Das hat mich dazu gebracht, sehr effizient zu schreiben.

Wie erklärst du dir selbst deinen Erfolg? Könntest du drei oder auch mehr Eigenschaften sagen, auf die du ihn zurückführen könntest?

Ich bin vorsichtig in der Auswahl der Stoffe, auch der Stoffe, die mir von außen angeboten werden. Das ist natürlich ein Luxus, den man sich leisten können muss. Zu Beginn habe ich auch Stoffe angenommen, die ich mir ein bisschen schöngeredet habe, aber wo ich eigentlich nicht überzeugt war, dass das Thema und die Grundidee wirklich tragen. Die Ausgangsidee halte ich nach wie vor für den wichtigsten Grundstein für ein Drehbuch und letztlich auch für einen guten Film.

In die Situation, Angebote abzulehnen oder abwägen zu können, muss man erst einmal kommen. Was glaubst du, hat dich in diese Position kommen lassen als Autorin?

Ich bin davon selbst immer noch überrascht und kann das gar nicht seriös beantworten. Manchmal denke ich, Drehbuchschreiben hat viel damit zu tun, dass man eine Vermutung darüber abgibt, wie etwas nachher im Film wirkt. Der Autor ist ein ständiger Mutmaßer. Wie groß dabei die Trefferquote ist, davon hängt der Erfolg wohl ab.

Was macht dich zu einer guten Mutmaßerin? Oder was muss man können, um gut zu mutmaßen?

LIEBESLUDER

DIE WEISSE MASSAI

Vielleicht bin ich einfach nur ein Durchschnittsmensch. Ich kann mich letztlich nur fragen, was würde bei mir gut wirken, was würde mich zum Lachen bringen, worüber amüsiere ich mich, und wann werde ich auf eine schöne Weise traurig. Und wenn ich diese Fragen richtig beantworte, scheint es auch auf andere Menschen zuzutreffen. Vielleicht bin ich wirklich einfach nur Durchschnitt.

Du kannst diesen Durchschnitt auf ein Werk projizieren, das entstehen soll, das ist vielleicht das Entscheidende. Könntest du sagen, was der beste Ratschlag ist, den du je bekommen hast in Bezug auf deine Arbeit?

Ich habe sicher viele gute Ratschläge bekommen, und zwar winzig kleine und ganz große. Rolf Schübel zum Beispiel ist ziemlich detailversessen und hat mich immer wieder auf stilistische Schwächen aufmerksam gemacht, kleine Sachen, die ich noch von meinen Deutschlehrern im Ohr hatte. Winzigkeiten wie, vermeide Wortwiederholungen. Man muss aus Regieanweisungen, die oft nur technischer Natur sind, keine große Poesie machen, aber es hilft, wenn sie angenehm zu lesen sind. Das war ein ganz kleiner Ratschlag, den ich aber seither immer beherzigt habe.

KEBAB CONNECTION

Wenn du jetzt jemandem, der anfängt Drehbücher zu schreiben, einen Rat geben könntest, was würdest du für das Wichtigste halten, was du weitergeben würdest?

Ich würde mich an der Stelle der jungen Autoren nicht so schnell einfügen lassen in das, was das Publikum angeblich wünscht. Denn das weiß in Wirklichkeit keiner. Wenn man Durchschnittsware abliefert, bevor man je eine Gelegenheit hatte, etwas Besonderes zu machen, dann kommt diese Gelegenheit vielleicht nie wieder. Ich finde es ganz wichtig, als Autor zu versuchen, bei sich zu bleiben, nach seinen eigenen Themen zu suchen und nach dem, was einen selbst interessiert. Das ist die einzige Chance für die Entstehung von originären neuen Filmen.

Marginalien:
Ulrike Huber

Scenario

Essays

Von einem, der auszog, das Gruseln zu lernen

Bekenntnisse aus den Untiefen des Horrorgenres

Von Benjamin Hessler

Von einem, der auszog ... sich Autor zu nennen

Vor kurzem hatte ich einen dicken Umschlag im Briefkasten, in dem sich eine in verschiedenen Handschriften ausgefüllte, fotokopierte Adressliste befand. Das dazugehörige Klassentreffen hatte ich verpasst; umso erfreulicher, auf diese Weise doch noch einen ungefähren Eindruck davon zu gewinnen, was aus den Kindern, an die ich mich erinnerte, für Leute geworden waren. Ich registrierte die überproportionale Anzahl von Berliner Adressen und staunte darüber, wie viele Mädchennamen sich bereits verändert hatten oder längst aus meinem aktiven Erinnerungsvermögen verschwunden waren. Eine Art Springsteen'scher *Glory Days*-Nostalgie setzte ein, von der mein Vater nichts erfahren darf, damit ich ihn deswegen weiter belächeln kann.

Eine Spalte der Tabelle war bei dem Versuch, kleine Handschriften durch Vergrößerung leserlicher zu machen, auf die nächste Seite gerutscht: Beruf. Ach, dachte ich, spannend, und beugte mich mit neu geweckter, seltsam intensiver Neugier vornüber, schnell hin und her blätternd, um die Namen zuordnen zu können. Wie ein fleddernder Geier. Aha, Ärztin? Bestimmt Sirma, natürlich, wer sonst. Heizungsmonteur kann nur Christian sein, das Muskelpaket, und was zur Hölle macht eigentlich eine Marketingassistentin? Dann der Schock: Drehbuchautor. Von Neid durchpulst blätterte ich zurück, um zu erfahren, wer der Glückliche ist, der alles erreicht hat, wovon ich träume. Und, natürlich: Der Autor war ich. *L'Auteur, c'est moi*, sozusagen. Ich sprang vom Stuhl wie jemand, der in einer überregionalen Tageszeitung ein riesiges Nacktfoto von sich selbst entdeckt, komplett mit Hundeleine und Stachelhalsband. Im Kopf begann ich sofort, eine E-Mail an meine früheren Klassenkameraden zu entwerfen, in der ich mich in aller Form für diesen bedauerlichen Fehler entschuldigte. Ich sei natürlich nicht etwa Drehbuchautor, sondern lediglich Filmstudent im Bereich Drehbuch, stehe also ganz am Anfang, würde mir selbstverständlich nie anmaßen, mir diese ehrwürdige Bezeichnung überhaupt ans Revers zu heften etc. Wie konnte das überhaupt

LA MASCHERA DEL DEMONIO (1960; Plakatausschnitt)

passieren? Hatte etwa ich selbst mich in dem kurzen Telefongespräch mit der Organisatorin des Klassentreffens »Drehbuchautor« genannt? Passiert mir so etwas inzwischen? Die Idee mit der Rundmail verwarf ich wieder: blöder Bescheidenheitsgestus, fast noch unsympathischer als das angeberische »Drehbuchautor« da auf dem Papier. Feige geradezu. Andererseits: Drehbuchautor? Wie es dort so in der Liste stand, schien mir das Wort auch nur ein Text zu sein, den ich geschrieben hatte. Eine Kürzestgeschichte, und zwar eine reichlich unrealistische, die ich nie in einer so rohen Fassung hätte herausgeben dürfen.

Wenigstens bin ich mit solchen absurden Verhaltensweisen nicht allein, im Gegenteil. Unter den Schriftstellern, die ich kenne – mehrheitlich junge, die sich mehrheitlich von zum Teil ungekochtem Reis ernähren – besteht eine höchst beliebte Methode, sich psychologisch gleichzeitig selbst zu foltern und zu schützen darin, sich jegliche Eignung für diesen Beruf rundheraus abzusprechen – vorauseilend, bevor andere es tun können. Sätze wie »Bald ist es so weit – bald

DRACULA (1931)

finden sie heraus, dass ich ein Hochstapler bin!« oder das verzweifelt zwischen zwei gleichzeitig gerauchten Espressos hervorgestoßene »Jetzt fliegt alles auf!« sind verbreitete Topoi. In Prokrastinationsphasen vor einem Abgabetermin markieren sie nach meiner Beobachtung den Übertritt in eine Art Krise der Krankheit. Kurz nach solchen Äußerungen erwischt man sich dann in aller Regel dabei, wie man hektisch eine Handvoll Socken (einzeln), das festeste Schuhwerk (halbhohe Segeltuch-Sneaker) und ein Schweizer Taschenmesser (!) in eine Reisetasche stopft und sich dabei fieberhaft einredet, bestimmt auch ohne Geld, Portugiesischkenntnisse und Nahkampfausbildung »ganz wunderbar klarzukommen in Bogotá.« Glücklich, wer dann jemanden hat, der auch nachts um drei noch die Geduld aufbringt, ganz sachlich die Frage nach Visum und Impfungen aufzuwerfen und darauf hinzuweisen, dass man in Kolumbien spanisch spricht. Und der einen daran erinnert, wie man mal in Dortmund auf einen Hütchenspieler reingefallen ist, und zwar *zweimal*, und zwar *in Folge*, weil man angeblich das »System durchschaut« hatte und den ersten Einsatz zurückgewinnen wollte. Und jetzt hör auf zu flennen und lass mich schlafen, verdammt, du überlebst in Bogotá keine 20 Minuten.

Letztlich besteht das Problem mit meinem eigenen Autorenstatus schlicht darin, dass ich ihn mir selbst nicht beweisen kann. Es gibt nur Hinweise und Verdachtsmomente, und einzig und allein meine Stimmungslage bestimmt, ob ich in den Indizien eine belastbare Kette erkenne oder alles nur für ein einziges, enormes, durch eine Kaskade von unglücklichen Fehleinschätzungen der Umwelt zustande gekommenes Missverständnis halte. Ich verlange nicht nach einem Diplom oder etwas Vergleichbarem; seltsam genug, dass es so etwas überhaupt gibt und dass ich es voraussichtlich bald bekomme. Psychologisch wird das indes nicht das Geringste ändern. Zeig mir jemanden, der sich in irgendeiner Disziplin allen Ernstes für einen »Meister« hält, weil er darin »Magister« ist, und ich zeige dir jemanden, der sich niemals in meinem Badezimmerspiegel blicken lassen würde.

Hilfreicher als ein Zertifikat wäre ein breiter Konsens über die hinreichende Bedingung des Schriftstellerdaseins; über den einen, entscheidenden Punkt, den man abhaken können muss, um offiziell ein stabiles Selbstverständnis als Autor aufrechterhalten zu können. Was könnte das sein? Mit dem Schreiben seinen Lebensunterhalt zu erwirtschaften kommt als alleinige *conditio sine qua non* wohl kaum in Frage. Gott sei Dank, denn ich hätte bisher nur einen einzigen Monat in meinem Leben vom Schreiben annähernd leben können, und das auch nur, weil zufällig zwei kleine Artikel und eine größere Satire gleichzeitig bezahlt wurden und mein Co-Autor auf seinen Anteil verzichtete. Viel mehr hat Kafka in seinem ganzen Leben nicht mit dem Schreiben verdient. Gute Nachrichten, wenn man will. Ich bin ungefähr so gut wie Kafka. So gesehen. Umgekehrt hat Wolfgang Koeppen ein halbes Leben als Schriftsteller sein Geld verdient, ohne ein einziges Wort zu veröffentlichen. Auch nicht gerade zu beneiden, im Übrigen. Wahrscheinlich wünscht man sich in so einer Situation irgendwann, das vermaledeite erste Buch wäre genau so ungeschrieben geblieben wie all die anderen, die wegen des vermaledeiten ersten Buches jetzt von einem erwartet werden.

Eine befreundete Autorin beendet bei diesem Thema jeden Gesprächsversuch mit einem kategorischen »Schriftsteller ist man, wenn man schreibt!« Wenn man dann vorsichtig nachfragt, wie das denn nun wieder genau zu verstehen sei, unterbricht sie einen und wiederholt, lauter, augenrollend, »Schriftsteller ist man, wenn man schraheibt ...« Spätestens bei dem ungeduldigen Singsang versteht man: *Hic sunt leones.* Don't go there. Was sie damit meint, weiß die Kollegin selbst nicht, und das soll auch so bleiben. »Kollege« ist noch so ein Wort, das man als »Autor« am liebsten immer in »Gänsefüßchen« setzen würde, wenn das nur nicht so wahnsinnig »blöd« wäre. Aber ohne jede Distanzierungsgeste verwendet, hat es schwer wiegende Konsequenzen. Ist Elfriede Jelinek etwa eine Kollegin von mir? Werde ich irgendwann in der Great Teeküche In The Heavens mit Henry James ein kollegiales Pläuschchen halten können, nur weil ich jetzt gerade ein paar Nullen und Einsen hin- und herschiebe? Eher nicht. Vielleicht auch gar nicht so schlimm: Ich habe auch nur *The Turn of the Screw* gelesen, und immer darauf angesprochen zu werden nervt ihn bestimmt total.

Henry James: *Das Durchdrehen der Schraube* (dtv 2001)

Bei Gesprächen über den angestrebten oder ausgeübten Beruf steht man in aller Regel ziemlich gut da, wenn man von sich behaupten kann, das zu tun, was man »immer schon machen wollte«. Wenigstens das kann mir keiner nehmen. Schriftsteller werden wollte ich seit jeher, wie andere Astronaut. Aber was weiß man schon als Kind? Ein Autor war für mich jemand, der auf einer idyllischen Veranda gelegentlich eine mechanische Olivetti bedient, damit märchenhaft viel Geld und Sympathie einfährt und in seiner Freizeit Kriminalfälle löst. Ich machte mir keinerlei Gedanken darüber, was er dort tippte, dieser arme Sisyphos an seiner klappernden Höllenmaschine, den ich mir damals noch als glücklichen Menschen vorstellte. Die Einsamkeit des Cursors auf der leeren Seite kannte ich noch nicht. Schreibblockade hätte ich wahrscheinlich für eine unattraktive Sorte *Ritter Sport* gehalten. Die Geschichten, die ich damals erfand, waren stets aus einem Guss, keine Minute langweilig und fanden ein begeistertes Publikum in mir und allen, die sich nicht wehren konnten oder es zumindest unterließen. Waghalsigkeiten in Plots bekämpfte ich nicht auf einem Schlachtfeld aus Schaubildern, Dramaturgiebüchern und Selbstzweifeln, sondern mit Improvisation beim Vortrag und einem niedlichen Äußeren. Letzteres entriss mir die Zeit, und eine Romanschriftstellerexistenz, wie ich sie anvisierte, ließ sich nicht auf Improvisation gründen.

Nein, etwas mit aller Macht tun zu wollen ist leider nicht das Gleiche, wie es zu tun. Vielleicht ist es manchmal sogar hinderlich: Ich erinnere mich, wie ich als etwa Zwölfjähriger kniehoch durch zusammengeknüllte DIN-A4-Blätter gewatet bin, auf denen jeweils eine bis maximal fünf Zeilen beschrieben waren. Die Rückseiten der Blätter fühlten sich an wie Braille; die kleinen »o«s waren teilweise durchgestanzt. Meine Reiseschreibmaschine hatte Bums und war dementsprechend eine der aggressiveren Geräuschquellen im Haus. Auf den Blättern standen lauter erste Sätze von großen Romanen, oder genauer: von genau einem Roman. Das Problem war Patricia Highsmith. In der geheimnisvollen gelb-schwarzen Ecke im Bücherregal meiner Eltern war ich auf *Suspense* gestoßen, ihren kleinen, feinen Essay über das Schreiben.

Patricia Highsmith: *Suspense oder wie man einen Thriller schreibt* (Diogenes 1985)

Besonders beeindruckt hatte mich eine Passage über die Wichtigkeit eines gelungenen ersten Satzes, der den Ton des ganzen Textes festlegt und im besten Fall eine Art vorangeschobene Essenz, ein Programm der Geschichte mitliefert. Nun gut, dachte ich, wenn die entscheidende Hürde der erste Satz ist und es danach quasi wie von selbst vorangeht – das bekomme ich hin. Dann begann die Tortur. Aus einem Drei-Wort-Satz über einen gewissen Lord Hastings, der schlecht schlief, entwickelte sich binnen kurzer Zeit ein irrwitzig verschachteltes Ungetüm, Text gewordene M.C.-Escher-Architektur. Zum Schluss enthielt der Satz eine ausführliche Schilderung des furchtbaren Vorfalls, auf den die Schlafstörungen des Lords zurückgingen. Irgendwann war ich so tief in winzige Detailfragen verstrickt, dass mir unmittelbar aufeinanderfolgende Wortwiederholungen nicht mehr auffielen. Abgesehen davon war der ursprüngliche Plan gewesen, den furchtbaren Vorfall (irgendetwas mit einem kopflosen Ritter) erst ganz am Schluss der Geschichte zu enthüllen. Übers Formulieren hatte ich das Erzählen vergessen. Frustrierend. Eine gewisse Befriedigung verschaffte es mir immerhin, mit großer Autorengeste das Blatt aus der Maschine zu reißen, zusammenzuknüllen und hinter mich zu werfen. Ich begriff, dass die Sache mit dem Autorwerden nicht ganz so einfach war, wie ich gehofft hatte. Aber da war es längst zu spät, um noch damit aufzuhören.

Vielleicht bin ich am besten beraten, den ständigen Selbstzweifel sozusagen als konstituierendes Element in die Definition des Autorseins mit aufzunehmen – zumindest vorläufig, ich will die Hoffnung ja nicht aufgeben. Vielleicht sind Selbstzweifel sogar der schriftstellerischen Produktivität zuträglich, weil man permanent gegen sie anschreibt. Möglicherweise ist die beste Methode, meinem mutmaßlichen Autorsein auf die Spur zu kommen, die kriminalistische. Nicht CSI, eher Derrick: die altehrwürdige Frage nach dem Motiv. Wenn ich tatsächlich freiwillig dieses merkwürdige Halbwesen Autor sein sollte: Warum? Welcher Teufel reitet mich?

... Gefühle zu kriegen

Als Floskel in positiven Kritiken liederlicher Bauart findet man zum Ende hin häufig den Hinweis, dass der Film oder das Buch »zum Nachdenken anregt«. Was soll das bedeuten? Ich habe dabei immer

NIGHT OF THE LIVING DEAD
(1968; Plakatausschnitt)

das vage Gefühl, dass darin möglicherweise irgendwo eine Beleidigung versteckt sein könnte, die sich entweder an den Autor des Werks richtet oder an sein Publikum, also an mich. Alles regt zum Nachdenken an, auch – und gerade – *Ich bin ein Star, holt mich hier raus!*, Florian Silbereisen und *20 Zentimeter, kleiner Peter*. Das Gehirn ist nun mal online, man kann gar nicht *nicht* über den Input nachdenken, den man bekommt. Wenn die wichtigste Absicht des Autors war, mich zum Nachdenken über irgendein Sachthema anzuregen, hätte er die Mühe besser in einen guten Essay investiert, als umständlich eine Geschichte zu erzählen. Zudem ist die Formulierung so merkwürdig ergebnisoffen: Man ist zum Nachdenken angeregt – na und? Ist es völlig egal, zu welchen Meinungen man am Ende dieses Denkprozesses kommen kann und welche davon der Autor vertritt? Und, mal ehrlich: Nicht selten steht diese Floskel im Dienste von Filmen und Büchern, die vielleicht atemberaubend großartige Geschichten sind, auf ihre reinen Sachthemen heruntergebrochen aber auch nicht wahnsinnig viel mehr zum Nachdenken hergeben als »Richard Nixon war nicht immer ehrlich« oder »Im Dschungel passieren die abgefahrensten Sachen, vor allem im Krieg und wenn man mit dem Boot unterwegs ist.« Selbst wenn man die Blende ein wenig aufzieht und die abstrakten, »großen« Themen hinter den Themen betrachtet, erschöpft sich der Stoff zum Nachdenken in der Regel bei so etwas wie »Menschen sind anfällig für die Verführungen der Macht« oder »Wenn sie nicht aufpassen, werden Menschen über den Verführungen der Macht auch schon mal wahnsinnig, vor allem im Dschungel.«

THE FLY (1958)

»Regt zum Nachfühlen an« wäre als Lob für Geschichten vielleicht geeigneter. Die Emotionen, die ich empfinde, wenn ich einem Autor zuhöre, sind sicherlich das weit staunenswertere Geschenk als die Gedanken, zu denen er mich inspiriert. Dafür muss er sich meine Gabe zur Empathie in wohlwollend-manipulativer Absicht zunutze machen, um mich echten Anteil an vorgetäuschten Schicksalen nehmen zu lassen. Und das ist gar nicht so einfach, um einen Allgemeinplatz mal mit kolossalem Understatement vorzubringen. Vielleicht bin ich ja ein Klotz und komme schwer in Wallung; aber bevor ich etwas so Wertvolles wie Mitgefühl, Traurigkeit, Rührung oder Freude an ein paar Druckseiten oder einen Fernsehschirm verschenke, muss der Autor schon einiges an Kunstfertigkeit bewiesen haben. Eine regelrechte Odyssee, und überall am Wegesrand lauern tödliche Fallen. Ein einziges allzu naiv oder lieblos benutztes Klischee genügt, um die Erfolgsaussichten der Expedition nachhaltig zu schmälern. Trifft eine Figur eine wichtige Entscheidung, die ich nur vom Standpunkt des Dramaturgen aus nachvollziehen kann: desgleichen.

Unzählige Faktoren müssen stimmig ineinandergreifen, um zum Erfolg zu führen, darunter auch etliche, auf die der Autor keinerlei Einfluss hat, von den Schwächen der Inszenierung bis zu den Kopfschmerzen, die ich an dem Tag zufällig habe. Zu allem Überfluss muss dieses prekäre Gleichgewicht dann auch noch über die gesamte Dauer eines Films oder einer Lektüre aufrechterhalten werden, denn Empathie ist wertlos, wenn sie nur kurz aufflackert. Im Idealfall fühle ich sie noch, wenn ich die Einzelheiten der Spielhandlung längst vergessen habe. Empathie zu erzeugen ist gleichzeitig Grundvoraussetzung des Schreibens und unangefochtene Königsdisziplin; versucht wird es immer, aber es gelingt nicht oft.

Ich wäre ganz sicher kein Autor, wenn Empathie nicht mein höchstes Ziel wäre. Aber der Teufel, der mich reitet – der Motor meiner Autorwerdung, sozusagen –, ist dennoch ein anderer. Meine große Liebe gilt einer weiteren Klasse von Gefühlen, die Literatur und Film einem schenken können: den körperlichen. Damit meine ich nicht die physiologischen Begleiterscheinungen von Emotionen, nicht das schwere Gefühl ums Herz und die Tränen der Rührung, und auch nicht brachiale Reflexe wie Ekel, Schock und sexuelle Erregung. Erstere sind, wie gesagt, Ergebnis eines aufwändigen künstlerischen Manövers und auf meine aktive emotionale Mitarbeit über eine bestimmte Dauer angewiesen. Letztere hingegen beruhen auf einem so simplen Reiz-Reaktionsmuster, dass es wohl kaum zu den hehrsten Aufgaben eines Autors zählen kann, sie zu erzeugen. Meine beiden Lieblingsreaktionen auf Literatur oder Film liegen genau dazwischen: das Lachen – und die Gänsehaut.

Diese beiden Gefühle sind verantwortlich dafür, dass ich alle Unsicherheiten, Unwägbarkeiten und Frustrationen des Autorseins mit dem größten Vergnügen auf mich nehme. Ich will sie selbst so oft wie möglich empfinden und kann mir nichts Schöneres vorstellen, als sie anderen zum Geschenk zu machen.

... das Lachen zu loben

Beiden Phänomenen – Komik und Horror – ist zu eigen, dass man sie nicht erklären kann, wie Alan Aldas Figur in CRIMES AND MISDEMEANORS eindrucksvoll beweist. In einer Filmkritik über eine Komödie kann immer nur stehen, *was* an dem Film komisch ist, aber niemals, *warum*. Auch die Wissenschaft ist ratlos. Schon über die evolutionäre Funktion des Lachens kursieren verschiedene Theorien, von denen keine sich wirklich umfassend »richtig« anfühlt. Wir zeigen beim Lachen unsere Zähne, weil wir das Gegenüber dadurch unserer friedlichen Absichten versichern wollen? Immerhin, eine Antwort. Aber na ja. Sicher, Lachen und Lächeln erfüllen eine unschätzbare soziale Funktion, hundertmal am Tag. Aber wieso lache ich mich dann auch in meinem stillen Kämmerlein kaputt? Und die weitergehende Frage, warum die eine Sache komisch ist und die andere nicht, ist ganz und gar mysteriös. Die *Titanic* hält den geneigten Leser in ihrer Rubrik *Humorkritik* regelmäßig über die neuesten Versuche auf dem Laufenden, den Humor zu erklären. Stets kommt sie zu der Erkenntnis: wieder nichts. Wieder lässt sich mit dem neuen Ansatz

CRIMES AND MISDEMEANORS (Verbrechen und andere Kleinigkeiten; 1989; D+R: Woody Allen)

allenfalls ein Bruchteil aller Phänomene beschreiben, die Menschen zum Lachen bringen. Hinzu kommt, dass Humor in höchstem Maße davon abhängt, in welcher Kultur man sozialisiert wurde. Eine lesenswerte Studie des IZI hat festgestellt, dass noch nicht einmal für Kinder annähernd universelle Regeln dafür aufgestellt werden können, was als komisch empfunden wird. Von einer allumfassenden Theorie des Lachens sind wir weit entfernt.

Es ist schwer hinzunehmen, dass etwas so Allgegenwärtiges wie der Humor sich jedem Verständnis entzieht, aber genau das ist das Wunderbare daran, das Machtvolle. Das Lachen gleicht dem rein atavistischen Reflex insofern, als dass man sich nicht dagegen wehren kann – es ergreift einen unwillkürlich. Der geistige Prozess, der dabei blitzartig vonstatten geht, ist zwar ungleich komplizierter und kulturell »wertvoller« als bei Ekel oder libidinösen Zuständen, aber er ist auch nicht notwendigerweise das Ergebnis einer aufwändigen Einfühlung. Im Gegensatz zum empathischen Mitfühlen sind Komik und Angstlust zeitlich eng begrenzt; dementsprechend weniger wirken sie nach. Wenn ich an YOU CAN COUNT ON ME oder an LITTLE MISS SUNSHINE zurückdenke, bekomme ich ein Gefühl für die Filme; meine Rührung und meine Liebe zu den Figuren sind ungebrochen und werden mit der Zeit und jedem neuen Wiedersehen sogar stärker. An Komik erinnert man sich gewissermaßen nur abstrakt, beinahe wie an Schmerzen.

Bei ARSENIC AND OLD LACE habe ich Tränen gelacht, aber wenn ich mich daran zu erinnern versuche, passiert natürlich nichts. Auch wiederholen lässt sich die Erfahrung nicht im selben Maße. Ich lache zwar jedes Mal wieder über den kindischen Trotz, mit dem John Travolta in PRIMARY COLORS das Handy aus dem Autofenster wirft, aber es wird sich nie so anfühlen wie beim ersten Mal; eigentlich lache ich, weil ich durch den durchschlagenden Erfolg des ersten Mals quasi darauf konditioniert bin, an dieser Stelle zu lachen.

Horror und Komik sind nahe Verwandte, wie man häufig liest, und tatsächlich weisen sie eine Reihe von Parallelen auf. Wie das Lachen ist die Gänsehaut flüchtig, unwillkürlich und tritt dementsprechend unmittelbar ein. Jede Zeitverzögerung zerstört den Effekt. Ich lache nur dann wirklich, wenn ich schon zu lachen beginne, bevor mein Bewusstsein überhaupt Meldung machen kann, dass es den Witz verstanden hat. Analog dazu kann man sich nicht erst umständlich vom Sitznachbarn erklären lassen, was gerade unheimlich war, und die Gänsehaut dann nachholen. Auch über diese strukturellen Gemeinsamkeiten hinaus gibt es eine schwer greifbare Verwandtschaft zwischen den Empfindungen. Es ist, als ob die Stelle im Geist, die juckt, wenn man sich gruselt, sich mit dem Bereich, der beim Lachen gekitzelt wird, am Rand überlappt.

YOU CAN COUNT ON ME (2000; D+R: Kenneth Lonergan)

LITTLE MISS SUNSHINE (2006; D: Michael Arndt; R: Jonathan Dayton, Valerie Faris)

ARSENIC AND OLD LACE (Arsen und Spitzenhäubchen; 1944; D: Julius J. Epstein, Philip G. Epstein; R: Frank Capra)

PRIMARY COLORS (Mit aller Macht; 1998; D: Elaine May, nach dem Roman von Joe Klein; R: Mike Nichols)

... das Gruseln zu lieben

Wenn ich mich dennoch bei vorgehaltenem Gemüsemesser ein für allemal entscheiden müsste, welcher dieser beiden Empfindungen ich mein Autorenleben widme (was für eine exquisite Horrorvorstellung!), würde ich schweren Herzens der Gänsehaut den Vorzug geben. Nicht etwa, weil ich mich so viel lieber ängstige als zu lachen, sondern weil das Komische im Gegensatz zum Unheimlichen keine Fürsprecher braucht. Vom Lachen muss man nicht überzeugt werden. Wer lacht, ist glücklich, und zwar nicht so larifari, wie man »och jo, so im Großen und Ganzen schon einigermaßen« glücklich ist, sondern akut, aktiv, rückhaltlos.

Einen Satz wie »Nee, lass uns nicht in den *Simpsons*-Film, der ist mir zu witzig, da muss ich bestimmt lachen« hört man selten. Deuten müsste man ihn als Symptom einer exotischen Geisteskrankheit oder einer Rippenprellung, die bei stoßweisem Atmen unerträglich weh tut. Niemand lacht ungern. Beim Horror ist das ganz anders. An der Gänsehaut muss man eine Lust verspüren, die das Lachen schon wesensmäßig beinhaltet, besser: die das Lachen schon *ist*.

THE SIMPSONS MOVIE (Die Simpsons – Der Film; 2007; D: Matt Groening u.a.; R: David Silverman)

Ich selbst kenne kein vergnüglicheres Gefühl, als in ein Buch zu blicken oder einen Film anzusehen – zwei von außen betrachtet so denkbar ungefährliche Beschäftigungen – und plötzlich alle meine Nackenhaare einzeln zu spüren, komplett mit Follikeln und allem drum und dran. Ich bin süchtig danach, von meiner Lektüre aufblicken zu müssen, weil ich mir der Stille in meiner Wohnung mit einem Mal unbehaglich bewusst werde. Und ein schlechtes Verhältnis zu meinem Spiegelbild im nachtschwarzen Fenster entwickle, das dann in der Regel glaubt, in meinem Augenwinkel tun und lassen zu können, was es will. Im Kino oder vor dem Fernseher möchte ich bei den Höhepunkten des Films dasitzen wie jemand, der pantomimisch mit Leibeskräften ein Gesicht wegdrückt, das ihn küssen will und dabei schon wenige Zentimeter vor dem Ziel ist. Beide Hände mit gespreizten Fingern kurz vor dem Gesicht, die Handflächen nach außen. Hilflos kichernd vor Vergnügen, weil ich vor Angst nur noch durch die Lücken zwischen den Fingern zusehen kann. Dann will ich, sobald ich dazu wieder in der Lage bin, in die Knie gehen und dem Schöpfer des gerade Erlebten von Herzen danken.

HOSTEL (2005)

Zu meinem anhaltenden Erstaunen begegne ich immer wieder, wenn nicht mehrheitlich Menschen, die diese Dankbarkeit aus dem einen oder anderen Grund nicht teilen. Obwohl die Konjunktur des Horrorfilms an der Kinokasse keine Anzeichen macht, demnächst abreißen zu wollen, ist sein Image insgesamt katastrophal, besonders in Deutschland. Der (zugegeben: bisweilen infantilen) Begeisterung,

Essays

HOSTEL (2005; D+R: Eli Roth)

SAW (2004; D: Leigh Whanell; R: James Wan)

THE GRUDGE (Der Fluch – The Grudge; 2004; D: Stephen Susco; R: Takashi Shimizu)

mit der ich auf der Filmhochschule verkündete, Horrorfilme machen zu wollen, wurde beispielsweise zunächst mit enttäuschtem Schweigen und dann mit einem gehüstelten »Ach, nur Horror?« begegnet. Horror ist für viele von vornherein »nur«, ein Zurückbleiben hinter dem Möglichen, ein Zugeständnis an niedere Instinkte. Diese erste, manchmal heftige Ablehnung beruht häufig auf einem Missverständnis, das durch den semantisch etwas ausgeleierten Genrebegriff »Horror« zustande kommt. Er bezeichnet inzwischen alles vom deutschen Expressionismus über Alfred Hitchcock bis zu den jüngsten gewaltpornografischen Niederungen von HOSTEL oder SAW, deshalb ist es niemandem zu verübeln, wenn er bei diesem Wort zunächst reflexartig die explodierenden Köpfe des Splatterfilms im Kopf hat.

Andere reagieren emotional indifferent, weil sie ihren Spaß beim Filmeschauen aus ganz anderen Quellen speisen. Wenn Sarah Michelle Gellar in THE GRUDGE die Treppe hochgeht, denken sie an Dietmar Dath und sind immun dagegen, wie markerschütternd *unheimlich* das Ganze ist.

Die weitaus größte Gruppe der Horrorgegner teilt zwar die Empfindung der Angst, kann sich aber beim besten Willen nicht vorstellen, worin dabei der Lustgewinn bestehen könnte – Angst will man im Leben doch nun wirklich nicht haben, warum dann im Kino oder im Lesesessel? Angst ist ein recht unscharfer Sammelbegriff für ein Gefühlsspektrum, das eine feinere sprachliche Skalierung mehr als verdient hätte. Die Angst vor der Stromrechnung ist etwas anderes als die vor den Folgen der Klimakatastrophe oder der letzten Nacht. Der

FRIDAY THE 13TH (1980; Plakatausschnitt)

68

Satz »Ich habe Angst, dass die Sonntagszeitung an der Tankstelle schon ausverkauft ist und ich mühselig zum Bahnhof dackeln muss« sollte nicht das gleiche Hauptwort benutzen dürfen wie »Ich habe Angst vor einem qualvollen Krebstod« oder »Ich habe Angst, weil meine Tochter sich noch nicht aus Frankfurt gemeldet hat, obwohl sie schon vor drei Stunden da sein wollte.« Gemeinsam ist diesen Gefühlslagen nur, dass sie unangenehm sind. Allein für die lustvolle Ausprägung der Angst, von der hier die Rede ist, kennt die deutsche Sprache einen eigenen Begriff: Grusel. Ein schönes Wort, das auch lautlich genau das Wesen dieser seltsamen Empfindung abbildet. Grusel ist diminuiert – der niedliche kleine Bruder des Grauens. Ein freundliches Kind, das immer überraschend nah bei dir steht, wenn du dich nach ihm umdrehst. Und dich mit seinen toten Augen anschaut. Und *lächelt*. (Machen Sie sich nicht lustig – mit kursiv gedruckten, unheilvoll elliptischen Nachsätzen verdient Stephen King Quintillionen.)

SAW (2004)

Das Gruseln ist, wie gesagt, eine angenehme Form der Angst, aber das ist, obwohl kompliziert genug, längst keine hinreichende Definition. Als eine angenehme Form der Angst kann auch die Anspannung beschrieben werden, die man empfindet, wenn ein John-Grisham-Plot auf seinen Höhepunkt zusteuert oder wenn Kiefer Sutherland in *24* mit gezogener Waffe (wie auch sonst?) in einem dieser rätselhaften leerstehenden Lagerhäuser herumschleicht, in die man in Los Angeles offenbar alle paar Schritte hineinstolpert. Spannung und Grusel schließen sich nicht aus, aber sie sind auch nicht voneinander abhängig. So einfach ist es nicht – überhaupt ist Grusel ein wundervoll kompliziertes Gefühl.

24 (USA 2001-)

... das Gruseln zu lernen

Ich habe keine Erinnerung an ein prägendes Ereignis, das in mir den generellen Wunsch geweckt hat, Geschichten zu hören, sie mir auszudenken und weiterzuerzählen. Dieses Bedürfnis war offenbar länger da, als meine bewusste Erinnerung zurückreicht. Dafür kann ich dank einer der vergnüglicheren Archivierungsbizarrerien des Internets denkbar genaue Angaben darüber machen, wann ich eine Vorstellung davon bekam, was für eine erstaunliche Macht ein Drehbuchautor besitzt. Den Titel des Horrorfilms, dem ich diese Erkenntnis verdanke, werde ich aus Selbstschutz nicht nennen. Ich könnte nicht ertragen, wenn ein Leser dieser Zeilen etwas Geringschätziges darüber sagen würde. Ebenso wenig werde ich mir diesen Film jemals wieder ansehen. Meine Erinnerung daran ist minutiös und detailliert – und sicher völlig falsch. Ich werde den Teufel tun, sie mit der Realität abzugleichen. Nur so viel: Ich konnte wochenlang nicht schlafen,

Essays

DAWN OF THE DEAD (1978)

DAWN OF THE DEAD
(Zombie; 1978; D+R:
George A. Romero)

schon gar nicht ohne Licht. Abstrakt ist mir klar, dass ich wegen dieses Machwerks genuine Höllenqualen gelitten habe, echte Angstzustände. Die Qualen fühle ich heute nicht mehr, aber die Angstzustände sind geblieben und ein unerschöpflicher Quell der Freude.

Meine Eltern waren nur nach nebenan gegangen und hatten ein quietschfideles Kind auf einem Lange-aufbleiben-dürfen-High zurückgelassen. Als sie zurückkamen, war ich auf Cold Turkey, oder sah zumindest so aus. Blass, zitternd, wimmernd. Mein älterer Bruder, der den Abend in seinem Zimmer verdaddelt hatte, ohne mir die geringste Beachtung zu schenken, hatte keine Erklärung für diese neuerliche Merkwürdigkeit im Verhalten der lästigen Kreatur, als die man kleine Geschwister mit 14 wohl zwangsläufig betrachtet. Erst ein Blick ins Fernsehprogramm und die fragmentarischen Äußerungen, die atemlos hervorzustoßen ich irgendwann in der Lage war, brachten etwas Licht in die Angelegenheit. Mein Problem stammte aus England und war 1972 produziert worden, gut sechs Jahre vor mir.

Der Fernseher, der mich verschlungen und als zitterndes Bündel wieder ausgespuckt hatte, stammte aus einer Generation, die noch stolz darauf sein durfte, Farbe darstellen zu können, zumindest approximativ. Meine Eltern hatten ihn, dem damaligen Zeitgeist entsprechend, in den hintersten Keller verbannt und ein paar ausgemusterte Sitzmöbel mit klaffenden Schaumstoffwunden davorgestellt.

Alles ziemlich Low-Fi; lange, bevor ich dieses ganze 1:2,35-Dolby-5.1-und-bloß-nicht-die-Synchronfassung-Neurosenpaket erwarb, das mich später in unzählige städtische Mehrzweckhallen auf die sogenannten »Filmbörsen« trieb. Um dort mit anderen Getriebenen zwischen den Tapeziertischen herumzuschleichen und ironiefrei darüber zu debattieren, welche der unzähligen verschiedenen Schnittfassungen von DAWN OF THE DEAD die beste ist. Was wiederum doch nicht gänzlich ohne Ironie ist, wenn man bedenkt, dass die lebenden Toten in den Romero-Filmen in einer möglichen Lesart durchaus als uncharmantes Porträt ihres eigenen Publikums verstehbar sind. Die beste Schnittversion ist übrigens die ursprüngliche 127-Minuten-Kinofassung, und wer etwas anderes behauptet, ist ein gefährlicher Idiot.

Ein einziges Mal habe ich auf einer dieser Börsen den bewussten Film von 1972 wiederentdeckt – auf einer aus Fernost importierten Laserdisc. Reflexartig riss ich die Beute an mich, drückte sie an mein Herz und blickte mich zähnefletschend nach Rivalen um. Erst nach einigen Momenten warf ich einen näheren, wollüstigen Blick auf das Cover. Die Abbildung war zum größten Teil von einer breiten Banderole mit asiatischen Schriftzeichen verdeckt. So wie, wenn man mal nachdenkt, überproportional viele der Begehrlichkeiten von Über-Nerds wie mir durch breite Banderolen mit asiatischen Schriftzeichen gekennzeichnet zu sein scheinen. Statt des Plakatmotivs war ein olles Aushangfoto als Cover-Illustration verwendet worden, dessen Grobkörnigkeit durch dubiose fernöstliche Ablichtungsbedingungen sehr gut zur Geltung kam. Was ich davon erkennen konnte, ließ mein Herz höher schlagen: Es waren offenbar zwei sich küssende Menschen darauf abgebildet und mithin der Moment des Films, bei dem meinen zu Berge stehenden Haaren seinerzeit gewissermaßen die Haare zu Berge standen. Dieser perverse Kuss hatte mein kindliches Nervensystem in bewusstseinserweiternder Weise überfordert; ich war durch nichts in meiner Erfahrungswelt auch nur im Ansatz darauf vorbereitet, ein solches Ausmaß an Grauen zu empfinden. Die Enttäuschung, die mich überkam, als ich die Banderole beiseite schob, war somit mehr als nur das übliche *post coitum omnis animal triste*-Syndrom des Sammlers, der nach dem glücklichen Fund schon wieder an den nächsten denkt. Ich hatte ein köstliches, in Lindenblütentee eingeweichtes Bröckchen Madeleine erwartet, einen umfassenden synästhetischen Flashback zu Frottee-Schlafanzug und Schaumstofflehne. Ich wollte in meine Kindheit zurückmorphen wie Jodie Foster in CONTACT. Ich war auf *go* – es konnte losgehen. Stattdessen bekam ich in lauwarmen Milchkaffee getunktes Toastbrot. Der abscheulichen Fratze mit dem sardonischen Grinsen war die mimische Unbeweglichkeit schon im Standbild anzusehen. Gummi. Das bunte, psychedelische Drumherum? Retro-Trash, jede zweite Bar in der Stadt sieht so aus. Ich stellte die Laserdisc zurück, ohne sie auch nur umzudrehen.

CONTACT (1998; D: James V. Hart, Michael Goldenberg, nach dem Roman von Carl Sagan; R: Robert Zemeckis)

An jenem Abend zehn Jahre zuvor war ich noch nicht annähernd so abgeklärt, stattdessen zitterte ich am ganzen Leib und weinte bittere Tränen. Ich war der festen Überzeugung, nie wieder Freude empfinden zu können, sondern immer nur diese bleierne Angst. Meine Zukunft erstreckte sich vor mir als ein schlaf- und freudloses Warten auf den Tod – der, wie ich ebenfalls aus diesem Film gelernt hatte, durchaus der Anfang von etwas noch viel Schlimmerem sein konnte. In der Hoffnung, mich damit zu trösten, gaben meine Eltern mir eine Art Einführungskurs ins Filmemachen, berichteten von Masken, Kameras und Regisseuren. Und von Drehbuchautoren, die sich das Ganze ausgedacht hatten, ganz harmlos, an der Schreibmaschine. Sie machten mir bewusst, dass ich mir rechts und links vom Bildrand stets eine große Gruppe von gut gelaunten Menschen vorstellen muss, die permanent lachen, weil es absolut keinen Grund gibt, an einem Filmset Angst zu haben. Das ist zwar eine glatte Lüge, wie ich inzwischen weiß, aber meine Eltern meinten es gut, und es funktionierte. Wie ich dort so zwischen ihnen saß, war meine kindliche Unsterblichkeit und Unverletzbarkeit wiederhergestellt, und ich konnte mit meinen Gedanken vorsichtig an den Film zurückdenken – und

THE BLAIR WITCH PROJECT
(1999)

THE BLAIR WITCH PROJECT
(1999; D+R: Daniel Myrick,
Eduardo Sánchez)

plötzlich Spaß daran haben. In der absoluten Geborgenheit fand eine kleine Perspektivverschiebung mit großer Wirkung statt; die schreckliche Angst verwandelte sich in etwas Kitzlig-Angenehmes: Grusel entstand.

Das Vergnügen, das ich am Gruseln empfand, wenn ich mich kuschelig sicher fühlte, stand natürlich in direktem Verhältnis zur Intensität des Grauens, das mich nachts erwartete, wenn ich allein in meinem Bett lag. Das eine war ohne das andere nicht zu haben. Nachts war mir völlig egal, ob der Film, den ich gesehen hatte, einen Drehbuchautor hatte. Und selbst wenn: Er konnte mir gestohlen bleiben, das perverse Schwein. Wegen ihm lag ich seit Wochen wie gelähmt vor Angst unter meiner Bettdecke und fixierte den hellen Türspalt wie ein in einem tiefen Brunnen Gefangener den unerreichbar winzigen Himmelspunkt hoch über ihm. Und auch das war nicht lange zu ertragen, denn bald wurde die Vorstellung übermächtig, dass der Lichtstreifen, an dem meine Augen sich festhielten, jäh erlöschen und sofort wieder aufscheinen könnte. Als würde etwas vorbeihuschen. Die Augen schließen? *No way*, das ist ja das Dilemma: Wenn ich die Augen schließe, sehe ich doch nur wieder die verweste Fratze des fürchterlichen ... Stopp, das wird nicht verraten. Außerdem spürt man seinen Körper viel zu genau, wenn man die Augen schließt. Den Knöchel, der jeden Moment gepackt werden könnte. Und da am Rücken, ist das nur die Bettdecke, oder berührt mich da schon die ganze Zeit etwas ganz anderes? Augen schließen geht nicht. Ein echtes Dilemma, das die arme Heather am Schluss von BLAIR WITCH PROJECT mit denkwürdiger Rotznase auf den Punkt bringt: »I'm too afraid to keep my eyes open – and I'm too afraid to close them.«

Meine Nächte waren durch den Film zur Tortur geworden, während er meine Tage um ein wunderbares, neues, intensives Gefühl bereichert hatte. Er schlug in meinem Hirn die Bahnungen, die mich auch 20 Jahre später noch mit händereibender, kindlicher Vorfreude das Programm jedes Fantasy Filmfests auswendig lernen lassen. An jenem Tag wurde ein Horror-Aficionado geboren, der es schon bald mit den besten aufnehmen konnte. Meine Methoden, das Horrorfilmverbot meiner besorgten Eltern zu unterlaufen und mir schlaflose Nächte zu verschaffen, wurden immer raffinierter. Die stiefmütterliche Verbannung des Fernsehers in den Keller tat ihr Übriges – hatte ich es erst einmal geschafft, mich des Nachts unbemerkt dorthin abzusetzen, konnte mir fast nichts mehr passieren, und der zusätzliche Nervenkitzel, erwischt zu werden, steigerte das Vergnügen nur. Auf diese Weise erschlich ich mir große Teile der von dem 2003 verstorbenen ZDF-Redakteur Klaus Brüne über gut zwei Jahrzehnte hervorragend betreuten Filmreihe *Der phantastische Film*, die jedem, der sie einmal gesehen hat, schon wegen ihres verstörenden, psychedelischen Vorspanns in Erinnerung geblieben sein dürfte. Der Clip zeigt verschiedene Metamorphosen eines Kopfes: Seine Schädeldecke verwandelt sich in Fledermäuse, die davonfliegen, er dreht sich um 180 Grad und zeigt sein zweites Gesicht etc. Das alles in YELLOW SUBMARINE-Scherenschnittoptik und einem schrill atonalen Soundtrack. Er wurde zu einer Art Vorspann meiner durchlittenen Nächte.

In der Filmreihe waren beispielsweise die Dracula-Filme aus den Hammer-Studios zu sehen: eine weitere prägende Begegnung, die mich noch heute gelegentlich veranlasst, beim Haarewaschen meine Haare mit Shampoo streng zurückzukämmen, damit ich ein wenig so aussehe, wie britische Filmemacher sich in den 1960er Jahren untote transsilvanische Adlige vorstellten. Beim Karneval ging ich folgerichtig grundsätzlich als Graf Dracula und verfeinerte meine Kostümierung Jahr für Jahr, wobei ich einen Perfektionismus entwickelte, von dem James Cameron sich eine Scheibe abschneiden könnte. Meine Oma schneiderte mir ein standesgemäßes schwarzes Cape mit Stehkragen, das ich später selbst mit rotsamtenem Innenfutter verfeinerte. Die typischen Plastikgebisse, die das Zahnfleisch verletzen und zum Sprechen speichelfädenziehend herausgenommen werden müssen, waren gänzlich inakzeptabel, also schnitt ich die Eckzähne davon ab und klebte sie mit Kaugummi an meinen eigenen fest. Sprechen konnte man damit zwar auch nicht besonders gut, aber es reichte für ein gelegentliches, sehr behutsam artikuliertes »Hören Sie, Mr. Harker? Die Kinder der Nacht!«, wobei mein Blick träumerisch in die Ferne schweifte – einer der wenigen Bela-Lugosi-Manierismen, die ich mir als heißer Verfechter von Christopher Lee nur gelegentlich erlaubte. Tagsüber wollte ich Vampir sein, aber nachts hängte ich Knoblauchzehen an meine Zimmertür und schlief mit einem Holzpflock unter dem Bett. Wenn ich überhaupt schlief.

Wie die flüchtige Begegnung mit dem Film im tristen Saalbau Essen (oder war's die selige Ruhrlandhalle Bochum? Oder die Europahalle Castrop-Rauxel?) gezeigt hat, ließ der Albdruck im Laufe der Zeit schnell nach und verschwand ganz. In solchen Momenten könnte man verlockt sein, sich unreflektiert die grenzenlose Fantasie der Kindheit zurückzuwünschen und die verlorene Zeit zu betrauern, in der etwas Latex genügte, um ungeahnte Erregungszustände hervorzurufen. Ungeschicktes Beispiel, zugegeben. Aber wie dem auch sei, diesen Impuls sollte man mit aller Kraft niederringen, bevor er einen am Ende noch zu Hörspielkassetten, *Generation Golf* oder gar zu *Harry Potter* greifen lässt. Ja, die zehn Jahre, die zwischen meinem ersten Horrorfilm und meinem schätzungsweise dreitausendsten lagen, hatten mich gründlich verdorben. Meine Fähigkeit zur *suspension of dis-*

YELLOW SUBMARINE (1968; D: Al Brodax, Jack Mendelsohn, Lee Minoff, Erich Segal; R: George Dunning)

Florian Illies: *Generation Golf* (Fischer 2001)

Joanne K. Rowling: *Harry Potter* (Carlsen 1997-2007)

THE FLY (Die Fliege; 1986; D: Charles Edward Pogue, David Cronenberg, nach der Erzählung von George Langelaan; R: David Cronenberg)

THE FLY (1986)

belief war vergleichsweise träge geworden. Gott sei Dank! Die echte, zähneklappernde Angst war längst verschwunden, aber ihre positive Auswirkung – der Grusel – hatte nichts von seinem wohligen Kitzel eingebüßt. Es war nur schwieriger geworden, ihn hervorzurufen. Aber ich ließ nichts unversucht.

Mit der Verbreitung von Privatfernsehen und Videorekordern verbesserte sich die Versorgungslage erheblich; ich bekam über verschlungene Wege endlich auch Filme zu sehen, die nicht im Fernsehen liefen. Eine Videokassette mit David Cronenbergs in der Elterngeneration schwer verfemtem DIE FLIEGE kursierte in meiner Klasse und half mir über einen dramatischen Akne-Anfall hinweg, weil ich wie *Brundle-Fly* vor dem Badezimmerspiegel stehen und mit abgründiger Faszination für die eitrig verschorfte Kraterlandschaft in meinem Gesicht Dialogzeilen daraus zitieren konnte. Und Zombies! Bis heute unterziehe ich jede neue Wohnung, jedes Hotelzimmer und jedes Feriendomizil zunächst einer intensiven Prüfung bezüglich der Frage, wie gut sich die Örtlichkeit im Fall der Zombokalypse gegen die lebenden Toten abschotten lässt. Als weitere Entspannungsübung für zwischendurch kann ich nur empfehlen: Walk like a Zombie! Einfach die Körperspannung so weit aufgeben, dass man gerade noch aufrecht steht, jeden Funken von Persönlichkeit aus den Gesichtszügen heraussacken lassen und ein paar ziellose Schritte vorwärts schlurfen. Wer will, kann gelegentlich noch unartikulierte Stöhn-, Grunz- oder Seufzlaute hervorstoßen und ungerichtet mit den Armen rudern. Macht wunderbar den Kopf frei.

Meine Eltern konnten irgendwann nicht mehr anders, als mein Hobby zu akzeptieren. Sie gewöhnten sich daran. Ich musste lediglich mein Freddy-Krueger-Poster so aufhängen, dass man es beim Betreten meines Zimmers nicht sofort sehen konnte. Meine Affinität zum Unheimlichen gehörte schlicht und einfach zu mir, integral und untrennbar; ihr entgegenzuwirken wäre in etwa so sinnvoll und erfolgversprechend gewesen wie mir meine braune Augen zu verbieten. Rührend auch heute noch die Erinnerung daran, wie meine Mutter mir eines Morgens mit Trauermiene und Beileidsbekundung mitteilte, dass Vincent Price gestorben war: »Er war ja auch schon sehr alt ... und hatte bestimmt ein gutes Leben.« Natürlich hatte er ein gutes Leben, denn er hatte es zu großen Teilen auf Filmsets verbracht, diesen paradiesischen, von Lachen und Freude erfüllten, angstfreien Orten ...

Vielleicht beruhigte es meine Eltern, dass ich von meinen Expeditionen ins Schattenreich offenkundig keinerlei Schäden davontrug; ich war ein ausnehmend glückliches Kind und – soweit das möglich ist – ein zufriedener Jugendlicher. Zudem las ich wie besessen, was

Eltern wahrscheinlich immer freut. Ich verschlang alles an unheimlicher Literatur, was ich kriegen konnte, von Shelley, Stoker, Polidori bis zu Lovecraft, Clive Barker, James Herbert und natürlich dem unvermeidlichen Stephen King – immer auf der Jagd nach dem köstlichen Moment, in dem die Gewissheiten brüchig werden und man besser noch einmal nachsieht, ob in der dunklen Ecke neben dem Kleiderschrank wirklich nur Schlittschuhe und Zeichenblöcke vor sich hingammeln und nicht vielleicht doch das eine oder andere namenlose Grauen seine fauligen Zahnreihen bleckt. Ich studierte mit mönchischer Hingabe das philologisch eher bescheidene Lexikon des Horrorfilms von Rolf Giesen, strich akribisch darin an, was ich bereits gesehen hatte, und verteilte mit heiligem Ernst Schulnoten. Kurt Neumanns DIE FLIEGE beispielsweise bekam eine schwache 3 minus, während Armando de Ossorios DIE RÜCKKEHR DER REITENDEN LEICHEN mit 2 plus deutlich besser wegkam, was ich heute der wundervoll unheimlichen Idee zuschreibe, dass die toten Templer keine Augen haben und ihre Opfer nur über das Gehör orten können. Erst jetzt fällt mir auf, dass die toten Ritter – eigentlich Skelette – streng genommen auch keine Ohren haben, also sagen wir glatte 2.

Zu meinen liebsten Sachbüchern gehörte Norbert Stresaus Monografie *Der Horror-Film*, die ich für den bedeutendsten Band der ansonsten eher oberflächlichen Heyne-Filmbibliothek halte. Stresaus glänzend formulierter Essay beschränkt sich zwar auf eine streng freudianische Interpretation des Genres, lässt darin aber wenig zu wünschen übrig. Damals verstand ich von dem Text natürlich nur etwa jedes zweite Wort und jeden dritten Gedanken, aber er bereichert mich heute bei jedem Wiederlesen.

Rolf Giesen: *Lexikon des phantastischen Films I. Horror, Science Fiction, Fantasy* (Ullstein 1984)

THE FLY (Die Fliege; 1958; D: James Clavell, nach der Erzählung von George Langelaan; R: Kurt Neumann)

EL ATAQUE DE LOS MUERTOS SIN OJOS (Die Rückkehr der reitenden Leichen; 1973; D+R: Amando de Ossorio)

Norbert Stresau: *Der Horror-Film. Von Dracula zum Zombie-Schocker* (Heyne 1995)

... das Gruseln zu lehren

Als Kind – und als Autor – neigt man dazu, von sich auf andere zu schließen. Man will anderen die Geschichten schenken, die man selbst gern lesen würde. Zumindest im Idealfall sollte es so sein. Durch die Erfahrung des Gruselns bekam mein zielloser kindlicher Erzählwille eine Richtung. Die Geschichten, die ich mir vorher ausgedacht hatte, dienten mehr oder weniger nur dem Zweck, sie zu erzählen. Ich wollte für die Dauer des Vortrags die Aufmerksamkeit des Publikums fesseln, und dafür war mir jedes Mittel recht. Durch das Gruseln bekam ich eine erste Ahnung davon, was für ein komplizierter Prozess das Erzählen ist und wie viel Voraussetzungen man mit größter Sorgfalt schaffen muss, wenn man ein ganz bestimmtes Ziel erreichen, ein ganz bestimmtes Gefühl hervorrufen will. Ich wollte Gruselgeschichten erzählen und musste enttäuscht feststellen, dass der Satz »Ein

ATAQUE DE LOS MUERTOS SIN OJOS (1973)

Essays

Stephen King: Shining (Lübbe 2003)

In Kubricks Verfilmung (THE SHINING; 1980; D: Stanley Kubrick, Diane Johnson; R: Stanley Kubrick) spielt die Szene in Zimmer 237. Angeblich befürchteten die Betreiber des *Timberline Lodge* – das für die Außenaufnahmen verwendete Hotel –, nach dem Film wolle niemand mehr in Zimmer 217 wohnen. Die Nr. 237 gab es im *Timberline* nicht.

Vampir beißt eine Frau in den Hals« nicht im Geringsten furchteinflößend ist.

Akribisch studierte ich unheimliche Literatur, immer in dem Bestreben, bei den gruseligen Stellen einen Blick hinter die Kulissen zu erhaschen. Wie hatte der Autor das gemacht? Die unheimlichste Stelle in *The Shining* ist der Moment, wo Jack Torrance im Spukzimmer 217 nach dem Rechten sieht, in dem sein Sohn Danny etwas Unheimliches gesehen haben will. Jack findet nichts, will das Zimmer wieder verlassen – und hält inne. Er hört, wie im Badezimmer der Duschvorhang zur Seite geschoben wird ... wie jemand mit nassen Füßen pitsch patsch über Fliesen läuft ... dann haut er ab. Schon die Erinnerung reicht für eine Gänsehaut. Ich grübelte tagelang über dieser Stelle, versuchte, den Effekt zu verstehen. Ich schrieb sie in meiner Verzweiflung sogar ab, gewissermaßen in der Hoffnung, ihre Magie möge auf mein Schreiben überspringen. Es gelang nicht.

Ich schob alles auf die Formulierungen – im Stil musste das Geheimnis liegen. Patricia Highsmith tat ihr Übriges, und so versank ich zügig in zusammengeknüllten Papierbällen. Ich glaubte, dass es eine Art geheimen Code gab, eine ganz bestimmte Art, die Wörter aneinanderzureihen, die einen Satz automatisch gruselig werden lässt. Deshalb ließ ich meine Sätze alle Permutationen durchlaufen, die ich mir vorstellen konnte, systematisch geradezu, und mir fiel dabei nicht auf, dass es von dort nur ein kleiner Schritt zu Jack Torrances »Was du heute kannst besorgen, das verschiebe nicht auf morgen«-Katatonie war. Mit jedem misslungenen Versuch, jeder Geschichte über Ghouls, die weder mich noch andere im Geringsten gruselte, wuchs meine Entschlossenheit. Das freundlich bestätigende »Oh, wie, äh, unheimlich! Ich habe Gänsehaut!« meiner Eltern und Omas täuschte mich keine Sekunde, entmutigte mich aber auch nicht.

Ich beschritt natürlich auch andere Wege, um mein Lieblingsgefühl mit anderen zu teilen. Ich verlieh Bücher, las Geschichten vor, zeigte Filme. Entsprechend schlecht war mein Ruf bei den Eltern vieler Schulfreunde. Meine eigene, alles andere als angenehme erste Angsterfahrung lag lange zurück, und ich konnte mir wohl nicht recht vorstellen, dass andere jene paradoxe emotionale Schubumkehr, die mich die Angst inzwischen als etwas Angenehmes empfinden ließ, noch nicht durchgemacht hatten und nie durchmachen würden oder wollten. Bei allen, deren zarte Kinderseelen ich seinerzeit mit der denkwürdigen Privatvorführung von Richard Franklins (unterschätztem) PSYCHO II traumatisiert habe, möchte ich mich hiermit herzlich entschuldigen: Meine Mission war friedlich. Natürlich habe ich mich geschämt und empfand sämtliche diesbezüglichen Standpauken als gerechtfertigt; aber irgendetwas in mir war dennoch hochzufrieden.

PSYCHO II (1983; D: Tom Holland; R: Richard Franklin)

Ich hatte, wenn auch nur indirekt, eine sehr starke Emotion bei anderen ausgelöst. Wie köstlich musste dieses Gefühl erst sein, wenn man selbst der alleinige Urheber des Unheimlichen war?

Mit der Zeit kam ich zu der Erkenntnis, dass ein einziger Satz, so manisch ich ihn auch umformulierte, niemals allein gruselig sein konnte, was bei allen strukturellen Parallelen zur Komik einen großen Unterschied zu ihr ausmacht. Es gibt Fünf-Wort-Sätze, die einen ganz und gar voraussetzungs- und kontextlos zum Lachen bringen können; beim Horror ist das unmöglich. Er benötigt einen größeren Bogen. Ich muss als Autor zunächst eine glaubhafte Welt erschaffen, in die das Übernatürliche hereinbrechen kann, sonst wird nie ein Gruselgefühl entstehen. Wenn mein Leser sich in der fiktionalen Welt, die ich für ihn erschaffe, pudelwohl und sicher fühlt, wenn er das Gefühl hat, sie riechen, schmecken und fühlen zu können, bevor der Horror hereinbricht, ist die wichtigste Voraussetzung des Gruselns geschaffen. Ich versuchte, diese Erkenntnis in die Tat umzusetzen, und stieß schnell auf neue Probleme. Jetzt entwarf ich lebenssatte Figurenkonstellationen und ließ mir episch Zeit, bevor ich die Monster auftauchen ließ. Das war viel Arbeit, vor allem, weil ich beim besten Willen nicht wusste, was ich während des ganzen Vorlaufs, den ich meinen Figuren nun gab, mit ihnen anfangen sollte. Ich überließ sie also ihrem angenehmen, aber nicht sonderlich aufregenden Alltag. Wenn dann plötzlich die Zombies anklopften, war das natürlich nicht im Geringsten gruselig, sondern unterbrach allenfalls die gediegene Langeweile kurz, um in ein letztlich doch wieder langweiliges Massaker umzuschwenken.

PSYCHO II (1983)

Meine Frustration wuchs. Nicht nur, dass ich offenbar die erzählerische Raffinesse nicht besaß, die vonnöten war, um gruselig zu schreiben – es gab auch kein Forum, in dem ich meine kläglichen Fortschritte einer Art Öffentlichkeit hätte präsentieren können. Ich war längst zu alt, um allen Ernstes noch meine Familie dafür in Haft zu nehmen, ganz abgesehen davon, dass ihr Urteil beim besten Willen kein unabhängiges gewesen wäre. Sicher, unter den richtigen atmosphärischen Bedingungen gelang es auch mir, andere zu gruseln, aber das ist keine große Kunst. Auf Nachtwanderungen oder an Lagerfeuern kann das so gut wie jeder; in solchen Situation ist das Gruseln keine Erzähl-, sondern eine Performance-Leistung.

Das humoristische Schreiben lief besser. Ich schrieb Stücke für das örtliche Kindertheater, die auch für die Erwachsenen vergnüglich sein sollten, und adaptierte *Dracula* für den Theaterkurs an der Schule – als Komödie natürlich. Die Titelrolle übernahm selbstverständlich ich, allein schon, damit ich einen gesellschaftlich einigermaßen akzeptablen Vorwand hatte, meine Vampirkostümierung auch im spä-

Bram Stoker: *Dracula* (Insel 2004)

Essays

NOSFERATU – EINE SYM-
PHONIE DES GRAUENS
(1922; D: Henrik Galeen;
R: F.W. Murnau)

ten Teenageralter noch zu perfektionieren. Ich sage nur: künstliche Fingernägel! Wenn ich beim ersten Auftritt auf die Bühne ging und entsprechend maniriert die Arme abspreizte, hatte das im Gegenlicht einen erstaunlichen Effekt, ein wenig wie Max Schreck in NOSFERATU. Schon dafür lohnten sich die Nägel, auch wenn sie ziemlich hinderlich waren und im Laufe des Stücks jedes Mal alle nacheinander abbrachen, spätestens, wenn ich den Pflock fest umfassen musste, den ich Mina Harker durchs Herz trieb. Durch welche abstrusen

A NIGHTMARE ON ELM
STREET 4 (1988; Plakat-
ausschnitt)

Volten der Handlung es dazu kommen konnte, dass Dracula das tat, kann ich nicht mehr rekonstruieren, aber man versichert mir, dass es nicht nur plausibel war, sondern geradezu zwingend. Im Abitur begann ich, regelmäßig Filmkritiken zu veröffentlichen, die meist auch eher launig-komisch gehalten waren; später kamen satirische Texte hinzu.

Meine privaten Studien zum Unheimlichen setzte ich bei aller Komik ungebrochen fort und nahm zusätzlich universitäre auf. Wer Vergleichende Literaturwissenschaft studiert, lebt gefährlicher, als man annehmen sollte. Niemandsland sind nicht etwa nur Familienfeiern oder sonstige Zusammentreffen mit Älteren, im Gegenteil. Auch auf den enthemmtesten Studentenpartys bin ich in Hinterhalte geraten und mit stets demselben stumpfen Gegenstand angegriffen worden: »Und, was kann man damit machen?« Ich ging in aller Regel sofort zu Boden. »Machen« kann man damit natürlich erst mal nix, sofern »machen« primär »Geld verdienen« bedeutet. Stimmt. Geschenkt. Geld muss man halt irgendwie anders verdienen. Die angemessenere Frage wäre vielleicht: »Und, was gibt dir das?«, denn die hätte ich mit einem schlichten »Es macht mich glücklich« beantworten können.

Ich durfte mich in meinem Studium den ganzen Tag mit Literatur und Film auseinandersetzen, auf hohem Niveau, angeregt und anregend. Viele sagen, die Beschäftigung mit Kunst im Rahmen ihrer Ausbildung verderbe ihnen den »privaten« Kunstgenuss. Das ist eine Frage des Blickwinkels und der Disposition; meiner Ansicht nach besteht die Ausbildung darin, dass man seinem Privatvergnügen nachgeht, insofern besteht kein Grund zu klagen. Und es besteht auch kein Grund zu bashen: Auf die Geisteswissenschaften werden nach meinem Eindruck viel zu häufig und unbedacht die Präfixe »zer« und »ver« losgehetzt: Zerredet wird an Universitäten angeblich vieles, und was dabei rauskommt, ist in aller Regel verschwurbelt oder verquast. Ein ungerechtes Vorurteil. Wenn Menschen zusammentreffen und reden, kommt zweifellos immer mal wieder verquastes Zeug raus, aber Ort, Thema und akademischer Grad sind dafür ziemlich egal. An der Uni wird man zwischen den Verschwurbeltheiten wenigstens häufiger mal auf eine Erkenntnis gebracht, die man von selbst nie gehabt hätte. Zumindest mir ging das ziemlich regelmäßig so, und ich empfand es jedes Mal als dauerhafte Bereicherung.

Je mehr man weiß, desto mehr kann man denken und entdecken, und desto mehr Spaß entwickelt man daran. Durch das, was ich im Studium über das unheimliche Genre gelernt habe, verstehe ich noch etwas besser, warum ich eine Gänsehaut bekomme, aber der Grusel wird dadurch keinen Deut schwächer oder weniger vergnüglich, eher im Gegenteil. Die Vorgänge in Zimmer 217 sind immer noch exquisit gruselig, auch wenn ich jetzt dank Tzvetan Todorov und seiner berühmten *Einführung in die fantastische Literatur* viel genauer beschreiben kann, wo der kalte Schauer herrührt. Wenn Jack die Geräusche aus dem Bad hört, sind zwei Welten kurz davor, sich zu berühren. In der einen spielt der Roman schon seit hunderten von Seiten; es ist »unsere« Welt, zumindest insoweit, als dass dort die gleichen Naturgesetze gelten. Noch ist im Overlook Hotel nichts passiert, wofür ich als Leser keine befriedigende Erklärung finden kann. Wenn Jack aber den Duschvorhang hört, bekommt diese Gewissheit erste Risse. Bildet er sich die Geräusche nur ein? Die Möglichkeit besteht. Längst gibt es zu diesem Zeitpunkt kleine Anzeichen dafür, dass die Isolation und das riesige leerstehende Gebäude seiner geistigen Gesundheit zusetzen. Hüttenkoller, Paranoia – vielleicht spielt ihm sein gefährdeter

Tzvetan Todorov: *Einführung in die fantastische Literatur* (Fischer 1992)

Geist einen grausamen Streich. Vielleicht aber auch nicht. Vielleicht steigt hinter der Badezimmertür gerade pitsch patsch etwas aus der Wanne, das es in unserer Welt nicht geben darf. »Vielleicht« ist hier das entscheidende Wort.

Die Empfindung des Grusels entsteht, wenn ich nicht sicher sein kann – »unschlüssig« bin, wie Todorov es nennt –, in welcher Welt ich mich befinde. Ist es »meine« Welt, in der ich mich als aufgeklärter Mensch darauf verlassen kann, dass mir im Badezimmer keine Geister begegnen? Dann hat Jack eine Halluzination. Oder ist es eine Welt, in der es Geister gibt? Solange diese Unschlüssigkeit besteht, grusele ich mich. Wenn Jack die Badezimmertür aufreißt und nichts Ungewöhnliches vorfindet, löst sich die Spannung auf, und ich habe ein weiteres Indiz dafür erhalten, dass er dabei ist, seine geistige Gesundheit zu verlieren. Fällt ihm der Geist der Selbstmörderin entgegen, entlädt sich die Spannung ebenfalls, denn dann weiß ich ein für allemal, dass ich im Overlook mit allem rechnen muss. Falls definitiv die Entscheidung für das Übernatürliche fällt, hört das Übernatürliche sofort auf, übernatürlich zu sein, denn dann ist es Bestandteil der fiktionalen Realität, in der ich mich bewege. Der Grusel weicht dann allenfalls einem Erschrecken, aber das wird nicht lange anhalten. Einmal ans Licht gezerrt und genau betrachtet, bleibt kein Monster lange monströs. Diesen Weg geht Stanley Kubrick, der Jack in seiner Verfilmung des Buchs einen fürchterlich verwesenden Ghoul im Bad vorfinden lässt. Er erzielt damit, wie ich zugeben muss, einen äußerst effektiven Moment des Schreckens, und er lässt genug weitere folgen, um sicherzustellen, dass der Film einen unauslöschlichen Eindruck hinterlässt. Stephen King hingegen will an dieser Stelle gruseln und findet eine elegante Lösung dafür: Jack verlässt Zimmer 217, ohne sich noch einmal umzudrehen. Für ihn wie für mich bleibt die Unschlüssigkeit bestehen, und die nächste Gänsehaut kann kommen.

THE SHINING (1980)

Wenn ich mich grusele, versichere ich mich also in einer Art Rückkopplung meiner eigenen Vernunft. Ich kann mich überhaupt nur gruseln, weil ich vernünftigerweise davon überzeugt bin, dass es das Übernatürliche nicht gibt – erst dann kann mir der Gedanke überhaupt Angst einjagen. Ich bin mir der Wirklichkeit meiner Wirklichkeit absolut sicher. Diese Überzeugung ist eine so grundlegende Voraussetzung meiner Weltwahrnehmung, dass die irrationale Empfindung des Grusels paradoxerweise zur einzigen vernünftigen Reaktion wird, wenn ich darin verunsichert werde. Ich erlebe es als vollwertiges Wunder, dass Bilder auf der Leinwand oder Zeilen auf dem Papier in der Lage sind, meinem Geist eine solch fundamentale Kränkung weit genug vorzutäuschen, dass sich mein Körper in einen spürbaren Alarmzustand versetzt.

Als Leser und Zuschauer bin ich durch die Komparatistik unendlich bereichert worden. Als Autor muss ich meine Lobrede auf die Universität allerdings einschränken. Von Vorschulzeiten abgesehen habe ich zu keiner Zeit so wenig und so skrupulös fiktionale Texte geschrieben wie im Studium. Auf andere mag der analytische Umgang mit Literatur und Film einen inspirierenden Einfluss haben; bei mir war das Gegenteil der Fall. Satiren, Essays und natürlich die wissenschaftlichen Haus- und Examensarbeiten gewannen durch das Gelernte und gingen mir nie leichter von der Hand, aber das Geschichtenschreiben litt. Der Anspruch, den ich glaubte beim Schreiben erfüllen zu müssen, stieg mit jedem Seminar, sodass ich meine Schreibversuche immer schneller frustriert aufgab. Zudem verlor ich auf verquere Art das Gefühl dafür, ob meine Texte mir überhaupt noch gefielen. Wenn mal etwas fertig wurde, musste ich später oft feststellen, dass ich es in Wirklichkeit nicht besonders mochte. Ein Einakter, mit dem ich zunächst hochzufrieden war, zerfiel schon nach ein paar Wochen beim Wiederlesen in seine Einzelteile aus Anspielungen, Zitaten und mehr oder weniger geschickt gebrochenen Konventionen. Die Figuren hatten keine Seele, sondern einen Videotheksausweis und ein Bücherregal. Meine Ambitionen zu gruseln litten natürlich in besonderem Maße, weil ich an der Uni ständig den größten Autoren des Genres mit der Lupe zu Leibe rückte und schon vorher hohe Ansprüche hatte.

VIDEODROME (1982)

Geschmerzt hatten mich diese Missstände schon damals, aber erst nach dem Examen wurde mir wirklich bewusst, wie inakzeptabel diese Einschränkung eigentlich war. Ich fand zwar eine durchaus angenehme und erfüllende Arbeit, aber umso dringlicher hatte ich das Gefühl, schnell etwas unternehmen zu müssen – bevor die Bequemlichkeit einsetzt. Mein immerhin schon 20 Jahre alter Traum von meinem eigenen Gruselfilm drohte genau so unverwirklicht zu bleiben wie der noch ältere, Autor zu werden. Ich bewarb mich an der Filmhochschule.

Die Hamburg Media School hat den Charme eines verlassenen Krankenhauses, was damit zusammenhängt, dass sie in einem verlassenen Krankenhaus untergebracht ist. Die Schule selbst belebt nur einen winzigen Teil des riesigen Komplexes; der Rest verfällt langsam vor sich hin. Endlose Flure und Fluchten von leeren Zimmern. Krankenzimmern. In manchen davon lassen bunte Gemälde aus Fingerfarbe an den Fenstern ungute Rückschlüsse auf das Alter ihrer früheren Bewohner zu. In anderen findet man rostige Bettgestelle. In den Operationssälen sind Panels, Anschlüsse und Kommunikationsvorrichtungen in den Wänden, deren Anzeigelämpchen teilweise noch Strom beziehen und sinnlos blinken. Ich glaube nicht an Geister – aber wenn

THE TEXAS CHAINSAW MASSACRE (1974)

THE TEXAS CHAINSAW MASSACRE (Blutgericht in Texas; 1974; D: Kim Henkel, Tobe Hooper; R: Tobe Hooper)

irgendwo tatsächlich ruhelose Seelen wandeln, dann in der Hamburg Media School. Wenn man allein die leeren Flure entlangläuft, spielt das Echo einem dauernd Streiche; es hört sich an, als würde jemand versuchen, genau im Gleichschritt hinter dir zu gehen, damit du ihn nicht bemerkst. Ich fühlte mich dort sofort pudelwohl.

Teil meiner Bewerbung war ein Entwurf für eine Mystery-Serie, und ich war gespannt, ob die Aufnahmekommission darauf Bezug nehmen würde. Prompt fragte Susanne Schneider mich, wie ich mir die Geister in meiner Serie denn genau vorstelle. Ich antwortete schnell, ausweichend und versehentlich absolut wahrheitsgemäß: »Unheimlich!« Die Reaktionen waren gemischt. Einerseits begeisterte meine Begeisterung, aber der Gedanke, sich als Autor freiwillig und möglicherweise sogar bevorzugt dem Horrorgenre widmen zu wollen, stieß eher auf Unverständnis. Dieser skeptischen Haltung gegenüber dem Unheimlichen begegne ich im Studium auch bei der überwiegenden Mehrheit meiner Kommilitonen und Dozenten. Ich bin weit davon entfernt, mich darüber zu beschweren – ganz im Gegenteil. Dieser kleine Dissens stellt die Ausgangslage für fruchtbare Streitgespräche dar, in die ich mich hineinstürze, sobald sich die Gelegenheit bietet.

Als ich kürzlich beispielsweise THE TEXAS CHAINSAW MASSACRE in einem Seminar als Lieblingsfilm angab, wurde mir unterstellt, nur mit einer Geschmacklosigkeit provozieren zu wollen. In der lebhaften Diskussion, die sich anschloss, stellte sich heraus, das außer mir keiner der Anwesenden den Film gesehen hatte und allerlei abstruse Vorstellungen über dieses völlig unblutige Meisterwerk des psychologischen Horrors im Umlauf waren. In solchen Situationen kann sich der eifernde Missionar in mir ungestraft auf seine Obstkiste stellen und wettern, was das Zeug hält. Das sorgt für Ausgeglichenheit und lässt mich die »Niederlagen« besser wegstecken – zum Beispiel, wenn ich nach einem langen Disput zähneknirschend zugeben muss, dass ich mir meine Zukunft als Autor bei aller Begeisterung für den Grusel nur ungern als Kette von reinen Genrefilmen vorstellen möchte und wie die meisten auch vom klassischen, auf Empathie und die berühmten »großen Gefühle« abzielenden Erzählkino träume. Heimlich zumindest.

Aber immer langsam; erst ist ein anderer Traum an der Reihe, verwirklicht zu werden: Den ersten Gruselfilm, den ich geschrieben habe, werde ich noch dieses Jahr auf der Leinwand sehen. Durch die gespreizten Finger, wie ich hoffe – hilflos kichernd vor lauter Angst.

Die Konstruktion des Schicksals
Über die Filme von Guillermo Arriaga und Alejandro González Iñárritu

Von Lars-Olav Beier

»Ich glaube nicht an das Schicksal, ich bin Atheist. Es gibt keine ordnende Hand, die uns steuert. Auch ist das Leben keineswegs eine griechische Tragödie, in der die Figuren zwangsläufig ihr Unglück heraufbeschwören. Das Universum liegt in uns selbst. Doch ich bin sicher, dass Sekundenbruchteile über unser Leben entscheiden. Wer im falschen Moment auf eine Kreuzung fährt, wird plötzlich von einem anderen Auto erfasst. Von Unfällen wie diesen erzählen meine Filme.« Guillermo Arriaga

Mitten in Marokko stehen zwei Jungen auf einem Bergrücken und haben Langeweile. Sie sollen die Ziegenherde ihres Vaters hüten und vor Kojoten schützen. Hierfür hat er ihnen ein Gewehr anvertraut.

Brad Pitt in BABEL

Guillermo Arriaga im Interview mit Lars-Olav Beier am 1. November 2007. Sofern nicht anders angegeben, stammen sämtliche hier notierten Zitate von Arriaga aus diesem Interview.

Essays

Guillermo Arriaga

Alejandro González Iñárritu

BABEL (2006; D: Guillermo Arriaga; R: Alejandro González Iñárritu)

Nun wollen sie herausfinden, wie weit man damit schießen kann. Sie feuern erst auf Felsbrocken in der Nähe, dann immer weiter in die Landschaft, bis sie die Kugeln nicht mehr einschlagen sehen. Sie streiten sich. Einen Kilometer, sagt der eine, schaffe diese Waffe nie. Da blicken die beiden nach links, denn von dort nähert sich aus der Ferne ein bewegliches Ziel. Auf einer Straße am Fuße des Berges fährt ein Bus. Von oben betrachtet, aus der Sicht der Jungen, wirkt er winzig, kleiner als jedes Spielzeugauto. So legt einer der beiden auf das Fahrzeug an, trotzig fast, und drückt ab.

Wenige Momente später hält der Bus; einige Minuten später erfährt der Zuschauer, warum. In dem Bus sitzt eine US-amerikanische Touristin, die mit ihrem Mann und einigen Landsleuten eine Gruppenreise durch Marokko unternimmt. Sie döst vor sich hin, als plötzlich eine Kugel ins Fenster einschlägt und sie in den Hals trifft. Die Frau schreit vor Schmerz, die Jungen rennen vor Schreck davon, und der Zuschauer ist verwirrt: Der Junge schoss doch auf die linke Seite des Busses. Wie ist es möglich, dass die Kugel von rechts einschlägt? Weil wir uns in der Welt des Drehbuchautors Guillermo Arriaga und des Regisseurs Alejandro González Iñárritu befinden, die den Flug der Kugeln und den Lauf der Dinge so manipulieren, dass alles im Leben ihrer Figuren die schlimmstmögliche Wendung nimmt.

Das globallistische Kino

Arriagas und Iñárritus Film BABEL handelt von einem Gewehr, das um die halbe Welt geht, bevor aus ihm ein Schuss abgefeuert wird, der die ganze Welt erschüttert. Somit ist das Drama, das auf drei Kontinenten spielt, das erste globallistische Werk des Kinos. Ein japanischer Geschäftsmann und leidenschaftlicher Jäger verschenkt in Marokko seine liebste Flinte, nachdem seine Frau Selbstmord begangen hat. Der neue Besitzer wiederum verkauft das Gewehr an einen Hirten, der es umgehend seinen Söhnen in die Hände drückt. Die verletzen ohne Absicht eine Amerikanerin schwer und lösen damit eine internationale Krise aus. In den *breaking news*, die um den Globus gehen, ist von einem hinterhältigen Terroranschlag die Rede. Die mexikanische Haushälterin der angeschossenen Touristin passt in San Diego auf deren zwei Kinder auf, muss aber dringend zur Hochzeit ihres Sohnes in ihre Heimatstadt und weiß sich nicht anders zu helfen, als die beiden mit über die Grenze zu nehmen. Sie wird nie wieder nach San Diego zurückkehren.

Allerdings erzählen Arriaga und Iñárritu diese Geschichte nicht in dieser Reihenfolge; vielmehr zerschlagen sie ihre kunstvolle Kausalkette und fügen die einzelnen Glieder neu zusammen. Nun folgt die

Vergangenheit auf die Gegenwart und die Ursache auf die Wirkung. Dass in der globalisierten Welt alles mit allem zusammenhänge, werde noch deutlicher, wenn man den Zusammenhang zerreiße, scheinen die beiden zu glauben. Und sie sind nicht die Einzigen. Nach der Welturaufführung von BABEL während der Festspiele in Cannes im Mai 2006 gab es stehende Ovationen, am Ende erhielt Iñárritu von der Jury den Regiepreis. Siebenmal wurde der Film 2007 für die Academy Awards nominiert, darunter Arriaga für das beste Originaldrehbuch und Iñárritu für die beste Regie. Über 135 Millionen Dollar spielte BABEL weltweit an den Kinokassen ein, mehr als das Fünffache seiner Produktionskosten. Der Film war der Höhepunkt der Zusammenarbeit der beiden Mexikaner – und ihr Ende. Nach einem öffentlich ausgetragenen Streit um die Frage, wer für die Qualität ihrer gemeinsamen Filme maßgeblich künstlerisch verantwortlich sei, trennten sie sich. Nach BABEL fanden sie keine gemeinsame Sprache mehr.

Sieben gute Jahre zuvor hatten sie, vielen Kritikern nach zu urteilen, die Filmsprache neu erfunden. Damals kam AMORES PERROS ins Kino, ein heftig pulsierendes Panorama der Metropole Mexico City um die Jahrtausendwende. Arriaga und Iñárritu erzählten darin von einem jungen Taugenichts, der sich in die Frau seines Bruders verliebt und mit Hundekämpfen zu Geld kommt; von einem ehemaligen Guerillakämpfer, der verwahrlost durch die Straßen zieht und sich als Auftragskiller verdingt; von einem Fotomodell, das sich unversehens im Rollstuhl wiederfindet. Schon damals zerlegten Arriaga und Iñárritu ihre Erzählstränge und verknüpften sie wieder. Verbunden sind die drei Episoden in AMORES PERROS durch einen Autounfall. »Ein Autounfall«, schreibt Arriaga im Vorwort zu seinem Dreh-

AMORES PERROS (2000; D: Guillermo Arriaga; R: Alejandro González Iñárritu)

Guillermo Arriaga: *Amores perros* (Drehbuch; Faber & Faber 2001)

AMORES PERROS

CITIZEN KANE (1941; D: Herman J. Mankiewicz, Orson Welles; R: Orson Welles)

THE MASK OF DIMITRIOS (Die Maske des Dimitrios; 1944; D: Frank Gruber, nach dem Roman von Eric Ambler; R: Jean Negulesco)

RASHÔMON (1950; D: Akira Kurosawa, Shinobu Hashimoto, nach der Erzählung von Ryunosuke Akutagawa; R: Akira Kurosawa)

PULP FICTION (1994; D+R: Quentin Tarantino)

21 GRAMS (21 Gramm; 2003; D: Guiller-mo Arriaga; R: Alejandro González Iñárritu)

buch, »ist der schrecklichste Preis, den Menschen für die Technologie zahlen müssen, dafür, dass sie ihre natürlichen Grenzen überwinden wollen.«

Zwar hatten Regisseure wie Orson Welles (1941 in CITIZEN KANE) oder Jean Negulesco (1944 in der Eric-Ambler-Adaption DIE MASKE DES DIMITRIOS) schon lange zuvor mit nonlinearen, diskontinuierlichen Erzählweisen experimentiert; zwar hatte schon 1950 der Japaner Akira Kurosawa in RASHÔMON ein und dasselbe Ereignis aus verschiedenen Perspektiven in Szene gesetzt und damit gezeigt, dass die Wahrheit eine relative Größe sein kann; zwar hatte schon der Franzose Jean-Luc Godard in den 1960er Jahren behauptet und bewiesen, dass jeder Film einen Anfang, eine Mitte und ein Ende braucht, aber nicht notwendigerweise in dieser Reihenfolge; zwar hatte schon Quentin Tarantino 1994 in seinem Episodenfilm PULP FICTION Figuren, Orte und Zeiten durcheinandergewirbelt – dennoch wurden Arriaga und Iñárritu gefeiert wie Heilsbringer, die das Weltkino an einer kinematografischen Offenbarung teilhaben ließen.

Und so drehten sie ihren nächsten Film zwei Jahre später mit amerikanischen Stars in den USA. Auch in 21 GRAMS sind die Straßen nicht sicher. Bei einem Autounfall überfährt ein Ex-Sträfling

Sean Penn in 21 GRAMS

einen Familienvater mit dessen zwei Töchtern. Das Herz des Vaters wird einem todkranken Professor implantiert. Als der wieder auf den Beinen ist, lernt er die Frau des Spenders kennen und verliebt sich in sie. Doch sie will, dass der Mann stirbt, der ihr den Ehemann genommen hat. Sie überzeugt den Professor, den Schuldigen zu töten. Ein Film mit viel Herzblut, wie es scheint, der dann aber abschnurrt wie ein fatalistisches Räderwerk. Arriaga und Iñárritu zerschneiden die Biografien ihrer Figuren und nähen sie, als Herren über Leben und Tod, danach wieder zusammen. Gleich in der ersten Einstellung liegt der Professor mit der Frau, deren Mann er sein Leben verdankt, im Bett und wirkt doch wie jemand, der seine Zukunft hinter sich hat.

Arriagas und Iñárritus fragmentarische, das Raum- und Zeitkontinuum sprengende Erzählweise kam nicht zuletzt in Hollywood immer mehr in Mode, wohl auch deshalb, weil sie mit anderen narrativen Experimenten wie Stephen Gaghans und Steven Soderberghs komplex verschachteltem Drogen-Epos TRAFFIC oder Christopher Nolans in umgekehrter Reihenfolge – von Ende bis Anfang – erzähltem Film noir MEMENTO zusammenfiel; beide kamen wie AMORES PERROS im Jahr 2000 ins Kino. Fortan nötigten Politthriller wie SYRIANA oder THE GOOD SHEPHERD ihre Zuschauer immer öfter zum Puzzeln von Handlungsteilen vieler verschiedener Subplots. Auch ein europäischer Regisseur wie Fatih Akin pilgerte nach Mexiko, um sich von Arriaga für seinen Film AUF DER ANDEREN SEITE beraten zu lassen, der mehrere deutsch-türkische Schicksale miteinander verstrickt.

»Ich ging zu Arriaga, weil er als Spezialist für mehrsträngige Geschichten mit vielen Figuren gilt«, erzählt Akin. »Leider war seine Drehbuchberatung nur bedingt hilfreich. Arriaga vertritt die Auffassung, dass man mit Cliffhangern arbeiten sollte, dass man immer dann einen Erzählstrang verlassen und zum nächsten wechseln kann, wenn es einen Höhepunkt gibt. Ich habe dann aber beim Schnitt von AUF DER ANDEREN SEITE gemerkt, dass trotzdem kein wirklicher Spannungsbogen entsteht, dass der Zuschauer den Figuren nicht nahe kommt und der Film in seine Einzelteile zu zerfallen droht.« Am Ende schnitt Akin den Film komplett um und entwirrte die Erzählstränge weitgehend. Statt wie ein Jünger die Lehren Arriagas in der Welt zu verbreiten, begann er, an der Allwissenheit des Drehbuchgottes zu zweifeln.

Aus dem Leben der Marionetten

Der 1958 in Mexico City geborene Guillermo Arriaga Jordán, der in BABEL die Welt als globales Dorf zeigt, probierte sein Erzählverfahren zwölf Jahre zuvor an einem Nest in Mexiko aus, Loma Grande genannt. Dort spielt sein Roman *Der süße Duft des Todes* (*Un dulce olor a muerte*), den er 1994 veröffentlichte. Er erzählt darin von einem Mordfall, der in einer kleinen Gemeinde zu vielen folgenreichen Irrtümern führt und alle Bewohner in ein tragikomisches Handlungsgeflecht zwingt. Loma Grande war der Mikrokosmos, von dem aus sich Arriaga über die Zwischenstationen AMORES PERROS, der in verschiedenen

Fatih Akin

TRAFFIC (2000; D: Stephen Gaghan; R: Steven Soderbergh)

MEMENTO (D+R: Christopher Nolan)

SYRIANA (2005; D+R: Stephen Gaghan)

THE GOOD SHEPHERD (2006; D: Eric Roth; R: Robert De Niro)

AUF DER ANDEREN SEITE (2007; D+R: Fatih Akin)

Am 12. September 2007 im Gespräch mit Lars-Olav Beier und Matthias Matussek. In gekürzter Fassung erschienen in: *Der Spiegel*, 24.9.2007

Guillermo Arriaga: *Der süße Duft des Todes* (Unionsverlag 2002)

Essays

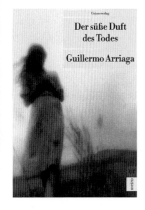

Teilen einer Metropole spielt, und 21 GRAMS, der an verschiedenen Orten in den USA spielt, zum Makrokosmos in BABEL bewegte.

In *Der süße Duft des Todes* wird am Rande eines Dorfes, das vier Autostunden von der nächsten Stadt entfernt liegt, die Leiche des ermordeten Mädchens Adela gefunden. Der junge Ramón, der den nackten Körper mit seinem Sonntagshemd bedeckt, wird versehentlich für Adelas Freund gehalten. Im Nu glaubt das ganze Dorf, er trauere um seine Geliebte und sinne auf Rache. Auch er selbst kann sich der Eigendynamik, mit der sich diese Version der Geschichte verbreitet, kaum noch entziehen: »Das war kein Scherz mehr und auch kein Gerücht, was über seine Beziehung zu Adela erzählt wurde, sondern eine unumstößliche Wahrheit, die zu widerlegen ihn von Mal zu Mal mehr Mühe kostete.« Rámon wächst in eine Rolle hinein, an der er Gefallen findet, weil sie ihm ein paar Nummern zu groß ist und aus ihm, einem schüchternen Jungen, einen ganzen Kerl machen kann: »Entweder galt er für alle Zeiten als richtiger Mann, oder er würde nie mehr einer werden.« Rámon nimmt sich vor, den Mörder zu töten.

Durch eine falsche Zeugenaussage gerät der Händler Gitano, der ab und zu ins Dorf kommt und als großer Verführer gilt, in den Verdacht, der Mörder zu sein. Tatsächlich findet der Dorfvorsteher Justino nach langer detektivischer Suche, von Arriaga auf fünf Seiten detailreich beschrieben, aber zahlreiche Indizien, die auf einen anderen Täter hindeuten. Doch dann beseitigt er sie plötzlich: »Es hätte nichts genützt, das Beweismaterial im Dorf zu zeigen. Es würde die anderen nicht von ihrer Meinung abbringen, dass Gitano der Mörder war. Er würde damit höchstens erreichen, dass der wirkliche Täter versuchen würde, sie zusammen mit dem, der sie gefunden hatte, verschwinden zu lassen.« Den mitteleuropäischen Leser befriedigt diese Erklärung für das Verhalten des mexikanischen Dorfvorstehers nur bedingt: Würde ein Mann, der voller Stolz eine aufregende Entdeckung in einem Mordfall gemacht hat, diese wirklich für sich behalten? Und welchen Grund hätte der tatsächliche Mörder, Justino zu beseitigen, nachdem dieser den anderen die Beweismittel gezeigt hat?

Arriaga tritt seiner Figur hier nicht in Augenhöhe gegenüber, sondern beugt sich zu ihr herunter. Wenn Justino die Indizien vernichtet, handelt er im höheren Auftrag seines Schöpfers Arriaga, der einen Plan verfolgt: Alle Dorfbewohner sollen die Lüge so lange bekräftigen, bis diese für sie selbst zur Wahrheit wird und am Ende einen Unschuldigen das Leben kostet. In *Der süße Duft des Todes* bestimmt der Verlauf der Geschichte das Verhalten der Figuren. Schon in Arriagas frühem Roman findet ein Kampf statt, den auch später die Helden seiner Drehbücher austragen müssen: den gegen die Struktur, die der Autor ihnen aufzwingt. Ihr müssen sie ein Eigenleben abtrotzen, um mehr zu sein als Marionetten aus Fleisch und Blut. Denn die können nur komisch an ihren Strippen zappeln, aber nicht tragisch an ihren Taten scheitern.

Lieber arm dran als Bein ab?

Jede Geschichte hauche ihren eigenen Atem aus, schreibt Arriaga im Vorwort des Drehbuchs zu AMORES PERROS. Der Film beginnt mit einem gehetzten Atem, der schon zu hören ist, bevor das erste Bild erscheint, dann sieht der Zuschauer Fragmente einer rasanten Autofahrt, verwischte Bilder, durch die Seitenscheibe fotografiert, danach zwei junge Männer und einen blutenden Hund im Inneren eines Autos, das von einem anderen Wagen gejagt wird. Auf einer Kreuzung rasen die beiden Männer mit dem Hund in ein drittes Fahrzeug hinein, ein kurzer Blick erfasst eine blutende Frau auf dem Fahrersitz. Ein Zwischentitel erscheint: *Octavio und Susana*. Dann jagt die Kamera in Bodenhöhe über blutige und tote Hunde hinweg, hin zu einem Kampfplatz, zwei Männer lassen ihre Tiere aufeinander los, Schnitt auf die Ansicht eines Hauses, von der Straße aus fotografiert. Da kommt eine junge Frau ins Bild, geht zu dem Haus und öffnet die Tür: Ein Hund schießt heraus und läuft weg. Die junge Frau geht hinein, begrüßt ihre Mutter, die auf ihr Baby aufgepasst hat. Sie habe sich schon um ihren eigenen Nachwuchs gekümmert, sagt die Mutter zu der jungen Frau. Nun solle die sich gefälligst um ihren Nachwuchs kümmern. Schnitt. Ein Mann im verschlissenen grauen Anzug und mit wildem Bart kramt im Müll. Dann geht er die Straße entlang, gefolgt von einer fröhlichen Meute zahlreicher Hunde.

Mit dieser fulminanten Montagesequenz beginnen Arriaga und Iñárritu ihren Film. Alle drei Episoden werden angeschnitten, vier der fünf Hauptfiguren gezeigt. Wir sehen Menschen, die sich mit Autos ineinander verkeilen, und Hunde, die sich mit Zähnen ineinander verbeißen, allesamt vereint in einem mitreißenden Blut- und Bilderstrom. Wir sehen Einstellungen voller Brutalität und Schnitte mit der Wucht von Machetenhieben. Da rasen zwei Hunde wie Geschosse aufeinander zu, doch kurz vor ihrer Kollision folgt das nächste Bild: die statische Totale eines Hauses. Dieser jähe Übergang von blitzartiger Bewegung in starre Stille ist das formale Pendant zum Autounfall, das den Zuschauer in seinen Kinosessel drückt. Die größte Gewalt ereignet sich in AMORES PERROS zwischen den Bildern. »Die Gegenüberstellung gegensätzlicher Bilder lässt ein drittes Bild entstehen«, erklärt Iñárritu. »Im Kino ergibt die Summe von eins plus eins nicht zwei, sondern drei!«

Iñárritu in einem Interview mit Anke Sterneborg. In: *Süddeutsche Zeitung*, 21.12.2006

Essays

Es lässt sich allerdings nicht klären, ob das bei Faber & Faber erschienene Drehbuch zu AMORES PERROS wirklich die originale Fassung ist, die Iñárritu verfilmt hat, oder nicht doch mit der endgültigen Schnittfassung abgeglichen wurde. Es gibt Abweichungen zwischen dieser Drehbuch-Version und dem fertigen Film: Im Drehbuch gibt es nur zwei Zwischentitel, *Black Dog* und *White Dog*, im Film gibt es drei, in denen die vier Hauptfiguren des Films genannt werden.

AMORES PERROS

David Denby: The New Disorder. In: *The New Yorker*, 5.3.2007

Wie schon in *Der süße Duft des Todes* geht Arriaga in seinem Drehbuch zu AMORES PERROS, das er unter Mitwirkung Iñárritus angeblich 36-mal umgeschrieben hat, oft mittels motivischer Bindeglieder von einer zur nächsten Episode über: In seinem Roman lässt er eine Figur im letzten Satz eines Kapitels einschlafen und eine andere Figur im ersten Satz des nächsten Kapitels aufwachen; in AMORES PERROS lässt er eine Figur nach einer Pistole greifen, um einen Überfall zu begehen, und eine andere Figur direkt danach eine Pistole hervorziehen, um einen Mann zu ermorden. Doch oft sind die Schnitte in AMORES PERROS, die schon im Drehbuch sehr präzise beschrieben werden, rüde Konfrontationen: Da haben Susana (Vanessa Bauche) und Octavio (Gabriel García Bernal) leidenschaftlich Sex, während Octavios Bruder Ramiro (Marco Pérez), den sie betrügen, gerade übel vertrimmt wird. Schmerzhafte Schläge hier, lustvolle Stöße da, doch man weiß nicht, was von beidem den Zuschauer mehr befriedigen soll.

Denn Ramiro, in dieser Sequenz doppelt Leidtragender, ist in AMORES PERROS Arriagas und Iñárritus Prügelknabe. Er schlägt seine Frau, betrügt sie mit einer Arbeitskollegin, nutzt seine Mutter skrupellos aus, reißt sein Baby aus dem Schlaf, erpresst seinen Bruder – jeder seiner Auftritte macht ihn mehr zum Antipathieträger. Die Prügel-Vögel-Sequenz in AMORES PERROS ist Film gewordene Schadenfreude, sie gibt dem Zuschauer die Genugtuung zu erleben, wie ein Charakterschwein endlich einmal das kriegt, was es verdient. »Moralische Urteile über die Figuren müssen von den Zuschauern kommen, nicht vom Film«, postuliert Arriaga. Ja, vielleicht, aber der Film trägt ein absolut einseitiges Plädoyer gegen die Figur vor, das dem Zuschauer am Ende nur ein einziges Urteil übriglässt.

Was den Figuren widerfährt, welche Schicksalsschläge der frühere Boxer Arriaga an sie austeilt, hängt davon ab, wie sehr er sie mag. In AMORES PERROS, schrieb David Denby im *New Yorker*, werde »einem kapitalistischen Playmate – einem blonden Model – von den Filmemachern übel mitgespielt«, ein unbeschwert über Leben und Tod herrschender Ex-Guerrillero und Mörder dürfe dagegen »zu neuen Horizonten aufbrechen wie der Held im alten Western.« Von »strafenden Attacken gegen den Egoismus der Reichen«, als »unpersönliches, mitleidloses Wirken des Schicksals« ausgegeben, spricht Denby. Ist hier also Klassenjustiz am Werke, die zu einer Vorverurteilung der Figuren führt? »Ich verurteile keine meiner Figuren«, verteidigt sich Arriaga. »Ich bestrafe sie auch nicht. Das ganze Konzept von Strafe ist mir sehr fremd. Dass meine Figuren Unfälle erleiden, liegt daran, dass ich selbst einmal mit meinem Wagen verunglückt bin. Damals fühlte ich mich auch nicht bestraft. Es war einfach Dummheit.«

Viel Dummheit zeigt Arriaga auch in AMORES PERROS: Das blonde Model Valeria (Goya Toledo) jedenfalls wird von ihm und Iñárritu als ein Luxusgeschöpf eingeführt, das sich von seinem Freund, einem verhei-

Goya Toledo in AMORES PERROS

rateten Familienvater, ins gemachte Liebesnest setzen lässt, ein geräumiges Apartment. Als sie über das Parkett läuft, bricht sie ein, hinterlässt im Boden ein Loch, kümmert sich aber nicht weiter darum. Nach ihrem Autounfall muss Valeria mit geschientem Bein im Rollstuhl sitzen, doch weil sie sich langweilt, spielt sie mit ihrem Schoßhund Bällchen. Dummerweise rollt der Ball ins Loch, der Hund springt hinterher, verschwindet unter dem Parkett, findet den Weg aber nicht zurück und jault. Nach zahllosen Versuchen, ihn hervorzulocken, klettert Valeria aus dem Rollstuhl, versucht den Boden aufzubrechen und verliert dabei das Bewusstsein. Als sie im Krankenhaus wieder zu sich kommt, fehlt ihr ein Bein. Wegen einer Thrombose musste es amputiert werden.

So sieht er also aus, der Weg eines Models in seine selbstverschuldete Einbeinigkeit: ein Hindernisparcours, den Arriaga und Iñárritu aufgestellt haben, voller Stolpersteine und Fallgruben, durch den die einfältige Frau stöckeln muss, bis sie ganz am Boden ist. Die Ratten, die sich unter dem Parkett tummeln und den Schoßhund anzunagen drohen, haben in dieser Versuchsanordnung mehr Freiheiten als Valeria. Ein Herz für Tiere hat der Film. Wenn der Ex-Guerrillero El Chivo (Emilio Echevarriá) nach Hause kommt und feststellt, dass der Kampfhund, den er liebevoll gesundgepflegt hatte, alle anderen Hunde totgebissen hat und nun brav neben den Kadavern hockt, als erwarte er eine Belohnung, ist das der berührendste Moment des ganzen Films. Und ein wahrhaft tragischer. Denn der Hund konnte nicht anders handeln.

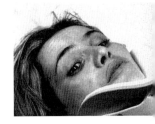

AMORES PERROS

Der Tod wiegt schwer: 21 GRAMM

Sind diese Filme also zynisch? Treibt der leidenschaftliche Jäger Arriaga seine Figuren vor sich her, bis sie sich in einer ausweglosen Lage befinden, und weidet sich dann an ihrem Anblick? Ja, manchmal schon, aber in der größten Not entfaltet er manchmal auch die größte Liebe zu seinen Figuren und schafft im Mahlstrom der Verhängnisse Inseln von bezwingender Emotionalität. Als der Professor (Sean Penn) in 21 GRAMS die Frau (Naomi Watts) des Mannes, dessen Herz nun in ihm schlägt, nach Hause bringt, schläft sie auf dem Beifahrersitz ein. Er betrachtet sie. Dann löst er vorsichtig den Gurt und lässt langsam den Sitz zurückgleiten, sodass sie weiterschlafen kann: ein wunderbarer Moment voller Zartgefühl und Sinnlichkeit. Dann fällt sein Blick auf den leeren Kindersitz auf der Rückbank.

Als die amerikanische Touristin (Cate Blanchett) in BABEL mitten in Marokko schwer verletzt und hilflos auf dem Boden einer notdürftigen Behausung liegt, kümmert sich ihr Mann (Brad Pitt) mit einer Hingabe um sie, die sie womöglich noch nie erlebt hat. Da flüstert sie ihm zu, dass sie sich in die Hosen gemacht habe. Er fragt den

Benicio Del Toro in 21 GRAMS

Besitzer des Hauses nach einer Schüssel, dann hebt er seine Frau sanft hoch und setzt sie auf das Gefäß. Die beiden halten sich in den Armen, sehen sich an, und auf einmal spürt auch der Zuschauer die Wärme, die sie in diesem Augenblick einander geben. »Wenn Menschen zärtlich sind, dann sind sie es einfach und wollen nichts dafür haben. Ein Film ohne Zärtlichkeit ist ein Film ohne Menschlichkeit«, sagt Arriaga.

»Ich bin ein hoffnungsloser Romantiker«, beschreibt er sich selbst. »Und ein großer Optimist, was die menschliche Natur angeht. So sehr, dass ich meine Figuren durch extrem düstere Passagen führen kann und sie am Ende dennoch Sinn in ihrem Leben entdecken.« Er habe ein gutes Herz, sagt der Professor in 21 GRAMS über sich selbst, und damit meint er nicht nur das pumpende Organ, das in ihm schlägt. 21 GRAMS ist Arriagas und Iñárritus Versuch, einen Film zu machen, der einen Kopf hat und ein Herz und bis in die letzte Faser von großen, tief bewegenden Gefühlen durchpulst wird.

Arriaga in einem Interview mit Angel Guirra-Quintana. In: *Financial Times*, 18.4.2006

»Guillermo Arriaga und ich wollten ursprünglich eine Reihe von Kurzfilmen machen, die thematisch verbunden waren, ein Porträt von Mexico City. Daraus wurden dann die drei Erzählstränge von AMORES PERROS«, rekapituliert Iñárritu im Interview mit der *SZ*. »In 21 GRAMS habe ich eine einzige Geschichte aus drei Perspektiven erzählt. Das war körperlich besser verbunden.« Während sich die Wege der Figuren aus den drei Episoden in AMORES PERROS nur beim Unfall kreuzen, sollen sie sich in 21 GRAMS vereinen, so physisch wie möglich, im Sex, im Tod, im Hass und in der Verzweiflung.

21 GRAMS

Ein Auto rast durch die Landschaft, der Mann am Steuer fährt so schnell, wie es geht, auf der Rückbank ein blutiger Körper, umsorgt von zwei helfenden Händen – das ist, exakt wie in AMORES PERROS, eine Fahr- und Notgemeinschaft bei Vollgas. Nur ist es diesmal auch eine Schicksalsgemeinschaft, und der Unfall, der sie zusammenbringt, liegt schon lange hinter ihnen. Der Mann am Steuer (Benicio Del Toro) ist ein tiefgläubiger Ex-Sträfling, der den Mann der Frau auf der Rückbank, die sich um den verletzten Professor neben sich kümmert, und deren Töchter überfahren hat. Doch nun haben sie alle drei ein Ziel: das Krankenhaus.

Diese Szene zeigen Arriaga und Iñárritu nach etwa 15 Minuten; es ist ein Sprung ans Ende ihrer Geschichte, wenn die drei Hauptfiguren, die sich am Anfang nicht einmal kannten, auf Gedeih und Verderb aufeinander angewiesen sind, um noch mehr zu retten als das Leben: nämlich ihr Seelenheil. Denn die Frau hatte den Professor davon überzeugt, dass er ihren Mann rächen müsse; doch er brachte es nicht über das Herz; so schlug sie den Ex-Sträfling, der sein Leben hingeben würde, um die Schuld zu tilgen, und der seinen Tod herbeisehnt, eigenhändig zusammen; um sie in ihrer Raserei zu stoppen, jagte sich der Professor eine Kugel in den Leib.

Die diskontinuierliche Erzählweise von Arriaga und Iñárritu, so schrieb David Denby über 21 GRAMS, habe die Funktion, den Stoff einer Soapopera wie radikale Kunst erscheinen zu lassen: »Das ist keine Tragödie, das ist ein rührseliger kranker Witz, und ich frage mich, ob Arriaga und Iñárritu der falschen Annahme sind, Elend sei

Essays

<small>Tobias Kniebe: Die Hölle? Hier drin. In: *Süddeutsche Zeitung*, 25.2.2004</small>

realer als Glück, der Tod ein gewichtigeres Sujet als das Leben.« Man kann das freilich auch anders sehen: »Es geht nicht um die Reihenfolge der Ereignisse in solchen Momenten«, schreibt Tobias Kniebe. »Und nicht um die Chronologie der Fakten. Denn diese erscheinen ohnehin unverständlich – zufällige, sinnlose Akte der Zerstörung, das Würfelspiel einer höheren, mitleidlosen Macht.«

Zweifellos ist 21 GRAMS der Versuch, einen komplexen Film über Schuld und Sühne, Verdammnis und Erlösung zu machen. Im Gegensatz zu AMORES PERROS, in dem die Figuren ohne Kenntnis voneinander agieren und der Zusammenhang, in dem sie stehen, rein äußerlich bleibt, müssen die Protagonisten hier ihre Rolle im Spiel des Zufalls reflektieren. Der Professor weiß, dass er nur deshalb lebt, weil ein anderer bei einem Unfall starb, und mit dieser Tatsache wird er nicht fertig. Und der Ex-Sträfling leidet Höllenqualen, weil er den Unfall nicht für einen Zufall hält, sondern für eine göttliche Prüfung, aber nicht weiß, warum ausgerechnet er ihr unterzogen wird. Die Figuren können gegen ihr Schicksal aufbegehren, doch wenn sie es in die Hand nehmen, dann nur, um sich zu entleiben.

Ein Glückspilz namens Hiob

BABEL

Sie bauten einen Turm, so hoch, dass sie so weit wie möglich die gesamte Welt in den Blick nehmen konnten, und von dort oben sahen für Arriaga und Iñárritu auf einmal nicht nur alle Menschen gleich aus, sondern alle Lebewesen. In ihrem Film BABEL folgt auf die Bilder gackernder japanischer Teenager ein Schnitt auf mähende marokkanische Ziegen und auf die Einstellung eines Blut spritzenden mexikanischen Huhns, dem gerade der Kopf abgerissen wurde, die Aufnahme einer frisch angeschossenen amerikanischen Touristin, die von Blut überströmt ist und sich im Schmerz windet. Nach dem Film BABEL zerstritt sich das Traumpaar Arriaga-Iñárritu. Es wäre ihnen zu wünschen, dass es dabei um Schnitte wie diese ging.

»Unglückliche Zufälle türmen sich in immer unwahrscheinlichere Höhen auf«, schrieb Richard Corliss über BABEL, »bis sich das Interesse des Zuschauers in schierer Erschöpfung verliert. Ja, schlimme Missgeschicke widerfahren auch anständigen Menschen. Doch verglichen mit dem Pech, von dem der von Brad Pitt gespielte Tourist hier innerhalb von 24 Stunden heimgesucht wird – seine Frau wird angeschossen, seine Kinder verschwinden –, war Hiob ein Glückspilz.« Babel, Hiob – wie es scheint, erzählen Arriaga und Iñárritu eine Geschichte von wahrhaft biblischen Ausmaßen. Es geht um Menschen, die rund um den Globus auf Grenzen der Verständigung treffen und daran fast zugrunde gehen.

<small>Richard Corliss: Highs and Lows. In: *Time*, 5.6.2006</small>

Cate Blanchett in BABEL

Da ist ein seit vielen Jahren verheiratetes Ehepaar, das kaum noch Worte wechselt und sich doch unendlich viel zu sagen hätte; ein stummes japanisches Mädchen, das kaum einen Ton über die Lippen bringt und deshalb den Rock lupft, um ihre Schamlippen für sich sprechen zu lassen; ein junger Mexikaner, der beim Grenzübertritt in die USA besser den Mund hielte, weil jeder Satz in den Ohren US-amerikanischer Grenzpolizisten wie pure Provokation klingt. Der Film zieht den Zuschauer in diese allgemeine Sprachverwirrung hinein wie einen Dolmetscher, der zwar alles verstehen, aber leider nichts für die Figuren übersetzen kann.

Es gebe in dem Film gleichwohl »eine universelle Grammatik der Gesten und Gesichtsausdrücke, die beredt werden, wenn keine Sprache mehr möglich ist«, schreibt Karl Hafner. »In der Angst oder in der Freude, in der Panik oder im Gefühl des Verlustes werden die Gesichter gleich. Da ist es egal, ob jemand aus dem amerikanischen Mittelstand kommt, muslimischer Hirte oder japanischer Teenager ist.« Tatsächlich scheinen Arriaga und Iñárritu in BABEL die egalisierende Wirkung der Extremsituation zu untersuchen, um herauszufinden, ob die Menschen wirklich alle gleich werden, wenn es um Leben und Tod geht.

Karl Hafner: Als Gott zürnte. In: *Der Tagesspiegel*, 20.12.2006.

Wenn er in die Hölle will, lass ihn gehen

Deshalb schicken sie ihre Figuren zielsicher in die Misere und lassen sie dabei einen Fehltritt nach dem anderen begehen. Als der junge, leicht alkoholisierte Mexikaner (Gabriel García Bernal) mit seiner Tan-

BABEL

te (Adriana Barraza), der Haushälterin des amerikanischen Ehepaares, und dessen beiden Kindern die Grenze erreicht, behauptet er im Übermut, die Kinder auf dem Rücksitz seien Verwandte. Daraufhin unterziehen die Grenzpolizisten, die mit bloßem Auge sehen, dass die Kinder Amerikaner sind, den Mexikaner und seinen Wagen einer akribischen Kontrolle. Ein Wort gibt das andere, am Ende durchbricht er die Sperre und rast davon in die Vereinigten Staaten, verfolgt von Polizeiwagen. Als er sie im Rückspiegel sieht, biegt er von der Straße ab und fährt in die Wüste hinein.

Dann hält er an und sagt gehetzt, seine Tante solle jetzt mit den beiden Kindern aussteigen, er werde die Polizei abhängen. Die ist aber gar nicht mehr hinter ihm, zumindest wird sie nicht gezeigt. Und während der Zuschauer darüber nachdenkt, ob es nicht schlauer wäre, in der nachtschwarzen Wüste die Lichter auszuschalten und zu warten, was passiert, fährt der Mexikaner davon und lässt die drei zurück. Am nächsten Morgen kommen sie zu sich, wissen aber nicht mehr, wo die Straße ist, die jedoch, gemessen an der Fahrt in der Nacht zuvor, maximal eine Meile entfernt sein kann. Die Tante macht sich ohne die beiden Kinder auf den Weg, taumelt kurz darauf von der Hitze benommen durch die Gegend und wird dann von der *border patrol* aufgegriffen, die wenige Stunden später die verlassenen Kinder findet.

Nur wenn der Zuschauer die Handlungen einer Figur nachvollziehen kann, ist er auch bereit, ihr zu folgen, zumal in die Hölle. Doch mit jedem Fehlverhalten, mit jeder falschen Entscheidung, die der junge Mexikaner und seine Tante treffen, wird er den Helden mehr entfremdet. Am Ende teilt er die Not zwar räumlich mit ihnen, aber nicht mehr emotional. Und in der marokkanischen Wüste sieht es nicht besser aus: Was ist von einem Vater zu halten, der seinen beiden Söhnen ein Gewehr gibt, mit dem diese eine Touristin anschießen, der mit ihnen in die Berge flieht, verfolgt von marokkanischen Polizisten, und der es dann zulässt, dass einer seiner Söhne das Gewehr wieder in die Hände bekommt und damit auf die Polizisten schießt, die hoffnungslos in der Überzahl sind? In der Wüste sind Tränen ein zu kostbares Gut, um sie für Figuren wie diese zu vergießen.

Arriaga und Iñárritu verfilmen in BABEL kein göttliches Gesetz, sondern Murphy's Law: Alles, was schiefgehen kann, geht auch schief. Und dann lassen sie, mit großmütiger Geste, das Allerschlimmste doch nicht passieren. Da darf die Touristin ihren Arm behalten, der beinahe amputiert werden musste, vielleicht deshalb, weil sie dann doch ein besserer Mensch ist als das tumbe Model in AMORES PERROS. »Arriaga und Iñárritu lassen ihren Film mit einer Reihe von Versöhnungen und Erlösungen enden, die das Publikum flennen lassen«, schreibt Denby. »BABEL fühlt sich an wie der erste Film eines neuen Genres.« Er nennt es »the highbrow globalist tearjerker«, übersetzt etwa: hochnäsiger globaler Gefühlskitsch.

BABEL ist ein Konzeptfilm, und weil das Konzept so faszinierend ist, wurde er weltweit gefeiert und war ein so großer Erfolg. Doch packend und bewegend ist er meist dann, wenn er sich fallen lässt in die Welt, auf die er ansonsten herabblickt, wenn er sich Situationen überantwortet, statt Situationen zu konstruieren. Wenn er sich in den Sinnentaumel einer mexikanischen Hochzeit stürzt und die Kamera gar nicht zu wissen scheint, wohin sie ihren Blick richten soll. Wenn sie sich in einer japanischen Disco dem Stakkato der Lichtorgel ausliefert und im wilden Tanz mit aller Mühe das Gesicht einer jungen Frau im Blick behält, die gerade erkennt, dass der Junge, in den sie sich verliebt hat, ihre beste Freundin verführen will. Wenn der Film die globale Perspektive aufgibt und der Blick in das menschliche Antlitz genügt.

Scheidung auf Mexikanisch

Als BABEL im Mai 2006 in Cannes seinen Siegeszug rund um die Welt begann, war Guillermo Arriaga nicht dabei. Sein Regisseur hatte ihn ausgeladen, weil Arriaga sich angeblich zum alleinigen Autor ihrer gemeinsamen Filme aufgeschwungen hatte. In einem öffentlichen Brief, der auch von den Schauspielern Bernal und Barraza sowie dem Komponisten Gustavo Santaolalla unterzeichnet wurde, beklagte Iñárritu: »Es ist eine Schande, dass Du in Deiner ungerechtfertigten Besessenheit, die alleinige Verantwortung für BABEL für Dich zu reklamieren, nicht anerkennst, dass jeder Film das Ergebnis einer gemeinschaftlichen Anstrengung ist.« Arriaga, der Egomane?

Angeblich habe er behauptet, zu 95 Prozent für die Struktur von 21 GRAMS und gar zu 99 Prozent für die von AMORES PERROS verantwortlich zu sein. Seine Arbeit als Autor hatte er schon immer selbstbewusst verteidigt: »Ich bin kein Lohnschreiber. Ich mag die auktoriale Kontrolle«, sagte er Angel Guirra-Quintana im Interview mit der *Financial Times*. Doch angesichts der Tatsache, dass Iñárritu auch nach Bekunden von Arriaga schon an der Entwicklung der Drehbücher maßgeblich mitgewirkt hat, ist es müßig, die Anteile der beiden Künstler an ihren drei Filmen auseinanderzudividieren. Die veröffentlichten Drehbücher sind auf jeden Fall das Ergebnis einer intensiven Zusammenarbeit zwischen den beiden.

»Früher schienen unsere Gehirne drahtlos miteinander verbunden zu sein«, erzählt Arriaga. »Doch wir sind beide sehr starke Persönlichkeiten und eines Tages heftig aneinandergeraten. Vielleicht war es

Zitiert aus: Kim Masters: BABEL Feud. Veröffentlicht im Internet-Portal *Slate* am 28.2.2007.

Terrence Rafferty: Now Playing: Auteur vs. Auteur. In: *The New York Times*, 22.10.2006

THE BURNING PLAIN
(vorauss. 2009; D+R:
Guillermo Arriaga)

THE THREE BURIALS OF
MELQUIADES ESTRADA
(2005; D: Guillermo Arriaga; R: Tommy Lee Jones)

THE THREE BURIALS OF
MELQUIADES ESTRADA

unvermeidlich. Denn ich bin der Ansicht, dass der Autor nicht für den Regisseur arbeitet, sondern für den Film. In wenigen Tagen beginne ich mit meinem Regiedebüt THE BURNING PLAIN, aber ich rede immer nur von unserem Film, und damit meine ich alle, die daran mitarbeiten. Obwohl ich ihn auch selbst geschrieben habe. Ein Film gehört nicht dem Regisseur. Der inszeniert ihn nur auf der Grundlage des Drehbuchs, und in dem steckt möglicherweise viel mehr von der Persönlichkeit des Autors als von seiner eigenen.«

Ein Jahr bevor BABEL in Cannes den Regiepreis gewann, hatte Arriaga am gleichen Ort den Drehbuchpreis erhalten, für den Film THE THREE BURIALS OF MELQUIADES ESTRADA, das Regiedebüt von Tommy Lee Jones. Auch in diesem Film werden die Figuren durch einen Gewehrschuss, der fatalerweise einen unschuldigen Mann tötet, zusammengeführt, auch hier gibt es Sprünge vor und zurück in der Zeit, allerdings viel weniger, es wird daraus kein Stilprinzip. Der Film hat eine Bodenständigkeit und Einfachheit, die den drei gemeinsamen Filmen von Arriaga und Iñárritu fehlt. Musste sich der Autor an dem texanischen Dickschädel Jones abarbeiten? Oder war das Buch von Beginn an einfacher angelegt?

»Jedes Buch von mir ist anders«, sagt Arriaga. »Bei 21 GRAMS habe ich die Struktur des Drehbuches aus der Situation eines Mannes entwickelt, der auf dem Totenbett liegt und sein Leben noch einmal an sich vorbeiziehen zieht, allerdings völlig unsortiert. In THE THREE BURIALS OF MELQUIADES ESTRADA entspricht der Wechsel zwischen den verschiedenen Zeitebenen und Erzählsträngen der Verwirrung des von Tommy Lee Jones gespielten Helden, der nicht fassen kann, dass er gerade seinen besten Freund verloren hat. Als er herausgefunden hat, wie es dazu kam, und er sich auf die Reise macht, um den Freund in Mexiko zu beerdigen, wird der Film so geradlinig wie der Held, der jetzt nur noch ein Ziel kennt. Mein neuer Film THE BURNING PLAIN handelt von der Liebe. In vier verschiedenen Geschichten zeige ich ihre Kraft – auch ihre Zerstörungskraft. Wieder gibt es einen Unfall. Doch die Struktur wird wieder ganz anders sein. Ich gehe nie nach einem Schema vor. Ich versuche immer, ein Drehbuch zu schreiben, das nur aus lebenswichtigen Organen besteht.«

Blume, Mond und Schnee oder die Ekstase des Moments
Das Filmische im Bildgedicht Haiku

Von Jochen Brunow

Es existieren vielfältige Metamorphosen zwischen Wort und Bild, und sie speisen auch die untergründigen Verbindungen, die zwischen Sprache und Film bestehen. Etwas jenseits von Dialog und Szenenbeschreibung verbindet das Drehbuch mit dem Film, der aus ihm oder nach ihm entstehen soll, eine visuelle Komponente in der Sprache selbst. Wie der unumkehrbar vorwärts drängende Fluss von Bildern, der das Kinoerlebnis ausmacht, sprachlich zu erzeugen sei, ist kein Gegenstand der gängigen Dramaturgien oder Drehbuchmanuals. Es ist zugegebenermaßen auch ein schwer zu fassender Gegenstand, der

»Blick von der Masaki-Brücke auf den Sumidafluß« (ca. 1830; Shotei Hokuju). Standpunkt des Malers etwa 3-4 Meter über dem Wasser auf einer Brücke; das der Bildgestaltung entsprechende Objektiv bei 35-mm-Film und 1:1,66 ratio wäre eine 25-mm-Linse.

Essays

Als William Packard 1986 *The Art of Screenwriting* schrieb, nahm er darin ein Kapitel auf, in dem er dem angehenden Drehbuchautor empfahl, eine filmische Denkweise zu entwickeln, »to develop a filmhead«. Eine der Übungen, die er hierfür vorschlug, war, Haikus auf ihre Wirkweise hin zu studieren. Dies ist der einzige praktische Hinweis auf Haikus, den ich in den mir bekannten Manuals gefunden habe. Vgl. William Packard: *The Art of Screenwriting* (Thunders Mouth Press 2001)

Andrej Tarkowski: *Die versiegelte Zeit* (Ullstein 2000)

Gustav Ernst (Hg.): *Sprache im Film* (Wespennest 1994)

sich der einfachen Beschreibung und mechanischen Regeln entzieht. Und doch gab es gleich zu Beginn der Filmgeschichte einen ersten Versuch, diese Beziehung zu beschreiben, nämlich durch die Behauptung einer Analogie zwischen filmischer Erzählweise und dem japanischen Kurzgedicht Haiku.

Sergej Michailowisch Eisenstein war der Erste, der diese Beziehung postulierte, und seinen Schriften verdanke ich auch meine eigene erste Begegnung mit dem Haiku zu Beginn meines Studiums. Eisenstein beschäftigte sich in den 20er Jahren des vorigen Jahrhunderts mit den Künsten des Ostens, zum Beispiel mit dem Kabuki-Theater, und er reflektierte über den Zeichencharakter der japanischen Schrift. Dabei stieß er beinahe zwangsläufig auf die seit dem 12. Jahrhundert in Japan betriebene Kunst der Haiku-Dichtung. Später fand ich heraus, dass etwa zeitgleich mit Eisenstein auch deutsche Dichter wie Franz Blei, Yvan Goll und Rainer Maria Rilke das Haiku für sich entdeckt hatten und eigene Versuche mit der japanischen Form unternahmen.

In den 1970er Jahren war es wieder ein russischer Filmemacher, der im westlichen Exil seine Auffassungen zum Film in einem theoretischen Werk festlegte und dabei das Haiku als wichtigen Bezugspunkt wiederentdeckte. Andrej Tarkowski beschreibt in *Die versiegelte Zeit*, wie Eisenstein das traditionelle altjapanische Gedicht als Analogon für seine Auffassung von Film benutzte. Und trotz seiner eigenen Zurückhaltung gegenüber Analogien zwischen verschiedenen Kunstarten scheint auch Tarkowski »dieses Beispiel von Poesie dem Wesen des Films sehr nahe zu kommen«.

Die Metamorphosen zwischen Wort und Bild, zwischen Sprache und Film schlummern immer auch am Grunde allen Drehbuchschreibens, denn das Drehbuch ist eine Struktur, die etwas anderes sein will, es besteht aus Wörtern, die Bilder werden wollen. *Why I write* – »Warum ich schreibe«, wurde ich für eine Werbekampagne mit verschiedenen Drehbuchautoren gefragt. Meine Antwort sollte aus gegebenem Anlass kurz sein. Sie bestand aus drei sehr knappen Sätzen. Der erste, der mir einfiel, lautete: Weil ich mit Worten Bilder evozieren möchte.

Nicht nur durch die Schriften Eisensteins, sondern auch durch die Beschäftigung mit Zen und mit der Literatur der Beat-Generation, mit Allen Ginsberg, Gregory Corso, Jack Kerouac, stieß ich in meiner eigenen Arbeit immer wieder auf das Haiku und auf seine Verwandtschaft mit dem filmischen Erzählen. Dem Sog der Metamorphosen zwischen Text und Film bin ich vor Jahren bereits einmal in dem Essay *Sprechende Bilder und sichtbare Worte oder die schwarze Leinwand* nachgegangen – veröffentlicht in dem Band *Sprache im Film*.

Haikus spielten auch schon in dieser Abhandlung eine wichtige Rolle, und in der Folgezeit habe ich nicht nur immer wieder selbst versucht, Haikus zu verfassen, sondern auch den Filmstudenten und angehenden Drehbuchautoren, die ich betreute, diese Übung auferlegt. Inzwischen hat das Haiku längst seine ursprünglichen kulturellen Grenzen

»Berühmte Orte der östlichen Hauptstadt« (ca. 1834; Ichi-yusai Kuniyoshi). Standpunkt des Malers 50 Zentimeter über dem Boden; das der Bildgestaltung entsprechende Objektiv bei 35-mm-Film und 1:1,85 ratio wäre eine 100-mm-Linse.

verlassen und in seiner sogenannten »westlichen Form« bereits eine zweite Welle der Popularisierung – seltsamerweise in letzter Zeit besonders intensiv auf dem Balkan – erfahren. In einer Zeit, in der unsere Konzentrations- und Wahrnehmungsspanne immer mehr zusammenschnurrt, ist ein genauer Blick auf die *backstory* der kürzesten Gedichtform der Literaturgeschichte und ihre vielfältige Verbindung zum filmischen Erzählen nicht nur als Rückblick erhellend, sondern auch als Ausblick sinnvoll und vielversprechend. Und so wird der Blick in die Vergangenheit dieser jahrhundertealten Gedichtform enden bei Rockmusikern wie Steve Earle oder Michael Stipe von REM.

Wie sinnvoll ist es aber überhaupt, das Schreiben für eine dramatische Form wie den Film mit so etwas wie Lyrik zu vergleichen? Drehbücher bestehen aus mehr als nur Dialogen. Sie sind mehr als nur eine Folge von Informationsaustausch und Beziehungsklärung in Sprechakten. So wichtig die Figuren, die Charaktere eines Stückes sind, auch die stummen Handlungen und die Bilder selbst erzählen. Im Schreiballtag der deutschen Autoren allerdings leider viel zu selten. Gerät man dann als Leser – etwa in einer Jury – an ein Buch, das diese Möglichkeit kreativ ausschöpft, entsteht sofort der Eindruck, man sehe beim Lesen den Film vor sich. Studiert man Drehbücher zu

Stummfilmen, die ja nur das Bild haben, um ihre Geschichte zu erzählen, die also ganz ohne die uns heute so vertrauten Dialogzeilen auskommen mussten, so springt einen der Bezug zur expressionistischen Lyrik geradezu an. Freiheit von grammatikalischen Regeln, Interpunktion als Mittel der Rhythmisierung, Strukturierung durch Wiederholung, technische Anweisungen als Mittel der Akzentuierung, nicht als Knebel für Kameramann oder Regie, dies alles führt zu einer äußerst visuellen Schreibweise, die zwar nicht direkt dem aktuellen filmischen Erzählen vergleichbar ist, die sich aber durchaus adaptieren, übertragen ließe auf eine sehr moderne Schreibweise.

Carl Mayers Drehbuch zu
SYLVESTER (1924; Ausriss)

> 4. Bild
>
> EINE WOHNSTUBE
>
> GESAMTER: Dunkel.
> Denn:
> Eine Lampe ist herabgedreht.
> Und!
> Der Mann. Rasch ist sein Schritt. Der Türe zu zum Flur.
> Schon ist er draußen.
> Und!
> Während diese Türe leicht geöffnet steht: Schafft zögernd irgendwie die Frau.
> Denn:
> Nachdem sie die Lampe emporgedreht: Steht sie im Raum.
> Eine Sekunde.
> Dann:
> Sie geht. Schritte. Einer Ecke zu.
> Denn:
> Dort:
> Ein Kinderwagen. Den rückt sie fort. Daß er im Licht nicht steht.
> Dann:
> Schritte. Zurück. Zum Tisch. Auf den sie zögernd jetzt blickt.
> Denn:
> ¹ GROSS: Der Tisch. Festlich gedeckt. Auch Blumen sind da.
> Doch!
> Z w e i Teller nur stehen.
> Und da!
> GRÖSSER: Die Frau. Noch schaut sie.
> Und!
> Wieder ist ihr Blick irgendwie bedauernd.
> Dann:
> Sie wendet sich.
>
> ¹ Nahe aufgenommener, also großer Bildausschnitt.

Wie jedes Gedicht kann das Haiku durch die sorgfältige Beobachtung der Details des Lebens das Gewöhnliche in den Status des Besonderen, Außergewöhnlichen erheben. Indem es dies aber durch die reine Beobachtung der Außenwelt tut, entwickelt es eine dem Film ähnliche Kraft, die Siegfried Kracauer früher einmal dem Kino zugeschrieben hat, die Kraft zur »Errettung der äußeren Wirklichkeit«. In einer Zeit, in der »uns das Konstrukt der Konstrukte, der Cyberspace, keine andere Wahl (lässt), als das Wirkliche zu rehabilitieren« (*Tumult 31*), kommt dem Haiku neben seiner Eigenschaft als ein inzwischen weit verbreitetes literarisches Phänomen eine besondere Bedeutung zu.

Das Haiku entwickelte sich über lange Zeiträume hin aus der japanischen Tradition des Kettengedichts Renku. Die Teilnehmer schrieben dabei abwechselnd Strophen, für die es eine Reihe von festgelegten Themen und Verknüpfungsregeln gab. Der ersten Strophe, genannt Hokku, maß man eine besondere Bedeutung zu, sie verselbstständigte sich und entwickelte sich zu einer eigenständigen literarischen Form. Obwohl Matsuo Basho, der in der zweiten Hälfte des 17. Jahrhunderts lebte, als Begründer des Haikus gilt, prägte erst Masaoka Shiki (1867-1902) den heutigen Namen. In seiner japanischen Urform bestand das Haiku aus drei Wortgruppen oder drei Zeilen, die sich zwar nicht reimten, aber in der Verteilung der Silben dem Rhythmus 5-7-5 und einer gewissen inneren Melodik folgten. Man sagte, 17 Moren – eine für das Japanische typische phonetische Einheit, die nicht wirklich unseren westlichen Silben entspricht – seien das Maß eines Atemzuges, und in eben diesem sollte das Gedicht gesprochen werden. Deswegen verglich man es auch mit einem Fechthieb oder einem Bogenschuss.

Eisenstein

Als Eisenstein auf das Haiku stieß, befasste er sich ausgiebig mit der japanischen Sprache. In der Art und Weise, wie zwei Schriftzeichen zusammengesetzt werden zu einem neuen, nicht unmittelbar grafisch darstellbaren Wort, darin sah Eisenstein eine Analogie zur filmischen Montage. »Durch Kombinieren von zwei ›Darstellbaren‹ wird die Zeichnung von grafisch Undarstellbarem erreicht. Beispielsweise: Darstellung von Wasser und Auge bedeutet ›weinen‹. Darstellung eines Ohres neben der Zeichnung einer Tür – ›lauschen‹«. Und Eisenstein lässt weitere Beispiele folgen: Hund und Mund heißt »bellen«, Mund und Kind »schreien« Mund und Vogel »singen«, um mit dem Ausruf zu enden, genau das sei Filmmontage. Eisenstein strebte in seiner Kunst nach dem »intellektuellen Film«, wie er selbst das Verfahren nannte. Er wollte kurze darstellerische Bildeinstellungen, die möglichst einschichtig und für sich allein stehend bedeutungsneutral sind, um sie dann in der Montage zu aussagekräftigen Reihungen und bedeutungsgeladenen Kontexten zusammenfügen. Seine stummen Filme suchten nach der größtmöglichen Lakonik in der

Frank Böckelmann / Walter Seitter (Hg.): *Tumult 31* (alpheus 2007)

Die großen Vier (I): Matsuo Basho (1644–1694), Begründer der ersten Haiku-Tradition. Sein Name leitet sich von der Hütte aus Bananenblättern (jap.: *basho-an*) ab, in die er sich zur Meditation zurückzog. Er machte aus einem Zeitvertreib für die Oberschicht das Hauptgenre der japanischen Dichtung. Der Sohn einer prominenten Samuraifamilie zog sich mit 22 in ein buddhistisches Kloster zurück und verzichtete auf alle Privilegien. Ab 1667 lebte er in Edo, dem heutigen Tokio, und begann zu dichten. Er gab dem Haiku neuen Formenreichtum und ließ in den einfachen Naturbildern die großen menschlichen Themen anklingen. Die Versenkung, die nötig ist, um Haikus schaffen zu können, war ihm eine Quelle der Erleuchtung, im Zen *Satori* genannt. Dem Leser sollte sie blitzartige Erkenntnisse verschaffen. Seitdem ist das Haiku untrennbar verbunden mit der Gedankenwelt des Zen. Bashos Rat an seine Schüler: »Tritt nicht in die Fußstapfen der alten Meister, aber suche, was sie suchten.«

Essays

Welche Bedeutung ein anderer, zeitgenössischer Filmemacher, der Drehbuchautor Wolfgang Kohlhaase, dem Begriff Lakonie beimisst und welchen Einfluss er auf sein Schaffen hatte, kann man in *Scenario 1* (S. 12-48) im Werkstattgespräch nachlesen.	optischen, bildlichen Darstellung abstrakter Begriffe. Über den Terminus der Lakonik oder Lakonie kam er zu der kürzesten und lakonischsten Form der Dichtung, dem Haiku.

Das Haiku ist immer konkret. Es erfasst sprachlich das beobachtbare Geschehen eines Augenblicks und drückt unsere unmittelbare Reaktion darauf aus, dies geschieht jedoch ausschließlich indirekt, Reflexives, Gedanken oder Fantasien werden nicht geschildert. Das gelungene Haiku sagt auch nicht alles, es entsteht aus dem Zusammenklang von drei verschiedenen, klar voneinander abgegrenzten Beobachtungen. Die Offenheit der Bilder, ihr Nachklang und der Verzicht des Verfassers auf Erklärung und Deutung schaffen den Raum für die Assoziationen des Lesers. Man könnte sagen: Das Haiku erklärt nicht, es existiert, es *ist*. |

Die drei entscheidenden inhaltlichen Regeln, unabhängig von metrischen Vorgaben, denen ein Haiku gehorchen soll, sind daher erstens: Das Gedicht muss – und sei es nur in einer Andeutung – einen Naturgegenstand außerhalb der menschlichen Natur erwähnen, es muss sich zweitens auf ein einmaliges Ereignis, eine einzigartige Situation beziehen, und schließlich drittens: Das Ereignis muss als gegenwärtig dargestellt werden, weswegen in Zusammenhang mit dieser Dichtung auch von der Ekstase des reinen Moments gesprochen wurde. In der Konzentration auf die reine Beobachtung verzichtet das Haiku vollkommen auf »Vorgestelltes« und auf, im westlichen Sinne, Metaphern, nur aus den drei Zeilen muss die Gegenwärtigkeit der dargestellten Situation heraufbeschworen werden. Gerade dieses Schreiben im absoluten Präsens verbindet das Haiku auch so intensiv mit dem Drehbuchschreiben.

Die großen Vier (II): Yosa Buson (1716-1783) war zuerst Maler, lernte dann Dichtkunst unter Anleitung eines Haiku-Meisters und begab sich trotz Bashos Warnung auf die Spuren seines großen Idols. Wie dieser machte er sich auf eine große Reise, wanderte durch die Wildnis Nord-Honshus, die Basho zu seiner Zeit zu einem Buch mit dem Titel *Auf schmalen Pfaden durchs Hinterland* (Dieterichsche Verlagsbuchhandlung 1985) inspiriert hatte. Im Alter von 42 ließ sich Buson nieder und begann Haikus zu schreiben, die zwar stark von den strengen formalen Vorgaben Bashos geprägt waren, aber denen dessen fundamentalistischer, oft beinahe mythischer Anklang fern war. Er ist besonders auf malerische und klangliche Wirkung aus und gilt als der sensibelste unter den Haiku-Dichtern.

Eisenstein sah in der Gedichtform Haiku die gleiche lakonische Methode am Werk, die im Schriftsystem der japanischen Sprache zur Prägung eines abstrakten Begriffs führt. So wie aus dem Zusammenprall von grafischen Zeichen ein neues abstraktes Wort entsteht, so entsteht für ihn aus dem Montieren von etwas schon Wortgewordenem die ganze Pracht einer *bildsprachlichen* Wirkung. »Die einfache Zusammenfügung von zwei, drei Details der Materialreihe ergibt eine vollständig fertige Vorstellung anderer Art – die psychologische.« Aus der reinen Materialität der geschilderten Abbilder wird für ihn durch das Haiku Emotionalität geschaffen. Dies entsprach seiner eigenen Sicht auf das Kino.

Eisenstein wiederum beeinflusste sehr stark einen Autor, dessen Werk wie kaum ein anderes für die Weltsicht des 20. Jahrhunderts steht: Samuel Beckett. Beckett war so fasziniert von Eisensteins Arbeit, dass er ihm 1936 einen Brief schrieb und darum bat, an der staatlichen Moskauer Filmhochschule, in deren Fakultät Eisenstein zu dem Zeitpunkt noch eine leitende Funktion innehatte, Drehbuch und Schnitt studieren zu dürfen. Aber sein Brief, der heute im Eisenstein-Archiv ruht, blieb leider unbeantwortet, denn der Meister hatte zu dem Zeitpunkt mit seiner Haltung bereits politische Schwierigkeiten an der staatlichen Filmschule.

Mariko Hori Tanaka und John L. Kundert-Gibbs haben Elemente des Haikus im Werk Becketts, etwa im *Endspiel*, nachgewiesen. Am interessantesten erscheint mir dabei nicht der zu erwartende Hinweis auf die Minimalisierung und Fragmentierung des Geschehens, sondern die Anmerkung, dass Becketts Werk trotz der Schilderung einer desolaten Welt und zerstörter Persönlichkeiten eine mysteriöse Schönheit innewohnt. Diese Schönheit erwächst aus dem Nichtperfekten, auch aus der Unproportioniertheit, die im westlichen Denken eigentlich nicht geschätzt werden, die aber in der östlichen Kunst und im östlichen Denken höchstes Ansehen genießen. Tanaka scheut sich nicht, den ältesten Haikumeister mit dem herausragendesten westlichen Theaterautor des 20. Jahrhunderst zu vergleichen: »Basho and Beckett – two poetic wanderers who experienced despair and loneliness and treasured silence – reached the purest of art through their terse language, Bahso's haiku and Beckett's late minimalist haiku-like forms. The parallels between them are no coincidence, as Beckett's interest in Eisenstein made him aware of the filmmaker's theory of montage and its tribute to haiku.« Kaum auszudenken, was passiert wäre, hätte der Ausnahmekünstler Beckett die Chance erhalten, in Moskau Drehbuch und Schnitt bei Eisenstein zu studieren, und in der Folge Drehbücher statt Theaterstücke geschrieben.

> Samuel Beckett: *Warten auf Godot / Endspiel / Glückliche Tage. Drei Stücke* (Suhrkamp 2006)

Arnheim und Kracauer

Nicht nur bei Eisenstein, auch bei anderen Theoretikern des frühen Films entsteht immer wieder eine gewisse gedankliche Nähe zur der den Haikus eigenen Reduktion der Beobachtung. So etwa, wenn Rudolf Arnheim formuliert: »Es ist nicht dasselbe, ob wir einen Vorgang in Wirklichkeit oder im Kino miterleben. Die Filmhandlung muss dem Zuschauer alles Wesentliche des Vorgangs zeigen und muss alles Überflüssige weglassen. [...] Zur Form eines Kunstwerks gehört, dass es alles Wesentliche und nichts Überflüssiges enthalte.« Es ist der gerahmte, kadrierte Blick, das Herauspräparieren eines einzigen visuell darstellbaren Ereignisses aus der Totalität der Situation, den das Schreiben von Haikus schult.

> Rudolf Arnheim: *Film als Kunst* (Suhrkamp 2002)
>
> Siegfried Kracauer: *Theorie des Films. Die Errettung der äußeren Wirklichkeit* (Suhrkamp 2006)

Siegfried Kracauer beendet nach Flucht und Emigration erst im Jahre 1960 seine *Theorie des Films*. Im Vorwort vergewissert er sich

> Auf sonnendurchglühtem Stein
> das Grün der Eidechse
> schon fort
> *jobru*

rückblickend, welchen Weg er zurückgelegt hat, und beschreibt seine erste Begegnung mit dem Medium Film in einer Weise, die zu erklären vermag, wie es zu der Nähe seiner Beobachtungen zur Form des Haikus kommen konnte oder sogar musste:

»Ich war noch sehr jung, als ich meinen ersten Film sah. Der Eindruck, den er in mir hinterließ, muss berauschend gewesen sein, denn ich beschloss dann und dort, meine Erfahrung zu Papier zu bringen. Wenn ich mich recht erinnere, war dies mein frühestes literarisches Projekt. Ob ich es je ausführte, habe ich vergessen. Aber ich habe nicht seinen umständlichen Titel vergessen, den ich, kaum aus dem Kino zurück, einem Fetzen Papier anvertraute. Der Titel lautete, ›Film als der Entdecker der Schönheit des alltäglichen Lebens‹. Was mich so tief bewegte, war eine gewöhnliche Vorstadtstraße, gefüllt mit Lichtern und Schatten, die sie transfigurierten. Einige Bäume standen umher, und im Vordergrund war eine Pfütze, in der sich unsichtbare Hausfassaden und ein Stück Himmel spiegelten. Dann störte eine Brise die Schatten auf, und die Fassaden und der Himmel begannen zu schwanken. Die zitternde Oberwelt in der schmutzigen Pfütze – das Bild hat mich niemals verlassen.«

Was Kracauer in seinem Text dem Film unterstellt, nämlich Entdecker der Schönheit des alltäglichen Lebens zu sein, das gilt in gleichem Maße auch für das Haiku, das seine tiefe Einsicht aus dem genauen Beobachten des Alltags gewinnen muss. Das persönliche Erinnerungsbild, das Kracauer zum Beleg heraufbeschwört, ist in sich bereits beinahe ein Haiku. Auf der Vorstadtstrasse die graue, schmutzige Pfütze und der Windstoß, der die sich in ihr spiegelnden Häuserfassaden und den Himmel zum Schwanken bringt, die isolierten klaren Beobachtungen haben als Dreischritt fast schon wie von selbst die Qualität des uralten, absolut klassischen Haikus von Basho:

Alter Teich
Ein Frosch springt hinein
Das Geräusch des Wassers.
basho

Graue Pfütze einer Vorstadtstraße
Ein Windstoß
Häuser und Himmel erzittern.
jobru

Kracauer nahm auch schon im Untertitel seiner Filmtheorie diesen ersten Eindruck von filmischer Wahrnehmung wieder auf, er postu-

---

Die großen Vier (III): Kobayashi Issa (1766-1827) durchbrach die seit Basho erstarrte 5-7-5-Versform. Seine Gedichte zeichnen sich durch die Liebe zu den kleinsten, scheinbar unbedeutendsten Mitgeschöpfen aus, Weinbergschnecken, Spatzen, Mäuse oder Heuschrecken. Arm geboren, konnte sich Issa nie aus bescheidenen Verhältnissen befreien. Trotzdem findet man in seinen Haikus keine Spur von Verbitterung oder Traurigkeit. Stattdessen sind sie geprägt von buddhistischer Genügsamkeit und Zufriedenheit. Issa befreite das Haiku von seinen starren Fesseln und machte die einst elitäre Kunstform zu einer auch für die einfachen Menschen verständlichen Ausdrucksform. Da seine Haikus oft in einem europäisch-modernen Sinn existenzialistisch geprägt zu sein scheinen, eignen sie sich besonders für die Übertragung in westliche Sprachen.

lierte, der Film sei das künstlerische Mittel zur *Errettung der äußeren Wirklichkeit*. Kracauer schrieb im Exil englisch, und im Original heißt es *redemption*, wobei damit eben nicht nur die nüchterne Errettung gemeint ist, sondern auch Rehabilitierung, Erlösung, ein tätiges Erbarmen mit den heterogenen, entfremdeten Dingen, die unsere Außenwelt ausmachen. Diese Begriffe führen Kracauers Gedanken in eine gewisse Nähe zu den östlichen Begriffen von Erleuchtung, *Satori*, die durch das Haiku ausgelöst werden soll.

Tarkowski

Für Andrej Tarkowski entspringt die filmische Poesie der unmittelbaren Lebensbeobachtung und nicht Symbolen, Allegorien oder ähnlichen rhetorischen Figuren, die nichts mit der Bildlichkeit gemeinsam haben, die seiner Auffassung nach die Natur des Films ist. Er nennt zwei Beispiele:

> Angelruten in den Wellen
> ein wenig streift sie
> der Vollmond

und

> Eine Rose entblättert sich
> Und an allen Dornenspitzen
> hängen kleine Tropfen.

Entgegen der Tradition nennt Tarkowski bei seinen Belegen nicht den Namen des Autors, der nach traditioneller Auffassung Bestandteil des Gedichtes ist.

»... die Beobachtung (bildet) nun auch die Hauptgrundlage des filmischen Bildes, das ursprünglich von der fotografischen Fixierung kommt. Das Filmbild materialisiert sich in einer dem Auge zugänglichen Vierdimensionalität. Dennoch kann nicht jede filmische Fotografie Anspruch auf ein Weltbild erheben, es beschreibt meist nur dessen Konkretheit. Eine Fixierung naturalistischer Fakten reicht noch längst nicht aus, um ein Filmbild zu erschaffen. Im Film basiert das Bild auf der Fähigkeit, die eigene *Empfindung* eines Objektes als *Beobachtung* auszugeben.«

Diese zentrale Aussage seines Filmverständnisses sah Tarkowski von den Haikus erfüllt, deren Dichter mit nur drei Beobachtungspunkten ihr Verhältnis zur Wirklichkeit auszudrücken vermochten. Zu seinem Begriff der Beobachtung kommt entscheidend für mich

---

Die großen Vier (IV): Masaoka Shiki (1869-1902) war der letzte große Theoretiker der Haikus. Er führte die Form ins 20. Jahrhundert und gab ihr den heute gebräuchlichen Namen. Im Westen ist auch heute noch hauptsächlich das bis dahin entwickelte klassische Haiku bekannt. Als in den 1920er Jahren Shikis Einfluss langsam schwand, entstand die Bewegung des Gendai-Haikus, deren Dichter sich neben formalen Neuerungen auch ganz neuer, zeitgenössischer Themen annahmen. Diese Haikus kamen meist ohne *Kigo* aus, das japanische Jahreszeitenwort, bisher unverzichtbarer Bestandteil des klassischen Haikus. Während des Zweiten Weltkriegs wurden mehr als 40 Dichter von Gendai-Haikus verfolgt, inhaftiert und gefoltert, denn für die faschistischen Traditionalisten bedeutete das Schreiben von Haikus ohne Kigo nicht nur Traditionsfeindlichkeit, sondern eine Auflehnung gegen die kaiserliche Ordnung und damit Hochverrat: Ein historischer Hinweis auf die starke Codifizierung des Haikus, die für westliches Denken nur schwer nachvollziehbar ist.

noch so etwas wie die »Rahmung« des Beobachteten hinzu, der beobachtende Blick wird in klare Grenzen gezwungen, er unterliegt der schönen Anstrengung der Reduktion. Das sprachliche Bild entfaltet seine Kraft nur durch die radikale Begrenzung, es wirkt wie das filmische Bild herausgeschnitten aus der Vielfalt der Eindrücke, aus der Vielfalt der möglichen Perspektiven.

»Nächtlicher Regen in Madaki, einer der acht Blicke auf den Fluß Sumida« (1842-44; Ichiryusai Hiroshige). Standpunkt des Malers 3 Meter über dem Boden; das der Bildgestaltung entsprechende Objektiv bei 35-mm-Film und 1:1,66 ratio wäre eine 32-mm-Linse.

Tarkowski begeisterte an den japanischen Gedichten vor allem deren radikaler Verzicht auch auf die versteckteste Andeutung eines eigentlichen Bildsinnes, der erst noch entziffert werden müsste, wie etwa bei einer Erzählung. »Das Haiku züchtet seine Bilder auf eine Weise, dass sie nichts außer sich selbst und zugleich dann doch wieder so viel bedeuten, dass man ihren letzten Sinn unmöglich erfassen kann. Das heißt, dass das Bild seiner Bestimmung umso mehr gerecht wird, je weniger es sich in eine begriffliche, spekulative Formel pressen lässt. Der Leser eines Haikus muss sich in ihm verlieren, wie in der Natur, sich in es hineinfallen lassen, sich in dessen Tiefen wie im Kosmos verlieren, wo es auch weder ein Oben noch ein Unten gibt.«

Und daran anschließend zitiert Tarkowski das wohl berühmteste Haiku von Basho, und bei ihm lautet es in der deutschen Fassung seines Buches:

> Ein alter Teich
> Ein Frosch sprang ins Wasser
> Plätschern in der Stille.

Die hier zitierte Fassung des Gedichts macht ein großes Problem der Haikus deutlich, das der Übersetzung. Meiner Ansicht nach ist die Übertragung, die Tarkowski, oder aber sein Übersetzer, benutzt, nicht sehr gut, weil die Vergangenheitsform »sprang« gewählt wurde, statt das Gegenwärtige des Moments im Präsens zu beschwören, und das »Plätschern in der Stille« ist eine zusammengesetzte Wahrnehmung, nimmt bereits beinahe eine Wertung vor. Die Übersetzung, die ich oben benutzte, scheint mir den Regeln des Haikus mehr zu entsprechen.

Wenders

Ein anderer Filmemacher, den Japan und die japanische Kultur fasziniert, ist Wim Wenders. In TOKYO-GA, seinem Dokumentarfilm über Yasujiro Ozu, bringt er seine Verehrung für den alten japanischen Meisterregisseur in einer Art Haiku zu Ausdruck, das im Off-Kommentar zu hören ist:

TOKYO-GA (1985; D+R: Wim Wenders)

> Wenn es nur möglich wäre, so Filme zu machen, ...
> nur schauen und
> nichts beweisen wollen.

Die Entwurzelung und Heimatlosigkeit der Figuren in den Filmen von Wim Wenders stellt eine weitere Verbindung dar: Dusan Pajin erklärt sich die Verbreitung des Haikus in der westlichen Welt mit dem Gefühl des Heimatlosigkeit, das in den Gedichten aufscheine, das aber auch im Praktizieren von Haikus an die Welt, wie sie ist, an die Materialität ihrer Erscheinungen anbindet. »The homeless of the world find their home in Haiku. This is one of the reasons that makes Haiku global.«

Der westliche Weg

Die Aufmerksamkeit des Westens für das Haiku entwickelte sich natürlich nicht nur wegen seiner Nähe zum filmischen Ausdruck, sondern auch völlig unabhängig davon durch seine spirituelle Basis. Im Zuge der *San Francisco Renaissance* beschäftigten sich die Autoren der Beat Generation ausgiebig mit dem Buddhismus und speziell mit dessen japanischer Variante, dem Zen. Die Ekstase des Moments, auf den das Haiku zielt, wurde, wie bereits erwähnt, schon immer mit dem Ereignis der Erleuchtung, dem *Satori* im Zenbuddhismus verglichen. Und so nimmt es nicht Wunder, dass Allen Ginsberg, Jack Kerouac in den späten 1950er Jahren schon bald die

Kunst des Haikus praktizierten. Sie befreiten es dabei von seinen strengen metrischen Voraussetzungen unter Beibehaltung seiner geistigen und spirituellen Anforderungen und entwickelten so, was man bis heute die *western form* des Haikus nennt. Sie hat entscheidend dazu beigetragen, dass die ursprünglich im 12. Jahrhundert in Japan entwickelte, sehr spezielle Gedichtform heute überall auf der Welt praktiziert wird.

Vor allem Kerouac liebte diese Form sehr, er empfand den Anspruch des Haikus, in einem Zuge gesprochen zu werden, wie eine Form der Synkopisierung und brachte seine Gedichte zusammen mit Jazz zur öffentlichen Vorführung in den Kneipen von North Beach rund um San Franciscos Columbus Avenue und Broadway. Zusammen mit dem Saxofonisten Zoots Sims ging er auch ins Studio und nahm eine ganze Reihe Haikus auf, die er vortrug und Sims musikalisch weiterdichtete oder mit seinem Instrument »beantwortete«. Heraus kam die Platte *Blues and Haikus*. Leicht und schwebend klingen diese Gedichte.

> I see the back of old men
> Rolling slowly
> Into black stores

Roland Barthes

Roland Barthes: *Das Reich der Zeichen* (Suhrkamp 1981)

Roland Barthes, der sich in seiner Essaysammlung *Das Reich der Zeichen* dem von ihm selbst konstruierten »System Japan« widmet, hat die verführerische Eigenschaft des Haikus betont und vor seiner trügerischen Einfachheit gewarnt: »Der Haiku macht Lust: Welcher westliche Leser hätte nicht davon geträumt, im Leben herumzuspazieren, ein Notizbuch in der Hand, und hier und da die ›Impressionen‹ aufzuzeichnen, deren Kürze Vollkommenheit und deren Schlichtheit Tiefe garantieren. ... Sie haben das Recht, sagt der Haiku, belanglos, knapp und gewöhnlich zu sein. Fassen Sie, was Sie sehen, in einen engen Horizont von Worten, und Sie werden interessant sein. Sie haben das Recht, selbst zu bestimmen, was beachtenswert ist. Gleich wie Ihr Satz beschaffen ist, er wird eine Lehre offenbaren, ein Symbol freisetzen, ohne große Kosten wird Ihre Schrift voll sein.« Aber das Haiku drückt eben nichts aus, wie wir mit der typisch westlichen Gier nach dem uns so kostbar erscheinenden Sinn fälschlich vermuten. Es »macht« keinen Sinn, es ist einfach vorhanden.

Der vollständige Verzicht auf Metaphern und Symbolismus macht einen Kommentar oder eine herkömmliche Interpretation des Haikus unmöglich. Roland Barthes empfiehlt, über das Haiku sprechen heiße dann schlicht und einfach, es zu wiederholen. Und dies tut ganz unschuldig ein Kommentator Bashos:

> Schon vier Uhr ...
> Ich bin neunmal aufgestanden
> Um den Mond zu bewundern.
> *basho*

»Der Mond ist so schön«, sagt er, »dass der Dichter wieder und wieder aufsteht, um ihn von Fenster aus zu betrachten.« Gleich ob Dechiffrierung, Formalisierung oder Tautologie, die Wege der Interpretation, die bei uns dazu bestimmt sind, den Sinn zu *durchdringen*, das heißt, in ihn einzubrechen – und nicht ihn zu erschüttern und ausfallen zu lassen wie den Zahn des Absurditätenbeißers, welcher der Zen-Schüler angesichts seines *Koan* sein soll –, die Wege der Interpretation können das Haiku mithin nur verfehlen, denn die Lesearbeit, die mit ihm verbunden ist, liegt darin, die Sprache in der Schwebe zu halten, und nicht darin, sie zu provozieren: ein Unterfangen, dessen Schwierigkeit und Notwendigkeit gerade der Meister des Haikus, Basho, wohl gekannt zu haben scheint:

> Wie bewundernswert ist doch,
> wer nicht denkt: »Das Leben ist vergänglich«,
> wenn er einen Blitz sieht.
> *basho*

Einem Schüler, der an einem *Koan* – einem Zen-Rätsel in Form eines gleichnishaften Ausspruchs – seines Meisters arbeitet, wird manchmal geraten, ihn nicht zu lösen, als hätte er einen verborgenen Sinn, oder seine tiefere Absurdität zu erkennen, sondern ihn zu kauen, einfach zu kauen, »bis der Zahn ausfällt«.

Das Haiku ist daher eben kein reicher Gedanke, der nur auf eine kurze Form gebracht wäre, sondern es ist ein kurzes Ereignis, das in einem Zuge die richtige Form findet. Im Haiku führt die Anstrengung der Begrenzung der Sprache dazu, dass sich der Sinn nicht erhebt. Während die westliche Kunst meist »Eindrücke« in Beschreibungen umsetzt, beschreibt das Haiku nicht, sondern evoziert jedes Ding unmittelbar, wird selbst zum Ereignis. Dazu noch einmal Roland Barthes:

»Die Beschreibung, ein westliches Genre, hat ihr spirituelles Gegenstück in der Kontemplation, jener methodischen Inventur der Attribute Gottes oder der Geschichten des Evangeliums [...]. Der Haiku dagegen, der mit einer Metaphysik ohne Subjekt und ohne Gott verbunden ist, entspricht dem buddhistischen *Mu* oder dem *Satori* des Zen, die nichts mit einer erleuchteten Versenkung in Gott zu tun haben, sondern ein ›Erwachen vor der Tatsache‹ bedeuten, ein Ergriffensein von der Sache als Ereignis und nicht als Substanz, ein Berühren jenes äußeren Randes der Sprache, der an den Glanz des Abenteuers grenzt.«

Essays

Das Haiku-Jahr

Ohne sich von der Fracht der Theorie abschrecken zu lassen, stürzen sich heutzutage immer mehr Menschen auf den Glanz des Abenteuers und versuchen, Haikus zu schreiben. Aus der Vielzahl der Projekte und Wettbewerbe sei das Haiku-Jahr genannt. Die Musiker Steve Earle, Michael Stipe von REM und Grant Lee Philips von Grant Lee Buffalo hatten mit anderen verabredet und sich verpflichtet einander ein Jahr lang jeden Tag ein Haiku als Postkarte zu senden, um so miteinander in Kontakt zu bleiben, trotz vieler Reisen und Tourneen. In dem Buch *The Haiku-Year* sind 365 der Werke versammelt.

Douglas A. Martin / Grant-Lee Phillips / Rick Roth: *The Haiku Year* (Soft Skull Press 2004)

> Before you could hang up
> my machine caught
> a half-second of bar noise.

Die Beiträger haben sich geeinigt, die ausgewählten Gedichte nicht mit Autorennamen zu kennzeichnen.

John Coltranes 1965 erschienenes Album *A Love Supreme*, eine vierteilige Suite, gilt als das Meisterwerk des Jazzmusikers.

> A Love Supreme plays
> through shitty speakers and
> turns my ears to gold.

Inzwischen kam es auch zu etwas, was man vielleicht die Balkan-Renaissance nennen könnte: Besonders in dem von Krieg und ethnischen Konflikten heimgesuchten Staaten des Balkan blüht das Haiku. Und so beschwört einer der dortigen Autoren inmitten der Verzweiflung durch Krieg und ethnische Fehden die Ekstase des Augenblicks:

> Too late to live
> too late to die
> this is the right moment
> *dusan pajin*

Von der Backstory zum Blick voraus

Meta-Haiku oder auch Haiku-Haiku:

Bildhaft die alte Form
Von metrischer Fessel befreit
Springt der Gedanke
jobru

Die bisherigen Ausführungen über die Beziehung zwischen Film und Haiku gingen von einem Begriff des filmischen Bildes aus, der noch stark von den Voraussetzungen der analogen Fotografie bestimmt war. Auch wenn wir heute immer noch glauben, da, wo ein Abbild ist, war auch einmal ein Gegenstand, der abgebildet wurde, so ist dieser Zusammenhang durch das numerische digitale Bild längst zerrissen. Auch wenn die fotografische Grundlage immer noch die Voraussetzung für das Funktionieren des Films als mimetische Kunst ist, so ist doch das, was einmal Sonnenschrift genannt wurde, längst von den Fesseln des luminosen Lichts befreit. Das digitale Bild nähert sich einem Nullpunkt der Darstellung. Es verliert die Anbindung an die Realität und schafft neue, rein virtuelle Wirklichkeiten. Wirklichkeiten, die nur noch über technische Medien erfahrbar, oder besser, wahrnehmbar sind. »Die Ekstase der Kommunikation« nannte der im vergangenen Jahr verstorbene Jean Baudrillard das.

»Das Restaurant Onoshi an der Yanagi-Brücke in Ryoyoku« (ca. 1837; Ichiryusai Hiroshige). Weitwinkeleffekt mit Tiefenschärfe wie bei CITIZEN KANE; das der Bildgestaltung entsprechende Objektiv bei 35-mm-Film und 1:1,66 ratio wäre eine 25-mm-Linse.
(Bildunterschriften: Martin Gressmann, BVK)

Da wo einmal die Kamera stand, war früher der Mittelpunkt der Welt. Heute kann die Kamera buchstäblich überall sein, nicht nur überall im realen Raum, sondern auch in den virtuell nachgebildeten Gefäßen des menschlichen Körpers oder dem animierten Inneren eines Zellkerns oder gar eines Gens, um von den vielen möglichen Richtungen nur die weiter und tiefer ins Innerste des Inneren zu nennen. In dieser Zeit der chaotischen Bilderflut und Simulation scheint es, wie schon zu Beginn erwähnt, wichtig, das Wirkliche zu rehabilitieren. Das Haiku, dessen Verfassen ebenso wie dessen Lektüre, führt – trotz oder gerade wegen seiner Kürze – zu einer Entschleunigung. Es kann daher nicht nur helfen, einen *filmhead* zu entwickeln, sondern kann auch dazu beitragen, das Wirkliche zu rehabilitieren.

Die Digitalisierung des Bildes bringt auch andere Transportmöglichkeiten, neue Übertragungswege hervor und damit auch neue Abspielmöglichkeiten des Films. Die Entwicklung bewegt sich von der starren Fixierung eines Kinosessels hin zu einer immer größeren Mobilität der Abspielsituation bis zum Handy, das heute noch selbst einen eigenen kleinen Plasmaschirm zur Bilddarstellung enthalten muss, aber vielleicht schon morgen wie ein Beamer funktioniert und die bewegten Zeichen der Zeit an jede beliebige Wand wirft. Die Dauer dieser Vorführungen wird ebenso eng begrenzt sein wie die zunehmend schrumpfende Aufmerksamkeitsspanne der Zuschauer. Dadurch kehren wir auf einem neuen technologischen Level vielleicht zurück zu den Anfängen des Mediums. Wir kommen möglicherweise wieder zurück zu den 10- bis 12-minütigen *one-reelern*, die ganz am Anfang des filmischen Erzählens standen und aus denen sich später für den vollentwickelten Spielfilm die Kategorie der Sequenz entwickelte. Der Kurzfilm und der Kürzest-Film könnten neben der weiter existierenden Form des narrativen Spielfilms größere Bedeutung bekommen.

Im guten alten Radio wird die Form des Kurzhörspiels von einer Dauer von nur einer bis drei Minuten bereits praktiziert. Der Redakteur und Regisseur Robert Matejka hat die Idee für Deutschlandradio Kultur entwickelt und bereits sehr viele Stücke realisiert, die per Zufallsgenerator ins Programm eingestreut werden. Die Reaktionen der Zuhörer sind weitestgehend positiv, und viele warten schon auf diese eingeflochtenen Perlen.

Auch das kurze filmische Gedicht in drei Einstellungen oder Montagen à einer Minute könnte vielleicht zu einem Mittel der speziellen Publikumsbindung werden. Für den Regisseur Tarkowski war das Haiku reine, unverfälschte Beobachtung, und wie oben beschrieben, entstand daraus für ihn hohe Kunst. Der Präzision und Genauigkeit der Beobachtung im Haiku sprach Tarkowski die Kraft zu, sogar Menschen mit ausgesprochen zerfahrener Wahrnehmung die Kraft der Poesie spüren und das vom Autor eingefangene Bild aus dem Leben nachvollziehbar Gestalt werden zu lassen. Vielleicht könnte auch ein Minutenfilm dies erreichen, wenn er sich auf die reine, unverfälschte Beobachtung konzentrieren würde, wenn die Macher dieser kleinen Werke die große, aber schöne Anstrengung der Reduktion auf sich nehmen würden. Trotz der Kürze des Werkes und der strengen formalen Vorgabe würden diese Filme das Bild wieder der Beliebigkeit entreißen, um es im Dreiklang des filmischen Haikus zu einer Aussage über den Zustand der Welt zu machen, und so die allgegenwärtige Simulation durchbrechen.

Ich bin ein Anderer
Der Autor Peter Märthesheimer: Versuch einer Würdigung

Von Michael Töteberg

Tod eines Drehbuchautors

»Tragischer Tod in der Filmakademie«, meldeten die Zeitungen anderntags. Am 18. Juni 2004, dem Tag der Filmpreis-Verleihung, war Peter Märthesheimer während der Mitgliederversammlung der Filmakademie zusammengebrochen: Herzversagen. »Märthesheimer hatte ein neues Filmprojekt in Arbeit, berichtet sein Filmkollege Volker Schlöndorff, aber am Morgen erfahren, dass die Filmförderungsanstalt dieses Projekt nicht finanzieren wolle«, wusste die Presse. Andere

Peter Märthesheimer mit Rainer Werner Fassbinder und Günter Rohrbach

Essays

ACHT STUNDEN SIND KEIN TAG (1972; D+R: Rainer Werner Fassbinder)

BERLIN ALEXANDERPLATZ (1980; D: Rainer Werner Fassbinder, nach dem Roman von Alfred Döblin; R: Rainer Werner Fassbinder)

widersprachen: Märthesheimer war Profi, er konnte auch mit Ablehnungen umgehen.

Günter Rohrbach, der Akademie-Präsident, sprach ins Mikrofon der Journalisten: »Der deutsche Film verliert einen seiner wichtigsten Autoren.« Die Feuilletons brachten Nachrufe, eine Ehre, die Drehbuchautoren nur selten zuteil wird. Sie würdigten einen Mann, der als kreativer Kopf im Hintergrund die deutsche Film- und Fernsehgeschichte entscheidend mitbestimmt hat: als Redakteur beim WDR-Fernsehspiel (der zahlreiche Fassbinder-Filme betreute und ACHT STUNDEN SIND KEIN TAG konzipierte), als Produzent bei der Bavaria (der Fassbinders BERLIN ALEXANDERPLATZ produzierte) und als Autor (der vor allem die Drehbücher zu Fassbinders BRD-Trilogie schrieb).

»Fassbinder wurde sein Schicksal«, hieß es dann auch in Rohrbachs persönlicher gehaltenem Nachruf, der in der WDR-Hauszeitschrift erschien. Gemeinsam waren Rohrbach und Märthesheimer in den 1970er Jahren beim Kölner Sender gewesen, gemeinsam waren sie zur Bavaria gegangen. Dann trennten sich ihre Wege: Der eine blieb Produzent, der andere wurde Autor. Märthesheimer war ein durchaus erfolgreicher Vertreter der Zunft, der sich für die Interessen der Kollegen engagierte, in Gremien saß und als Dozent an den Hochschulen lehrte, 1994 die erste Drehbuchprofessur in Deutschland erhielt. Er sei zwar, im Auftreten, von gewinnender Bescheidenheit gewesen, meinte Rohrbach, doch habe sich dahinter das Bedürfnis nach öffentlichem Respekt verborgen. »Dabei gehörte er zu den ganz wenigen Drehbuchautoren in diesem Land, deren Namen man kennt. Aber das war ihm nicht genug. In ihm war jene große Sehnsucht nach Anerkennung und Liebe, die auch Fassbinders Lebensthema war. Diesem war sie zuteil geworden. Märthesheimer hatte dafür den falschen Beruf.«

Oder wie oder was – Schreiben für Fassbinder

DAS MILLIONENSPIEL

WARUM IST FRAU B. GLÜCKLICH? (1968; D+R: Erika Runge)

Peter Märthesheimer kam nicht vom Film, sondern von der Gewerkschaft. Geboren 1937 in Kiel, ohne Vater aufgewachsen, in den Nachkriegsjahren in der Provinz herumgeschubst: Die Universität war ein Ort, um den kleinbürgerlichen Verhältnissen zu entkommen. Er studierte bei Adorno in Frankfurt, engagierte sich im SDS und war eine Zeitlang Chefredakteur der Zeitschrift *Neue Kritik*. Bevor der Diplomsoziologe 1964 zur Fernsehspielabteilung des WDR ging, hatte er für den Vorstand der IG Metall gearbeitet. Als Redakteur und Dramaturg betreute er in den 1970er Jahren sozialkritische Filme wie WARUM IST FRAU B. GLÜCKLICH? von Erika Runge, SMOG von Wolfgang Petersen oder LINA BRAAKE von Bernhard Sinkel, die Fernsehnation bewegende

Produktionen wie das MILLIONENSPIEL oder die Serie *Ein Herz und eine Seele* von Wolfgang Menge. Und er entwickelte das Konzept und lieferte den theoretischen Unterbau zur Arbeiter-Serie ACHT STUNDEN SIND KEIN TAG: Fassbinder war ein Macher, er las nicht Marx und beschäftigte sich auch nicht mit Industriesoziologie, dafür hatte er ja den klugen Redakteur. Danach war Märthesheimer für fast alle Fassbinder-Filme zuständig. Allerdings gehörte er nie zur eigentlichen Family. Man kannte sich seit vielen Jahren, aber siezte sich: Märthesheimer war stets darauf bedacht, sich nicht in Abhängigkeit zu begeben, und Fassbinder respektierte das. Es war genau das richtige Verhältnis von Nähe und Distanz, von Professionalität (der Dramaturg wusste, wie man einen Film erzählen muss) und unverbrauchter Frische (noch nie hatte Märthesheimer selbst ein Buch geschrieben).

Wie er zu seiner neuen Rolle als Drehbuchautor gekommen war, darüber gab Märthesheimer im Presseheft der United Artists zu DIE EHE DER MARIA BRAUN Auskunft. »Angefangen hat es damit, dass Fassbinder mir den Plot dieser Geschichte erzählte und wissen wollte,

SMOG (1973; D: Wolfgang Menge; R: Wolfgang Petersen)

LINA BRAAKE (1975; D+R: Bernhard Sinkel)

DAS MILLIONENSPIEL (1970; D: Wolfgang Menge, nach der Erzählung von Robert Sheckley; R: Tom Toelle)

Ein Herz und eine Seele (BRD 1973-1976)

Luise Ullrich und Werner Finck in ACHT STUNDEN SIND KEIN TAG

ob ich ihn spannend fände. Er gab mir dann eine ausufernde, dickleibige Trivialschnulze mit, die wohl irgendjemand aus Hamburg bereits niedergeschrieben hatte.« Klaus-Dieter Lang, Autor und Regisseur eines obskuren Piratenfilms, ansonsten im Comedy-Gewerbe tätig, war auch nicht der Einzige, der sich an Fassbinders Stoff in dessen Auftrag versucht hatte: Kurt Raab, langjähriger Weggefährte und nun verstoßen, hatte den ersten Drehbuchentwurf verfasst. Raab und Lang,

DIE EHE DER MARIA BRAUN
(1979; D: Peter Märthesheimer, Pea Fröhlich; R: Rainer
Werner Fassbinder)

beide hatten von Produzent Michael Fengler Buchhonorare erhalten, jedoch nichts Brauchbares geliefert. Fassbinder selbst hatte keine Zeit – er hatte bekanntlich nie Zeit, im Moment war er mit dem Drehbuch zu BERLIN ALEXANDERPLATZ beschäftigt –, auch spürte er, dass der Grundkonstellation – eine wegen der Kriegsereignisse nicht realisierte Ehe, die Liaison einer deutschen Frau mit einem schwarzen GI in der Nachkriegszeit – ein großer Erzählbogen fehlte. Er brauchte einen Autor.

»Können Sie das nicht mal in Ordnung bringen?«, hatte Fassbinder ihn gefragt. Märthesheimer nahm den Auftrag mit Freude an, war aber nicht naiv. Zu lange war er Dramaturg und Produzent gewesen, um sich Illusionen über seine Autorenrolle zu machen: Er wusste, dass in der Öffentlichkeit ein Film mit dem Regisseur identifiziert wird. »Der Film ist sein Film. Das Drehbuch ist kein Film, sondern ein Drehbuch für einen Film.« Aus der kruden Stoffsammlung machte Märthesheimer, in ständiger Diskussion mit Pea Fröhlich, eine Filmerzählung, gab ihr eine dramatische Struktur, entwickelte die Figuren und verlieh ihnen Eigenleben. Ein Filmautor ist, entgegen landläufiger Meinung, kein bloßer Handwerker: Der souverän entworfene Erzählbogen, der sich über die Geschichte der Maria Braun spannt, ist

DIE EHE DER MARIA BRAUN

nicht das Ergebnis von Konstruktionsarbeit, sondern erforderte literarische Kreativität. Trotzdem führt das Drehbuch kein eigenständiges Leben, es ist – nach einer Definition von Pasolini – eine »Struktur, die eine andere sein will«: Das ideale Drehbuch verlangt in seiner literarischen Fixierung schon nach einer filmischen Realisierung. Der Autor Märthesheimer kannte die Fassbinder-Struktur: »Man schreibt die Dialoge im Bewusstsein der Sprachmelodie, die man aus seinen anderen Filmen im Ohr hat, man führt die Szenen auf jene Art von Pointe hin, die mit einer stummen kommentierenden Großaufnahme endet, wie er sie gerne verwendet.« Fassbinder hat nie ein so gutes Fassbinder-Drehbuch geschrieben wie Peter Märthesheimer.

Schlussfrage an den Autor im Presseheft: Wie war denn Ihre Zusammenarbeit mit Fassbinder? »Da hat es leider überhaupt keine gegeben. Sondern er hat das Szenario gelesen und gesagt, es sei wunderbar so.« Und nahm sich dann die Freiheit, das Drehbuch ohne Rücksprache während der Dreharbeiten zu ändern. Die Eingriffe waren jedoch – anders als es die Vorspann-Credits vermuten lassen – marginal: Hier wurde eine Szene verknappt oder an einen anderen Schauplatz verlegt, dort ein Dialog umgestellt oder ein Satz eingefügt. Die szenische Struktur des Drehbuchs blieb unangetastet – bis auf das Ende. Im Film fliegt am Schluss das Haus in die Luft (ähnlich wie am Anfang alles in Scherben fällt). Maria hat das Gas am Herd aufgedreht, zündet sich eine Zigarette an und löst damit die Explosion aus. Unfall oder Verzweiflungstat? Im Drehbuch wurde die Katastrophe eindeutig bewusst herbeigeführt: Maria und Hermann nach der Testamentseröffnung im Auto. Sie steuert den Wagen, rast mit ihrem Mann in den Tod. Maria hat sich nie auf Wunder verlassen und glaubte, ihr Leben selbst zu bestimmen. Jetzt wird sie mit der Realität ihrer Liebe konfrontiert: Bisher war die Ehe mit Hermann jahrelang eine schöne Utopie, die nun in wenigen Minuten auf dem Boden schäbiger Verhältnisse zerschellt.

Die Ehe der Maria Braun währt »einen halben Tag und eine ganze Nacht«. Doch die erzwungene Trennung vergrößert nur die Sehnsucht. »Und eine große Liebe ist ein großes Gefühl und eine große Wahrheit«, daran zweifelt Maria nicht. Märthesheimer schrieb ein Melodrama ohne Scheu vor großen Emotionen und pathetischen Sentenzen. Zugleich ist die Geschichte konkret verortet in der Realität der Nachkriegszeit. Wenn Maria von ihrer Liebe schwärmt, spricht der Buchhalter Senkenberg eine andere Wahrheit aus: »Sie dürfen nie vergessen, dass es auch da immer auf Geld ankommt.« Schenke ich dir mein Leben oder bloß mein Scheckbuch, darüber streitet sich das Liebespaar im Gefängnis. Die Ehe ist, dies zieht sich als roter Faden durch den Film, ein Vertrag. Ware gegen Ware, der einfache Tauschhandel bestimmt den Schwarzmarkt in der sogenannten Stunde Null. Maria verkauft Illusionen in der Off-Limits-Bar. Auch Gefühle werden gehandelt, auch für Liebe gibt es einen Markt. Sie hat die Marktwirtschaft verstanden, besser als der Unternehmer; vom Leben versteht sie

DIE EHE DER MARIA BRAUN

mehr als der Gewerkschafter. Sie definiert ihre Rolle, statt sie sich aufzwingen zu lassen. Ihre verschiedenen Identitäten (als Geliebte, als Angestellte) versucht sie strikt zu trennen, um Abhängigkeiten nicht emotional zu verwischen. Der Film spannt den Bogen von der Zeit der Trümmerfrauen bis zum bundesdeutschen Wirtschaftswunder. Maria Braun übernimmt eine Rolle, die in anderen Zeiten und Umständen dem Mann zugefallen wäre: Sie baut ein Haus. Am Ende fliegt es in die Luft. Die Verhältnisse haben sich wieder normalisiert: Während der Nachkriegszeit erfüllte Maria eine Stellvertreterfunktion, die in der restaurativen Gesellschaft obsolet geworden ist. In Wahrheit ist sie, eine Frau, die über ihr Leben selbst zu entscheiden glaubt, längst zu einem Tauschobjekt der Männer geworden.

Maria Braun ist, gab Märthesheimer im Presseheft zu, was man gemeinhin eine Kinofigur nennt. »Darunter verstehe ich eine Figur, die in sich sehr komprimiert Wünsche, Eigenschaften und Sehnsüchte von Zuschauern verkörpert.« Fassbinder hatte ihn beauftragt, »Ordnung« in seinem Material zu schaffen, und bekam ein nach allen Regeln der Kunst geformtes Stück Erzählkino. Das Drehbuch war zu lang, aber man wusste ja, dass der Regisseur die letzte Fassung schreiben, das heißt kürzen würde. (Vor dem Dreh, hatte Märthesheimer gehofft, doch Fassbinder schrieb während des Drehs um, und so manchen neuen Dialogsatz empfand Märthesheimer nicht unbedingt als Verbesserung.) Die entscheidenden Änderungen geschahen in der Inszenierung und später bei der Mischung: Das Melodrama wurde von Fassbinder wieder destruiert. Irritierende Kamerabewegungen, die Erwartungen aufbauen und dann enttäuschen, und vor allem die sich störend in den Vordergrund schiebenden Hintergrundgeräusche verhindern eine Identifikation mit der Heldin. Der Dialog wird überlagert von Radio-Fetzen oder dem Hämmern eines Presslufthammers; in der berühmt gewordenen Schlusssequenz wird in einer Toncollage die Reportage vom Endspiel um die Fußball-WM 1954 mit dem Showdown verschränkt. Im Drehbuch setzt Maria Braun mit einer heroischen Geste ihrem Leben ein Ende; die Gasexplosion im Film, eher eine Gedankenlosigkeit denn eine bewusste Tat, schwächt die Kinofigur, aber die Katastrophe wird mittels der sich überschlagenden Stimme des jubelnden Reporters grimmig kommentiert: Auf diesen Trümmern wurde die Bundesrepublik gebaut.

Die Geschichte der BRD, genauer: »Teile eines Gesamtbildes der Bundesrepublik Deutschland, die helfen, dieses seltsame demokratische Gebilde besser zu verstehen – auch die Gefährdungen und Gefahren«, so hat Fassbinder nachträglich seine drei Filme nach Drehbüchern von Märthesheimer/Fröhlich deklariert. Bei DIE EHE DER MARIA BRAUN hatte er noch nicht daran gedacht, aber bei LOLA schrieb er in

LOLA (1981; D: Peter Märthesheimer, Pea Fröhlich; R: Rainer Werner Fassbinder)

den Vorspann unter den Titel *BRD 3* und lieferte mit DIE SEHNSUCHT DER VERONIKA VOSS den fehlenden zweiten Teil kurz darauf nach. Was die drei Filme zur Trilogie macht, ist der Erzählansatz: Es handelt sich um Frauenfilme. Im Presseheft hatte Märthesheimer die Kinofigur Maria Braun wie folgt umrissen: »Sie ist mutig, zielstrebig, sie ist eine, die sich voll auf ihre Gefühle verlässt und die dabei keine Transuse ist, sondern eine hoch handlungsfähige, schlaue, geschickte und realitätsbewusste Person, die – was man sonst nicht zulässt – trotz alledem an ihren Gefühlen festhält.« Männer verhalten sich meistens so, wie die Gesellschaft es von ihnen erwartet, erklärte Fassbinder, um in seiner gewohnt schnoddrigen Art zu konstatieren: »Über Frauen lassen sich alle Sachen besser erzählen.« Darin stimmte er mit seinem Drehbuchautor überein – Märthesheimer: »Wie soll man denn an diesen grauen, angepassten, trostlosen Männern noch eine Identifikationsgeschichte erzählen?« Auf seine Frauenfiguren hätte ein Begriff gepasst, der heutzutage als billiges Etikett auf seichte Unter-

DIE SEHNSUCHT DER VERONIKA VOSS (1982; D: Peter Märthesheimer, Pea Fröhlich; R: Rainer Werner Fassbinder)

Barbara Sukowa und Armin Mueller-Stahl in LOLA

haltungsware geklebt wird und sich damit ins Gegenteil verkehrt hat: »Starke Frauen«, darauf bedacht, ihre Identität und Autonomie in einer Männerwelt zu behaupten.

Für LOLA gab es keine Materialsammlung, sondern lediglich eine Anregung von Dirk Bogarde, der eine Adaption von Heinrich Manns *Professor Unrat* vorgeschlagen hatte. »Ich fand die Idee spannend«, so Fassbinder im Presseheft. »Meine Autoren Peter Märthesheimer und Pea Fröhlich aber sagten, so, wie der Roman ist, interessiert sie die

Heinrich Mann: *Professor Unrat* (rororo 2005)

LOLA

Geschichte eigentlich nicht sehr. Mittlerweile war auch ich soweit, dass ich mir sagte, die Zeit, in der der Roman spielt, also vor dem Ersten Weltkrieg, interessiert mich auch nicht besonders. Mich interessieren halt die 50er Jahre.« Der Versuch einer Übertragung scheiterte jedoch im ersten Anlauf. Märthesheimer zog sich für sechs Wochen zurück und schrieb eine neue Fassung – auf eigenes Risiko. Dabei befreite er sich gänzlich von dem historisch gewordenen Milieu. Der Gymnasialprofessor als Kleinstadt-Tyrann war eine Figur aus dem Wilhelminischen Reich, nicht aus der Zeit des bundesdeutschen Wirtschaftswunders. Der Protagonist musste mit dem Wiederaufbau zu tun haben, ein Baudezernent war deshalb eine ideale Figur. Ein Baulöwe als Gegenspieler, diese Konstellation bot sich an. Die Hure passte in die Zeit, sie repräsentierte die 1950er Jahre mit ihrer Doppelmoral. Und obwohl eigentlich der Baudezernent nach rein dramaturgischen Gesichtspunkten der Protagonist sein müsste, wurde der Held, wie schon der Titel zeigt, Lola.

»Bei mir hinkt die reale Entwicklung immer meinem Bewusstsein nach«, bemerkt Maria Braun. Am Schluss muss sie erkennen, dass ihre Ehe eine Täuschung war; der Film endet in einer Katastrophe. Lola ist ohne Illusionen, sie wird sich nicht verkalkulieren: »Bei mir weiß der Verstand mehr als die Seele«, erklärt sie gleich zu Beginn. In der Villa Fink erhält sie Einblick in die Strukturen der Kleinstadt-Gesellschaft, ist aber ausgeschlossen – sie will beteiligt sein, und der Weg dorthin führt für eine Frau noch immer über die Ehe. Lola weiß, dass ihre Ehe ein Geschäft mit einem Dritten ist, doch eine Katastrophe wird es deshalb nicht geben. Im Gegenteil: Sie hat einen Sprengsatz entschärft, ist Garant dafür, dass das Machtgefüge erhalten bleibt.

LOLA ist – ganz verlor Märthesheimer, auch als Autor von Melodramen, nie Jargon und Attitüde des Soziologen – »ein Film über den Verschleiß der bürgerlichen Wertvorstellungen unter Adenauer, über die Verramschung der konservativen Ideale im Namen des schnellen Geldes«. Die Trümmer wurden beiseitegeräumt, die Bewältigung der Vergangenheit fand nicht statt. Der Baudezernent von Bohm, Flüchtling aus dem Osten, ist ein Mann mit moralischen Grundsätzen, nicht eingebunden in die heimische Korruptionsszene. Er durchschaut, was gespielt wird. Bei Heinrich Mann gerät der Gymnasialprofessor durch die Liaison mit Rosa ins gesellschaftliche Abseits, bei Märthesheimer wird der Baudezernent, der ein Fremdkörper in der Stadt war, durch seine Verbindung mit Lola zu einem der ihren. Er hat sich kaufen lassen – er bekommt kein Geld, sondern eine Frau.

Ein perfektes Melodrama hatten die Autoren geschrieben, die Lektüre des Drehbuchs lässt daran keinen Zweifel. »Ich glaube nicht, dass der Märthesheimer und die Fröhlich an eine Komödie gedacht haben«, ließ Fassbinder im Presseheft verlautbaren und kündigte eben dies an, nämlich »eine böse Geschichte, eine schwarze Komödie«. Er machte aus der Vorlage eine knallbunte Wundertüte: süßer Kitsch, klebrige Zuckerlstücke, bonbonfarben verpackt. Die genretypischen Stilelemente wurden grotesk überdehnt, das outrierte Spiel der Darsteller machte aus den Figuren Karikaturen – Fassbinder animierte alle Beteiligten, auf der Skala der Kinoästhetik bis zum Anschlag zu gehen: »Wir haben am obersten Level, eigentlich häufig im roten Bereich, gespielt«, meinte Armin Mueller-Stahl. Dabei hat Fassbinder die Dramaturgie, den Erzählbogen, die Szenenfolge und die Dialoge kaum angetastet, sondern lediglich Umstellungen und Pointierungen vorgenommen, wie sie für eine Regiefassung typisch sind. (Trotzdem erlebte der Drehbuchautor seine Überraschung: »Ich sehe den Rohschnitt von LOLA und bin ganz happy, und auf einmal kommt da ein schwarzer GI in die Wohnung ...« Bei DIE SEHNSUCHT DER VERONIKA VOSS hatte er ein Déjà-vu-Erlebnis: Wieder hatte Fassbinder eine kleine Rolle für Günther Kaufmann hineingeschrieben ins Buch.) Vor allem aber änderte der Regisseur – der in den Vorspann-Credits unter *Drehbuch* an dritter Position genannt wird – wieder das Ende. Auch

Rosel Zech in DIE SEHN-
SUCHT DER VERONIKA VOSS

nach ihrer Heirat mit von Bohm bleibt Lola, so stand es bereits im Drehbuch, die Privathure des Baulöwen. Die vorletzte Szene schrieb Fassbinder neu, er zeigte die Hochzeit. Die Braut, ganz in Weiß, verabschiedet sich, setzt sich in ihr rotes Cabrio, trifft sich mit dem Bauunternehmer und erhält von ihm als Hochzeitsgeschenk den Puff.

Es folgt eine neue Schlussszene: Der ehemalige Mitstreiter des Baudezernenten fragt seinen Ex-Chef, ob alles in Ordnung sei. »Ja, alles in Ordnung«, meint von Bohm seufzend.

Damit bekam das falsche Happy End einen anderen Akzent: Der Baudezernent wird zum einverständigen Komplizen. Das Melodrama wird desavouiert. LOLA endet nicht tragisch. Der Film zeigt die Arrangements, auf denen die Bundesrepublik gebaut wurde, aber er will nicht bürgerliche Doppelmoral und Wirtschaftswunder-Ideologie entlarven, sondern feiert fröhlich die Amoralität der 1950er Jahre.

Hätte man sich nicht vorher über den Charakter des Films verständigen können? Mit jedem anderen, nur nicht mit Fassbinder. »Vorgespräche konnte er nicht leiden. Er konnte auch Zwischengespräche und Endgespräche nicht leiden, aber Vorgespräche jedenfalls schon gar nicht«, erzählte Peter Märthesheimer. Drehbuchbesprechungen, wie er sie als Redakteur früher selbst geführt hatte, gab es nicht. »Man wurde zu einem Abendessen in seine Wohnung eingeladen«, dabei wurde über alles Mögliche, nur nicht über das Projekt geredet. »Dann nahm er einen irgendwann mal beiseite und gab seine Bestellung auf.«

Die üblichen Instanzen, mit denen ein Autor bei der Drehbuchentwicklung konfrontiert wird – Produzenten, Sendeanstalten, Fördergremien –, waren ausgeschaltet. Zum Drehbuch DIE SEHNSUCHT DER VERONIKA VOSS schrieb Produzent Hanns Eckelkamp dem Autor einen vierseitigen Brief mit Fragen und Anmerkungen, aber dies spielte keine Rolle. Der Auftraggeber war Fassbinder, auch wenn dessen Bestellung recht vage ausfiel. *Oder wie oder was?* ist ein kleiner Artikel überschrieben, in dem Märthesheimer (im *berlinale-tip*, anlässlich der Uraufführung des Films 1982) etwas über die Diskussion im Vorfeld verriet. Auch bei ihrer dritten Zusammenarbeit kam die Idee natürlich wieder von Fassbinder. Mitten in den Dreharbeiten zu LOLA hatte er schon einmal sein nächstes Filmprojekt skizziert: *Sybille Schmitz. Geschichte für einen Spielfilm* steht auf dem handschriftlichen Exposé, datiert vom 10. Mai 1981. Der Fall war bekannt, aber befriedigend geklärt wurde der mysteriöse Selbstmord der Schauspielerin und die Rolle ihrer Ärztin nie, es blieb Raum für Spekulationen. Der Film sollte einsetzen mit dem Tod von Sybille Schmitz am 13. April 1955, dann eine Rückblende: 1937, in einem Berliner Filmstudio. In einem Nebensatz äußerte Märthesheimer Bedenken gegen eine Rückblenden-Struktur, Fassbinder hielt dagegen. Er hatte sich die Figur eines Polizei-Reporters einfallen lassen, der die Vergangenheit des toten Stars recherchiert, sie aber nie zu Lebzeiten kennengelernt hat. Auch das fand Märthesheimer eine unglückliche Konstruktion.

Fassbinders Exposé kann man nachlesen (in Heft 103 der Zeitschrift *text + kritik*), unveröffentlicht blieben die vorangestellten Überlegungen. Das dramaturgische Problem des Drehbuchs sei, »dass sich hier zwei Themen begegnen, die keinesfalls nebeneinander, gegeneinander oder auch nur irgendwie trennbar, voneinander abziehbar zu sehen sind«, zumal sie in Bezug zu einer Zeit und ihren gesellschaftlichen Eigenheiten und Bedürfnissen erzählt werden müssten. »Das eine Thema ist die Zerstörung, der Untergang eines Menschen, ein oberflächlich gesehen individueller, fast privater Vorgang – das andere Thema ist die verbrecherische Ausbeutung der verschiedensten Verzweiflungen wohl übersensibilisierter Einzelner.« Der Rest war Arbeitsplanung. Selbstverständlich hatte der Regisseur schon genaue Vorstellungen von der Besetzung. Ebenfalls fest stand für Fassbinder, »dass Pea Fröhlich, Peter Märthesheimer und ich eine maximal einfache, allgemein verständliche Geschichte aus dem vorhandenen Material, mag es der Realität oder meiner Fantasie entstammen, entwickeln müssen. Und da die Zeit drängt, übrigens oftmals ein eher positiver Ausgangspunkt für eine Arbeit, müssen wir versuchen, für die Geschichte innerhalb der nächsten drei Wochen eine Struktur zu entwickeln, die produktionstechnisch eine mehr oder weniger vage Planung des Projekts ermöglicht.« Die Termine konnten gehalten werden: Die Autoren Märthesheimer/Fröhlich schrieben ein Szenario mit dem Titel *Das süße Sterben*, sechs Wochen später, im Juli, lag die erste, kalkulierfähige Drehbuchfassung vor, im August die zweite, drehfertige Fassung. Fassbinder hatte es eilig, weil ihm ein anderes, größeres Projekt (*Kokain* nach dem Roman von Pittigrilli) weggebrochen war.

»Ein streng klassischer Erzählfilm«, so lautete die Bestellung, und Fassbinder bekam, was er in Auftrag gegeben hatte. Schon die Exposition ist ein Musterbeispiel für erzählerische Ökonomie. Im Kino sieht Veronika Voss einen ihrer alten Filme, ein Melodrama namens *Schleichendes Gift* – ein Blick in ihre Vergangenheit und zugleich in ihre Zukunft. Es folgt ohne Umschweife die Begegnung mit Robert, gleich in der Straßenbahn wird der Realitätsverlust, das groteske Missverhältnis zwischen ihren Starallüren und der Missachtung durch die Umwelt, offenbar. Robert ist fasziniert von der Frau, obwohl er mit dem Namen »Veronika Voss« nichts verbindet: Er hat keine Kinoerinnerungen, er ist auf dem Sportplatz zu Hause. In diesen ersten Szenen wird ebenfalls die Erzählperspektive etabliert. Der Reporter fungiert als Stellvertreter des Zuschauers, der jedoch von Anfang an mehr weiß als Robert, ihm bis zum Schluss stets einen Schritt voraus ist. Für den »Versuch eines deutschen Kriminalfilms« (RWF im Exposé) bediente sich Märthesheimer einer klassischen Suspense-Drama-

Heinz Ludwig Arnold (Hg.): *Rainer Werner Fassbinder. text + kritik*, Nr. 103, Juli 1989

DIE SEHNSUCHT DER VERONIKA VOSS

DIE SEHNSUCHT DER VERONIKA VOSS

SUNSET BOULEVARD (Boulevard der Dämmerung; 1950; D: Charles Brackett, Billy Wilder, D.M. Marshman Jr.; R: Billy Wilder)

turgie: Wird Robert das scheinbar unvermeidliche Drama noch abwenden können? Die Antwort wies eine bittere Pointe auf: Veronika Voss ist Komplizin ihrer Mörderin, sie »schenkt ihren Tod jener Ärztin, von der sie sich hat schützen und ausbeuten lassen« (Märthesheimer). Die Tragik hat Fassbinder nicht ausgespielt, sondern distanziert-kühl inszeniert, am Schneidetisch noch weiter reduziert. In einem *match cut* schnitt er von Szene 74 (Veronika Voss nimmt mit einem Schluck Wasser die Schlaftabletten) auf Szene 75 (Robert in der Redaktion, schluckt Aspirin). Den Schluss hat er radikal verkürzt: Der Film endet ohne großen Ausbruch – Robert steigt ins Taxi, sagt: »Zurück nach München, zum 60er Stadion«, Ende. Mehr braucht es nicht: Henriette ist tot, Veronika ist tot, der Mann wird sich in seinem Leben nie mehr um etwas anderes kümmern als um den Sport.

»Licht und Schatten, das sind die Geheimnisse des Films«, weiß Veronika Voss. Ein Film in Schwarzweiß, den »schönsten Farben des Kinos« (RWF auf der Pressekonferenz). Fassbinder und sein Kameramann Xaver Schwarzenberger beschworen eine vergangene Filmkunst, deren Traditionslinie bis zum visuellen Stil und den ästhetischen Codes der Schwarzen Serie Hollywoods zurückreicht. DIE SEHNSUCHT DER VERONIKA VOSS ist Fassbinders Version von SUNSET BOULEVARD. Im Presseheft antwortete Fassbinder auf die Frage, ob er gescheiterte Figuren wie Veronika Voss liebe. »Ich habe ein zärtliches Gefühl für sie, ich verstehe sie in alledem, was sie falsch gemacht hat. Sie hat sich zerstören lassen. Vielleicht hat das auch mit mir selbst zu tun.«

Der Austausch der Projekte war letztlich eine richtige Entscheidung gewesen: *Kokain* sollte ein surrealer Bilderreigen werden, in dem sich die imaginären Welten des Drogenrausches vermischen mit düsteren, todesverliebten Fantasien. »Glücklich sind nur die Menschen in der Auflösung, und je weiter die Auflösung fortgeschritten ist, um so größer ist ihr Glück«, zitierte Fassbinder im (unveröffentlichten) Drehbuch die literarische Vorlage. Dies ist auch ein Thema in DIE SEHNSUCHT DER VERONIKA VOSS, aber dem Publikum wird hier nicht die Innenperspektive eines Süchtigen aufgezwungen. Die Morphiumabhängigkeit von Veronika Voss dagegen ist in der Figur und ihrer Lebensgeschichte begründet, der Film der Mittelteil der Wirtschaftswunder-Trilogie. Der Film spielt 1955. Die Rauschgiftwelle jener Jahre war keine Erscheinung in der Jugendszene. Die jüngste deutsche Geschichte, wie man in den 1950er Jahren die Nazi-Zeit umschrieb, war ein gesellschaftliches Trauma; beide Patienten von Dr. Katz sind, so unvergleichlich ihre Schicksale sind, Opfer dieser Vergangenheit. Veronika Voss und Herr Treibel, Ufa und Treblinka, Propaganda und Vernichtung, zwei Industrien des Faschismus.

»In 1978 Fassbinder was lucky enough to find a pair of screenwriters, Peter Märthesheimer and Pea Fröhlich«, so Richard Corliss im *Time*-Magazin. »The result of this collaboration was a trilogy – MARIA BRAUN, LOLA and VERONIKA VOSS – that blended movie melodramas with acerbic sociology, and revealed the curse behind the country's ›economic miracle‹.« Mit ihnen konnte der dezidierte Autorenfilmer seinen Traum vom »deutschen Hollywood-Film«, womit sowohl der breite Publikumserfolg wie auch Professionalität gemeint war, verwirklichen. Andere Versuche, seine Filme im Rahmen der Filmindustrie, und das heißt auch: nach fremden Drehbüchern (DESPAIR, LILI MARLEEN) zu realisieren, blieben unbefriedigend. Er brauchte Autoren, die seine Stoffe in ein perfektes Drehbuch verwandelten und trotzdem die Vorlage für einen Fassbinder-Film lieferten.

EINE REISE INS LICHT – DESPAIR (1978; D: Tom Stoppard, nach dem Roman von Vladimir Nabokov; R: Rainer Werner Fassbinder)

In einem der letzten Interviews wurde er nach der Zusammenarbeit mit Peter Märthesheimer und Pea Fröhlich gefragt. »Es ist eine ganz produktive Arbeit, es ist ganz prima«, lautete die lakonische Auskunft. Als Beispiel führte der Filmemacher DIE EHE DER MARIA BRAUN an. »Ich bin mit der Geschichte einfach nicht klargekommen, weil sie so wüst in meinem Kopf herummachte«, gestand er ein. »Und in diesem Punkt sind beide sehr gut, dass sie mir ein dramaturgisches Konzept oder Korsett geben, das mich überhaupt nicht bedrängt, sondern befreit.« Elogen konnte man von Fassbinder nicht erwarten, aber er wusste, was er an seinen Autoren hatte. Die Zusammenarbeit sollte fortgesetzt werden.

LILI MARLEEN (1981; D: Manfred Purzer, nach der Autobiografie von Lale Andersen; R: Rainer Werner Fassbinder)

Das Schreiben von Geschichten, das ist meine Identität

»Offiziell schrieb ich erst durch Fassbinder«, meinte Peter Märthesheimer Jahre später, 2002 im Gespräch zu Egon Netenjakob. Er war vorher beim WDR nicht nur Redakteur gewesen, sondern dem Selbstverständnis nach vor allem Dramaturg. Sein kreativer Beitrag etwa zu den Filmen Wolfgang Menges blieb anonyme Zuarbeit. Zwar sagte er im Gespräch, »dass ich mich als Erzähler lange Zeit durchaus dabei wohlgefühlt hab, mich hinter anderen zu verstecken«, gestand aber zugleich, dass er sich dumm und dämlich ärgere, nicht an den Wiederholungshonoraren von *Ekel Alfred* beteiligt zu sein.

Egon Netenjakob: *Es geht auch anders. Gespräche über Leben, Film und Fernsehen* (Bertz + Fischer 2006)

Als Fassbinder ihn aufforderte, Autor zu werden, war dies fast ein Erweckungserlebnis: »Komm raus, mach, du kannst es.« Gewiss, dies waren Fassbinder-Filme, aber Märthesheimer war doch nicht bloß Zulieferant, sondern konnte sich als Autor verwirklichen: Seine Handschrift ist in allen drei Filmen unverkennbar. Als nächstes Projekt war ein Film über Rosa Luxemburg geplant. In der Nacht vom 9. zum 10.

Ein Herz und eine Seele

ROSA LUXEMBURG (1986;
D+R: Margarethe von Trotta)

Jochen Brunow (Hg.):
Schreiben für den Film
(edition text + kritik 1988)

Juni 1982, er hatte noch Anmerkungen zum Szenario gemacht, starb Fassbinder. Märthesheimer, dies war seine Trauerarbeit, schrieb das Drehbuch für den Toten. (Margarethe von Trotta übernahm das Projekt, entwickelte aber ihr eigenes Buch.)

Im März 1987, knapp fünf Jahre nach Fassbinders Tod, veranstaltete die Arbeitsgemeinschaft der Drehbuchautoren, aus der später der VDD hervorging, in Berlin das Symposium *Schreiben für den Film*. Märthesheimer hielt ein Grundsatzreferat: *Herr Schmidt schreibt einen Film, und keiner weiß es*. Jener Herr Schmidt, der »seine Freude und seine Identität im Schreiben dramatischer Texte« findet, muss erleben, dass er als Autor von Hör- und Fernsehspielen in der Öffentlichkeit wahrgenommen wird, als Drehbuchautor von Kinofilmen jedoch als Urheber nichts gilt – eine Erfahrung, die auch Herr Märthesheimer machen musste, denn hinter der launigen Erzählung wurde doch die persönliche Verletzung, ja Kränkung des Autors sichtbar. Trotzdem, larmoyant sollte die Klage keineswegs erscheinen, Märthesheimer machte für den Widerspruch zwischen dem Selbstverständnis des Autors und seiner geringen Wertschätzung die Vermarktungsstrategien der Filmindustrie verantwortlich. Er unterschied zwischen der

Peter Märthesheimer, 1994

Entstehungsgeschichte des Drehbuchs, die ein künstlerischer Prozess sei, und der Verwertungsgeschichte des Drehbuchs, das zu einem Wirtschaftsgut mutiere und aus Gründen der Verkäuflichkeit ein anderes Label (der Regisseur wird zum Erzähler des Films) verpasst bekomme.

Der Name des Drehbuchautors kommt nur noch in einem eingeschobenen Halbsatz in der Filmkritik vor, Märthesheimer hätte dies am eigenen Beispiel demonstrieren können. Er schrieb (mit seiner Lebensgefährtin Pea Fröhlich, sie zeichneten stets gemeinsam) das Buch zu LOOPING. Eine klassische Artisten-Geschichte vom alternden Schaubuden-Besitzerpaar und dem blonden Biest, an der sich die Underground-Filmer, diesmal mit großem Budget und Stars wie Hans Christian Blech, Shelley Winters und Sydne Rome ausgestattet, gründlich verhoben. »Wenn Drehbuchautoren ins volle, küchentraurige Dasein greifen, dann ist der Rühr-Eintopf nicht mehr zu bremsen«, witzelte *Die Welt*; in den anderen Zeitungen waren es keine ganzen Sätze, mit denen das Drehbuch bedacht wurde: »die schrecklich aufhaltsam sich dahinschleppende Filmstory« (Hans-Dieter Seidel in der *FAZ*), »lieblos geschrieben und mit den allerplattesten, denkbar umständlichsten Dialogen versehen von Peter Märthesheimer und Pea Fröhlich« (Hans-Christoph Blumenberg in der *Zeit*). Glücklich konnten sie auch nicht sein über DER BULLE UND DAS MÄDCHEN (mit Jürgen Prochnow). Am liebsten, so Märthesheimer, hätte er seinen Namen zurückgezogen: Ihm hatte ein Liebesfilm mit etwas Action vorgeschwebt, der Regisseur realisierte aber einen Action-Film mit etwas Liebe. Dafür konnten die Autoren nun in der *Berliner Morgenpost* lesen: »Dieser Film fließt nicht. Er führt von Szene zu Szene. Die Dialoge sind höchst lapidar und schleppen sich dahin. Was gekonnt wirkt, sind die Bilder, sind Kamera und Licht.« Andere Zeitungen schrieben durchaus freundlich über den heute längst vergessenen Film, aber konnten sich die Drehbuchautoren dafür freuen, wenn ihnen »eine Witterung für wirkliche Action« bescheinigt wurde? Renée Zucker war in der *taz* von dem Keglevic-Film angetan, mit einer Einschränkung: »Hätte er jetzt noch tolle Drehbuchautoren, würd' ich mich glatt auf seinen nächsten Film freuen.« Oder, letztes Beispiel, DIE UNANSTÄNDIGE FRAU. Der holländische Regisseur habe seinen ganz eigenen Stil gefunden, strich die Kritik heraus; Märthesheimer/Fröhlich wurden nirgendwo erwähnt. Vom Buch war nur in der Rezension der *Frankfurter Rundschau* die Rede, allerdings gewendet gegen die als mangelhaft empfundene Inszenierung: »Die Aufgabe der Regie ist es nicht, das Drehbuch zu erfüllen, sondern es vergessen zu machen.«

Was Märthesheimer in Berlin von Herrn Schmidt erzählte, aber auch von sich hätte erzählen können, klang seltsam resignativ. In der anschließenden Diskussion wurde gefragt, ob er denn den Kampf um einen angemessenen Status des Drehbuchautors in der Öffentlichkeit schon aufgegeben habe? Märthesheimer meinte, für sich habe er einen Schlussstrich gezogen. Für das Kino schreibe er nur noch, wenn

LOOPING (1981; D: Peter Märthesheimer, Pea Fröhlich; R: Walter Bockmayer, Rolf Bührmann)

DER BULLE UND DAS MÄDCHEN

BLOCH

DER BULLE UND DAS MÄDCHEN (1985; D: Peter Märthesheimer, Pea Fröhlich; R: Peter Keglevic)

DE ONFATSOENLIJKE VROUW (Die unanständige Frau; 1991; D: Jean van de Velde, Pea Fröhlich, Ben Verbong, Marianne Dikker, Peter Märthesheimer; R: Ben Verbong)

er sicher sei, dass Regisseur wie Produzent ihr Handwerk verstünden, und wenn ebenfalls sicher sei, dass er sein Honorar bekomme. Die Nennung sei ihm inzwischen egal. »Wegen der Illusion, dass mich auch nur irgendeiner mit dem Film identifiziert, würde ich nicht schreiben.« Im nächsten Satz widersprach er sich, denn der Punkt war ihm doch so wichtig, dass er deshalb nur noch für das Fernsehen arbeite, »wo der Autor als Autor noch geachtet wird«.

Und so wurde aus dem Fassbinder-Autor ein vielbeschäftigter TV-Autor. Er schrieb DER SCHREI DER EULE, den Vierteiler RADIOFIEBER, die Serie HAUS AM SEE. Das sechsteilige DEUTSCHLANDLIED, eine autobiografisch gefärbte Geschichte, lag ihm besonders am Herzen. Die Projektbeschreibung wurde als Musterbeispiel für eine gelungene Präsentation in das Buch *Drehbuchschreiben für Fernsehen und Film* übernommen. Märthesheimer musste dann jedoch erleben, dass der Regisseur Tom Toelle seine Bücher umschrieb und sich eigenmächtig als Co-Autor in den Vorspann setzte. Auch im Fernsehen schwand der Respekt vor dem Autor zunehmend – Märthesheimer, der doch ein gestandener Mann aus der Branche war, in seinem Vorleben schon zweimal den Grimme-Preis erhalten hatte und mit der Goldenen Kamera ausgezeichnet worden war, blieb nicht erspart, was Drehbuchautoren immer wieder erleben müssen. Er wusste sich zu wehren, verklagte zum Beispiel die Bavaria, denn Ideen seines ersten Szenarios zu SCHTONK! fand er in Helmut Dietls Film wieder. In den Veränderungen der Medienlandschaft blieb es nicht aus, dass auch ein Märthesheimer sich anpassen musste, zwischendurch einen *Tatort* (DAS MÄDCHEN MIT DER PUPPE) schrieb, dem Privat-Fernsehen einen Quotenerfolg bescherte mit WEIHNACHTEN MIT WILLY WUFF, gar ein Buch von Hera Lind adaptierte (WAS IST BLOSS MIT MEINEN MÄNNERN LOS?). Das war dann doch weit entfernt von den Frauengestalten, die er erst für Fassbinder kreiert hatte (und wieder einmal schrieb der Regisseur die letzte Drehbuchfassung). Unverwechselbar Märthesheimer dagegen die Figur des eigenwilligen, ebenso weisen wie unvernünftigen Seelendoktors Bloch. Die letzte von ihm geschriebene Folge hieß EIN KRANKES HERZ: Bloch als sein eigener Patient, der sich selbst analysieren muss.

»Wer im Feuilleton besprochen werden will«, diesen Rat gab Märthesheimer bei der Berliner Versammlung den Autoren, »der soll eine Erzählung oder ein Gedicht schreiben; da ist die Öffentlichkeit bereit, die kulturelle Quelle im Autor zu suchen.« Er selbst veröffentlichte erst 2000 einen Roman – ein Nachwuchsautor von 63 Jahren, der prompt mit einem Preis für das beste deutschsprachige Debüt ausgezeichnet wurde. *Ich bin die Andere* ist ein Psychothriller, der um die Identitätsproblematik einer geheimnisvollen Frau kreist. Natürlich

---

DER SCHREI DER EULE (1987; D: Peter Märthesheimer, Pea Fröhlich, nach dem Roman von Patricia Highsmith; R: Tom Toelle)

RADIOFIEBER (1989; D: Peter Märthesheimer, Pea Fröhlich; R: Dietrich Haugk)

HAUS AM SEE (11 Folgen; 1992; D: Peter Märthesheimer, Pea Fröhlich; R: Ilse Hoffmann)

DEUTSCHLANDLIED (1996; D: Peter Märthesheimer, Pea Fröhlich, Tom Toelle; R: Tom Toelle)

Syd Field / Andreas Meyer / Gunther Witte u.a.: *Drehbuchschreiben für Fernsehen und Film* (List 1987)

SCHTONK! (1992; D: Helmut Dietl, Ulrich Limmer; R: Helmut Dietl)

DAS MÄDCHEN MIT DER PUPPE (*Tatort*-Episode; 1996; D: Peter Märthesheimer, Pea Fröhlich; R: Markus Fischer)

WEIHNACHTEN MIT WILLY WUFF (mit zwei Sequels; 1994-1997; D: Peter Märthesheimer, Pea Fröhlich; R: Maria Theresia Wagner)

war es eigentlich ein Filmstoff, natürlich wollte er daraus einen Kinofilm machen, der an die Erfolge von einst anknüpfte. Ein Produzent war interessiert, der Auftrag wurde erteilt. Die Lektüre lässt keinen Zweifel: Geschrieben hat Märthesheimer das Drehbuch für Fassbinder, doch realisiert hat ICH BIN DIE ANDERE dann Margarethe von Trotta. Das Ergebnis war eine bizarre Missgeburt, ein Unglücksfall, den der Autor nicht mehr erleben musste. Seinem Roman hatte er ein bekanntes Kafka-Zitat vorangestellt, das keinerlei Bezug zum Buch hat, sondern sich wie ein vorweggenommener Kommentar zur Verfilmung liest: »Im Kino gewesen. Geweint.«

Können Drehbuchautoren nur unglücklich werden? Zwei Jahre nach der Berliner Veranstaltung war Märthesheimer bei einen ähnlichen Tagung österreichischer Autoren. Er bemühte sich, sein Referat nicht wieder so pessimistisch ausklingen zulassen. Der Autor müsse sich klar darüber werden, bei welcher Verwertung »seine Sache weniger beschädigt, seine Seele weniger gekränkt wird – entzogen wird sie ihm so oder so, und im glücklichen Fall wird sie dabei sogar schöner und reicher«. Dass der Filmautor immer der Andere ist, während die einen, Regisseur, Produzent, die Schauspieler sowieso, im Licht der Öffentlichkeit stehen, damit müsse man leben. Und als Autor sehne man sich ja auch nicht nach Sonnenbrillen und Lederjacken, gar nach Swimmingpools mit kreischenden Blondinen. Autoren sind nicht Partylöwen, sondern Träumer in ihrem stillen Kämmerlein. »Das macht mich glücklich, das ist offenbar meine Identität: das Schreiben von Geschichten in Form von Drehbüchern.«

WAS IST BLOSS MIT MEINEN MÄNNERN LOS? (2002; D: Peter Märthesheimer, Pea Fröhlich, Reto Salmbeni, nach dem Roman von Hera Lind; R: Reto Salimbeni)

Bloch (D 2001-)

EIN KRANKES HERZ (*Bloch*-Episode; 2005; D: Peter Märthesheimer, Pea Fröhlich; R: Michael Hammon)

Peter Märthesheimer: *Ich bin die Andere* (Europa 2000)

ICH BIN DIE ANDERE (2006; D: Peter Märthesheimer, Pea Fröhlich, nach dem Roman von Peter Märthesheimer; R: Margarethe von Trotta)

four

Scenario

Journal

Mein Herz im fremden Land
Ein Journal

Von Christoph Fromm

2. Januar

Vom 1. Januar bis zum 31. Dezember 2007 starteten in den Kinos 174 deutsche Filme.

Das neue Jahr hat gut angefangen. Der lange ersehnte Weihnachtsurlaub im Odenwald wird jäh von hektischen Anrufen aus der Heimat unterbrochen. Offensichtlich hat es in meiner Wohnung einen Wasserrohrbruch gegeben. Wieder kein Urlaub! Stressige Heimfahrt im Neujahrsverkehr. Mit München nähern sich die Sorgen: Wie sieht die Wohnung aus, was ist alles kaputt? Ist unser Verlagsbüro geflutet? Wird unser kleiner Primero Verlag mit oder ohne Wasserschaden das nächste Jahr überstehen? Klappt die geplante Lesereise mit Barbara Rudnik? Können wir das Jugendbuch meiner Verlagspartnerin noch veröffentlichen? Sie hat Jahre dafür gekämpft. Dann die Problematik mit unseren Praktikanten. Da der Verlag im Augenblick noch ein Zuschussgeschäft ist, müssen alle aus reinem Idealismus arbeiten.

Geben wir unseren jungen Mitarbeitern wenigstens genügend Knowhow mit? Was wird aus dem nächsten Kurzgeschichtenband mit der Ludwigsburger Filmakademie? Können wir uns diese kreative Insel erhalten?

Ich erinnere mich an den Drehbuchautor William Goldman, der sinngemäß gesagt hat: Wer ausschließlich Drehbücher schreibt, wird verrückt. Man kann ja oft selbst am wenigsten beurteilen, wie weit man auf dem Weg ins geistige Nirwana bereits fortgeschritten ist, aber eines weiß ich bestimmt: Seitdem ich einen Platz gefunden habe, wo ich ohne Druck und Vorgaben Prosa schreiben kann, sind in meinem Kopf Scheren aufgegangen, und ich kann auch den Drehbuchbetrieb wieder sehr viel gelassener ertragen.

16. Januar

Mit dem Wasserrohrbruch alles in allem unverschämtes Glück gehabt. Kaum ein Schaden in der Wohnung, das Verlagsbüro heil, den Feuerwehreinsatz zahlt die Versicherung.

Petra Schröder, eine ehemalige Studentin von mir, getroffen. Sie arbeitet mittlerweile als Producerin in der Bavaria. Gebe ihr das Buch von Alisdair, einem jungen Diplomanden von mir. Das erste deutsche Drehbuch, das ich gelesen habe, das tatsächlich eine enge Verwandtschaft zu dem von mir so verehrten asiatischen Kino aufweist. Natürlich spielt Gewalt eine große Rolle. Ein verhinderter Amokläufer. Konsequent aus seiner Sicht, aus seiner Gefühls- und Gedankenwelt heraus erzählt. Eine moderne Version von *Schuld und Sühne*. Ein Buch, das wirklich den Mut hat, anders zu sein. Wir befürchten beide, dass genau deshalb eine Realisierung schwierig wird.

18. Januar

Diplomprüfung: Überraschung. Der Stoff von Alisdair wird relativ gut aufgenommen. Vor allem der Qualität der Voice-over kann sich keiner entziehen. Natürlich geht es um die Frage, wie legitim es ist, aus der Perspektive eines Amokläufers zu erzählen, aber Alisdair hat sich argumentativ sehr gut vorbereitet. Eine Prüferin ist persönlich betroffen: In ihrem Bekanntenkreis gab es einen jugendlichen Amokläufer, der seine Eltern erschossen hat. Man fragt sich, wie würde man selber reagieren? Hätte man noch genügend Abstand, um so einen Stoff sinnvoll beurteilen zu können? Schwer zu sagen.

Das Drehbuch einer anderen Diplomandin stößt zu meiner Überraschung auf mehr Widerstände: Es geht um Afghanistan, einen

---

Am 4. Januar startete: VERFOLGT (D: Susanne Billig; R: Angelina Maccarone) »Wie kein Film zuvor zeigt VERFOLGT die ekstatische Durchdringung von Innen und Außen im Zeichen mühsam gesprengter Haut-Oberflächen, mystisch, atavistisch, auf schräge Weise religiös, wenn die schlagende Übermutter das geschlagene Kind nach dem Martyrium in der Pose einer trauernden Pietà hält.« (*Frankfurter Rundschau*)

Am 11. Januar starteten:
MEIN FÜHRER – DIE WIRKLICH WAHRSTE WAHRHEIT ÜBER ADOLF HITLER (D+R: Dani Levy)
»Levy beansprucht die Position, in Deutschland einen Film zu drehen, der sich dem Wunsch verschreibt, Hitler zu schlagen. Er verlangt vom Publikum, diesen Wunsch zu teilen, und das ist ein sympathischer Anspruch. Wer sich lieber wohlig schaudernd im Morast des Führerbunkers suhlt, der wird MEIN FÜHRER wenig abgewinnen. Schade nur, dass die Rechnung nicht ganz aufgeht. Denn Levys Ermächtigungsfantasie setzt sich selbst enge Grenzen.« (*die tageszeitung*)
BRINKMANNS ZORN (D+R: Harald Bergmann)
»Die kühnste Literaturverfilmung seit Kinogedenken. Der Coup, einen Toten mit seiner eigenen Stimme im fremden Leib einer filmischen Nach-Schau zu Wort kommen zu lassen, wird nur noch durch Eckhard Rhodes gestisches und mimisches Vokabular übertroffen.« (*Frankfurter Rundschau*)

Christoph Fromm: *Die Macht des Geldes* (Primero 2006)

traumatisierten deutschen Soldaten, der in Afghanistan einen Jungen erschossen hat. Einige in der Prüfungskommission tun sich schwer mit dem Realismus des Stoffes. Es mangelt nicht an Vorschlägen, die Figuren sympathischer zu machen. Die junge Autorin setzt sich vehement zur Wehr. Sie will nichts beschönigen, nichts zurechtbiegen.

Einige Tage später, das kleine Wunder: Der SWR wird das Buch als Debütstoff realisieren. Eine Redakteurin, die nicht zufällig aus dem Dokumentarbereich kommt, hat das Projekt mutig durchgekämpft. Das Buch gewinnt sogar den MFG-Drehbuchpreis. Das freut mich sehr. Manchmal geht es eben doch.

Mein dritter Diplomand hat eine bitterböse Satire um einen Al-Kaida-Terroristen in Deutschland während der Fußballweltmeisterschaft geschrieben. Eigentlich ein Stoff für die Monty Pythons. Einige in der Prüfungskommission fürchten um Leib und Leben des jungen Autors. Ich befürchte gar nichts. Der Stoff wird in Deutschland ohnehin nie gemacht werden. Leider.

20. Januar

Rückschläge: Lesereise mit Rudnik abgesagt. Kein Interesse bei Thalia. Kurzgeschichtenband verschoben. Durch personelle Veränderungen kann an der Aka keine Entscheidung getroffen werden.

23. Januar

Treffen mit Dominik Graf. Vielleicht gibt es doch noch eine Chance für die Verfilmung meines Romans *Die Macht des Geldes*? Wie lange haben wir das gemeinsam für den WDR entwickelt? Zwei Jahre! Wie viel kreative Kraft und Zeit investiert? Wie kann ein Fernsehspielchef ein solches Projekt, von dem er wissen muss, wie viel Kraft und Zeit da drinsteckt, nach einem so langen Entwicklungszeitraum gegen den erklärten Willen seines qualifizierten und sehr erfahrenen Redakteurs vom Tisch wischen? Was sind das für unheilvolle Hierarchien, die eine solche Verhaltensweise möglich machen, und wieso begehren Drehbuch- und Regieverband nicht geschlossen dagegen auf? Wieso gibt es keinerlei Solidarität unter den Kreativen, wieso scheitern alle Initiativen für mehr Freiräume und eine höhere Qualität im deutschen Fernsehen so kläglich?

Genügt tatsächlich die Androhung von Beschäftigungslosigkeit, um uns alle kirre zu machen?

Da hat die heute so viel geschmähte 68er-Generation mehr Mut und Initiative bewiesen. Sie hat – mit all ihren Fehlern – den Erfolg am System vorbei gesucht und gefunden, und dann ist ihr das System nachgelaufen und hat sie – zugegebenermaßen – eingeholt und instrumentalisiert. Uns kann man nicht einholen, weil wir's nicht mal mehr schaffen, auszubrechen. Freiheit ist abgesehen von lächerlichen

FDP-Phrasen kein Thema mehr, es geht in erster Linie um Sicherheit. Man macht uns täglich so viel Angst, dass wir von unserer Angst gefressen werden. Es herrscht kein Bedürfnis nach Freiheit, und das führt zu einer ängstlichen, hermetischen Kunst. Die Kunst zitiert nur noch sich selbst. Die Wirklichkeit findet immer weiter entfernt statt. Nicht umsonst sind die authentischen Recherchen das Erste, was aus jedem fiktiven Stoff gestrichen wird. Deswegen recherchieren die meisten Autoren nicht mehr, sondern bedienen sich ausschließlich bewährter Versatzstücke, die man bereits tausendmal gesehen hat. Das zeitgenössische Kino und vor allem das Fernsehen bestehen fast ausschließlich aus den immer gleichen Standardszenen, die Dialogarmut ist unüberbietbar. Jeder neue Film ist nahezu komplett aus anderen Filmen zusammengestohlen. Das Verheerende ist, dass man damit mittlerweile nicht nur beim Publikum, sondern auch beim Feuilleton Erfolg hat.

Dominik und ich beschließen, ausgehend von meinem Roman, einen neuen Anlauf beim ZDF. Mal sehen, wie weit wir diesmal kommen.

Da der Roman mittlerweile erschienen ist, kann ich dem Prozedere diesmal relativ entspannt entgegensehen. Mein Buch ist geschrieben und veröffentlicht. Das kann mir keiner mehr nehmen.

Am 18. Januar starteten:
SCHWERE JUNGS (D: Philipp Roth; R: Marcus H. Rosenmüller)
»Rutscht gut, das Ganze.« (*Die Welt*)
»Das alles erzählt Rosenmüller durchaus solide. Dennoch gleitet dieser Film wie auf Kufen stromlinienförmig an einem vorbei. Während die Bayern-Klischees in WER FRÜHER STIRBT, IST LÄNGER TOT immer überraschend verpackt waren, wirken sie hier abgestanden.« (*Spiegel Online*)
UNSER TÄGLICH BROT (D: Nikolaus Geyrhalter, Wolfgang Widerhofer; R: Nikolaus Geyrhalter)
»Der Film zeigt, warum wir beim Anblick unseres Essens eigentlich Brechreiz fühlen müssten.« (*Die Welt*)

24. Januar

War wieder mal im Kino. Obwohl ich keine übertriebenen Erwartungen hatte, war es enttäuschend. Man kann sich des Eindrucks nicht erwehren, dass mit Vorliebe die Leute deutsches Land und Alltagsleben beschreiben, die keine Ahnung davon haben. Ich habe vier Jahre meines Lebens auf dem Land verbracht und finde die Menschen, die ich dort kannte und kenne, nicht in diesen Darstellungen wieder. Man projiziert sein eigenes, offensichtlich gutbürgerliches Psychogramm in sogenannte proletarische Figuren. Die offensichtliche Unstimmigkeit, die dann entsteht, wird von vielen mit Kunst verwechselt. Aber das ist nicht das Schlimmste. Das Schlimmste ist die gähnende Langeweile, die mich immer öfter im Kino überkommt. Ich gehe nicht ins Kino, um mir dort kleine Fernsehspiele oder gar heimatverbundene Vorabendserien anzusehen. Das Kino sollte ein Ort der Magie, des Mythos, der Spannung und des Geheimnisses sein. Es gibt nur noch sehr wenige neue Filme, die diesen Anspruch für mich erfüllen. Sie kommen meistens aus Fernost und sind hier häufig nur auf DVD erhältlich. Aber selbst im Fernsehformat strahlen sie eine Kraft aus, die vielen Filmen, die man hier im Kino sehen kann, abgeht.

25. Januar

Große Besprechung in Mainz. Der Dreiteiler *Die Wölfe*, den ich mit meinem Bruder Friedemann gemeinsam geschrieben habe und den er inszenieren wird, bekommt endgültig grünes Licht. Die Zusammenarbeit mit der Redaktion Zeitgeschichte war ausnehmend gut. Endlich kann ich mal eine Fernsehredaktion loben: Leute aus dem Dokumentarfilmbereich; man konnte sich auf der Grundlage der Recherche immer verständigen: Wenn das so war, wenn ihr das so recherchiert habt, dann macht das so. Es wurde gleich zu Beginn klar abgesteckt, was möglich ist und was nicht. Wenn Inhalte mal abgesegnet waren, dann blieb das auch so. Die mittlerweile normale Prozedur, nach der dritten Drehbuchfassung ein völlig neues Buch zu verlangen, über dessen Inhalt es mindestens zehn verschiedene Meinungen gibt, blieb uns diesmal erspart.

Einziger Wermutstropfen: Zu wenig Geld. Aber da wir das rechtzeitig wissen, können wir die notwendigen Kompromisse machen, ohne – hoffentlich – an entscheidender Qualität einzubüßen.

26. Januar

Zum ersten Mal höre ich aus dem Munde eines jungen, engagierten Fernsehredakteurs die rhetorische Frage: Was hat Quote mit Qualität zu tun? Meine persönliche Frage schließt sich an: Wieso muss das öffentlich-rechtliche Fernsehen, das sich in erster Linie über Gebühren finanziert, in erster Linie Quote statt Qualität herstellen? Gegenbeispiel arte: Jeder findet es gut, aber keiner guckt!

Es ist ein Teufelskreis. Es findet sehr wohl eine Wechselwirkung zwischen Publikum und Medien statt. Provokanter Satz von Kroetz in einem Interview: Fernsehen ist Volksverblödung für Hartz-IV-Empfänger.

Die Ausrede der Macher: Wir bedienen doch nur den Publikumsgeschmack. Gerade in Deutschland hat man besonders verheerende Erfahrungen damit gemacht, wenn ein Medium radikal den »Massengeschmack« bedient. Birgt eine vorbehaltlose Erfüllung von Massensehnsüchten und Triebkräften nicht bereits die Gefahr von Hysterisierung und Totalitarismus? Ist nicht in den letzten 15 Jahren durch einen Teil der Medien ein Kult der Dummheit in diesem Land aufgerichtet worden, der längst demokratiegefährdende Ausmaße erreicht hat? Können wir es uns wirklich leisten, dem amerikanischen Vorbild zu folgen und ein Drittel der Gesellschaft abzukoppeln und als Prekariat mit einem Minimum an Sozialleistungen, vollgepumpt mit Fernsehen, Internetunterhaltung und anderen Drogen, vor sich hin vegetieren zu lassen?

Zappa, 1970: I'm the tool of the government, and industry too, ... have you guessed me yet, I'm the slime oozin' out of your TV-set.

Der Schuss könnte gewaltig nach hinten losgehen. Der Deutsche definiert sein Glück mehr als andere über Lohn und Arbeit. Verliert er beides, verliert er seine Würde und ist potenziell zu jeder Verzweiflungstat fähig.

2. Februar

Eine Lesung aus *Die Macht des Geldes*, für die ich den Münchner Sprecher Martin Pfisterer gewinnen konnte, wurde uns nicht abgesagt, sondern findet nicht statt. Grund: Der Buchhändler ist angeblich plötzlich schwerstens erkrankt. Er steht zwar bereits zwei Tage später wieder erfreulich gesund in seinem Buchladen, ist dafür aber ab sofort für uns umso schwieriger telefonisch erreichbar. Für unseren kleinen Verlag bedeutet das viel Vorarbeit umsonst, für Martin Pfisterer 300 Euro weniger. Was mich am meisten dabei erbost – die Leute sind nicht mal mehr in der Lage, etwas abzusagen, im persönlichen Gespräch Stellung zu beziehen. Umso dreister sind sie aus sicherer Entfernung. Nicht umsonst werden Beziehungen mittlerweile per SMS beendet. Eine besondere Rechercheblüte war folgende SMS, Ende einer dreiwöchigen Beziehung unter Mittdreißigern: »Liebe Y, du bist

Am 1. Februar starteten:
VIER MINUTEN (D+R: Chris Kraus)
»Ein Virtuosenstück ist dieser Film, eine Talentprobe für den Regisseur und seine junge Hauptdarstellerin, die mit der jungen Borderlinerin Jenny eine Rolle gefunden hat, die wie geschaffen ist für eine erste starke Performance.« (*Süddeutsche Zeitung*)
DAS WILDE LEBEN (D: Dagmar Benke, Achim Bornhak, Olaf Kraemer, nach dem Buch von Uschi Obermaier; R: Achim Bornhak)
»Man weiß nicht, was man scheußlicher finden soll: die narzisstische Zentriertheit der Hauptperson, die sich und ihr Bett als Ursache sämtlicher Ereignisse der Zeitgeschichte sieht, oder die abermalige Reduktion der 68er-Geschichte auf Fotoposen.« (*die tageszeitung*)
DIE WILDEN KERLE 4 (D+R: Joachim Masannek)
»Wie gewohnt ist die Dramaturgie wenig ausgefeilt. Dafür tragen alle Teenager ausgefallene Klamotten, fahren schwere Motocross-Maschinen, schwingen pathetische Reden (›Wenn ich jetzt kneife, bin ich nicht mehr, was ich bin‹) und üben sich in allerlei coolen Posen, während Songs der Bananafishbones für die passende musikalische Untermalung sorgen.« (*Hamburger Morgenpost*)

zwar eine Eins im Reden, aber im Bett höchstens eine Vier minus. Wenn du keinen Dreier machen willst, sondern nur konventionell, sorry. Von mir aus ist Funkstille, aber wir bleiben Freunde, X.«

Ein Nachwuchspilot der Lufthansa trennt sich von seiner Freundin, nachdem er festgestellt hat, dass sie magersüchtig ist: »Solange du krank bist, gehe ich mit der Y, aber wenn's dir besser geht, kommen wir vielleicht wieder zusammen. Du siehst gut aus, da will ich's mir nicht verderben.«

Punktlandung in der neuen deutschen Jämmerlichkeit. Wenn man sich der Mühe einer Recherche hingibt, kann man leicht feststellen, dass sich im Beziehungsgeflecht während der letzten zehn Jahre vieles grundsätzlich verändert hat. Unter der Daunendecke einer neuen Spießigkeit (wieder heiraten, natürlich weiß und kirchlich, Kinder kriegen für die Rente) sind die Beziehungen radikal durchökonomisiert (wer nützt mir am meisten), dem Diktat einer von der Wirtschaft inszenierten und mit Milliardengewinnen belohnten Werbeästhetik unterworfen (ein Vater schenkt seiner Tochter zum 30. Geburtstag eine Brustoperation, damit ihr Freund nicht fremdgeht), und werden, ähnlich wie Portfolios und Gebrauchtwagen, gnadenlos auf den Prüfstand gestellt.

Sex and the City (USA 1998-2004)

Die erbärmliche Serie *Sex and the City* ist deswegen so gut angekommen, weil sie auf eine erbärmliche Gesellschaft trifft. Längst hat der Rückkopplungseffekt eingesetzt: Die neue, hippe Generation versucht sich nicht nur stylisch, sondern eben auch sprachlich und gedanklich den Medienvorbildern anzupassen. Es bestimmt nicht mehr länger unsere Wirklichkeit die Medien, das wird im Gegenteil von den Medienmachern verschärft bekämpft und vom Publikum zunehmend abgelehnt, denn längst hat die mediale Wirklichkeit den Eroberungsfeldzug in unsere Realität begonnen. Wir sind uns selbst nicht mehr genug. Jeder muss gemäß dem normativen Raster der neuen Medienästhetik etwas Besonderes sein oder sich die Kugel geben: Deutschland sucht den Superstar!

6. Februar

Tina Luzius / Christoph Fromm: *Die Abenteuer des Gottfried Primero: Isabella und der Zauberer* (Primero 2006)

Christian Jeltsch, vielbeschäftigter, erfolgreicher Drehbuchautor, hat Tina und mich zu einer Kinderbuchlesung in die Volksschule nach Egling eingeladen, die auch von seinen Kindern besucht wird. Wir lesen aus unserem Buch *Die Abenteuer des Gottfried Primero*. Es ist meine erste Kinderbuchlesung, gemeinsam mit Tina, die bereits etwas mehr Erfahrung hat, und ich kann auf Anhieb sagen, für Kinder zu lesen ist etwas ganz Besonderes. Diese Begeisterungsfähigkeit für die Geschichte, diese Liebe zu unseren Figuren, ich gestehe, das berührt mich.

Besonders gut kommt natürlich unser kleiner, dicker, garantiert autonomer Stoffrabe Gottfried an, der zu faul zum Fliegen ist, deswegen einen Turbodüsenmotor sein Eigen nennt und den ganzen Tag Regenwürmer mit Sahne frisst. Das sind Figuren, wie Kinder wie lieben!

Es werden kluge Fragen gestellt, die Kinder haben unter der Anleitung von Christian eigene Geschichten geschrieben, die viel Fantasie und Einfühlungsvermögen bekunden.

Ich werde diesen Tag so schnell nicht vergessen.

9. Februar

Berlin. Treffen mit Nico Hofmann und Friedemann. Es geht um einen neuen Zweiteiler. Nico will seine Historienschiene verlassen und etwas Neues, Politisches machen. Aber natürlich muss es bei dem entsprechenden Budget auch quotenträchtig sein. Friedemann und ich versuchen auszuloten, wo die Schnittmenge zwischen unseren inhaltlichen Ansprüchen und der Quote liegen könnte. Dank einer kontinuierlichen Verschlechterung des Massengeschmacks in den letzten Jahren ist diese Schnittmenge besorgniserregend klein geworden. Es ist äußerst schwierig, hier noch ins Schwarze zu treffen. Aber wir beschließen, uns der Herausforderung zu stellen, denn die Grundidee ist für uns alle drei spannend und überzeugend. Da es ein Stoff ist, der im Geheimdienstmilieu spielt, müssen wir mit Serien wie *24* oder *Alias* mithalten. Die sind ab 16 und werden von den deutschen Sendern auch so platziert. Unser Stoff muss aber 20-Uhr-15-tauglich sein. Das ist ein ganz großes Dilemma, für das die Fernsehverantwortlichen keinerlei Lösung anbieten. Das Problem stellt sich bei Kino-Co-Produktionen noch nachhaltiger: Da es nach wie vor kaum einen Kinofilm in Deutschland gibt, der ohne Fernsehgeld produziert wird, haben wir nahezu ausschließlich Kinostoffe, die 20-Uhr-15-tauglich sind. Im Grunde Fernsehfilme, die eben auch mal im Kino laufen. Ich schaue sie mir lieber im Fernsehen an. Mit dieser unsäglichen Verquickung von Fernsehen und Kino hat man die zaghaften Genreansätze aus den Achtzigern längst erfolgreich erstickt. Es gibt Leute in Deutschland, die das begrüßen. Ich halte es für fatal, dass es im deutschen Kino entweder häufig verquaste Kunstfilme oder eben familienfreundliche Unterhaltung gibt. Die Genres Thriller, Horror oder Science-Fiction existieren nicht. Klar, denn diese Genres wären sicherlich nicht erfolgreich mit den Dogmen des 20-Uhr-15-Fernsehens zu bedienen. Machen wir eben weiter Familien-, Kunst- und Kinderkino, und alle Schaltjahre mal darf jemand beweisen, dass eigentlich auch in Deutschland spannendes Erzählen möglich wäre. Wieso gibt es kei-

Am 8. Februar startete:
DIE AUFSCHNEIDER
(D: Rainer Ewerrien, Carsten Strauch, Nina Werth;
R: Carsten Strauch)
»Wäre wohl gern Realsatire geworden, ist aber selten mehr als die Parodie schlechter Ärzteserien.«
(*Kieler Nachrichten*)

24 (USA 2001-)

Alias (USA 2001-2006)

nen intelligenten, scharfen, unter die Haut gehenden Thriller über den Berliner Bankenskandal, Kohls schwarze Kassen, VW und Siemens? Stattdessen wird immer wieder auf der längst untergegange-

nen DDR und der bösen STASI rumgehauen. Wie viele solcher Filme brauchen wir noch, bis auch der letzte Deutsche begriffen hat, dass der DDR-Kommunismus schlecht war?

19. Februar

Abgabe des Treatments über Anita Berber in die BKM-Förderung. Torsten C. Fischer und Markus Gruber sind an mich mit der Bitte herangetreten, etwas über die Berliner Skandaltänzerin Anita Berber zu schreiben. Berlin in den Zwanzigern, eine hochspannende Zeit. Kaum zu glauben, dass Berlin damals nicht nur das Sündenbabel Europas, sondern der gesamten Welt war. Verzweifelt, bankrott, aber eben auch auf der Suche nach neuen, nie gekannten Freiheiten. Gerade die Frauen! Damals war Berlin nicht sexy, sondern Sex!

Ich habe mich wochenlang in diese Figur »hineinfallen« lassen, über Fotografien, ihre Gedichte, Texte über sie. Eine Frau, die mit allen Mitteln die Utopie verfolgt hat, ausschließlich, ganz und gar Künstlerin zu sein, die bereit war, sich dafür in jeden erdenklichen Exzess zu stürzen, die kein bleibendes Kunstwerk hinterlassen hat – aber in den Texten und Fotografien sind die wenigen genialen Momente ihrer Kunst auf der Bühne heute noch deutlich zu spüren. Ein

Stoff, den man nicht nur aus dem Kopf, sondern aus dem Bauch heraus schreiben muss. Ich versuche nicht darüber nachzudenken, wer diesen Stoff in Deutschland finanzieren soll.

26. Februar

Lesung mit Barbara Rudnik in einer Buchhandlung aus meinem Roman *Die Macht des Geldes*. Es sind über 80 Leute gekommen, der Laden ist brechend voll, wir sind nervös. Wir haben eine Dialogszene ausgesucht, die gar nicht so leicht zu bewältigen ist. Eine Szene, in der der Banker Steinfeld sich längst zum selbstinszenierten Mythos, zur medialen Persönlichkeit entwickelt hat – und seine Frau, die ihn als Individuum nie lieben konnte, kann sich jetzt endlich in sein mediales Über-Ich verlieben.

Barbara ist wie immer sehr selbstkritisch, ich finde, sie hat ihre Sache gut gemacht, aber mein Vorlesetalent ist noch ausbaufähig. Ich werde in den nächsten Monaten genügend Gelegenheit haben zu üben. Erfreulicherweise ist das Interesse an meinem Roman groß. Aber natürlich passt er nicht in die Erwartungshaltung, die man an einen deutschen Krimi hat. Dafür sind die Figuren viel zu komplex und widersprüchlich gezeichnet. Ich stelle fest, dass für einige »psychologisch« bereits wieder ein Schimpfwort ist. Mich haben beim Prosaschreiben immer in erster Linie die Innenwelten meiner Figuren interessiert, und das wird auch so bleiben.

Am 22. Februar startete: IN DREI TAGEN BIST DU TOT (D: Thomas Baum, Andreas Prochaska; R: Andreas Prochaska)
»Der Horrorfilm steht für den Versuch österreichischer Produzenten, ein kommerziell einträgliches Kino zu entwickeln.« (*die tageszeitung*)

28. Februar

Mein Drehbuch *Sierra* ist vor zwei Jahren vom BKM gefördert worden, und ich bin jetzt zu einem Workshop nach Berlin eingeladen, wo internationale Koryphäen wie Jim Hart (Autor von DRACULA, Coppola) und Laurie Hutzler (Dramaturgin bei Paul Haggis und Clint Eastwood) letzte Hand an das Buch anlegen. Ich bin nervös, befürchte mit »Hollywoodplattheiten« überhäuft zu werden und werde aufs Angenehmste enttäuscht. Laurie und Jim sind objektiv und äußerst konstruktiv. Sie sind beide sehr beeindruckt von dem Buch und legen sehr behutsam Hand an. Ihre Vorschläge haben Hand und Fuß, sind absolut nachvollziehbar. Es sind Profis. Wieso können Drehbuchbesprechungen in Deutschland nicht so ablaufen? Wieso landet man bei uns immer noch mit schöner Regelmäßigkeit in der Sackgassendiskussion über sympathische und unsympathische Figuren? Eine Diskussion, über die Laurie und Jim nur lachen können. Als ich ihnen erzähle, dass uns deutschen Autoren das Lachen durch die Auseinandersetzungen mit Fernsehbeauftragten aller Art in den letzten Jahren gründ-

BRAM STOKER'S DRACULA (1992; D: James V. Hart, nach dem Roman von Bram Stoker; R: Francis Ford Coppola)

lich vergangen ist, sagt Laurie: »Send them to me. I tell them. The problem, sympathy or not is much overtaken.«

Sie können gar nicht begreifen, dass ich für *Sierra* Finanzierungsprobleme befürchte. Ich versuche ihnen klarzumachen, dass die Geschichte zwischen einem deutschen Soldaten und einer afrikanischen Kindersoldatin nicht 20-Uhr-15-tauglich sein wird. Außerdem wird zwangsläufig in dem Film relativ viel Pidginenglisch gesprochen. International längst kein Problem mehr, aber im deutschen Fernsehen? Jim mag den Stoff so sehr, dass er anbietet, sollte ich Probleme bekommen, sich in den USA um eine Co-Produktion zu bemühen.

Auch abgesehen von den dramaturgischen Gesprächen und sehr interessanten Produzentenveranstaltungen ist die Atmosphäre dieses Workshops, für die vor allem Susan Schulte und Ellen Winn Wendl verantwortlich zeichnen, äußerst angenehm. Es herrscht internationales Flair, man kümmert sich liebevoll um die Autoren. Das beginnt mit der Anreise und hört mit der exzellenten kulinarischen Versorgung nicht auf. Ich lasse mich zu dem Satz hinreißen: »Ich bin als Autor noch nie so gut behandelt worden.« Aber es stimmt.

An einem Nachmittag treffe ich Sylke Enders. Ihr Film KROKO hat mich sehr beeindruckt. Einer der ganz wenigen deutschen Kinofilme der letzten Jahre, der authentisch erzählt war, der die soziale und psychologische Glaubwürdigkeit seiner Figuren nicht verraten hat. Typischerweise ein Erstlingsfilm. Da ist noch erlaubt, was beim zweiten Film dann verboten wird. Sylke kann ein Lied davon singen. Sie erzählt, wie schwer ihr das Folgeprojekt gemacht wurde, das sie am Ende völlig frei finanziert hat. Aber vielleicht ist das der einzig mögliche Weg zu einem innovativen Kino. Low-Budget-Filme, wirklich independent finanziert. Aber wo sind die Produzenten, die so was in Deutschland stemmen? Wahrscheinlich muss man am Ende doch alles selber machen.

Ich erzähle Sylke von meinen Erfahrungen als Kleinstverleger. Sie hat meinen Roman wirklich sehr genau gelesen und ist begeistert. Da scheint so was wie Seelenverwandtschaft zu bestehen. Es tut gut, solche Leute zu treffen.

10. März

Die Münchner Bücherschau junior hat ihre Tore geöffnet. Wir sind mit unserem Kinderbuch dabei. Und eigentlich hätten wir dort auch lesen sollen, aber dann ist es doch nicht dazu gekommen. Wir spüren immer wieder, welch rauer Wind den Kleinverlagen ins Gesicht bläst und wie schwer es ist, sich in dieser angeblich so freien Marktwirtschaft zu behaupten, die in Wirklichkeit gar nicht so frei ist. Eine

---

KROKO (2003; D+R: Sylke Enders)

Am 8. März starteten:
DAS WAHRE LEBEN (D: Matthias Pacht, Alexander Buresch; R: Alain Gsponer) »Eine Kameraarbeit und einen visuellen Einfallsreichtum kann man hier bestaunen, gegen die eine Folge von *Derrick* aus den 1980er Jahren geradezu wie ein Film von Quentin Tarantino wirkt.« (*Jungle World*)
»Papamamasöhne oder DAS WAHRE LEBEN, zugespitzt zur Burleske. Man schaut ihnen gerne zu in Alain Gsponers Familien-Farce.« (*Der Tagesspiegel*)
RENNSCHWEIN RUDI RÜSSEL 2 – RUDI RENNT WIEDER! (D+R: Peter Timm) »Die Kids werden vor Freude laut grunzen.« (*Stern.de*)

Buchhandlung ist mitnichten ein Ort, wo einfach jedes interessante Buch platziert wird. Die Regalflächen sind von großen Verlagen für teures Geld gemietet, und es wird viel Geld für die begehrten Standorte in den Schaufenstern bezahlt. Wer nicht bei einem der großen Zwischenhändler, sprich Barsortimente gelistet ist, kann sowieso aufgeben, dessen Bücher finden überhaupt keinen Weg in die Buchhandlung. Es ist eine eng vernetzte Lobby, und man klopft als Neuling sehr oft vergeblich an. Insofern ist es ein kleines Wunder, dass sich der Primero Verlag im Augenblick sehr gut hält, vor allem durch den Roman *Die Macht des Geldes*, der natürlich davon profitiert, dass Dominik Graf ihn verfilmen möchte. Aber nicht nur: Die Leute, die zu den Lesungen kommen, sind von dem vorgelesenen Text wirklich begeistert und an dem Thema hochinteressiert. Es ist eben doch möglich, Wirtschaft, ökonomische Prozesse spannend zu erzählen, wenn man sie über spannende Figuren erzählt. Die Metamorphose des Bankers Steinfeld zur medialen Persönlichkeit, sein Medienfeldzug für einen Schuldenerlass in der Dritten Welt als tödliche Waffe gegen die Vormachtstellung amerikanischer Großbanken interessiert die Menschen. Sie spüren, hier wird nicht nur der Beginn der Globalisierung, sondern die beginnende Auflösung ihrer bisherigen Wirklichkeit erzählt.

Am 15. März startete: NEUES VOM WIXXER (D: Bastian Pastewka, Oliver Kalkofe, Oliver Welke; R: Cyril Boss, Philipp Stennert) »Das wäre vielleicht wirklich mal eine Untersuchung wert: inwieweit die Edgar-Wallace-Filme Anfang der 1960er Jahre das Englandbild der Deutschen geprägt haben.« (*epd Film*)

22. März

Buchmesse Leipzig. Es ist unsere allererste Messe, an der wir als Verlag teilnehmen, und wir sind entsprechend nervös. Die günstige Hotelbuchung per Internet erweist sich als herber Fehlschlag. Die Architektur des Zimmers besteht aus einer Kombination denkbar hässlicher Plastik- und Metallrohrgegenstände, verschweißt mit einem Teppichboden, den mehrere Kettenraucher als Aschenbecher benützt haben müssen. Unser Praktikant, der vergessen hatte, sich ein eigenes Zimmer zu buchen, findet in einem Hotel etwas außerhalb eine hübsche Bleibe. Wir platzen beinahe vor Neid. Um nicht depressiv zu werden, beschließen wir, uns in unserem Zimmer ausschließlich zum Schlafen aufzuhalten. Der Gang zur rosafarbenen Waschzelle bleibt trotzdem eine psychische Herausforderung. Am nächsten Morgen versinkt Leipzig zu allem Überfluss im Schnee. Die Messehallen sind riesig. Wir legen vom Parkplatz einen längeren Fußmarsch hin, um unseren ersten Lesestand zu erreichen. Niemand spottet mehr über den Oma-Einkaufswagen, den Tina in weiser Voraussicht für die Messe besorgt hat. Eine Kinderbuchlesung steht auf dem Programm. 13 Uhr, eine denkbar schlechte Zeit. Zwei Lesungen vor uns fallen aus, wegen mangelnder Publikumsresonanz. Das geht hier ratzfatz. Wir

Am 22. März starteten:
DIE FÄLSCHER (D: Stefan Ruzowitzky, nach dem Buch von Adolf Burger; R: Stefan Ruzowitzky)
»Eine sehr direkte Erzählweise und eine durch die agile Handkamera von Benedict Neuenfels erzeugte Ästhetik der Gegenwärtigkeit ziehen den Zuschauer in das Geschehen, ohne dass je die Grenze zum Betroffenheitskino überschritten würde.« (*Die Zeit*)
»Die großartigen Darsteller, vor allem auch Devid Striesow und Martin Brambach in den Rollen von Nazis, tragen DIE FÄLSCHER über die Schwächephasen hinweg.« (*Der Spiegel*)
HÄNDE WEG VON MISSISSIPPI (D: Maggie Peren, Stefan Schaller, nach dem Roman von Cornelia Funke; R: Detlev Buck)
»Mit viel Liebe zum Detail und Gusto für Klischees, die Städter am Bauernleben so lieben, entführt uns Buck in eine Sommerferienwelt der satten Farben und des pittoresken Landlebens.« (*Neue Zürcher Zeitung*)
AM LIMIT (D+R: Pepe Danquart)
»Elegant wechselt der Film zwischen der totalen Dynamik in der Wand und ruhigen Landschaftstotalen, die aussehen wie die Fotografien von Ansel Adams.« (*Die Zeit*)

beten nur, dass der Kinderhort, mit dem wir klugerweise Kontakt aufgenommen haben, auch wirklich kommt. Fünf nach eins, immer noch keiner da. Wir wollen gerade zusammenpacken, da erscheint tatsächlich noch die Hortleiterin mit über 20 Kindern. Die Lesung ist gerettet, Stoffrabe Gottfried wie immer brillant, und sein schüchterner Elchmechaniker Gustav kommt mit seiner kussfreudigen Samtschnauze vor allem bei den Leipziger Mädchen gut an.

Danach hasten wir zum Gemeinschaftsstand für Kleinverlage, wo irgendwo auch unsere Bücher stehen. Ob das viel bringt? Wir treffen zwei Verlagsvertreterinnen und sind uns hinterher einig, dass wir für 200 Euro monatliches Pauschalhonorar unsere Verlagsvertretung in Zukunft lieber selber übernehmen. Danach heißt es Flyer verteilen, Leute ansprechen, Kontakte knüpfen. Tina ist da eindeutig besser als ich. Es ist doch ein gewaltiger Schritt vom eher introvertierten Schreiber zum öffentlichkeitswirksamen Verleger. Vielleicht steigert es ja Selbstbewusstsein und Schlagfertigkeit in zukünftigen Drehbuchbesprechungen.

Das Hotelfrühstück am nächsten Morgen liegt bleischwer im Magen. Noch vier Tage Synthetikmarmelade und Billigwecken? Ich schlage ein Alternativfrühstück vor, aber das wird mir von meiner Verlagscontrollerin untersagt. Ein Kleinverlag muss sparen. Die Lesung am Abend aus *Die Macht des Geldes* wird großartig. Das Radisson Hotel hat richtig Werbung gemacht und extra die Lounge für die Lesung umgestaltet. Die Hotelmanagerin hat sogar das Buch gelesen! Ein waches, intelligentes Publikum, Leute, die in wirtschaftlichen Fragen beschlagen sind. Das macht Freude!

Am nächsten Tag lesen wir aus dem Kinderbuch in einer Farbenhandlung. Wir haben Mühe, sie zu finden, lernen so die Schattenseiten von Leipzig kennen. Ganze Straßenzüge stehen leer. Dieses Ausmaß an Depression lässt die quirlige, bestens renovierte Innenstadt nicht vermuten. Die halbverfallenen Altbauten und leerstehenden Textilfabriken lassen immer noch den früheren Reichtum und die Schönheit dieser Stadt erahnen. Das macht es nicht besser.

Das Völkerschlachtdenkmal ist ein düsterer Beleg, dass es Militarismus, Nationalismus und pompösen Neoklassizismus in Deutschland bereits vor dem Dritten Reich gab und der Führer keineswegs vom Himmel gefallen ist. Die Ästhetik eines Volkes ist und bleibt ein zuverlässiger Gradmesser für seine politische Einstellung.

In der Farbenhandlung sollen wir für die Lesung mit Eltern und Kindern während laufendem Geschäftsbetrieb zwischen den Kassen und der Toilette platziert werden. Das ist eigentlich unzumutbar, aber wir machen das Beste daraus. Die Kinder belohnen uns mit wunderschönen Zeichnungen von Gottfried und Gustav. Da ich normalerweise nicht permanent mit Kindern zu tun habe so wie Tina in ihren Ballettschulen, bin ich immer wieder fasziniert von dieser unglaublichen, völlig selbstverständlichen Kreativität. Wenn das auch nur im Ansatz erhalten bliebe, müsste unsere Gesellschaft völlig anders aussehen.

Wie sagte Bukowski so schön: Die meisten Menschen werden als Genie geboren und als Idiot begraben.

Am Abend sind vier meiner Ludwigsburger Studenten bzw. Ex-Studenten angereist, um aus der Anthologie *Mein Herz in fremdem Land* zu lesen. In die junge Galerie im ehemaligen Fabrikviertel von Leipzig haben leider nur wenige Leute gefunden. Das ist schade, denn die Geschichten lohnen sich. Ich bin jedes Mal wieder berührt, mit welcher Ehrlichkeit und Tiefe sich diese Generation in ihren Texten präsentiert. Es ist alles da, die Schwierigkeit, einen Standpunkt zu beziehen, sowohl gesellschaftlich als auch privat, die Sehnsucht nach der einen großen, alles überwältigenden Liebe sowie die Unfähigkeit, mit der Realität einer Liebe klarzukommen, die Illusionen, die Scham vor der eigenen Angst und Unfähigkeit, die Flucht vor dem Alltag und der Erwachsenenwelt, die Sehnsucht nach Gedächtnisverlust, nach Ohnmacht, Selbstauflösung. Wieso wollen dieses ehrliche Selbstporträt so wenige Menschen hören, wieso winkt der Buchhandel nahezu geschlossen ab, nach dem Motto, Anthologien junger, unbekannter Autoren gehen nicht, wieso gibt es in dieser Gesellschaft so wenig Lust auf Neues, Innovatives und so viel Bereitschaft, einmal Erfolgreiches immer und immer wieder durchzukauen?

Tina Luzius / Christoph Fromm (Hg.): *Mein Herz in fremdem Land*. Prosa Filmakademie BW (Primero 2006)

Eigentlich haben wir das Buch mit Mund-zu-Mund-Propaganda gar nicht mal so schlecht verkauft, und es ist natürlich eine großartige Visitenkarte für jeden hier vertretenen Autor, denn Film- und Fernsehproduktionen, auf der Suche nach neuen Drehbuchtalenten, haben das Buch lebhaft geordert, aber trotzdem, den Erfolg, den das Buch verdient hätte, hat es längst nicht.

Unterm Strich bleibt auch unserem Verlag die Erfahrung nicht erspart, dass Marketing mittlerweile für den Verkaufserfolg allein entscheidend ist. Man kann alles verkaufen, was den Grundbedürfnissen der Kundschaft nicht völlig zuwider läuft, wenn man es geschickt genug anstellt. Eine Beobachtung, die mich beschäftigt, seitdem ich vor 13 Jahren ein Drehbuch über Hitlers Aufstieg zwischen 1929 und 1933 verfasst habe. Das sechste Kapitel aus *Mein Kampf* über Propaganda hat mich immer erschreckt und fasziniert. Wenn man die Strategie moderner Marketingkampagnen verfolgt, kann man sich des Eindrucks nicht erwehren, dass die Macher die Lehrsätze Hitlers geradezu inhaliert haben. Nicht der Inhalt, vielmehr die Verkaufsstrategie, die mit geradezu religiöser Inbrunst vorgetragene Überzeugungsarbeit, die mit dem tatsächlichen Inhalt, geschweige denn der Qualität des Produkts, überhaupt nichts zu tun haben muss, sind entscheidend für den kommerziellen Erfolg. Es sind in dieser radikal durchökonomisierten Gesellschaft eben auch längst politische und gesellschaftliche Ansichten zu solch einem Produkt verkommen, um das auf dem Meinungsmarkt mit modernsten Marketingstrategien gekämpft wird.

Was aber bedeutet das für diese Gesellschaft? Wenn nahezu jeder politische und ästhetische Inhalt mit entsprechend gewieften und gewichtigen Marketingstrategien vertrieben werden kann, dann schweben wir in latenter Gefahr eines nahezu beliebigen Austauschs mehrheitsfähiger politischer Ansichten.

Am nächsten Morgen nochmal ein fulminantes Leseerlebnis. Wir lesen auf der Messe aus *Der Macht des Geldes*, und im Verlauf der Lesung versammeln sich über 80 Menschen an unserem Lesestand. Erschöpft, aber glücklich fahren wir nach München zurück und sind sicher: Im nächsten Jahr sind wir wieder dabei.

27. März

Am 29. März startete: DIE HERBSTZEITLOSEN (D: Bettina Oberli, Sabine Pochhammer; R: Bettina Oberli) »Auch wenn man der etwas biederen Ästhetik und dem doch berechenbaren Drehbuch mit folkloristischem Showdown die Konzessionen ans Fernseh-Format deutlich anmerkt, DIE HERBSTZEITLOSEN ist ein charmantes Unterhaltungsstück mit erahnbarem Tiefgang geworden, das uns auf die nächste Arbeit der Berner Regisseurin gespannt sein lässt.« (*Neue Zürcher Zeitung*)
»Ihre Inszenierung ist eindeutig, die Dramaturgie frei von Überraschungen, ihre Figuren sind Klischees, und das Happy End steht vom ersten Moment an fest.« (*Der Tagesspiegel*)

Die Filmakademie beginnt. Seit vier Jahren gebe ich jetzt das »Drehbuch 2«-Seminar und bin jedes Jahr wieder gespannt auf die neuen Studenten. Ziel des Seminars ist die Erstellung eines Bildertreatments für den ersten Langfilm, den die Studenten während ihres vierjährigen Studiums schreiben. Es gibt also viel zu tun, vor allem weil, wie eigentlich jedes Jahr, die meisten noch nicht mal das im Studienplan verlangte Exposé geschrieben haben. Und wie jedes Jahr ist es eines der Hauptprobleme, sie zur Recherche zu bewegen. Es scheint auch unter den Studenten eine regelrechte Hemmschwelle zu geben, sich mit der Wirklichkeit auseinander zu setzen. Die allermeisten können sich offensichtlich der fatalen Zeiterscheinung nicht entziehen, ihre Figuren ausschließlich aus der Retorte zu beziehen. Dabei stoßen sie rasch, wenn sie sich endlich mal zur Recherche durchgerungen haben, auf ungeahnte Schätze: Zum Beispiel auf die eigene Cousine, die das Leben einer sogenannten »Discoschlampe« führt und Details vor der Kamera auspackt, die sich kein Autor dieser Welt ausdenken könnte. Oder die Altenpflegerin, die mit einem fanatischen Sendungsbewusstsein über ihren Job spricht bis hin zu der schwierigen, aber für sie selbstverständlichen Entscheidung, bei welchen Verfallserscheinungen man die Medikamente so dosiert, dass die Qualen zumindest etwas verkürzt werden. Hier hat sich jenseits aller Gesetze, mit denen sich unsere Gesellschaft nach wie vor um diese sehr heikle Frage herumdrückt, in der Praxis ein grauer Bereich etabliert, in dem die

Verantwortlichen diese schwierigen Entscheidungen in Abstimmung mit den Betroffenen und Angehörigen in eigener Regie treffen. Ein hochspannendes Thema, das mir ohne die entsprechende Recherche der Studentin in dieser Form nicht klar gewesen wäre.

Das Erspüren von Realfiguren ist deswegen so wichtig, weil vielen Filmstudenten die Unterschiede zwischen der realen und der fiktiven Figur überhaupt nicht mehr bewusst sind. Man kann nicht oft genug daran erinnern, dass qualitätsvolle fiktive Polizeifiguren wie in FRENCH CONNECTION oder PRINCE OF THE CITY behutsam aus ihren Realvorbildern herausmodelliert sind. Ich lese einen kurzen Absatz von Nietzsche vor, in dem er sich vor über 100 Jahren sehr verdienstvolle Gedanken über den Unterschied zwischen einem wirklichen und einem Bühnencharakter gemacht hat. Fazit: Ein wirklicher Charakter ist etwas ungemein Komplexes, Widersprüchliches, ein Gebilde, das unter der Kruste einiger generalisierender Charakterzüge ständig im Wandel begriffen ist. Und vor allem: Ein wirklicher Charakter ist im Gegensatz zu einem erfundenen, fiktionalen Charakter etwas zum Überleben ganz und gar Notwendiges. Der erfundene Charakter, und das monierte Nietzsche als Leser von Schiller und Shakespeare-Dramen, besitzt immer etwas Geglättetes, seine Akzente sind auf Effekt hin ausgerichtet und verschoben, seine Schwerpunkte, sprich sein Hoffen und Leiden, künstlich erhöht und vertieft. Man reduziert den künstlichen Charakter auf eine große Sehnsucht, eine große Angst und vernachlässigt all die Nebenkriegsschauplätze, die dem generalisierenden Charakterzug zuwiderlaufen. Es ist ein großer Verdienst der Psy-

FRENCH CONNECTION (Brennpunkt Brooklyn; 1971; D: Ernest Tidyman, nach dem Tatsachenroman von Robin Moore; R: William Friedkin)

PRINCE OF THE CITY (1981; D: Jay Presson Allen, Sidney Lumet, nach dem Roman von Robert Delay; R: Sidney Lumet)

chologie, dass sie Ende des 19. Jahrhunderts damit begonnen hat, all die unappetitlichen Regionen unseres Innenlebens auszuforschen, die wir aus gutem Grund in unserem Unterbewusstsein aufbewahren, obwohl sie höchstwahrscheinlich über 90 Prozent unseres Gesamtbewusstseins ausmachen. Sie minutiös auszuleuchten und auszuforschen ist natürlich in Romanform ungemein einfacher als in einem Film. Aber es wäre eine interessante neue Herangehensweise, wenn man den Versuch unternähme, einen Charakter hauptsächlich über seine sogenannten Nebenkriegsschauplätze zu erzählen. Bereits jetzt unterscheidet einen interessanten Filmcharakter von einem langweiligen, dass scheinbar nebensächliche Züge zumindest rudimentär in die Handlung einfließen, sodass er insgesamt unberechenbarer, vielfältiger wird. Diese Details zu recherchieren und sinnvoll in einen fiktionalen Charakter einzubauen ist eine hohe Kunst, für die es keine abstrakte Anleitung, geschweige denn den von vielen Filmstudenten eingeforderten »Baukasten« geben kann. Die einzig sinnvolle Anleitung hierfür bieten das Leben und sorgfältige Charakterstudien. Und nur wenn man seinen Charakter sehr genau recherchiert hat und kennt, kann man aus den herausmodellierten Charakterzügen interessante Szenen entwickeln, ohne in den immer gleichen dramaturgischen Trampelpfaden zu verenden. Ein langweiliger, berechenbarer Charakter führt zu langweiligen, voraussehbaren Szenen, ein interessanter, von seinen Zwischentönen lebender Charakter bietet hingegen die Chance, selbst in sogenannten Standardszenen neue Wege zu finden.

Am 5. April startete:
DIE WILDEN HÜHNER UND DIE LIEBE (D: Vivian Naefe, Uschi Reich, Marie Graf, nach dem Roman von Cornelia Funke; R: Vivian Naefe)
»Ein Film, der sich an ein Zielpublikum richtet, das sehr viel klüger ist als er selbst.« (*Junge Welt*)

Hierbei glaubwürdig zu bleiben ist immer wieder Ermessensfrage und kann nur am konkreten Fallbeispiel entschieden werden. Eines wird bei dieser Herangehensweise an den Schreibprozess auch sehr schnell klar: Je langweiliger, eindimensionaler, überschaubarer der Charakter, umso mehr Druck braucht er von außen, um wenigstens eine äußere Spannungslinie gestalten zu können.

Die immer wieder bohrende Grundfrage, wie setze ich meinen Charakter am prägnantesten in Handlung um, wird uns sicherlich alle weit über diese Seminar hinaus beschäftigen.

Die Studenten dieses Jahrgangs haben sich ausnahmslos der Serie verschrieben. Sie haben die Realisierungs- bzw. Nichtrealisierungsprozesse im deutschen Kinobetrieb genauestens studiert und sind zu dem Schluss gekommen: Das wollen wir uns nicht antun, nicht für diese Ergebnisse.

Ihre Vorbilder liegen ausnahmslos in den amerikanischen HBO-Serien, die man in der Tat allein aufgrund des unterschiedlichen Herstellungsprozesses nicht mit deutschen Serien vergleichen kann. HBO entwickelt seine Serien komplett selbstständig und bietet erst das Endprodukt den Sendern zum Kauf an. Die Produzenten sind häufig Erfinder der Serie, schreiben und inszenieren teilweise sogar selbst. Da ich in den letzten Jahren, ich gebe es zu, kaum Serien gesehen habe, aber immer bereit bin, von meinen Studenten zu lernen, beginne ich mit einer Staffel von *24* (allerdings eine Fox-Serie): Das ist absolut professionell gemacht, auch gut recherchiert, was technische Abläufe bei Überwachungssituationen oder in Geheimdienstbüros angeht. Souverän führen die Macher vor, dass man Computer und Handys dramaturgisch durchaus spannend einsetzen kann. Was mir weniger gefällt: Die wichtigsten Hauptfiguren sind ausnahmslos unangenehm moralinsauer, ausnahmslos Patrioten, die das Mantra, »wir müssen unser Land vor bösen Terroristen schützen« unterm Arm tragen. Aber es gibt immer wieder spannend gezeichnete Nebenfiguren wie zum Beispiel den zentralasiatischen Terroristen, der seinem 15-jährigen Geiselopfer rät, seine Atmung zu kontrollieren, um ruhiger zu werden, ihn aber gleichzeitig nicht darüber im Unklaren lässt, dass er ihn erschießen wird, wenn seine Forderungen nicht erfüllt werden.

Das Präsidentenpaar ist großartig: er, ein eitler schwacher Lügner, der optisch an Nixon erinnert, stets voller Opportunismus die Gunst des Wählers sucht und dabei notfalls sogar über die Leiche seiner Frau gehen würde, sie, eigentlich eine starke Persönlichkeit, die durch seine permanente Schwäche in die Selbstzerstörung getrieben wurde. Zwischen den beiden gibt es die für mich stärksten Szenen, auch wenn die Enttarnung von Präsident Logan als Hauptbösewicht der Staffel eine Umdrehung zu viel ist.

Dagegen verblasst die doch sehr stereotype Hauptfigur von Kiefer Sutherland, nach deren vielgepriesener Entwicklung ich zumindest innerhalb dieser Staffel vergeblich Ausschau halte. Offensichtlich zollen die US-Profis dem biederen Zeitgeschmack Rechnung, indem sie zwar die Hauptfiguren relativ langweilig gestalten, aber in den Nebenfiguren zeigen, was sie von Charakterzeichnung verstehen, und natürlich sind sie unübertroffen in der Erfindung immer neuer spannender Plots, die nur selten so idiotisch enden wie bei Bösewicht Henderson, der sich, vollgepumpt mit Pentothal, plötzlich selbst befreien und gegen einen Geheimdienstprofi durchsetzen kann.

Beschwingt von diesem ersten Serienerlebnis wende ich mich einer neuen Agentenserie zu: *Alias*. Ich werde herb enttäuscht: Langweilige, ausnahmslos stereotype, zutiefst unglaubwürdige Figuren.

Die charakterliche Veränderung der weiblichen Hauptfigur Sydney durch ihr Leben als Doppelagentin wird zwar immer wieder behauptet, aber generell bleibt sie das feminine Tier in Kampfeinsätzen und wird, sobald sie ihre WG betritt, zur netten Collegestudentin, einem Ausbund an Warmherzigkeit und Hilfsbereitschaft. Wenn sie das

Am 12. April startete: VOLLIDIOT (D: Christian Zübert, Tommy Jaud, nach dem Roman von Tommy Jaud; R: Tobi Baumann) »Die Verzweiflung von BRIDGET JONES (Frauen!) trifft auf die Rotzigkeit von SOLOALBUM (Männer!) und wird auf das Humorniveau vom SCHUH DES MANITU (so ziemlich ganz Deutschland!) gebracht.« (*die tageszeitung*)

Journal

Am 19. April startete:
FULL METAL VILLAGE
(D+R: Sung-Hyung Cho)
»Kommt ganz ohne das übliche Authentizitätsgewackel mancher Dokumentarfilme aus, zeigt das Dorf und seine Bewohner in ruhigen, klaren Bildern.« (*epd Film*)
»Lustig und nachdenklich und dabei noch wunderbar fotografiert.« (*Berliner Zeitung*)

wenigstens nur aus Tarnungsgründen vorspiegeln würde, aber nein, natürlich ist Sydney ein wahrhaftig grundgütiger Mensch, der, von Patriotismus bewegt, für sein Land mordet und lügt und natürlich auch noch Gewissensnöte deswegen auszustehen hat. Das erinnert in seiner platten Unglaubwürdigkeit doch fatal an Bushs Parole, den Völkern des Nahen Ostens Freiheit und Demokratie bringen zu wollen, während dem etwas genaueren Beobachter nicht entgehen kann, dass es sich hierbei ausnahmslos um Länder handelt, die entweder über Ölreichtum verfügen oder wegen der Verlegung transporttechnisch wichtiger Pipelines benötigt werden.

Sydneys Doppelmoral ist zwar nicht ganz so gewinnträchtig, aber doch beachtlich. Sie hat ein großes Problem damit, ihre Freunde zu belügen, und findet es ganz schrecklich, dass der schwarze Freund ihrer besten Freundin vor der Hochzeit fremdgeht, weitaus weniger belastend ist offensichtlich, permanent in Kampfeinsätzen zu töten – außer es handelt sich um ehemalige Liebhaber. Da ist mir der gute alte Bond weitaus sympathischer – der hatte noch nie ein Problem damit, seine Sexpartnerinnen zu eliminieren. Generell wäre die Serie weitaus erträglicher, wenn sie sich mit einem Augenzwinkern präsentieren würde. Aber sie nimmt sich auf äußerst unangenehme Art ernst, veräppelt dafür permanent den Zuschauer. Es gibt keinerlei Stringenz in der Behauptung, Sydney sei intelligent: Selbstverständliche Schlussfolgerungen zieht die Figur nicht, wenn das der Spannungsdramaturgie schaden könnte, sie begibt sich häufig auf geradezu dämliche Art und Weise in Gefahr oder vertraut immer noch voller Naivität den falschen Leuten, auf der anderen Seite beweist sie beinahe übersinnliche Fähigkeiten bei der Lösung von Fällen. Wobei sie langweiligerweise aus den meisten Gefahrensituationen durch die immer gleichen Kampfsportkombinationen entkommt. Aber selbst in ihren Nahkampfqualitäten gibt es keinerlei Stringenz. Wenn es die Story braucht, lässt sich Sydney denkbar schnell überwältigen, wenn es für den Fortgang der Story förderlich ist, läuft sie zu geradezu übermenschlicher Form auf. Sowohl die Stunts als auch die örtliche Logik sprengen ohnehin jeden physikalisch möglichen Rahmen.

Absolut Endstation war dann bei mir bei der Einführung des Rambaldi-Plots, einer historischen Schnitzeljagd à la Dan Brown, bei der allen Ernstes behauptet wird, alle Geheimdienste dieser Welt seien hinter den Prophezeiungen her, die ein Architekt des Papstes im 15. Jahrhundert getätigt hat. Und selbstverständlich hatte der Mann auch noch Zeit, sein Tagebuch in Argentiniens Wildnis zu verbuddeln, knapp zehn Jahre, nachdem Kolumbus Amerika entdeckt hatte.

Natürlich ist es erlaubt, Märchen und Comics zu erzählen, aber auch eine Comicfigur sollte in ihrer Welt über eine funktionierende

Logik und Glaubwürdigkeit verfügen – zumindest war das bisher so. Es sprechen allerdings viele Anzeichen dafür, dass sich jegliche ästhetische Norm im Augenblick auflöst und wir uns in eine Beliebigkeit verabschieden, die sich auf das Motto reduziert: Was Erfolg hat, ist gut – alles andere ist schlecht. Sollte das der Fall sein, haben wir die Tiefpunkte dramaturgischen Schaffens noch lange nicht gesehen.

Die Serie *Alias* folgt im Grunde nur einem Prinzip: Je monströser, je unglaubwürdiger, je hanebüchener, umso besser, und mich würde nicht wundern, wenn sich irgendwann herausstellt, dass SD-6-Chef Sloane eine Geschlechtsumwandlung hinter sich hat und in Wirklichkeit Sydneys KGB-Mutter ist. Vielleicht beginnen Mutter und Tochter dann ein inzestuöses Liebesverhältnis.

Dass sich ein Großteil des Publikums mit dieser Mischung aus okkultem und postmodernem Schwachsinn amüsiert, während uns die Welt um die Ohren fliegt, damit hat man sich längst abgefunden, dass so etwas in Bushs USA diverse Fernsehpreise abstauben kann, auch, dass aber das Feuilleton der *Süddeutschen* so etwas zum herausragenden Serienevent verklärt und allen Ernstes als leuchtendes Beispiel für komplexe Charakterentwicklung präsentiert, damit ist in der Tat auch im Bereich der deutschen Film- und Fernsehkritik Neuland erreicht.

26. April

Zwischen den Unterrichtstagen wieder drei Tage Lesungen in Berlin. In sommerlicher Hitze quälen wir uns kreuz und quer durch die Stadt, auf der Suche nach unseren Leseorten. Wir beginnen mit dem Kurzgeschichtenband an der DFFB – und das wird, in der sommerlichen Hitze gar nicht so unpraktisch, eine richtig schön kalte Dusche. Gerade mal 15 Studenten haben den Weg zu unserer Lesung gefunden, dafür sind zwei der vier Vorlesenden extra aus Ludwigsburg angereist. Die Versicherung der sich rührend um uns kümmernden Produktionsabteilung – die Drehbuchabteilung ist aufgrund eines gerade stattfindenden Wechsels nicht existent –, wir hätten noch Glück gehabt, dass so viele gekommen seien, tröstet uns wenig. Auf der anderen Seite muss man die Frage, ob in Ludwigsburg mehr Studenten zu einer Lesung der Berliner gekommen wären, ehrlicherweise mit einem klaren »Nein« beantworten. Dort haben wir es letzten Herbst geschafft, dass zu einer Lesung der eigenen Leute gerade mal fünf erschienen sind. Warum? Der Erfolgsdruck und der damit verbundene Konkurrenzkampf haben in den letzten Jahren auch an der Akademie stark zugenommen. Viele der jungen Leute haben sich mental eingeigelt, nach dem Motto: Was mir persönlich keinen Erfolg bringt, ist mir

---

Am 26. April startete: VALERIE (D: Milena Baisch, Elke Sudmann, Birgit Möller, Ruth Remet, Ilja Haller; R: Birgit Möller)

»Birgit Möller will keine Elendsgeschichte erzählen, und auch wohlfeile Kritik am Model- und Partyzirkus liegt ihr fern. Sie zeichnet eine Einsamkeits-Skizze im weihnachtlich unwirtlichen Berlin, die genauso stilvoll und anrührend ist wie ihre Titelheldin, und wie diese überraschend komisch sein kann.« (*epd Film*)

»Regisseurin Birgit Möller – Jahrgang 1972, Absolventin der DFFB-Filmhochschule in Berlin – reiht in ihrem Spielfilmdebüt hübsche, kleine, anekdotische Vignetten, formt sie zu einer Komödie der Luxusobdachlosigkeit und spielt mit dem Motiv der Herbergssuche zur Weihnachtszeit.« (*Süddeutsche Zeitung*)

egal, findet für mich nicht statt. Nun ist es eine Binsenweisheit, dass Künstler nicht unbedingt besonders angenehme Menschen sind, aber eine derartige Verengung des Horizontes birgt die Gefahr einer Generation von Filmtechnokraten, die mit Sicherheit ungeeignet sind, aktuelle wichtige gesellschaftliche Entwicklungen in spannende Geschichten zu verwandeln.

Die Kinderbuchlesungen sind wie immer großartig. In einer Schule in Reinickendorf lesen wir vor 60 Kindern. Glücklicherweise sind einige Lehrerinnen anwesend. Sonst hätten wir wahrscheinlich Probleme gehabt, unsere Stofftiere, die alle Kinder nach der Lesung streicheln wollen, wieder zurückzubekommen.

Zur Lesung von *Die Macht des Geldes* sind tatsächlich einige ehemalige Studenten erschienen. Nach dem Desaster an der DFFB freut mich das besonders. Der Veranstalter macht mich nach der Lesung auf einen vermeintlichen Druckfehler im Buch aufmerksam: Die Mauer sei am 13. August errichtet worden, nicht wie im Buch fälschlicherweise stehe, am 18. Daraus entspinnt sich eine heiße Diskussion. Ich gehe der Sache nach und stelle fest, dass meine Lektoren Recht haben: Die Grenzschließung fand zwar am 13. statt, aber die konkreten Baumaßnahmen begannen fünf Tage später. Die Leidenschaft der Diskussion zeigt wieder einmal, wie sehr man sich in Deutschland im Be-

reich der Geschichtsschreibung an Daten und Fakten klammert. Vielen Leuten fällt es schwer zu akzeptieren, dass die meisten Daten Fokussierungen von Abläufen sind, die in Wirklichkeit viel länger gedauert haben, und dass sich hinter den Fakten sehr viel komplexere und widersprüchlichere Abläufe verstecken, über die man häufig nur sehr wenig weiß. Ebenso wenig wie einen Charakter mit zwei drei Sätzen kann man einen historischen Ablauf mit einem Fakt und Datum genau erfassen. Wir leben in einer Zeit, die sich immer weniger Zeit nimmt. Dabei verpassen wir die entscheidenden Zwischentöne im Leben und in der Kunst.

4. Mai

In Abstimmung mit Friedemann schicke ich die mittlerweile dritte Treatmentfassung unseres Zweiteilers an Teamworx. Wie immer ufert die Arbeit in der Praxis deutlich weiter aus als zunächst geplant. Aber wir wissen, dass wir mit diesem politisch brisanten Thriller beim Sender nur einen Schuss frei haben. Entsprechend hieb und stichfest muss das Papier sein.

14. Mai

Der Primero Verlag, sprich Tina Lizius und ich treffen uns mit Doris Dörrie und ihren Kolleginnen. Auch die HFF möchte einen Kurzgeschichtenband ihrer Studenten herausgeben. Wir tauschen uns über den Prozess des Schreibens aus. Doris vertritt die sehr interessante Ansicht, dass gerade die noch unerfahreneren Drehbuchstudenten häufig über die Prosa leichter zu ihren Geschichten und Figuren finden. Auch ich habe in Ludwigsburg die Erfahrung gemacht, dass in den Kurzgeschichten häufig eine Ehrlichkeit und Tiefe zu finden ist, die in den Drehbüchern fehlt. Woran liegt das? Es scheint tatsächlich vielen relativ leichtzufallen, in inneren Monologen Zugang zu ihrer Figur zu finden, die dann bei der Umsetzung in Szenen, in Handlung, häufig verlorengeht. Er hat sicherlich damit zu tun, dass viele moderne Heldinnen und Helden passiv sind, sich in ihre Gedanken und Empfindungen verkapseln. Möglicherweise führt das irgendwann zu einer neuen szenischen Darstellung von Innenwelten. Das wäre hochspannend.

15. Mai

Thomas Schadt hat es geschafft! Der Etat für einen zweiten Kurzgeschichtenband der Ludwigsburger Studenten ist bewilligt. Es ist wirklich großartig, wie sehr sich sowohl Thomas als auch Nico Hofmann für dieses Projekt einsetzen. Nico bietet uns sogar an, uns bei einem Messestand nächstes Frühjahr in Leipzig zu unterstützen. Nachdem wir beim ersten Band einige Anlaufschwierigkeiten hatten,

Am 3. Mai startete:
SHOPPEN (D+R: Ralf Westhoff)
»Schon wie Ralf Westhoff den tristen, nichtssagenden Raum mit seinen beiden sich gegenüber stehenden Stuhlreihen inszeniert, hat etwas Atemberaubendes. Diese fast schon abstrakte Szenerie wird zu einem kleinen Welttheater, auf dessen Bühne sich fast all die alltäglichen Dramen unserer Zeit abspielen.« (*Frankfurter Rundschau*)

Am 10. Mai startete:
CRASH TEST DUMMIES (D: Antonin Svoboda, Jörg Kalt; R: Jörg Kalt)
»Aber vor dem drohenden Happy End wird natürlich reichlich gekotzt, schließlich kommt dieser Film aus Österreich.« (*die tageszeitung*)
»Liebenswerten Zombies gleichen alle Figuren in Jörg Kalts sanft-ironischem Film, sie sind gleichsam Testpersonen für ein vereinigtes Verbraucher-Europa.« (*epd Film*)

Journal

Am 17. Mai startete:
DER GROSSE AUSVERKAUF
(D+R: Florian Opitz)
»Das Ergebnis von Opitz' Recherchen lässt keinen Zweifel daran, dass Privatisierung schadet. Sie schadet Individuen, sie schadet Infrastrukturen, sie schadet Volkswirtschaften.« (*die tageszeitung*)

haben sich für diesen zweiten Band bereits über 20 Studenten zum Schreiben angemeldet. Das Thema, typischerweise: Utopien. Ich hoffe, wir nehmen den vorhandenen Elan bis zum Ende mit. Ich erinnere mich wieder, wie ich vor knapp einem Jahr gemeinsam mit drei Studenten 2000 Bücher in meine Wohnung im dritten Stock geschleppt habe, ohne Fahrstuhl. Da war nichts von der oft beklagten Lustlosigkeit und Passivität zu spüren!

18. Mai

Kurz vor einer der vielen Anfahrten nach Ludwigsburg die Nachricht, dass mein Treatment *Anita Berber* vom BKM gefördert wurde. Das ist wirklich eine sehr erfreuliche Woche. Die Sehnsucht der berühmt-berüchtigten Nackttänzerin Anita Berber im Berlin der Zwanziger nach der Utopie einer reinen, absoluten Kunst, die sich aus dem Unterbewusstsein speist, deckt sich auf interessante Art mit der heutigen Sehnsucht meiner Studenten in ihrem neuen Kurzgeschichtenband über »Utopien.«

8. Juni

Am 31. Mai startete:
PRINZESSINNENBAD
(D+R: Bettina Blümner)
»Mehr als ein Jahr lang hat Blümner ihre Protagonistinnen durch den Alltag begleitet, und der Film fühlt sich an, als dürfe man die Pubertät persönlich belauschen. Derb und verletzlich, etwas naiv, dann wieder lebensklug.« (*Frankfurter Allgemeine Zeitung*)

Zurück aus dem Intensivseminar. Zehn Tage mit den Drehbuchstudenten in einem Waldhaus im Odenwald. Seit vielen Jahren eines unserer besten, produktivsten Seminare. Möglichst abgeschnitten von allen Handy- und Internetverbindungen, entwickeln die Studenten ihre Exposés zu Bildertreatments weiter. Das bedeutet zwischen sechs und zehn Stunden Schreiben pro Tag. Der Rest der Zeit vergeht damit, die geschriebenen Bilder im Plenum zu diskutieren. Interessant, wie detailliert, mit wie viel Eifer und Temperament die Stoffe der Kommilitonen durchdiskutiert werden. Dieses Jahr haben wir seit langer Zeit mal wieder drei Thrillerstoffe. Das kommt mir natürlich entgegen.

Die ersten Abende ist noch Zeit für das eine oder andere Spiel, aber dann wird, vom Ehrgeiz gepackt, bis tief in die Nacht durchgeschrieben. Die Stoffe gedeihen erstaunlich weit, bis Ende zweiter Akt, einer wird sogar bis zum Ende geschrieben. Nach einem Abschiedsgrillabend fahren wir erschöpft, aber zufrieden wieder Richtung Ludwigsburg. Dieses Seminar bietet neben den eklatanten Schreibfortschritten, die dort nahezu ausnahmslos gemacht werden, auch den Vorteil, sich untereinander besser kennenzulernen. Kleine Reibereien beim Einkaufen, Frühstückbereiten oder natürlich auch beim Aufeinandertreffen unterschiedlicher Meinungen im Plenum schaffen zwischenmenschliche Verbindungen, die gerade für Autoren, die ohnehin Gefahr laufen, berufsbedingt zu vereinsamen, besonders wichtig sind.

9. Juni

Wieder zu Hause und beim Sichten mehrerer 100 E-Mails. Fazit: Die Deutsche Filmakademie brennt, zumindest ihre Autoren, und zwar vor Zorn und zu Recht! Es ist wirklich mehr als traurig, dass man selbstverständliche Dinge mühsam durchkämpfen muss, wie zum Beispiel, dass Drehbuchautoren gleichberechtigt mit Regisseuren und Produzenten bei der Verleihung gewürdigt werden, und zwar sowohl was die öffentliche Aufmerksamkeit als auch was die Preisgelder betrifft.

Aber diese ganze Auseinandersetzung ist natürlich nur die Spitze des Eisbergs und offenbart einmal mehr die völlig desolate Situation der Drehbuchautoren in diesem Land und eine, wie ich finde, Dauerkrise des deutschen Films, über die einige erfreuliche Einzelleistungen nicht hinwegtäuschen können.

Inoffiziell ist die Hauptursache unter allen vernünftigen Gesprächsteilnehmern, und zu denen gehört auch der Präsident der DFA Rohrbach, immer schnell benannt, typischerweise traut sich niemand damit an die Öffentlichkeit: Es ist und bleibt die unglückliche Verquickung von deutschem Fernsehen und Kinofilm, und zwar nicht nur durch eine direkte Senderbeteiligung an nahezu allen deutschen Filmproduktionen, sondern auch durch eine Durchsetzung aller wichtigen Förderungsgremien mit ehemaligen oder noch amtierenden Fernsehleuten. Erschwerend kommen noch die Senderhierarchien hinzu (nicht nur beim Kino, sondern bei jedem Projekt). Selbst wenn man sich mit einem Fernsehredakteur verständigt, heißt das noch lange nicht grünes Licht. Der Stoff muss, oft nach jahrelanger Vorarbeit des Autors, auch noch die Barriere des Fernsehspielchefs und manchmal sogar des Intendanten passieren. Selbst wenn man mal davon ausgeht, dass es sich bei allen Beteiligten um qualifizierte Dramaturgen handelt, die sorgfältig lesen, gilt nirgendwo die Binsenweisheit so sehr wie beim Drehbuch: »Viele Köche verderben den Brei.« Es wäre also eine erste konkrete und hilfreiche Maßnahme, wenn die Sender wieder zu ihrem früheren Modell (ja, das gab es mal!) zurückkehren würden und jeder Redakteur, und vor allem der für Kino-Co-Produktionen zuständige Redakteur, einen Etat zur Verfügung gestellt bekäme, den er eigenständig verwaltet.

Eine weitere, fürs Kino noch wichtigere Maßnahme wäre, dass jede Förderung es möglich macht, senderunabhängige Kinofilme zu realisieren, und dafür einen entsprechenden Etat zur Verfügung stellt. Wenn man jedes Jahr ca. zehn senderunabhängige Kinofilme in Deutschland mit einem Etat zwischen 2,5 und 5 Millionen Euro produzieren könnte, wäre bereits einiges gewonnen. Über die Besetzung

Am 7. Juni startete: FUCKING DIFFERENT NEW YORK (D: Marec Porebski, Dan Borden, Jack Waters, Keith Levy u.a.; R: Hedia Maron, Jack Waters, Keith Levy, Samara Halperin, Amy von Harrington, Dan Borden, Lala Endara, Andre Salas, Abigail Child, Barbara Hammer, Todd Verow, Stephen Gallagher) »Weder Schulterschlüsse zwischen Schwulen und Lesben noch zwischen sexuell nochmals ›anders‹ Identifizierten zeigen die einzelnen Beiträge. Sie ergeben sich lieber in trashigem Nachstellen von Madonna-Videos, in mit Harfenmusik unterlegter Klischee-Maniküre, in eitlem Kunstwollen. Das turnt weder an noch klärt es auf.« (*die tageszeitung*)

mancher Gremien und ihre Rotationsprinzipien müsste sicherlich auch nachgedacht und diskutiert werden. Spätestens an dieser Stelle setzt das übliche Geheul der Sender ein, was fällt euch ein, schließlich finanzieren wir ja die Förderungen zu einem Gutteil. Richtig. Hier müsste der Grundsatz, wer zahlt, schafft an, eben mal durchbrochen werden, zugunsten von Kinofilmen, die diesen Namen verdient haben.

Nach 30 Jahren Berufserfahrung kann ich auch gleich hinzufügen: All das wird nie geschehen, und man läuft angeblich bereits Gefahr, auf diversen schwarzen Listen zu landen, wenn man so etwas öffentlich äußert. Man begreift bei den Sendern offenbar nicht, es geht nicht darum, die Hand zu beißen, die einen füttert, oder gar »undankbar« zu sein, sondern darum, aus einem jahrzehntelangen und sich kontinuierlich weiter verschlimmernden Dilemma einen Ausweg zu finden.

Was also tun? Wenn sich wirklich etwas ändern soll, brauchen wir eine völlig andere Art von Produzent in diesem Land. Alle Vergleiche mit den USA hinken nicht nur, sondern sind geradezu lächerlich, solange wir es nicht schaffen, hier mit Independent Money Filme zu realisieren, die sich auf dem internationalen Markt behaupten können. Einem Label wie *Asia Extreme* könnte man im Augenblick ehrlicherweise nur ein »Deutschland matt« entgegenstellen. Solange die Produzenten mit den Stoffen doch nur wieder zum Sender oder den Förderungen laufen, weil das natürlich am bequemsten und risikolosesten ist, wird sich rein gar nichts ändern, gerade auch nicht, was das mangelnde Selbstbewusstsein betrifft, unter dem natürlich nicht nur die Autoren, sondern mittlerweile alle Kreativen (und zu denen gehören im Idealfall natürlich die Produzenten) leiden. Das bedeutet aber, eine völlig neue Produzenten und Unternehmenskultur in Deutschland zu kreieren, so wie das zum Beispiel in Spanien mit kleinen, aber vielversprechenden Ansätzen gelungen ist. Dafür muss man als Produzent allerdings in der Lage sein, private Geldgeber zu interessieren, internationale Co-Produktionen zustandezubringen und den äußerst lukrativen DVD-Markt für sich zu nutzen.

Diese Dinge auch innerhalb der DFA zu diskutieren und Lösungen zu finden wäre wirklich sinnvoll, aber nein, wir müssen uns wahrscheinlich noch monatelang darüber auseinandersetzen, wer wie hoch prämiert wie lange bei der nächsten Lola im Blitzlichtgewitter stehen darf, oder wir watschen wie Rohrbach das deutsche Feuilleton ab, weil DAS PARFÜM niedergeschrieben wurde. Die Aufregung konnte ich nicht ganz nachvollziehen. Natürlich hat das Feuilleton das Recht, das PARFÜM schlecht zu finden, so wie Rohrbach das Recht hat, das Feuilleton für diese Ansicht zu kritisieren. Den Massengeschmack zu vertreten kann allerdings nicht Sache des Feuilletons sein, eine avantgardistische Grundhaltung sollte man den Damen und Herren

DAS PARFÜM – DIE GE-
SCHICHTE EINES MÖRDERS
(2006; D: Andrew Berkin,
Tom Tykwer, Bernd Eichin-
ger, nach dem Roman von
Patrick Süskind; R: Tom
Tykwer)

durchaus zubilligen. Über Rohrbachs Doppelfunktion im Vorstand der Constantin und als Präsident der DFA kann man diskutieren, das hat aber mit dieser Auseinandersetzung nichts zu tun.

Für mich ist DAS PARFÜM trotz optischer Qualitäten ein misslungener, langweiliger Film wie so viele andere auch. So etwas kann immer passieren, und in Deutschland passiert es aus oben genannten Gründen eben noch häufiger als anderswo. Bereits Kubrick hatte erkannt, dass dieser Roman unverfilmbar ist, das hätte vielleicht eine Warnung sein können. Mir wäre allerdings sehr viel wohler gewesen, das deutsche Feuilleton hätte mit dieser Schärfe auf den Untergang DER UNTERGANG reagiert – der hätte es wirklich verdient gehabt, denn dieser Film verfälscht und verzerrt die deutsche Geschichte, die Figur Hitler und den Nationalsozialismus samt seinen Auswirkungen in unzumutbarer Art und Weise. Aber für diese Erkenntnis brauchte es dann leider die *New York Times*.

DER UNTERGANG (2004; D: Bernd Eichinger; nach dem Buch von Joachim C. Fest; R: Oliver Hirschbiegel)

So wird man das ungute Gefühl nicht los, das PARFÜM musste ausbaden, was man beim UNTERGANG versäumt hat. Wie auch immer: Die Marketingabteilung der Constantin besorgt so oder so den kommerziellen Erfolg, mit oder gegen das deutsche Feuilleton und völlig losgelöst von jeglicher Qualität.

Und wo bleibt die Eigenverantwortung des Konsumenten, des Zuschauers? Jawohl, es gibt sie, aber das zynische Argument, wir produzieren, was die Leute sehen wollen, ist nur die halbe Wahrheit. Es gibt sehr wohl einen Rückkoppelungseffekt zwischen Medium und Rezipient. Die Masse ist sehr wohl manipulier- und beeinflussbar. Trotzdem muss gesagt werden, wir leben in einer Gesellschaft, in der es Alternativangebote gibt, warum werden sie nur noch von wenigen wahrgenommen? Das hat etwas mit dem gesellschaftlichen Klima zu tun. Existenzangst und Ökonomisierungszwang erzeugen offensichtlich Menschen, die sich nicht mehr kritisch mit der von ihnen geschaffenen Gesellschaft auseinandersetzen, sondern in ihrer Freizeit von den zu verantwortenden Realitäten abgelenkt werden wollen – Unterhaltung als eine neue Form von Ablass.

Am 14. Juni startete: FERIEN (D+R: Thomas Arslan) »Als genügte sie sich selbst und vermerkte teilnahmslos das Missvergnügen ihrer Gäste, steht die Natur bei Arslan als lebendiger Kontrast zu den leblosen Großstädten aus Berlin. Die Natur leuchtet still – die Menschen leiden stumm.« (*Der Tagesspiegel*)

18. Juni

»Kunst hat ein kritischer Spiegel dieser Gesellschaft zu sein.« Was werden Leute in 200 Jahren sagen, wenn sie die deutschen Kinofilme zwischen 1990 und 2007 betrachten? Werden sie auch nur einen einzigen Film entdecken, der ein gesellschaftlich relevantes, politisch brisantes Thema spannend und niveauvoll verarbeitet hat?

Die Emotionsfalle. Es ist eben nicht sehr glaubwürdig, wenn wie im LEBEN DER ANDEREN ein hartgesottener Stasimann aus selbstloser,

DAS LEBEN DER ANDEREN (2006; D+R: Florian Henckel von Donnersmarck)

> Am 21. Juni startete:
> DEUTSCHLAND PRIVAT – IM LAND DER BUNTEN TRÄUME
> (D: Robert van Ackeren; R: Robert van Ackeren, Catharina Zwerenz)
> »Als würde man Eltern beim Sex stören.« (*Berliner Zeitung*)

schwärmerischer Liebe beginnt, für eine Frau, die er nie wirklich kennenlernt, und natürlich auch noch für ihren Ehemann (Gipfel der Selbstlosigkeit!) seine bis dahin sorgsam gepflegte Karriere, seine Freiheit und sein Leben aufs Spiel zu setzen. Wer jemals etwas mit Geheimdienstprofis zu tun gehabt hat, kann darüber nur lachen. Aber weil's so schön emotional ist, finden's alle toll. Man könnte den Satz, »Liebe macht blind« fürs deutsche Publikum in »Emotion macht blind« umwandeln. Der unbedingte Wille zur Emotion, möglichst dick aufgetragen, möglichst platt angesagt, ist nichts anderes als die Umerziehung vom Denken zum Glauben. Das Publikum ist inzwischen bereit, jeden Schwachsinn zu glauben, wenn er nur emotional genug aufbereitet ist. Da mittlerweile auch politische Botschaften emotionalisiert werden, ist das eine hochgefährliche Sache.

7. Juli

Der Primero Verlag feiert sein einjähriges Bestehen auf dem Buchmarkt. Passend dazu sind die Verkaufszahlen für Juni fantastisch, *Die Macht des Geldes* geradezu explodiert. Wir können es kaum glauben, rufen alle bekannten Journalisten an, niemand hat etwas geschrieben oder gesendet. Die Bücher scheinen tatsächlich aus sich heraus im Buchhandel Tritt gefasst zu haben. Das ist wirklich ein gelungenes Jubiläum und zeigt wieder einmal: Man muss fest an sich glauben, das machen, was man selber gut findet, und dann klappt es auch irgendwann, mit viel Fleiß und Spucke!

13. Juli

> Am 12. Juli startete:
> HENRI CARTIER-BRESSON – BIOGRAPHIE EINES BLICKS
> (D+R: Heinz Bütler)
> »Man erfährt eine Menge über die Arbeit am Augenblick – und genießt doch das große Wunder der Permanenz: Es ist ein statischer Film über einen, der immer unterwegs war und nun erstmals davon erzählt. Und das kann nicht lange genug dauern.« (*Frankfurter Rundschau*)

Am Sonntag (übermorgen) bin ich zum Brecht-Festival nach Augsburg eingeladen. Ich freue mich auf die Lesung und anschließende Diskussion. Zur Vorbereitung haben wir Brechts Tagebuch aus seiner Hollywoodzeit zugeschickt bekommen. Einige Auszüge gefällig? Oktober 1942: »Jetzt, vor dem Shooting schleppt (Fritz) Lang den armen Wexley (Drehbuchautor) in sein Office und schreit mit ihm hinter verschlossenen Türen, er wünsche ein Hollywoodpicture zu machen, scheiße auf Volksszenen usw. Die Veränderung, die mit ihm in der Nähe von 700.000 Dollar vorgeht, ist bemerkenswert. Er sitzt mit den Allüren eines Diktators und alten Filmhasen hinter seinem Bossschreibtisch, voll von Drugs und Resentments über jeden guten Vorschlag, sammelnd Überraschungen, kleine Spannungen, schmutzige Sentimentalitäten und Unwahrhaftigkeiten ... Effekte aus dem Rose-Theater anno 1880, diese Ausbrüche verschmutzter Fantasie, nach Geld stinkender Sentimentalität, tiefsitzender, triumphierender Reaktion ... und dann verblurren die Bilder wieder, die herauszuarbeiten so schwer gewesen ist, die Charaktere verzerren sich wieder zu den alten Typen, in die Konstruktion werden dicke Säulen eingebaut, die nichts tragen, das Kluge wird dumm ... der Besteller nimmt den Pinsel und schmiert hinein und niemand wird je sehen, wie das Bild ausgesehen hat.«

Es hat sich erschreckend wenig verändert, außer innerhalb der Hierarchien, ach ja, und der Gewinn ist umgekehrt proportional zur Qualität ins Unermessliche gestiegen. Aber Geld kann man zählen, Qualität nicht.

16. Juli

Sehr interessante Podiumsdiskussion in Augsburg hinter mir, die Michael Althen souverän geleitet hat. Brecht in Hollywood, dass das nicht gutgehen konnte, war abzusehen. Wenigstens hat er so die Nazidiktatur überlebt und ein paar gute Krimis im Garten gelesen. Seine Dankbarkeit darüber verflüchtigte sich im Hollywoodalltag schnell. Seine Forderung, eine Kunst zu etablieren, die gesellschaftliche, ökonomische Prozesse hinterfragt, spiegelt und sich vorrangig an den Verstand des Betrachters wendet (»Glotzt nicht so romantisch!«), kommt einem angesichts der überall angesagten Emotionsplattheiten, die unschwer Rückschlüsse auf die entsprechenden Defizite der Macher zulassen, geradezu sympathisch vor.

19. Juli

Ich muss meine verteidigenden Worte über den Vorsitzenden der Filmakademie korrigieren. Da traut sich Völker Schlöndorff endlich mal öffentlich auszusprechen, was Hunderten von Kreativen seit Jahren auf der Seele brennt, nämlich eine bessere Abgrenzung von Kino und Fernsehen sowie die Möglichkeit, in Zukunft auch Kinofilme ohne Fernsehbeteiligung in Deutschland zu machen, und zwar unter Einsatz der Förderungen, und was tut Rohrbach? Er wischt das in einem überaus polemischen Artikel vom Tisch, der völlig die Problematik verkennt, die er übrigens in einem persönlichen Gespräch vor ein paar Jahren durchaus noch eingesehen hat. Der sogenannte Amphibienfilm hat nicht einmal beim BOOT funktioniert. Das waren zwar drei hervorragende Fernsehteile, aber der Zusammenschnitt des Kinofilms konnte diese Qualität nicht annähernd halten. Die feine Figurenzeichnung im Dreiteiler ging in der Kinofassung vollständig verloren!

Ich muss sagen, die Pannen des Filmakademievorsitzenden (übrigens einer Institution, die sich angeblich dem Kinofilm verschrieben hat) häufen sich.

Am 19. Juli startete: DU BIST NICHT ALLEIN (D+R: Bernd Böhlich) »Nicht zuletzt dank der hervorragenden Darsteller ein Film, der echtes Mitgefühl vermitteln kann: Man geht mit und lässt sich gerne von der Tatsache ablenken, dass man all das schon mal auf halben Treppen und sommerlichen Balkonen gesehen hat.« (film-dienst)

DAS BOOT (1981 / TV-Fassung 1985; D: Wolfgang Petersen, nach dem Roman von Lothar-Günther Buchheim; R: Wolfgang Petersen)

25. Juli

Nachdem ich von der 5. Staffel von 24 ganz angetan war, habe ich mir jetzt die erste besorgt. Schwerer Fehler. Das wimmelt von unerträglichen Klischees, die Häufigkeit, in der Bauers Familie entführt wird, gibt eigentlich nur noch Anlass zur Heiterkeit, und die Inflation von Umarmungen, Tränen und Liebesbeteuerungen lässt einen unwillkürlich an die von Brecht monierten »schmutzigen Sentimentalitäten« denken.

Die daraus resultierende Dialogarmut ist kaum noch zu unterbieten. »Ich liebe dich!«, »Ich liebe dich auch!«, »Du fehlst mir!«, »Wir müssen ganz stark sein.« Mit diesen vier Sätzen sind ungefähr 80 Prozent aller Privatszenen ausreichend beschrieben. Ich kann mich des Verdachts nicht erwehren, dass es längst Computerprogramme für die Dialoge gibt. Die Arbeit eines Drehbuchautors (wollen wir ihn wirklich noch so nennen?) unterscheidet sich in solchen Szenen nicht mehr von der des Fließbandarbeiters in MODERN TIMES.

MODERN TIMES (1936; D+R: Charles Chaplin)

Die Behauptung, 24 erzähle jeweils eine Stunde von Bauer in Echtzeit, entpuppt sich als reiner Marketinggag. Mag das rein mechanisch auf einige Autofahrten und Hubschrauberflüge zutreffen, kein Mensch erlebt in Echtzeit die dramatischen Ereignisse, die der arme Jack zu durchleiden hat. Das wäre auch nicht weiter tragisch. Ich finde es nur wieder einmal interessant, wie gerade die dreistesten Marketingbehauptungen funktionieren, wenn sie nur etwas angeblich Neues, noch nie Dagewesenes verkünden.

Immerhin hat sich die Serie bis zur fünften Staffel deutlichst gesteigert. Man soll also die Hoffnung nie aufgeben.

Am 26. Juli startete: BESTE ZEIT (D: Karin Michalke; R: Marcus H. Rosenmüller) »Eine Mischung vertrauter Elemente des Heimatfilms mit skurrilem Humor und sensibler Beobachtung von Heranwachsenden, kombiniert mit unbeschwerter, bisweilen geballter Harmlosigkeit.« (film-dienst) »Dass der geänderte Tonfall seines neuen Films auf seine Art ebenso stimmig ist wie bei dem hoch gelobten Erstling Rosenmüllers, gehört neben dem durchweg glänzenden Ensemble zu den schönen Überraschungen von BESTE ZEIT.« (Frankfurter Rundschau)

30. Juli

Mittlerweile ist Schlöndorff gefeuert, und die Angelegenheit bekommt einen immer unschöneren Beigeschmack. Besteht ein Zusammenhang zwischen den kritischen Äußerungen Schlöndorffs über den Einfluss, den das deutsche Fernsehen aufs Kino nimmt, und seinem Rauswurf?

Das wäre in der Tat ein Skandal und würde leider mal wieder all diejenigen Kreativen bestätigen, die aus Angst vor solchen Folgen seit Jahren ihren Mund halten, zumindest offiziell. Aber was wäre das noch für eine demokratische Kultur, in der Kritik arbeitslos macht?

Wir alle wissen, wie ein solcher Vorgang für uns Autoren normalerweise abläuft: Wird ein Buch zu kritisch oder wagt ein Autor es gar, an der Verhaltensweise von Redaktionen Kritik zu üben, kann aus einem guten Buch sehr schnell ein schlechtes und aus einem interessanten Autor über Nacht ein »maßlos überschätzter« werden.

Möglicherweise waren in diesem Fall Schlöndorffs kritische Äußerungen nur ein Vorwand, um einen unliebsam gewordenen Regisseur loszuwerden, aber allein die Tatsache, dass seine, wie ich finde, sehr bedenkenswerten Äußerungen in Zusammenhang mit einer Entlassung stehen, stimmt sehr nachdenklich.

Wie lange wollen wir alle noch schweigen und solche Vorgänge hinnehmen, nur weil jeder Einzelne hofft, in diesem System irgendwie Erfolg zu haben?

Wo bleibt die Reaktion aller Verbände, wie wird sich die Deutsche Filmakademie hierzu verhalten? Das interessiert mich ehrlich gesagt viel mehr als alle Abläufe bei der Lola-Verleihung.

1. August

Habe jetzt das *Spiegel*-Interview mit Moszkowicz gelesen. Ja, es ist alles noch viel schlimmer: Da wird ungeniert behauptet, Schlöndorffs Äußerungen seien »geschäftsschädigend« gewesen, und im gleichen Atemzug zur Selbstverständlichkeit erklärt, dass in Zukunft das deutsche Fernsehen die Kinoetats der Förderungen noch ungenierter ausplündern darf als bisher. Was wird wohl in der Praxis dabei herauskommen, wenn für Fernsehmehrteiler, schnipselt man im Schneideraum schnell noch eine Kinofassung zusammen, auch noch Kinoförderung abgegriffen werden kann? Dann gibt's bald nur noch das Konglomerat deutscher Fernsehmehrteiler im Kino. Darauf haben wir

Am 2. August starteten:
DER ROTE ELVIS
(D+R: Leopold Grün)
»Der Film von Leopold Grün stellt nur eine Frage: Wer war Dean Reed? Er spürt einem fragwürdigen Leben nach – ohne seiner jemals habhaft zu werden. Hier wird kein Werk verrätselt oder die Welt verzaubert, ein rätselhaftes Leben darf so wirr bleiben, wie es offenbar wirklich war.« (*Die Zeit*)
SCHWARZE SCHAFE
(D: Olivier Kolb, Daniel Young, David Keller, Michael Sauter, Thomas Hess, Oliver Rihs; R: Oliver Rihs)
»Superlocker, superlustig: Die Berlin-Groteske SCHWARZE SCHAFE strengt sich mächtig an, in jeder Sekunde richtig schräg rüberzukommen – und wirkt dabei so verkrampft wie der grassierende Hauptstadt-Hype.« (*Spiegel Online*)

Journal

Am 16. August startete:
AM ENDE KOMMEN TOURISTEN (D+R: Robert Thalheim)
»Worüber man nicht reden kann, darüber soll man einen Film drehen. Thalheim hat bewiesen, dass man auch anders vom Faschismus erzählen kann als im Modus der Überwältigung.« (*Die Zeit*)

Am 13. September startete: YELLA (D: Simone Baer, Christian Petzold; R: Christian Petzold)
»Das Leben wird zur Kunst – und bringt hier nicht weniger als ein kleines Filmwunder hervor.« (*Neue Zürcher Zeitung*)
»Christian Petzold ist der wichtigste Vertreter jenes Autorenkinos geworden, das seit 20 Jahren immer wieder totgesagt wird und doch nie ganz verschwinden wird. Der Autorenfilm lebt, er blüht sogar. In diesem Jahr heißt er YELLA.« (*Frankfurter Allgemeine Sonntagszeitung*)

ja schon immer gewartet, wunderbar! Und der Vorsitzende der Deutschen Filmakademie, einer Organisation, die sich angeblich mal der Förderung des Kinofilms verschrieben hatte, immer voneweg.

Wenn diese Herrschaften jetzt tatsächlich die Frage stellen, was denn überhaupt der Unterschied zwischen Fernseh- und Kinofilm sein soll, hier ein paar kurze Antworten: Kino ist im Gegensatz zum Fernsehen ein Ort der Magie, des Mythos, des Geheimnisses. Kino erfordert eine ganz andere Tiefe der Bilder und Figuren. Kino erfordert eine völlig andere Auflösung. Totalen, die Bewegungen im feststehenden Bild, sind von ungleich größerer Bedeutung. Kino benötigt Raum, vor allem Raum für die Gefühle (und zwar die tiefen und wahrhaftigen und nicht die sterile Secondhandware), Kino ist deswegen ein Ort der indirekten Dialoge, der Andeutungen, der versteckten Gesten, der Doppelbödigkeit.

Man könnte über den Unterschied zwischen Kino- und Fernsehästhetik ein dickes Buch schreiben, aber es wäre sinnlos, denn man will die Wahrheit nicht mehr wissen, sondern mit Füßen treten. Hauptsache möglichst gewinnträchtige Auswertung!

Noch ein Wort zur Causa Schlöndorff: Dass ein Regisseur gefeuert wird, weil er sich kritisch zur Fernseh-/Kinosituation äußert, und mag sein eigenes Projekt davon betroffen sein, ist ein unglaublicher Skandal!

Es muss in einem demokratischen Land erlaubt sein, sachliche Kritik zu üben, auch öffentlich, ohne dass man dafür mit Arbeitslosigkeit abgestraft wird. Sachliche Kritik, lieber Herr Moszkowicz, kann niemals geschäftsschädigend sein, sondern höchstens fruchtbare Grundlage einer Auseinandersetzung. Mag sich im Zuge einer solchen Diskussion herausstellen, dass die Forderungen des Regisseurs unerfüllbar sind, ist das etwas anderes, aber jemand zu feuern, weil er kritisiert, ist eine rabiate, zutiefst undemokratische Geschäftspolitik.

2. August

Noch ein Wort zur unüberbietbaren Dialogarmut im zeitgenössischen Film und Fernsehen: Sie findet ihre Parallele in der Musik, wo alles dem Rhythmus geopfert wurde. Es gibt im Mainstream so gut wie keine Soli und keine Individualisten mehr, dafür zunehmend Leute, die die Gitarrensoli von Hendrix, Zappa oder Gallagher als nervend, ermüdend oder als »immer das Gleiche« bezeichnen, gleichzeitig aber kein Problem damit haben, endlose Beats zu hören. Das sind genau die Zeitgenossen, die unsere Kultur langsam, aber sicher ihrem Nullpunkt entgegenführen. Aber tröstlicherweise ist jedes Ende ja auch ein Anfang.

24. September

Zurück aus dem Urlaub. Nach drei Wochen Natur pur in Mittelschweden mit viel Angeln und viel Spaß mit zwei jungen Drehbuchkollegen, von denen leider einer aus Termingründen die gesamten drei Wochen im Keller unseres Ferienhauses damit verbracht hat, eine neue *Tatort*-Fassung zu erstellen und dort mehr Mäuse als Fische gefangen hat, wieder zu Hause und direkt beim Sender mit unserem Zweiteiler. Ein größerer Gegensatz als ein Angeltag an einem einsamen Fluss und eine Senderbesprechung sind nicht vorstellbar. Mir bleibt nur wenig Zeit, mich einzugewöhnen: Ja, sie wollen unseren Stoff, aber nicht als Zwei-, sondern als Einteiler. Was das bedeutet, kann sich jeder Autor auf Anhieb vorstellen, für alle anderen: Ganz, ganz viel Arbeit!

Am 27. September startete: AUF DER ANDEREN SEITE (D+R: Fatih Akin) »Ein trauriger, berührender Film, voll leiser Traurigkeit und von konzentrierter Ruhe.« (*Süddeutsche Zeitung*)

14. Oktober

Ein sehr erfreulicher Anruf vom BKM: Mein Kinodrehbuch *Sierra* bekommt den Preis für das beste unverfilmte Drehbuch. Das freut mich wirklich sehr. Dieser Preis ist so besonders wertvoll, weil er ausschließlich das Drehbuch, meine unverfälschte Arbeit, honoriert. Und es ist eine Bestätigung, dass dieses Buch, obwohl es von allen Fernsehsendern in Deutschland abgelehnt worden ist, doch seine Qualitäten besitzt. Aber ich frage mich auch, in was für einer Medienlandschaft wir eigentlich leben, wenn ein Drehbuch, das zum besten unverfilmten Kinodrehbuch des Jahres gewählt wird, kaum mehr eine Finanzierungschance besitzt. Hier müssen endlich neue Wege gefunden werden, nicht nur das Drehbuchschreiben selbst, sondern auch die Realisierung der Kinofilme muss sich vom deutschen Fernsehen emanzipieren. Das soll nicht heißen, dass Fernsehen prinzipiell schlecht und Kino großartig ist (in Deutschland ist es in vielen Fällen genau andersherum), aber Kino und Fernsehen sind bild- und wortästhetisch zwei völlig unterschiedliche Medien, und wir tun uns keinen Gefallen damit, wenn wir sie weiterhin vermischen. Ich bin im Gegenteil der festen Überzeugung, ohne eine Kurskorrektur drohen wir im internationalen Kino den Anschluss zu verlieren. Trotzdem: Heute wird gefeiert.

Am 11. Oktober startete: PORNORAMA (D: Stephan Puchner; R: Marc Rothemund) »Freigegeben ›ab 12‹ (!) taugt PORNORAMA bestenfalls zur Ergänzung von DAS WILDE LEBEN, ist vergleichbar oberflächlich, hemmungslos bieder und vor allen Dingen total unpolitisch; alles ist nur Pose und ungenau gearbeitete Kolportage. Für die wenigen, durchaus vorhandenen gelungenen Momente muss der Zuschauer einen hohen Preis zahlen.« (*film-dienst*)

Marginalien:
Nicole Felhösi

Scenario

Backstory
*Splitter einer
Geschichte des
Drehbuchs*

Backstory

Lauter erste Schritte
Über *The Schreiber Theory* von David Kipen und *Talking Pictures* von Richard Corliss – Zwei Widerreden gegen die Autorentheorie

Von Gerhard Midding

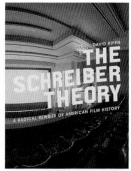

David Kipen

Die Filmgeschichte ist großzügig. Sie ist weitläufiger, als es ihre Chronisten mitunter wahrhaben wollten. Es lassen sich noch immer unbekannte Kontinente entdecken, und vermeintlich vertrautes Terrain muss stets neuerlich erkundet werden. Es bedarf heute keiner Rechtfertigung mehr, um Gegengeschichten zu schreiben; es ist womöglich gar eine selbstverständliche Pflicht.

Wenn ein Autor vollmundig ankündigt, die amerikanische Filmhistorie radikal umschreiben zu wollen, dürfen sich Neugierde und Skepsis ruhig die Waage halten; zumal wenn ihm dafür ein kleines, schmales Bändchen genügt. Er versteht seine Thesen als ketzerisch, beweist den Mut, gegen eine gängige Doktrin zu verstoßen. Indem er seinem Text ein Zitat von Kopernikus als Motto voranstellt, demonstriert er, mit welchem Selbstbewusstsein er diese geistesgeschichtliche Wende herbeizuführen trachtet.

Eine Ungerechtigkeit will er korrigieren, die vor gut einem halben Jahrhundert in dunklen Pariser Redaktionsstuben ausgeheckt wurde. Er kämpft an gegen etwas, das ihm von Anfang an falsch und längst obsolet erscheint. Jeder Drehbuchautor ahnt schon, welchen Feind er bekämpfen will: die Autorentheorie. Jeder Versuch, die Enteignung dieses Berufes zu beenden, ist natürlich zunächst einmal willkommen. Es ist schließlich höchste Zeit, die Regisseure, die vielleicht ja doch nur Interpreten sind, auf ihren Platz zu verweisen.

Mit *The Schreiber Theory* hat David Kipen ein Buch von beträchtlichem Ehrgeiz geschrieben. Es ist nicht ganz klar, worauf dieser zielt; offenbar nicht nur auf seinen Gegenstand allein. Kipen gibt sich angemessen angriffslustig. Aber welche Risiken geht er dafür ein, wenn überhaupt? Er ist clever genug, nicht ein Dogma durch ein anderes zu ersetzen – gewidmet hat er sein Buch den Filmkomponisten, deren Musik ihn beim Schreiben begleitet. Vielleicht sind ja sie die wahren Autoren eines Films?

Ein verführerisches Dogma

Es ist ein Leichtes, die Fehlbarkeiten der Autorentheorie nachzuweisen und über ihre Exzesse zu spotten. Allzu oft haben wir schon lesen müssen, wie gedankenlos Kritiker einen Regisseur, der in einem Film allenfalls ein Wasserzeichen hinterlassen hat, aber keine prägende Handschrift, zu dessen Schöpfer erklärten. Rennt man nicht bei jedem vernünftigen, aufgeklärten Leser und Kinogänger offene Türen ein, wenn man dagegen polemisiert? Selbst leidenschaftliche Parteigänger der *politique des auteurs* wie die Redakteure der britischen Zeitschrift *Movie* haben schon frühzeitig deren Unbedingtheit und mangelnde Flexibilität als Achillesferse ausgemacht. Die Analogien jedoch, die Kipen bemüht, um ihre Absurdität zu belegen, besitzen eine falsche Schlüssigkeit. Natürlich käme kein Literaturkritiker auf die Idee, einen Lektor als wahren Autor eines Werkes zu bezeichnen, und kein Musikkritiker würde einen Dirigenten als eigentlichen Schöpfer feiern. Aber die Schaffensprozesse sind in diesen Kunstgattungen eben auch ganz anderen Gesetzmäßigkeiten von Autonomie und Zusammenarbeit unterworfen.

Leider unternimmt Kipen keine ernsthafte Anstrengung nachzuforschen, weshalb die Autorentheorie sich langfristig durchsetzen konnte. Für die mangelnde Gegenwehr der Drehbuchautoren macht er zuvorderst ihre Verfolgung und Machtlosigkeit während der Zeit der »Schwarzen Liste« verantwortlich. Das eröffnet zwar eine interessante historische Perspektive, stimmt aber nur teilweise. Einerseits fand die Rehabilitation von Autoren wie Dalton Trumbo ansatzweise schon statt, bevor Andrew Sarris seine Theorie 1963 in einem zweiteiligen Essay in der Zeitschrift *Film Culture* formulierte. Trumbos Name wird bereits Anfang der 1960er Jahre wieder in den Vorspannen von SPARTACUS und EXODUS genannt. Und ironischerweise waren es gerade Bücher über prominente Opfer der McCarthy-Ära wie Ring Lardner Jr., Abraham Polonsky und Trumbo, die dem vernachlässigten Metier neue Aufmerksamkeit verschafften.

Der Erfolg der *politique des auteurs* verdankt sich einem komplexeren Zusammenspiel der Faktoren. Zunächst einmal ist sie schlicht und einfach eine verführerische Idee. Wie bequem die romantische Fixierung auf einen alleinigen Schöpfer ist, wie sehr sie das Schreiben einer Rezension erleichtert, weiß jeder Kritiker aus eigener, alltäglicher Erfahrung. Sie ist auch keineswegs eine Erfindung der *Cahiers du cinéma*.

David Kipen: *The Schreiber Theory. A Radical Rewrite of American Film History* (Melville House Publishing 2006)

Dalton Trumbo (1905-1976), Romancier, Drehbuchautor, Regisseur. Wichtige Drehbücher vor der *blacklist* für A GUY NAMED JOE (Kampf in den Wolken; 1943; D: D.T.; R: Victor Fleming), THIRTY SECONDS OVER TOKYO (Dreißig Sekunden über Tokio; 1944; D: D.T.; R: Mervyn LeRoy). Rühmte sich, auch unter der *blacklist* einer der bestbezahlten Autoren Hollywoods gewesen zu sein. 1957 Oscar für THE BRAVE ONE (Roter Staub; D: D.T. [unter dem Pseudonym Robert Rich], Harry S. Franklin, Merrill G. White; R: Irving Rapper). Ab 1960 Spezialist für Großproduktionen (EXODUS; 1960; D: D.T., nach dem Roman von Leon Uris; R: Otto Preminger), PAPILLON (1973; D: D.T., Lorenzo Semple Jr., nach dem Roman von Henri Charrière; R: Franklin J. Schaffner). 1971 verfilmt er seinen Roman JOHNNY GOT HIS GUN (Johnny zieht in den Krieg; D+R: D.T.). Die Briefsammlung *Additional Dialogue: Letters of Dalton Trumbo 1942-1962* (1970) gehört zu den wichtigsten Quellen über die *blacklist*.

SPARTACUS (1960; D: Dalton Trumbo, nach dem Roman von Howard Fast; R: Stanley Kubrick)

Michel Audiard (1920-1985), Journalist, Drehbuchautor, Regisseur. Sein boulevardesker Stil machte ihn zum meistbeschäftigten Szenaristen des französischen Films. Er war Stammautor von Stars wie Jean Gabin (MAIGRET TEND UN PIÈGE / Kommissar Maigret stellt eine Falle; 1958; D: Jean Delannoy, Rodolphe-Maurice Arlaud, M.A., nach dem Roman von Georges Simenon; R: Jean Delannoy), Lino Ventura (LES TONTONS FLINGEURS / Mein Onkel, der Gangster; 1963; D: M.A., Georges Lautner, nach dem Roman von Albert Simonin; R: Georges Lautner) und Jean-Paul Belmondo (L'INCORRIGIBLE / Der Unverbesserliche; 1975; D: M.A., Philippe de Broca, nach dem Roman von Alex Varoux; R: Philippe de Broca). Ab 1968 führte er auch Regie. GARDE À VUE (Das Verhör; 1981; D: Claude Miller, Jean Herman, M.A., nach dem Roman von John Wainwright; R: Claude Miller) und MORTELLE RANDONNÉE (Das Auge; 1983; D: M.A., Jacques Audiard, nach dem Roman von Marc Behm; R: Claude Miller) schrieb er zusammen mit seinem Sohn Jacques, der mittlerweile ein erfolgreicher Regisseur ist.

Cesare Zavattini (1902-1989), Journalist, Drehbuchautor und Regisseur. Gilt als der Vater und führende Theoretiker des Neorealismus (LADRI DI BICICLETTE [Fahrraddiebe; 1948; D: C.Z. u.a., nach dem Roman von Luigi Bartolini; R: Vittorio De Sica], UMBERTO D. [1952;

Schon seit der Stummfilmzeit sah man den Autorenstatus vieler europäischer (und später auch asiatischer) Regisseure als eine Selbstverständlichkeit an. Wobei gerade das französische Kino eine Sonderstellung einnimmt, da es durchaus prägende, charismatische Persönlichkeiten kannte, die nicht nur als Gedankenleser ihrer Regisseure wahrgenommen wurden: Henri Jeanson, Jacques Prévert, das von Truffaut gescholtene Tandem Jean Aurenche / Pierre Bost und schließlich Michel Audiard, der einzige Szenarist, mit dessen Ruhm sich heute in Frankreich DVD-Editionen verkaufen lassen. In Italien beispielsweise besaß allenfalls Cesare Zavattini als prägende Figur des Neorealismus einen solchen Rang. Die Anwendung der *politique* auf das Hollywoodkino, das kein Sprechen in der ersten Person zuzulassen schien, kam jedoch einer Revolution gleich. Es widersprach den herrschenden Überzeugungen der Zeit, dort nach einer subjektiven Prägung, nach der persönlichen Weltsicht eines Regisseurs zu forschen.

Den Kritikern der *Cahiers* unterstellt man gern, sie hätten in ihren Artikeln bereits schreibend von ihren eigenen Filmen geträumt, ihre Autorenpolitik wäre mithin auch eine eigene Karrierestrategie gewesen. Als Regisseuren ging es Godard, Truffaut, Rivette und Rohmer auch darum, sich Freiräume in einem veralteten Produktionssystem zu schaffen; ihr erfolgreicher Sprung ins Regiefach erschien Anfang der 1960er Jahre gleichsam als eine Beglaubigung der zuvor formulierten Theorien.

So muss es nicht überraschen, wie schnell die *politique* in die USA exportiert wurde. Dort profitierte sie womöglich auch von einer kulturellen Differenz. Als Andrew Sarris sein Pantheon errichtete, traf er in einer Gesellschaft, die schon aus historischer Ermangelung eine große Faszination für die Aristokratie hegt, einen Nerv: Nun ließ sich mit einem Mal sogar das Hollywoodkino adeln. Bei dieser Amerikanisierung fand eine Akzentverschiebung statt. André Bazin und die anderen Kritiker der *Cahiers* hatten ihre Stilanalysen zunächst auf die *mise en scène* konzentriert. Ihre amerikanischen Epigonen weiteten sie verstärkt auf die thematischen Verbindungen im Werk eines Regisseurs aus. An diesem Punkt hakt Kipens Kritik mit großer Überzeugungskraft ein: dem Kult der thematischen Geschlossenheit als grundlegendem, ja alleinigem Maßstab für den Rang eines Autors. Genüsslich seziert er die Denkfaulheit einer Kritik, die sich bereits damit zufriedengibt, dass ein Regisseur immer wieder die gleiche Geschichte erzählt. Wie zwangsläufig sich dieses Modell erschöpft, versucht er am Spätwerk von Säulenheiligen wie Ford, Hawks und Hitchcock nachzuweisen, das die Autorentheorie gewissermaßen einbalsamiert hat. Er kompromittiert seine Argumentation hier mitunter durch rein apodiktische Urteile – bei der kritischen Würdigung dieser

Filme wären doch mehr Nuancen und Abstufungen denkbar. Der dogmatischen Autorentheorie wohnt für Kipen zugleich eine Geringschätzung der Vielseitigkeit inne. Gescheit baut er John Huston als Gegenfigur auf, dessen eklektisches Œuvre den *auteurists* stets suspekt war, der aber im Gegensatz zu dem erwähnten Dreigestirn bis zum Ende seiner Karriere (man denke an THE DEAD) auf der Höhe seines Talents blieb.

Stachel im Fleisch

Kipens Buch gibt sich als Manifest zu erkennen, will mithin eine neue Denkweise begründen. Natürlich kann er nicht verschweigen, dass sein Vorstoß Vorläufer hatte. Er erwähnt Pauline Kaels bahnbrechenden Essay *Raising Kane* von 1971, in dem sie nicht für Orson Welles, sondern für Herman J. Mankiewicz die eigentliche Autorenschaft an CITIZEN KANE reklamiert. Selbstverständlich beruft er sich auch auf das Standardwerk *Talking Pictures*, das Richard Corliss, Redakteur der Zeitschriften *Film Comment* und *Time Magazine*, 1974 veröffentlichte und das noch immer die grundlegende Widerrede zur Autorentheorie in Amerika ist. Mit einiger Wehmut deklariert er es zu »the greatest untaken ramp«, zur größten ungenutzten Chance der amerikanischen Filmkritik.

Corliss' großes Verdienst besteht zum einen darin, einen kardinalen Widerspruch der Autorentheorie aufzudecken: ihre Kapitulation vor der größten Herausforderung an die Filmkritik, der Darstellung der visuellen Gestaltung eines Films, welche sie zugunsten inhaltlicher, thematischer Kategorien vernachlässigt hat. Zwar erscheinen mir manche Zu- und Rangordnungen in *seinem* Autoren-Pantheon fragwürdig. Aber ihm gelingen die Neugierde weckende, präzise Stilanalysen. Corliss ist kein Dogmatiker, letztlich plädiert er für eine multiple Autorenschaft, an der auch Darsteller, Kameraleute, Szenenbildner, Komponisten etc. beteiligt sind. Ein guter Film entsteht für ihn aus einem kreativen Klima. Die Frage, wem er »gehört«, stellt sich für ihn nicht. Dementsprechend muss man sein Buch heutzutage nicht unbedingt als Polemik lesen, sondern kann es goutieren als eine kundige, liebevolle Hommage an das »Goldene Zeitalter« Hollywoods.

Auch wenn jüngere Kritikergenerationen nie von seinem Buch gehört haben mögen und ihre älteren Kollegen es tunlichst ignorierten, bleibt *Talking Pictures* doch der schmerzlichste Stachel im Fleisch der Autorentheorie. Kipen würdigt Corliss' Schrittmacherdienste, sucht allerdings – schon zum Zweck der eigenen Profilierung – auch eine kritische Distanz. Methodische Einwände hat er nicht, eher strategische.

D: C.Z.; R: Vittorio De Sica]). Neben De Sica arbeitete er mit Luchino Visconti, Federico Fellini und Giuseppe De Santis. Später wurde er einer der wichtigsten Autoren der italienischen Nachkriegskomödie (L'ORO DI NAPOLI [Das Gold von Neapel; 1954; D: C.Z., Vittorio De Sica, Giuseppe Marotta; R: Vittorio De Sica], IERI, OGGI, DOMANI [Gestern, heute, morgen; 1963; D: C.Z. u.a.; R: Vittorio De Sica]).

THE DEAD (Die Toten; 1987; D: Tony Huston, nach der Erzählung von James Joyce; R: John Huston)

Pauline Kael: *Raising Kane and Other Essays* (Marion Boyars 1996)

Herman J. Mankiewicz (1897-1953), Journalist, Drehbuchautor und Produzent. Älterer Bruder von Joseph L. Mankiewicz. Ab 1925 Autor von Zwischentiteln (THE ROAD TO MANDALAY; 1926; D: H.J.M. u.a.; R: Tod Browning), im Tonfilm Drehbücher u.a. für DINNER AT EIGHT (Dinner um acht; 1933; D: Frances Marion, H.J.M., nach dem Stück von Edna Ferber und George S. Kaufman; R: George Cukor), zahlreiche Marx-Brothers-Vehikel (MONKEY BUSINESS / Die Marx Brothers auf See; 1931; Prod.: H.J.M.; D: S.J. Perelman, Will B. Johnstone; R: Norman Z. McLeod). Für CITIZEN KANE (D: H.J.M., Orson Welles; R: Orson Welles) erhielt er 1941 einen Oscar.

Richard Corliss: *Talking Pictures* (Overlook Press 1974)

In der Tat erscheint es taktisch unklug, dass Corliss ausgerechnet seinen »Gegenspieler« Sarris zum Schreiben des Vorworts einlud. Diese Entscheidung folgt zwar einer rechtschaffen dialektischen Logik – seine Replik ist gescheit, er hat sich geschickt gewappnet. Aber während der weiteren Lektüren gewinnt man regelmäßig den Eindruck, Corliss könne sich nicht entschlossen genug von einem akademischen Übervater lösen; er zitiert Sarris häufiger als jeden anderen Kollegen.

Vor allem wirft Kipen Corliss vor, er habe es versäumt, seiner Theorie einen griffigen Namen zu geben. Fürwahr, er denkt strategisch. Man muss allerdings kein Hellseher sein, um Kipens eigener Idee keine große Zukunft vorauszusagen. Die jiddische Vokabel »Schreiber« – gedacht als Hommage an das Idiom, mit dem die großen, klassischen Hollywoodautoren aufgewachsen sind – entrückt sein Anliegen allzu sehr in die Vergangenheit, als dass seine Formel Chancen hätte, heutzutage in den Sprachgebrauch überzugehen.

Ein weiterer großer Fehler ist nach Kipens Ansicht Corliss' Versäumnis, zeitgenössische Drehbuchautoren in sein Pantheon einzubeziehen. Das sei fatal, zumal sich beim Erscheinen des Buches – auf dem Höhepunkt des »New Hollywood« – die Autorentheorie allmählich auch in den Chefetagen der Major-Studios durchgesetzt habe. Diese historische Einschätzung bedarf einiger Korrekturen. Zum einen genossen gerade Mitte der 1970er Jahre Autoren wie John Milius, Paul Schrader und Robert Towne ein präzedenzlos großes Ansehen, das sich nicht zuletzt in hochdotierten Honoraren manifestierte, die in der Branche und der Öffentlichkeit durchaus als Sensation wahrgenommen wurden. Es sei auch daran erinnert, dass John Calley als

Robert Towne, Jack Nicholson, Robert Evans

Studiochef von Warner Brothers zu Beginn der 1970er Jahre anfing, systematisch junge Drehbuchautoren wie Terrence Malick zu fördern.

Es ist kurios, dass Kipen seinem Vorgänger vorhält, sich zu sehr auf das klassische Hollywoodkino zu beziehen. Dabei zieht sich eben diese Nostalgie als ein Leitfaden auch durch seinen eigenen Text. Er beklagt das »Esperanto of violence and spectacle«, welches das aktuelle US-Kino prägt, und sehnt sich zurück nach einer Zeit, als Hollywoodfilme ihre Zuschauer nicht nur als Kunden, sondern *als Zeitgenossen* adressierten.

Andrew Sarris

Widerreden und strategische Rückzüge

Kipens Perspektive mag nostalgisch sein, sie ist aber vor allem geschichtslos. Wenn er sein Thema gründlicher recherchiert hätte, wäre er auch jenseits von Corliss und Kael auf eine durchaus existierende Tradition der amerikanischen Filmkritik gestoßen, die sich um die Rehabilitation des Drehbuchautors bemüht. Es wird gern vergessen, dass die amerikanische Adaption der Autorenpolitik keineswegs von Anfang an eine ausgemachte Erfolgsgeschichte war. Sarris' Essay stieß 1963 auch auf große Ablehnung, insbesondere in der Redaktion der Zeitschrift *Film Quarterly*. 1969, als er in einer Buchfassung unter dem Titel *The American Cinema* erschien, war seine Position zwar längst zum Dogma geworden. Aber die Auseinandersetzung um den Status des Drehbuchautors war längst nicht aus der US-Filmpublizistik getilgt.

Andrew Sarris: *The American Cinema: Directors and Directions* (Da Capo Press 1996)

Die Zeitschrift *Cinema* widmete dem Thema ein beachtliches Interesse. So veröffentlichte etwa der spätere Drehbuchautor und Regisseur Curtis Lee Hanson dort Interviews mit Terry Southern und Dalton Trumbo. Im Sommer 1968 ging Stephen Farber intensiv der Frage der Autorenschaft nach. Die Diskussion war neu entfacht worden, als einige Drehbücher auch die Aufmerksamkeit der Tageskritik weckten, namentlich *Bonnie and Clyde* von Robert Benton und David Newman sowie Frederic Raphaels *Two for the Road*. Die Rekordsumme, die für William Goldmans Script zu BUTCH CASSIDY AND THE SUNDANCE KID gezahlt wurde, erregte großes Aufsehen nicht nur in der Fachpresse. Farber wählt für seine Untersuchung zwar einen prekären Einstieg: Er interviewt den Regisseur John Boorman, der sich ausführlich zu den angeblichen Schwächen des Drehbuchs von POINT BLANK äußert, seinem Hollywood-Debüt. Farber schreibt dem Drehbuchautor zunächst auch vornehmlich die Rolle eines Assistenten zu, der schwierige Konstruktionsprobleme löst und die Dialoge schreibt. Im darauffolgenden Winter veröffentlicht er jedoch eine bemerkenswerte Replik auf seinen eigenen Artikel. Er gesteht ein, dass seine Analyse unvoll-

BONNIE AND CLYDE (1967; D: Robert Benton, David New-man; R: Arthur Penn)

TWO FOR THE ROAD (Zwei auf gleichem Weg; 1967; D: Frederic Raphael; R: Stanley Donen)

BUTCH CASSIDY AND THE SUNDANCE KID (Zwei Banditen; 1969; D: William Goldman; R: George Roy Hill)

POINT BLANK (1967; D: Alexander Jacobs, David Newhouse, Rafe Newhouse, nach dem Roman *The Hunter* von Donald E. Westlake; R: John Boorman)

ständig war, und interviewt den ursprünglichen Drehbuchautor von POINT BLANK, Alexander Jacobs. Er überprüft an einigen Szenenbeispielen das Verhältnis zwischen Script und fertigem Film und stellt fest, dass sie zwar mitunter entscheidend verändert wurden, Jacobs' Entwurf jedoch zugleich viele Regieeinfälle inspirierte, gleichsam zum Sprungbrett der inszenatorischen Fantasie wurde.

Preston Sturges

Zu Beginn seiner Ägide bei *Film Comment* konzipierte Corliss selbst einen Probelauf zu *Talking Pictures*. Die Ausgabe vom Winter 1970/71 ist komplett Hollywood-Drehbuchautoren gewidmet. Neben Porträts von Jules Furthman, Anita Loos und Dudley Nichols finden sich Interviews mit Borden Chase und James Poe sowie Selbstzeugnisse von Carl Foreman (*Confessions of a frustrated scriptwriter*) und Howard Koch. Andrew Sarris schreibt Preston Sturges' Drehbücher aus den 1930er Jahren. Besonders aufschlussreich ist das *Screenwriters Symposium*, das Ergebnis einer Umfrage unter einem runden Dutzend Szenaristen, darunter Philip Dunne, Norman Krasna und Stirling Silliphant. Sie werden zu nicht realisierten Projekten befragt, zur engsten beziehungsweise unerfreulichsten Zusammenarbeit mit Co-Autoren und Regisseuren, zu schmerzlichen Eingriffen in ihre Arbeit, zu ihrem Anspruch auf die Urheberschaft bei bestimmten Werken und schließlich zu bewunderten Kollegen. Auf die Frage nach den Arbeiten, die ihnen a) als Drehbuch und b) als Film am besten gefielen, gibt es mitunter verblüffende Antworten. Für Ernest Lehman ist das nicht etwa NORTH BY NORTHWEST, sondern SOMEBODY UP THERE

NORTH BY NORTHWEST
(Der unsichtbare Dritte;
1959; D: Ernest Lehman;
R: Alfred Hitchcock)

SOMEBODY UP THERE LIKES
ME (Die Hölle ist in mir;
1959; D: Ernest Lehman;
R: Robert Wise)

LIKES ME. Die Antwort von John Paxton ist hingegen viel kategorischer: »Kein Drehbuchautor ist je ganz zufrieden mit dem endgültigen Produkt.«

Corliss beklagte später, dass der Redaktion danach kaum je weitere Artikel über Drehbuchautoren angeboten wurden. Dennoch sind in den 1970er Jahren dort einige bemerkenswerte Texte erschienen. Robin Wood geht in der Ausgabe vom Mai 1973 der Frage der Autorenschaft bei TO HAVE AND HAVE NOT nach; später erscheinen Interviews mit James M. Cain und John Lee Mahin. 1978 widmete die Zeitschrift den Hollywood-Autoren noch einmal einen Themenschwerpunkt. Corliss war vom Museum of Modern Art zu einer Diskussionsreihe mit Autoren wie George Axelrod und Samson Raphaelson eingeladen worden, die in der »Midsection« der Zeitschrift abgedruckt wurden. In seiner Einführung lenkt Corliss jedoch ein. Er hat offenbar ein Tabu verletzt. Sein früherer Vorstoß sei nur polemisch (wenn auch in moderatem Tonfall) gemeint gewesen. Nun würde er einen »strategischen Rückzug« vollziehen, da er nicht in die Geschichte eingehen wolle als Kämpfer für eine »verlorene Sache«. Es sei entweder zu früh oder zu spät, als dass sich eine *politique des scénaristes* noch durchsetzen könne.

In der Folge spielt das Werk von Drehbuchautoren in *Film Comment* eine erheblich marginalere Rolle. Als unlängst der britische Regisseur Alex Cox in der Online-Ausgabe von *Film Comment* in einem Text zu LONELY ARE THE BRAVE Philip Yordan an Stelle von Dalton Trumbo als Drehbuchautor nannte, gab es in der Redaktion offenbar niemanden mehr, dem dieser Fehler aufgefallen wäre. Die Konkurrenz *American Film* hingegen thematisierte im Mai 1979 noch einmal das Problem der Autorenschaft unter der Überschrift *Whose Film Is It Anyway*, um sie zunächst aus der Perspektive der Autoren und dann, in einer späteren Nummer, aus der der Regisseure zu diskutieren.

Der angloamerikanische Filmbuchmarkt spiegelt diese Tendenzen wider. Während in den 1970er Jahren noch große Monografien zu Autoren wie Ben Hecht und Trumbo erschienen, ist das heute nur noch sporadisch der Fall. Attraktiv scheinen den Verlagen hierbei vor allem Opfer der »Schwarzen Liste«. Interviewsammlungen wie Patrick McGilligans *BackStory*-Reihe hingegen haben in den letzten Jahren eine kleine Renaissance erlebt; womöglich, weil diese Form der Auseinandersetzung für Journalisten ja auch eine gewisse Entlastung bedeutet – sie müssen sich nicht mit einer aufwändigen Stilanalyse beschäftigen. Die Buchpublikation von Drehbüchern ist in Zeiten, in denen die Filme auf DVD verfügbar sind und praktisch jedes amerikanische Drehbuch aus dem Netz heruntergeladen werden kann, ebenfalls zurückgegangen.

TO HAVE AND HAVE NOT (Haben und Nichthaben; 1944; D: Jules Furthman, William Faulkner, nach dem Roman von Ernest Hemingway; R: Howard Hawks)

LONELY ARE THE BRAVE (Einsam sind die Tapferen; 1962; D: Dalton Trumbo, nach dem Roman von Edward Abbey; R: David Miller)

Philip Yordan (1914-2003), Drehbuchautor und Produzent. Eine der umstrittensten Figuren Hollywoods, sein Name taucht im Vorspann von Filmen wie JOHNNY GUITAR (Wenn Frauen hassen; 1954; D: P.Y., nach dem Roman von Roy Chanslor; R: Nicholas Ray), THE HARDER THEY FALL (Schmutziger Lorbeer; 1956; D: P.Y., nach dem Roman von Budd Schulberg; R: Mark Robson) und EL CID (1961; D: P.Y., Fredric M. Frank; R: Anthony Mann) auf. Angeblich soll er jedoch zeit seiner Karriere andere Autoren unterbeschäftigt haben. Während der *blacklist* Strohmann für Ben Maddow, Bernard Gordon u.a.; allerdings nie für Dalton Trumbo.

Vorhut oder Nachgefecht?

Kipens Pamphlet steht also in einer gewissen, brüchigen Kontinuität. Sie ist freilich auch eine entmutigende Chronik der Folgenlosigkeit. Die Resonanz auf *The Schreiber Theory* war entsprechend begrenzt. Es wurde in *Variety* und einigen bedeutenden Tageszeitungen, etwa der *Los Angeles Times*, dem *Boston Globe* und dem *Philadelphia Inquirer* rezensiert (nicht jedoch in der einflussreichsten, der *New York Times*) und löste eine zeitweilig rege Diskussion im Internet aus. In *Film Comment* ist übrigens bislang noch keine Besprechung erschienen.

Kipen selbst kann sich nicht recht entscheiden, zu was er seinen Text stilisieren soll – zur Kampfansage oder zu einem Nachgefecht? Vor allem ist er wohl die kokette Abschiedsgeste eines Autors, der einer eher unauffälligen Karriere als Filmpublizist einen gewissen Nachruhm sichern will, indem er sie mit einem Paukenschlag beendet.

Ernest Lehman mit Alfred Hitchcock

Er ist vornehmlich als Literaturkritiker bekannt geworden und trat noch vor der Veröffentlichung des Buches den Posten als *Director of Literature* beim National Endowment of the Arts in New York an. Mithin kann er sich auf die bequeme Position des Mahners zurückziehen, der das Gebot des Handelns anderen auferlegt.

Dort, wo er die eigentliche Leistung jenseits einer bloßen Willenserklärung hätte erbringen und seine Argumentation hätte untermauern können – im Autorenlexikon, das immerhin den Großteil des Buches ausmacht –, fällt er weit hinter Corliss zurück. Die Auswahl ist launig, mitunter verblüffend, letztlich aber fahrlässig willkürlich. Kursorisch, in knappen Skizzen, porträtiert er Szenaristen wie Paul Attanasio, Paul Dehn und Steven Zaillan. Er verleiht ihnen wenig Kontur jenseits thematischer Kontinuitäten – und wendet damit das gleiche analytische Instrumentarium an, dessen Begrenztheit er den *auteurists* vorhält. Der smarte, wendige Tonfall seiner Prosa kann letzlich nicht darüber hinwegtäuschen, dass ihr Autor sich auf fremdem Terrain bewegt. Seine Vorstellung von diesem Metier ist erschreckend eng: Szenaristen sind für ihn vor allem Dialogautoren. Dass sie eine Filmwirklichkeit weit umfassender vorausahnen, Wesentliches durch Augenscheinliches vermitteln müssen, davon erzählt sein Buch wenig. Strenggenommen könnte man darin auch eine Enteignung des Autors erkennen. Das Lexikon hätte überdies sorgfältiger redigiert werden können – Roger Towne ist keineswegs der Bruder von Robert. Diese mehrfache Flüchtigkeit ist mehr als ein bloßer Schönheitsfehler, sie ist ein Indiz für Kipens mangelndes Interesse, den nächsten Schritt zu tun.

Steven Zaillan

Allerdings macht er praktische Vorschläge, stellt konkrete Forderungen, damit die Autoren bei ihrem Kampf um Anerkennung in der Branche und der Öffentlichkeit zumindest Etappensiege erstreiten können. Die Writers Guild solle Autoren-Retrospektiven organisieren (eigentlich eine Selbstverständlichkeit). Für den fehlenden Einfluss der Autoren macht er auch die unkorrekten Nennungen in Vorspannen verantwortlich. Er verlangt eine sorgfältigere Entschlüsselungsarbeit, stimmigere Zuschreibungen, wenn mehrere Autoren an einem Drehbuch beteiligt sind. Hier sollte die Analyse auch der Kritik nicht kapitulieren, sondern vielmehr erst beginnen. (Andererseits, ketzerisch gefragt: Was wäre tatsächlich gewonnen, wenn man akribisch auseinanderdividieren würde, welches der jeweilige Beitrag der zahlreichen Co-Autoren von TOOTSIE war?)

TOOTSIE (1982; D: Murray Schisgal, Larry Gelbart u.a.; R: Sydney Pollack)

Die Anwesenheit der Drehbuchautoren am Set scheint ihm ebenfalls unerlässlich. Eine heikle Forderung, die zeigt, wie fern ihm die Arbeitswirklichkeit des Kinos ist. Er scheint keine Ahnung zu haben, in welches Wespennest er damit sticht. Zweifellos könnte diese Anwesenheit, als Korrektiv und Komplize, nützlich sein. Aber das Wesen des Drehbuchs ist es, einem Produktionsprozess überantwortet zu werden. Ein guter Schauspieler kennt möglicherweise seine Figur besser als der Autor. Kurios wird es schließlich, wenn Kipen dafür plädiert, dass die Writers Guild Praktikanten abstellen möge, die die jeweiligen Beiträge verschiedener Autoren in unterschiedlichen Drehbuchfassungen und am Set genau protokollieren sollen. Das klingt nach Erbsenzählerei, ist jedoch angesichts der aberwitzigen, oft lähmenden Bestimmungen, die Gewerkschaften bisweilen in Hollywood durchsetzen – wo schon die falsche Sitzordnung zum Scheitern von Tarifverhandlungen führen kann –, vielleicht gar nicht mal so unrealistisch.

Der fremde Freund
Erinnerungen an den Autor Ulrich Plenzdorf. Ein Blick zurück ohne Zorn

Von Thomas Knauf

Ulrich Plenzdorf (1934-2007)

KENNEN SIE URBAN? (1971; D: Ulrich Plenzdorf; R: Ingrid Reschke)

DIE LEGENDE VON PAUL UND PAULA (1973; D: Ulrich Plenzdorf; R: Heiner Carow)

ABSCHIED (1968; D: Egon Günther, Günter Kunert, nach dem Roman von Johannes R. Becher; R: Egon Günther)

Früher traf man sich bei DEFA-Filmpremieren im Kino *International*, auf dem Nationalen Filmfestival in Karl-Marx-Stadt oder auch mal bei der Berlinale in Westberlin. Heute trifft man sich auf dem Friedhof. Zuletzt, um Frank Beyer, Jenny Gröllmann und Ulrich Plenzdorf zu beerdigen. Dass diese »Drei von der Film-Tankstelle« Babelsberg kurz hintereinander über den Styx fuhren, mag Zufall sein, erscheint aber als kollektives Autodafé eines ungeliebten Kapitels deutscher Filmgeschichte. In Anlehnung an Johnny Cashs bitteren Abgesang möchte man fragen: »What have we become, my sweetest friends? Everyone we know goes away in the end.« Das ist der Lauf der Dinge und wäre nur im Einzelfall der Rede wert, wenn nicht die winzige DDR und ihr ebenso winziges Filmwesen zwangsläufig enge Familienbande unter den Filmschöpfern geknüpft hätten. Beyer, Gröllmann, Plenzdorf zählten zu den herausragenden Künstlern und arbeiteten auch nach der Abwicklung der DEFA weiter zusammen. Ihre erste Hauptrolle spielte Jenny Gröllmann in dem Plenzdorf-Film KENNEN SIE URBAN?, der die Probleme junger Menschen zwischen Sein und Bewusstsein, Sex und Sozialismus erzählt und ein unerwarteter Kassenerfolg war. Ingrid Reschke, die damals einzige Frau im DEFA-Regiestuhl, plante danach die Verfilmung von Plenzdorfs LEGENDE VON PAUL UND PAULA ebenfalls mit Jenny Gröllmann in der weiblichen Hauptrolle. Bei der Motivsuche verunglückte die Regisseurin tödlich, den Film drehte dann Heiner Carow mit Angelica Domröse.

KENNEN SIE URBAN? war nach ABSCHIED der zweite DEFA-Film, den ich mir als Jugendlicher freiwillig ansah. Sogar dreimal, wegen Jenny Gröllmann, die hinreißend war, und Manfred Karge, der aussah wie Marlon Brando. Als der Film 1971 ins Kino kam, war ich als Schlosser, Bühnentechniker, Kinoplakatmaler durchgefallen und suchte eine Stelle als Regieassistent beim Fernsehen. Doch nicht die Kenntnis von URBAN zog mich zum Film. Als Mitglied des Hallenser Filmclubs *Deutsch-Sowjetische Freundschaft* hatte ich mehr oder weniger legale Spätvorstellungen von Werken Antonionis, Bergmans, Tarkowskis, Wajdas gesehen und begriffen, dass Kino mehr sein kann als schnöder Zeitvertreib nach der Devise: »Ist doch egal, was läuft. Wenn's regnet, gehn' wir rein.« Nach etlichen Umwegen wurde ich 1981 fest angestellter Szenarist der DEFA, kannte unter meinen 22 durchweg älteren Kollegen aber nur Plenzdorf. Er war seit dem Stück *Die neuen Leiden des jungen W.*, das 1972 in Halle seine spektakuläre Uraufführung erlebte und in 30 Sprachen übersetzt wurde, ein Autor, zu dem man aufschauen konnte. Allein schon wegen seiner Körpergröße und den langen, früh ergrauten Haaren. Gesehen habe ich ihn in den nächsten zehn Jahren nur selten, obwohl wir beide im Prenzlauer Berg wohnten, er in der Wilhelm-Pieck-Straße, ich in der Saarbrücker um die Ecke. So wir uns bei der jährlichen Vollversammlung der Szenaristen mit dem Chefdramaturgen Professor Jürschik trafen, schwieg Plenzdorf noch lauter als ich zu den brennenden ökonomischen und politischen Fragen der DEFA. Zu Studioabnahmen ging er nur, wenn der Film aus seiner Feder stammte.

1983 INSEL DER SCHWÄNE von Hermann Zschoche, eine nichtidyllische Studie über Jugendliche in Betonsiedlungen: Das Szenarium wurde kleingeredet, der Rohschnitt verstümmelt, der abgenommene Streifen vom Progress-Verleih als Kinderfilm im Kino versteckt. Die harsche Kritik der Presse, dass der Film eine kaputte Welt erfinde, war insofern berechtigt, als keiner der privilegierten DEFA-Schaffenden in Marzahn oder Hellersdorf wohnte und deshalb niemand von ihnen

Iris Reschke (rechts) beim Dreh von KENNEN SIE URBAN?

Ulrich Plenzdorf: *Die neuen Leiden des jungen W.* (Suhrkamp 2004)

INSEL DER SCHWÄNE (1983; D: Ulrich Plenzdorf; R: Hermann Zschoche)

Ulrich Plenzdorf (Mitte) auf dem Set von GLÜCK IM HINTERHAUS

BOCKSHORN

BOCKSHORN (1984; D: Ulrich Plenzdorf, nach dem Roman von Christoph Meckel; R: Frank Beyer)

WEITE STRASSEN, STILLE LIEBE (1969; D: Ulrich Plenzdorf, nach der Erzählung von Hans-Georg Lietz; R: Hermann Zschoche)

GLÜCK IM HINTERHAUS (1980; D: Ulrich Plenzdorf, nach dem Roman von Günter de Bruyn; R: Hermann Zschoche)

DIE NEUEN LEIDEN DES JUNGEN W. (1976; D: Ulrich Plenzdorf; R: Eberhardt Itzenplitz)

KARLA (1965/66 [Prod.] / 1990 [Premiere]; D: Ulrich Plenzdorf, Hermann Zschoche; R: Hermann Zschoche)

begriff, dass der normale DDR-Bürger eine Neubauwohnung gegenüber Altbauten mit Außenklo und Bad in der Küche als Luxus ansah.

1984 BOCKSHORN von Frank Beyer nach einem Roman des BRD-Autors Christoph Meckel, als Ost-West-Produktion mit viel Werbung ins Kino gebracht: Zwei Halbwüchsige trampen durch Amerika auf der Suche nach der großen Freiheit, verfolgt von einem Schlemihl, der den Schutzengel des schwarzen Jungen verkauft hat. Die übersinnliche Kapitalismuskritik scheiterte nicht nur an den DDR-Darstellern, peinlich waren die amerikanischen Highway-Szenen, die, wie man unschwer erkennen konnte, auf Hitlers Reichsautobahn rund um Berlin gedreht wurden.

Ich habe mich nach der Abnahme gefragt, wo leben Plenzdorf und Beyer? Sie konnten, wann immer sie wollten, in den Westen reisen, auch nach Amerika, die Kinozuschauer aber seit 1980 nicht mal mehr nach Polen. Im Studiokino *Camera* des Staatlichen Filmarchivs der DDR in der Oranienburger Straße (heute *Tacheles*) konnte man zum Glück frühe Plenzdorf-Filme sehen. WEITE STRASSEN, STILLE LIEBE, GLÜCK IM HINTERHAUS, und in einer geschlossenen Vorführung des Filmverbandes auch die leidliche Westverfilmung der NEUEN LEIDEN DES JUNGEN W. 1990 dann, als die *Camera* längst dichtgemacht hatte, in der Akademie der Künste KARLA, Plenzdorfs zweiten Film, der mit der halben DEFA-Jahresproduktion 1966 verboten worden war und immer einer der wichtigen DDR-Filme bleiben wird. Jutta Hoffmann spielt darin eine junge Lehrerin, die ihre Schüler zum Selbstdenken, nicht zum Nachbeten politischer Parolen erzieht – und scheitert. In einer Szene sagt Karla betrunken zu ihrem noch betrunkeneren Schuldirektor: »Ich bin an der Vorsicht gestorben.« Das reichte, um den Film als pessimistisch abzukanzeln. Im Zentralorgan der SED *Neues Deutschland* stand, es »seien die Grundprinzipien des sozialistischen Realismus aufgegeben und ein künstlicher Widerspruch zwischen Ideal und unvollkommener Wirklichkeit in der DDR aufgestellt« worden. Als ob der Pseudorealismus des Bitterfelder Weges nicht der allerkünstlichste Widerspruch zur Dialektik von Hegel und Marx gewesen wäre.

Im Gegensatz zu mir, der als Kind am 17. Juni 1953 den Vater an der Spitze der BUNA-Arbeiter gegen russische Panzer marschieren sah und von ihm eingetrichtert bekam, dass die Kommunisten nicht besser seien als die Nazis, stammte Ulrich Plenzdorf aus einer Familie von Verfolgten des Hitler-Regimes. Sein Vater wurde als KPD-Mitglied mehrfach verhaftet, seine Mutter saß ein Jahr im KZ. 1950, als Tausende Ostdeutsche in den Westen »rübermachten«, zogen sie dagegen mit dem 16-jährigen Ulrich von Berlin-Kreuzberg nach Berlin-

Lichtenberg. Nach zwei Semestern Philosophie in Leipzig brach Ulrich das Studium von Marx, Engels, Lenin, Stalin ab und ging in die Produktion nach Babelsberg.

Als Bühnenarbeiter beim Film sah Plenzdorf, dass die Drehbuchautoren immer als Letzte am Set erscheinen und extrastarken Kaffee von hübschen Scriptgirls bekommen. Von da an hatte der philosophierende Arbeitersohn ein Ziel vor Augen. 1963 beendete er sein zweites Studium an der HFF, wurde Szenarist und debütierte ein Jahr später mit dem Historienfilm MIR NACH, CANAILLEN! Die preußische Antwort auf FANFAN, DER HUSAR war ein enormer Publikumserfolg. Nicht zuletzt durch Manfred Krug, den Stahlgießer aus Brandenburg, der das noch stark nach UFA riechende DEFA-Genrekino wie ein Wirbelwind aufmischte. Gérard Phillipe, Simone Signoret, Yves Montand hatten in den 1950er Jahren in Babelsberg gedreht, weil sie zu den fortschrittlichen Westkünstlern zählten und der DEFA so internationales Flair verschafften.

Nach dem Mauerbau und dem XI. Plenum drohte Babelsberg gegen Nouvelle Vague, tschechischen Film und Oberhausener Manifest zum Hinterhof des europäischen Kinos zu verkommen. Schon als Filmstudent erkannte Plenzdorf die Notwendigkeit, Literatur und Film

MIR NACH, CANAILLEN! (1964; D: Ralf Kirsten, Manfred Krug, Ulrich Plenzdorf; R: Ralf Kirsten)

FANFAN LA TULIPE (Fanfan, der Husar; 1952; D: Christian-Jaque, Henri Jeanson, René Wheeler; R: Christian-Jaque)

Das XI. Plenum des ZK der SED im Dezember 1965, später »Kahlschlagplenum« genannt, bedeutete eine entscheidende Wende in der DDR-Kulturpolitik und das vorläufige Ende der vorsichtigen Liberalisierungstendenzen, die seit 1963 eingesetzt hatten. In der Folge wurden zahlreiche Bücher, Theaterstücke und Filme verboten.

Jürgen Hentsch und Jutta Hoffmann in KARLA

mit neuen Ausdrucksformen und Inhalten zu vergegenwärtigen. Damit war er auf der Höhe der Zeit und bei der DEFA nicht allein. Wolfgang Kohlhaase, Günther Rücker, Manfred Bieler, Christa Wolf

Ulrich Plenzdorf
Die neuen Leiden
des jungen W.

schrieben Drehbücher, waren aber auch oder vor allem Schriftsteller. Plenzdorf hatte an der HFF eine solide Dramaturgieausbildung genossen und wurde im Studio Babelsberg als Filmdramaturg *und* Szenarist angestellt. Nachdem sein Drehbuch *Die neuen Leiden des jungen W.* nach jahrelangen Querelen endgültig abgelehnt wurde, schrieb der Autor es zur Erzählung um. Die durfte in der nur von »Ingenieuren der Seele« (Stalin) gelesenen Literaturzeitung *Sinn und Form* erscheinen. Der Machtwechsel von Ulbricht zu Honecker und dessen Hang zu sinnigen Sprüchen (»Wir müssen Klarheit in den Köpfen schaffen, nicht auf den Köpfen«) nahm der Akademiepräsident und Regisseur Konrad Wolf wörtlich und boxte die *Neuen Leiden des jungen W.* auch als Theaterstück durch. Nach der Uraufführung spielten 15 DDR-Bühnen das Stück in der Spielzeit 1972/73, die Erzählung erschien als Buch im Hinstorff-Verlag, danach bei Suhrkamp. Von da an war der Name Plenzdorf jedem Kulturhausleiter von Stralsund bis Suhl, jedem Literaturkritiker von Hamburg bis Haiti ein Begriff. Ob er seinen plötzlichen Ruhm und bescheidenen Reichtum genoss, weiß ich nicht. Den Hauptteil der West-Tantiemen strich der chronisch devisenknappe Staat ein, und der erneute Versuch, Leben und Tod des Edgar Wibeau als DEFA-Film zu realisieren, brachte dem Autor nur neue Leiden.

Plenzdorf war bei aller physischen Gesundheit – er rauchte nicht, trank nur Tee und trieb Sport – ein Choleriker. Zu Buchabnahmen kam er schon mit hochrotem Kopf und stritt bis aufs Messer um jeden Dialogsatz. Die kleinste Korrektur am Film nahm er persönlich, insistierte beim Filmminister und drohte angeblich mehrmals, der DDR für immer den Rücken zu kehren. Doch auch, nachdem er 1976 wegen Unterzeichnung der Protestnote gegen Biermanns Ausbürgerung aus dem Vorstand des Schriftstellerverbandes entfernt wurde – und dadurch im Westen noch willkommener war –, kehrte er immer wieder nach Ostberlin zurück.

Als Drehbuchautor hatte Plenzdorf fast parallel zum Theaterrummel mit der Neuinterpretation von Goethes *Werther* einen sensationellen Kinoerfolg mit der LEGENDE VON PAUL UND PAULA. Obwohl es in der DDR-Presse auch Kritik gab, dass der Film kleinbürgerlich sei, an der Realität völlig vorbeigehe, einige Bezirksparteichefs ihn sogar absetzen wollten – Honecker, der Nacktszenen im Film als politisch ungefährlich ansah, aber nicht –, hagelte es ausgerechnet in den Westmedien böse Verrisse. Feministinnen nannten den Film eine Ost-Schnulze, die mit Paula ein schlechtes Vorbild für die Frau im Sozialismus liefert. Ähnlich reserviert begegneten linke Autoren im Westen den *Neuen Leiden*. Sie beklagten die schon bei Goethe unpolitische Revolte des Helden und waren sauer, dass Plenzdorf zum Schulbuchautor bundesdeutscher Gymnasien avancierte. Vielleicht dachte

DIE LEGENDE VON PAUL
UND PAULA

mein DEFA-Kollege wie Heiner Müller, dass eine kleine, beschränkte Diktatur für Dichter besser sei als eine großspurige, dumme Demokratie. Der Nobelpreisträger Ceslaw Milósc drückte es so aus: »Der Unterschied zwischen dem westlichen Intellektuellen und dem östlichen besteht darin, dass Ersterer nie richtig eins in die Fresse gekriegt hat.«

Plenzdorf war anders als Müller kein freundlicher Katastrophiker, sondern ein zorniger Anwalt der kleinen Leute und der schönen Dinge des Lebens. Er liebte den neorealistischen Film, vor allem Carlo Lizzanis CHRONIK ARMER LIEBESLEUTE, den ich beim Wiedersehen nicht halb so bewegend wie FAHRRADDIEBE oder DAS WUNDER VON MAILAND fand. An der Babelsberger Filmschule sahen wir jede Woche ein Dutzend Klassiker und neue Werke, die es offiziell nicht gab, nur als Raubkopien des Staatlichen Filmarchivs. Als Ulrich Plenzdorf sich den Hintern auf den harten Bänken der Vorführräume plattsaß, war die Nouvelle Vague, das Free Cinema und Formans SCHWARZER PETER Gegenwart.

Ich studierte ab 1976 auf der Grenze zu Westberlin und sah, dass das Brot der frühen Jahre des neuen europäischen Kinos hart geworden war. Bei Antonionis ROTE WÜSTE musste ich heulen an der Stelle, an der Monica Vitti sagt: »Gibt es einen Ort auf der Welt, wo man sich besser fühlt?« Seit frühester Kindheit fühlte ich mich schlecht in der DDR und glaubte auch später nicht, dass der Sozialismus ein eingelöstes Glücksversprechen ist. Als Szenarist der DEFA hatte ich keine Illusionen über meine gutbezahlte Festanstellung. Ich war ein »nützlicher Idiot« (Lenin) der Filmpolitik, weil die Studiobosse trotz meiner erwiesenen politischen Unreife an mein Schreibtalent glaubten. Sogar noch, als ich 1984 einen Ausreiseantrag stellte, nachdem ich fünf Jahre nur fürs Lektoratsarchiv geschrieben hatte. Wenn ich in der Zeit, statt zu teure oder ungebührliche Filme abzuliefern, Prosa und Stücke verfasst hätte, wäre ich womöglich auch im Westen bekannt geworden. Um mich vor meinen Dichterfreunden vom Prenzlauer Berg nicht zu schämen, veröffentlichte ich wenigstens ein paar freche Gedichte beim Klassenfeind und ein Hörspiel im Berliner Rundfunk. Als dann 1987 mit meinem zweiten DEFA-Film das ersehnte Kritiker- und Publikumslob kam, 1988 sogar der Westreisepass, war die DDR für mich nur noch Arbeitsplatz und Postadresse. Vor der Hoffnung auf Gorbatschows Perestroika stand ich so gleichgültig wie hinter Biermanns dubioser Rolle als *agent provocateur*.

Je mehr ich über Ulrich Plenzdorf nachdenke, desto fremder erscheint mir sein Festhalten an der Erziehung der SED-Genossen zur Menschlichkeit. Die gab es ja längst wegen der niedrigen Mieten, Vollbeschäftigung und kostenlosen Krankenversorgung. Das war doch kein Problem für die Literatur, vielmehr die Unreife und der Zwang zu allen

CRONACHE DI POVERI AMANTI (Chronik armer Liebesleute; 1954; D: Giuseppe Dagnino, Carlo Lizzani, Massimo Mida, Sergio Amidei, nach dem Roman von Vasco Pratolini; R: Carlo Lizzani)

LADRI DI BICICLETTE (Fahrraddiebe; 1948; D: Cesare Zavattini, Suso Cecchi D'Amico, Vittorio De Sica, Oreste Biancoli, Adolfo Franci, Gerardo Guerrieri, nach dem Roman von Luigi Bartolini; R: Vittorio De Sica)

MIRACOLO A MILANO (Das Wunder von Mailand; 1951; D: Cesare Zavattini, Vittorio De Sica, Suso Cecchi D'Amico, Mario Chiari, Adolfo Franci, nach der Novelle von Cesare Zavattini; R: Vittorio De Sica)

CERNÝ PETR (Der schwarze Peter; 1964; D: Milos Forman, Jaroslav Papousek; R: Milos Forman)

IL DESORTO ROSSO (Die rote Wüste; 1964; D: Michelangelo Antonioni, Tonino Guerra; R: Michelangelo Antonioni)

DER FALL Ö

Ulrich Plenzdorf: *kein runter kein fern* (Bange 1997; Doppelband mit *Die neuen Leiden ...*)

Ulrich Plenzdorf: *Legende vom Glück ohne Ende* (Suhrkamp 1995)

DER KÖNIG UND SEIN NARR (1980; D: Frank Beyer, Ulrich Plenzdorf, nach dem Roman von Martin Stade; R: Frank Beyer)

DER FALL Ö. (1991; D: Ulrich Plenzdorf, nach der Erzählung von Franz Fühmann; R: Rainer Simon)

Formen von Vaterlandsliebe, Ideologie, Kultur, den Witold Gombrowicz als menschliche Dummheit per se geißelte. Plenzdorf und andere kritische DDR-Künstler der Kriegsgeneration glaubten bis zuletzt, dass sie im besseren Deutschland wohnten und nur im schlechteren das bessere Geld verdienten. Ich verurteile sie nicht, jeder ist das Produkt seiner Erfahrung, viel näher aber war mir der »Tarzan vom Prenzlauer Berg«, Adolf »Eddie« Endler, der keine Filme schrieb, aber mit bildhafter Sprache gegen deutschen Untertanengeist und Größenwahn andichtete. Von ihm lernte ich, dass es unter jeder Diktatur gut ist, ein wenig in Ungnade zu fallen. Dass der Künstler nicht für oder gegen die Tagespolitik da ist, sondern für sich allein und die ganze Menschheit. In der DDR nicht gedruckt zu werden hieß nicht, deshalb zu verhungern. Für BRD-Autoren ist das weitaus schwieriger. Bei der Deutschen Bank, dem Goethe-Institut, ARD und ZDF in Ungnade zu sein kann die Existenz gefährden. Deshalb hielt sich Ulrich Plenzdorf die Tür zur DEFA bis zum Ende offen und ging zu den ereignisleeren Vollversammlungen. Im Westen hatte er seine erfolgreichen Momente.

1978 erhielt Plenzdorf den Bachmann-Preis für seine wohl beste Erzählung *kein runter kein fern*, später den Prix Futura für denselben Text als Hörspiel. Die melodramatische Fortsetzung von PAUL UND PAULA als *Legende vom Glück ohne Ende* wurde ein Suhrkamp-Bestseller, der Fernsehfilm DER KÖNIG UND SEIN NARR nach Martin Stades Roman über Gundling, den Hofrat Friedrich Wilhelms I., eine seiner stärksten Adaptionen. Bei der DEFA 1990 dann ein letzter, unzeitgemäßer Film nach einer Erzählung von Franz Fühmann. DER FALL Ö. versucht sich an der moralischen Schuld eines Wehrmachtssoldaten, der in Griechenland mit »edler Einfalt und stiller Größe« zum Ödipus *ante portas* wird. DEFA-Autoren flüchteten ja immer wieder vor den Schwierigkeiten mit der Gegenwart in arkadische Landschaften, die sie dann metaphorisch durch Allgemeinplätze oder DDR-typische Absurditäten aufluden.

Auch ich wich 1987 in die Französische Revolution aus, um am Beispiel Georg Forsters das Scheitern privaten Glücks in politischen Katastrophen zu erzählen. Trotz historischer Kulisse und ohne Zensureingriffe verstanden die Zuschauer für die Kulturverwalter allzu genau, was gemeint war: dass Honeckers Sinnspruch »Den Sozialismus in seinem Lauf / halten weder Ochs noch Esel auf« die Puste ausging und Gorbatschows Reformen eine Geste des Scheiterns einer Ideologie waren. Heiner Müller meinte, die DDR als Lebensgefühl habe erst nach ihrem Ende zu existieren begonnen, als Verlust einer Identität der Niemandskinder im Jedermannsland von Kanzler Kohl.

Auch Ulrich Plenzdorf hat dieses Gefühl der Nichtexistenz nach 1990 erfahren, sogar stärker als ich. Mir war klar, als ich nach fünf

Jahren Auszeit von Deutschland ohne Geld und Liebe heimkehrte, ich würde hier keine Kinofilme mehr schreiben, würde mich als Serienmörder mit Fernsehkrimis verdingen müssen. Plenzdorf glaubte, er sei zu alt fürs gesamtdeutsche Kino. In Wahrheit hatten viele westelbische Filmemacher Angst vor uns Babelsbergern. Sie hielten uns für die besseren Handwerker und fürchteten um ihren Erfolg. Mit dem Handwerk mag das stimmen, ästhetisch waren wir durch ständiges Anhalten zu Volkstümlichkeit und politischem Gehorsam Papas Kintopp näher als dem Neuen Deutschen Film. Erst nach und nach entdeckten junge Babelsberger und Berliner Filmstudenten die Schönheit ostdeutscher Landschaft und die Langsamkeit des Erzählens.

Die besten späten DEFA-Filme waren Romanverfilmungen, einige davon bearbeitet von Ulrich Plenzdorf. Dabei verstand er sich als Mittler, weil er als Szenarist vor allem Schriftsteller war. Lesen und Schreiben gehörten für ihn zum Beruf, Filmesehen und Reden weniger. Dazu hatte er nicht die Zeit. Getrieben von der Angst, zum alten Eisen zu gehören, schrieb er, statt zu leben. Ein Jahr ohne drei, vier fertige Drehbücher war für ihn ein verlorenes Jahr. Am Tag der Einheit 1991 zeigte die ARD den Film HÜPF, HÄSCHEN, HÜPF ODER ALPTRAUM EINES STAATSANWALTS, in dem Plenzdorf seine Ängste vor den Folgen der kopflosen Vermählung beider Deutschlands vor- und rückwärts dekliniert. 1993 dann ein geschickter Vorgriff auf Kohlhaases STILLE NACH DEM SCHUSS. In VATER MUTTER MÖRDERKIND erzählt er das Thema RAF in der DDR aus der Sicht des Adoptivkindes eines Terroristen und distanziert sich damit von jeder Gewaltfantasie gegen den Staat. Wie gehabt variiert er das Originaldrehbuch gleichzeitig als Theaterstück und Erzählung. Eine ökonomische Methode, die er in Zeiten der Planwirtschaft entwickelt hatte und im Kapitalismus kultivierte und die ich Idiot noch bis vor kurzem für krankhaften Wiederholungszwang hielt.

1994 nahm Plenzdorf fürs ZDF DAS LEBEN DER ANDEREN vorweg, indem er in DAS ANDERE LEBEN DES HERRN KREINS die Begegnung eines ostdeutschen Regimekritikers mit seinem Stasioffizier nach der Wende widerspiegelt. Obwohl er nie TV-Serien geschrieben hatte, stemmte er als Ghostwriter für den verstorbenen Jurek Becker die vierte Staffel *Liebling Kreuzberg* mit Bravour. Darin feierte Jenny Gröllmann ihren späten Einstieg als Schauspielerin ins Westfernsehen. Für Frank Beyer entwarf Plenzdorf die Drehbücher zu DER VERDACHT nach Volker Brauns *Unvollendeter Geschichte* und ABGEHAUEN nach Manfreds Krugs Pankower Erinnerungen, einem Fernsehfilm über DDR-Künstler im Streit mit Honeckers Kulturpolitik, der einen nicht umhaut, höchstens ein Seufzen abringt, in welch rosigen Verhältnis-

HÜPF, HÄSCHEN, HÜPF ODER ALPTRAUM EINES STAATSANWALTS (1991; D: Ulrich Plenzdorf; R: Christian Steinke)

DIE STILLE NACH DEM SCHUSS (2000; D: Wolfgang Kohlhaase, Volker Schlöndorff; R: Volker Schlöndorff)

VATER MUTTER MÖRDERKIND (1993; D: Ulrich Plenzdorf; R: Heiner Carow)

DAS LEBEN DER ANDEREN (2006; D+R: Florian Henckel von Donnersmarck)

Liebling Kreuzberg (BRD 1986-1998; 4. Staffel: 1994)

DER VERDACHT (1991; D: Ulrich Plenzdorf, nach der Erzählung von Volker Braun; R: Frank Beyer)

ABGEHAUEN (1998; D: Ulrich Plenzdorf, Frank Beyer, nach dem Buch von Manfred Krug; R: Frank Beyer)

DAS ANDERE LEBEN DES HERRN KREINS (1994; D: Ulrich Plenzdorf; R: Andreas Dresen)

DAS ANDERE LEBEN DES HERRN KREINS

sen wir lebten. Zu jeder meiner Filmpremieren schickte mir der DEFA-Direktor 40 rote Rosen, so viele, wie die DDR Jahre zählte, als sie starb. Die Künstler wurden von der Staatsmacht ernst genommen, gefürchtet und verhätschelt.

Manfred Krug, der proletarische Tausendsassa mit der Ostmillion auf dem Konto, spielte als Dissident die Rolle des Rebellen aus MIR NACH, CANAILLEN! und erpresste mit Tonbandmitschnitten der Gespräche auf höchster Ebene die zollfreie Überführung seines wertvollen Besitzes von Kunst und Kitsch in den Westen. Der Mann konnte im Kapitalismus nicht untergehen. Plenzdorf schon. Außer seiner Großfamilie – eine Tochter, zwei Söhne, zwei Frauen und ein Landhaus in Brandenburg – besaß er vor allem das Talent, von Verlusten zu erzählen. Mit DER TRINKER nach Falladas Lebensbeichte schuf er 1995 die Partitur für den besten Harald-Juhnke-Film aller Zeiten, und Strittmatters LADEN gehört zu den herausragenden Fernseh-Mehrteilern der 1990er Jahre und ist nach meiner Auffassung Plenzdorfs persönlichste Filmarbeit. Mit dieser Chronik der armen Leute von Bohsdorf konnte er den lieben Verwandten im Westen sagen, was der Lyriker Heinz Kahlau in einem Gedicht meinte – dass in der DDR wie in jedem Land Menschen lebten, die es verändern, andere nicht; wieder andere wollen es zerstören, und die meisten wohnen einfach dort. Wie ich, der ich mich zu keiner Veränderung der DDR berufen fühlte. Ich wollte Filme schreiben, die sich in Cannes und Karlovy Vary nicht zu verstecken brauchten. Plenzdorf war es mit seinen DEFA-Filmen nicht

DER TRINKER (1995; D: Ulrich Plenzdorf, nach dem Roman von Hans Fallada; R: Tom Toelle)

DER LADEN (1998; D: Ulrich Plenzdorf, Jo Beier, nach dem Roman von Erwin Strittmatter; R: Jo Baier)

Manfred Krug in MIR NACH, CANAILLEN!

vergönnt, an die Côte d'Azur zu fahren, mir wenigstens mit einem. Trotzdem beneide ich ihn um seinen Fleiß, seine Sturheit und seinen Erfolg als Schriftsteller.

Vielleicht war Plenzdorf die letzten Jahre so deprimiert, weil er an den frühen Ruhm nicht anknüpfen konnte, als Drehbuchautor keine Aufträge mehr bekam, obwohl er pausenlos las und schrieb. Zum Beispiel wollte er *Die Nachrichten* fürs Fernsehen adaptieren, aber der Romanautor Osang, der sich als neuer Plenzdorf auf allen Gebieten beweisen musste, wollte das nicht. Eines der letzten Bücher meines geschätzten Kollegen hieß *Eins und eins ist uneins*.

Ich versuche, obwohl ich seit Jahren kein Drehbuch mehr verkaufte, mit mir eins zu sein und die Dinge mit Gelassenheit zu beobachten, um sie aufzuschreiben. Für mich und kommende Leser, nicht für Reich-Ranicki. Das Leben ist kein Film, eher ein Roman, vor allem ein geschlossenes System, dessen einziger Ausgang der Tod ist. Und der ist womöglich nur ein Übergang zu etwas viel Größerem, nach allen Himmelsrichtungen Offenem. Ulrich Plenzdorf war wie ich Atheist, auch Kommunist wie ich nicht mal im Traum, und glaubte somit an das tragische Grundgefühl irdischen Seins. In *Legende vom Glück ohne Ende* gibt es ein Trostlied für Paul: »Du hast keine Chance, Paul / nur noch Angst Paul Höllenangst / du bist allein Paul du armes Schwein / Paul / im Himmel wie auf Erden.«

Im Mai 2004 wird Plenzdorf plötzlich schlecht. Die Ärzte diagnostizieren Gehirnbluten und schicken ihn ins künstliche Koma. Als er daraus beinahe nicht mehr erwacht, kann er kaum noch sprechen und ist an den Rollstuhl gefesselt. Für den schreibenden Sportler ist das eine kein Problem, das andere eine Katastrophe. Er wusste, dass er das Pflegeheim mit knapp 70 nie mehr verlassen würde. Zur Beerdigung seines Freundes Frank Beyer und der Schauspielerin Jenny Gröllmann konnte oder wollte er nicht erscheinen. Ich nahm von Jenny Abschied, weil ich seit KENNEN SIE URBAN? die Aktrice liebte, sie mir auch als Mensch nicht gleichgültig war und ich glaubte, sie als Opfer der Stasi-Begeisterung eines bayrischen Junkers noch an ihrem Grab beschützen zu müssen.

DER LADEN

Zu Ulrich Plenzdorfs Beerdigung im August 2007 ging ich nicht, weil er in aller Stille beigesetzt werden wollte. Aber ich las ihm zuliebe *Die neuen Leiden des jungen W.* wieder. Die Erzählung endet mit den lapidaren Worten: »Ich weiß nicht, welcher Fehler ihm unterlaufen ist. Nach dem, was die Ärzte sagen, war es eine Stromsache.« Auch Edgar Wibeaus literarischer Erfinder war immer zu dicht am Plus/Minus-Pol des Lebens und hatte Schwierigkeiten, sich zu erden. Zum Glück gibt es ein Dasein jenseits des Kinos, auch wenn es zugegeben die schönste Nebensache der Welt ist.

Alexander Osang: *Die Nachrichten* (S. Fischer 2002)

DIE NACHRICHTEN (2005; D: Alexander Osang; R: Matti Geschonneck)

Ulrich Plenzdorf: *Eins und eins ist uneins* (Eulenspiegel 1999)

Scenario

Lesezeichen

Old School – New School
Kleine Bestandsaufnahme der gegenwärtigen amerikanischen Filmdramaturgie

Von André Georgi

Lokaltermin 1 im *Screenwriters Store* in Westwood, Los Angeles. Ein paar Meter weiter nördlich brütet in der UCLA die kalifornische Hitze die Crème de la Crème der künftigen Blockbuster-Autoren aus. Ich stehe, von der Klimaanlage gut gekühlt, vor den Regalen, lese mir auf der Suche nach dem Mythos New School den Kopf heiß, und meine Kreditkarte verkrümelt sich vorsichtshalber in die hinterste Ecke des Portemonnaies. Erstes Brett: Alles über Thriller; Breite: drei Meter. Zweites Brett: Comedy, drei Meter. Drittes und viertes Brett: Crime, Breite entsprechend.

Lokaltermin 2 in der abgeschotteten Plastikwelt eines Hotels, direkt neben dem Flughafen LAX. Hier findet die *Screenwriting Expo* statt, die größte Drehbuchmesse der Welt, alle zukünftigen Helden dieses Artikels sind versammelt, der Rest der Welt lauscht für fünf Tage den verschiedensten Veranstaltungen. Seminare zum Beispiel über die ersten zehn Seiten des Comedy-Scripts. Über Patterns des Endes von Thrillern. Allein über *romantic comedies* werden ungefähr 15 Workshops angeboten. Hat mich mein Herausgeber mit seinem Reden über eine sogenannte New School auf eine falsche Fährte gesetzt?

Keine Frage, Filmdramaturgie boomt. Über die *plot points* auf den Seiten 25-27 und 85-90 mag man heute inzwischen schmunzeln – aber Syd Fields Klassiker *Screenplay* aus dem Jahre 1979 war der Startschuss, dem eine erste Generation in den noch brachliegenden, aber äußerst verheißungsvollen Westen der Filmdramaturgie hinterhereilte: Voglers und Voytillas Paradigma der »Heldenreise«, Frank Daniels und David Howards Acht-Sequenzen-Methode, Linda Segers und Lew Hunters Bücher zum Entwicklungsprozess eines Drehbuchs – allesamt sind sie Helden der ersten Stunde, als in den späten 1980er und frühen 1990er Jahren eine Welle von Manuals den Markt zu überschwemmen begann. Und bereits seit den 1980ern schurigelt

Ein Klassiker der Old School: Syd Field: *Das Drehbuch. Die Grundlagen des Drehbuchschreibens* (Autorenhaus 2007)

und hegelt Robert-die-Negation-der-Negation-McKee in seinem eigenen Paralleluniversum als wandelnde Synthese und Apokalypse des abendländischen Storywissens über die Bühnen dieser Welt. Keine Frage: Der Westen ist inzwischen erobert, die Claims sind abgesteckt, die Wilden, Unberührten und Unbekehrten sind ins Reservat »Arthouse« verfrachtet; es ist nur noch eine Frage der Zeit, wann man auch dort mit den Werkzeugen der inzwischen hochprofessionalisierten und -spezialisierten Filmdramaturgie nach Gold zu schürfen beginnt.

Und was ist das Resultat nach knapp 30 Jahren Goldgräberstimmung? Hat sich bewahrheitet, was Kritiker der Filmdramaturgie gerne vorwerfen: Normierendes Paradigmen-Denken? Creating forgettable characters? Making a great script good? Malen nach Zahlen? Mitnichten.

Der ungebrochene, nicht abreißende Boom der Filmdramaturgie in den letzten zehn Jahren hat einen handfesten Grund: Sie wird immer besser – komplexer und brauchbarer. Filmdramaturgie heute ist fest etabliert, muss niemandem mehr etwas vormachen oder um ihre Existenz kämpfen. Nach der Gründerzeit geht es jetzt in eine neue Epoche – folgt der Old School die New School einer neuen Generation von Dramaturgen?

In der Praxis ist Filmdramaturgie von Beginn an von der einzigen, manchem vielleicht schäbig erscheinenden Frage bewegt: Wie müssen Geschichten beschaffen sein, um die größtmögliche Wirkung beim Publikum zu erzielen? »Größtmöglich« heißt in Los Angeles, dem Yucatán der Filmdramaturgie, natürlich »universell« und »kommerziell«. Diese Frage ist tatsächlich spektakulärer, weil weitreichender, als sie zunächst erscheinen mag. Denn sie deckt auch eine neue Perspektive für die Theorie der Filmdramaturgie auf: die Rezeptionsästhetik. Natürlich wollten Geschichten immer schon auf ihr Publikum wirken. Die traditionelle Filmdramaturgie aber verblieb zumeist story-immanent: Sie war primär an der Frage der Figurengestaltung und der Fügung des Plots und wenig an der Rezeption interessiert. Ihre implizite Grundannahme: Wenn Figur und Plot stimmen, wird das Buch seine Wirkung beim Publikum schon entfalten. Hollywoods Blockbuster-Generation wollte (und durfte) sich damit aber nicht mehr zufriedengeben, ihre Filme sollten (und mussten) ein weltweites Publikum erobern können.

Die erste Antwort, die die Filmdramaturgie auf diese rezeptionsästhetische Frage gegeben hat, war das Paradigma der »Reise des Helden« (das Paradigma der Old School schlechthin): Joseph Campbells dem Mythos abgelesenes Modell schien universell genug, um tatsächlich überall auf der Welt verstanden zu werden; das mythische Strukturmodell sollte der Garant für universelle Verständlichkeit, Wirksamkeit und kommerzielle Effizienz sein.

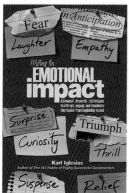

Es ist aufschlussreich, welche Antwort die neueren Dramaturgien auf dieselbe Frage geben. Die immer wieder gehörte neue Zauberformel ist das »emotionale Erzählen«: Die wirkliche Universalie der Wirkung von Geschichten wird heute nicht mehr in der Struktur der Erzählung und des *Plots* gesucht, sondern in der Emotionalität der *Figur*. Implizite Grundannahme: Der Mensch ist primär nicht das *animal rationalis* altehrwürdiger Traditionen, sondern ein *animal emotionalis*, dessen Gefühlsgrundierung anthropologisch konstant und überall auf diesem Planeten identisch ist. Erzählen auf emotionalem Untergrund ersetzt in seiner Bedeutung die mythologische Grundstruktur, der heute niemand mehr so recht zu vertrauen scheint. Stattdessen forschen Dramaturgen und Script Consultants jetzt primär danach, wie eine Geschichte ihre größtmögliche emotionale Wirkung beim Publikum erzielen kann. Bezeichnend sind schon die Titel mancher Bücher dieser Dramaturgen: *Writing for Emotional Impact* (Karl Iglesias; 2005), *The Emotional Toolbox* (Laurie Hutzler; 2006), *Emotional Structure* (Peter Dunne; 2007). Also scheint was dran zu sein an der Unterscheidung Old School – New School.

Figur oder Plot: Dieses Unterscheidungskriterium zwischen den beiden Schulen ist die Henne-oder-Ei-Frage der Dramaturgie schlechthin. Voglers »Reise des Helden«, Syd Fields Dreiaktmodell (das durch das Postulat des *midpoint* häufig als Vieraktmodell gesehen wird), Frank Daniels und David Howards Acht-Sequenzen-Methode – der Erfolg der Filmdramaturgen der Old School beruht zum Großteil auf den Strukturmodellen und Paradigmen der Plotstruktur. Trotz Linda Seger hat die klassische Filmdramaturgie ein ausgesprochenes Faible für den Plot, die aristotelische Präferenz des Mythos lebte ungebrochen in ihr fort. Die New School dagegen ist vor allem an Figuren interessiert und wartet mit immer neuen Kriterien auf, nach denen sich Figuren gestalten lassen. Keine Frage: Der Lehre der New School zufolge steht und fällt emotionales Erzählen – das dieser Schule zufolge effektivste Erzählen – mit einer Figur, die das Publikum in den Bann zieht und nicht mehr loslässt. Welche Kriterien der Figurengestaltung hat die New School im Angebot?

Die Moralisten

Im Kern einer guten Geschichte steht eine Figur, die mit einer moralischen Wahl konfrontiert ist – dies ist die Grundüberzeugung einer prominenten Gruppe von New-School-Dramaturgen: Kate Wright (Screenwriting is Storytelling; 2004), Stanley D. Williams (The Moral Premise; 2006), Jeff Kitchen (Writing a Great Movie; 2006) und John Truby (Blockbuster und The Anatomy of Story: 22 Steps to Becoming a

Master Storyteller; 2007). Deren Ansatz zufolge ist eine Figur nicht primär wegen ihrer psychologischen Charaktereigenschaften interessant, sondern vor allem wegen der moralischen Entscheidung, die sie treffen muss – das Publikum werde letztlich von nichts stärker bewegt: »The deepest line of any story is the moral line of your hero«, schreibt John Truby. An die Stelle des altbekannten character arc der Figur – ihrer psychologischen Charaktertransformation – tritt der moral arc (Williams), ihr innerer Konflikt angesichts sich widersprechender moralischer Handlungsalternativen: Erst kommt die Moral und dann die Psychologie.

Der *moral arc* liegt zwar eher implizit unterhalb der erzählten Geschichte, aber er ist die eigentliche Geschichte, das, worum es wirklich geht, und das, was im Grunde auf das Publikum wirkt – so in etwa lautet der axiomatische Nukleus der Moralisten unter den New-School-Dramaturgen. Zwar wollen sie am liebsten auch die äußeren Konflikte auf Wertekonflikten basierend sehen – Protagonisten und Antagonisten sollten im Idealfall zwei sich gegenseitig ausschließende und attackierende Wertesysteme verkörpern –, aber das eigentliche Spielfeld der Moralisten sind die inneren Konflikte der Figuren, die sie rezeptionsästhetisch für am effektivsten halten. Und zu diesen inneren Aspekten haben sie auch eindeutig am meisten zu sagen.

Das Zauberwort, das die New-School-Lehrer wie ein dramaturgisches Mantra vor sich herbeten, lautet: *Dilemma*. Ein gutes Dilemma trage einen ganzen Film, schreibt Jeff Kitchen, es sei der wahre Motor des Dramas – je stärker das Dilemma der Figur, desto stärker das Drehbuch: »There is no hiding from a compelling dilemma.« Von allen dramaturgischen Kunstgriffen, die die Dramengeschichte kenne, sei es die stärkste Waffe, Autorinnen und Autoren sollten es wie ein Folterwerkzeug benutzen, um ihre Figuren zu quälen. Und nur die Geschichten, die von in ihrem Dilemma zerriebenen Figuren erzählen, hätten wirklich das Potenzial zu bedeutungsvollen – und kommerziell erfolgreichen – Filmen, schreibt Kate Wright. Letztlich interessieren wir uns für Geschichten, weil sie uns Anleitungen zum Handeln offerieren; Geschichten sind eine Art von sehr praktischer Moralphilosophie – der Film wird zur moralischen Anstalt für ein angesichts der Unüberschaubarkeit realer Handlungsalternativen verunsichertes Publikum. Und tatsächlich: Bei der Lektüre der Filmanalysen von Kitchen und Williams sticht ins Auge, wie sehr sich die Drehbücher der letzten Jahre um einen normativen Kanon bemühen. Geschichten diskutieren zunehmend gesellschaftliche Grundwerte. Am weitesten geht hier Stanley Williams; er behauptet, der Plot sei eigentlich nur die Metapher und die Wirkung der Moral, die die Figuren bewege; einer Geschichte liege eine »moralische Prämisse« zugrunde. Der Verlauf

der Geschichte gleicht nach Williams einem Argumentieren für oder wider eine moralische These.

Ein Modell zu einer primär moralistischen Figurenkonzeption also hat die New School zunächst im Angebot: Jenseits und vor aller psychologischen Ausgestaltung *sei* eine Figur im Kern das moralische Dilemma, mit dem sie konfrontiert werde. Die Zuschauer bewege dies am meisten, weil sie die Situation der Figur intuitiv verstünden und die Lösung, die die Geschichte anbiete, für ihr eigenes Leben als bedeutungsvoll empfänden. Aber die Moralisten unter den New-School-Dramaturgen haben noch mehr im Werkzeugkasten – sie bieten Strukturmodelle an, mit denen sich das Dilemma der Figur zur Geschichte entfalten lässt.

Jeff Kitchen verbindet den *moral arc* einer Figur mit der konventionellen Dreiaktstruktur: Am Ende des ersten Aktes solle das Dilemma klar herausgearbeitet sein. Der zweite Akt solle zeigen, wie die Figur zwischen den Hörnern des Dilemmas zerrieben werde – und in einer Krise gipfeln, in der sie gezwungen werde, eine Entscheidung zu treffen und ihr Dilemma zu lösen, indem sie sich (nach dem Muster »entweder-oder«) für eines der beiden Hörner entscheide oder (nach dem Muster »weder-noch«) mit einer dritten Lösung aufwarte. Der dritte Akt schließlich solle zeigen, wie die Figur die Konsequenzen ihrer Entscheidung trage. Die Lösung des Dilemmas sei das Thema der Geschichte.

Auch Stanley Williams bietet ein – im Vergleich zu Kitchen allerdings noch stärker durchgearbeitetes – Story-Paradigma an. Er zerschneidet eine Geschichte in zwei Teile, die durch das Scharnier eines *moment of grace* miteinander verbunden sind. Dieser ist die Pointe seiner Dramaturgie, ein zumeist am *midpoint* gelegener Moment, in dem einer Figur ihr moralisches Dilemma und die Vergeblichkeit und Zweifelhaftigkeit ihres bisherigen Weges völlig bewusst wird – häufig in einer Szene, in der sie in einen Spiegel schaut und mit sich selbst konfrontiert wird. Nach dem *moment of grace* behält die Figur ihr Ziel zwar bei, aber ihre Strategien verändern sich grundsätzlich: Die Figur ist eine andere geworden, auf ihrem *moral arc* ist der *moment of grace* der entscheidende Umschlagsmoment, der, ebenso wie Jeff Kitchens »Krise« und »Entscheidung«, an die aristotelische Peripetie und Anagnorisis (also Umschlag- und Erkenntnismoment) erinnert. Der erste Teil der Geschichte zeigt, wo die Figur herkommt und wie sie in eine Sackgasse gerät, weil sie die falsche moralische Wahl trifft. Der zweite Teil, der eigentlich das Thema des Films ausdrückt, weil er zeigt, wo sich die Figur hinbewegt, zeigt ihren moralisch »richtigen« Weg, der zum Erfolg und zum Erreichen ihrer Ziele führt. In einem tragischen Bogen, in den sich zusätzliche moralische Komplexität einbauen lässt, ist der Verlauf genau andersherum – die Figur fällt, anstatt zu steigen.

Die Einwände, die gegen derartige Dramaturgien immer sehr schnell fallen, sind die gleichen, die wieder und wieder gerne gegen die Thesen-Dramaturgie von Lajos Egri (auf den Williams sich unter anderem stützt) vorgebracht werden. Oder, wenn man noch weiter zurückgehen mag: Bereits Lessing hat an Gottscheds – den New-School-Moralisten verblüffend ähnlicher – Poetik dasselbe gestört. Moralistische Fabeln mögen von einem ethischen *goodwill* geprägt sein – gute Geschichten sind es aber häufig nicht, weil sie zu plakativ wirken und weil zu einer Figur mehr gehört als nur ihr moralischer Kernkonflikt. Moralistische Fabeln wirken in ihrer Botschaft durchschaubar und wie die illustrierten Thesen von Moralaposteln. Sie erzählen nicht von wirklichen Menschen, sondern von Schachfiguren, die mit moralistischem Kalkül über das Spielbrett geschoben werden, anstatt ein Eigenleben führen zu dürfen. Ein moralisches Dilemma allein macht also noch keine differenzierte Figur aus – die New School kennt aber einige neue Mittel, mit denen sich hieraus ein vollständiger Charakter entwickeln lässt.

Die Psychologisten

Laurie Hutzlers *Emotional Toolbox. The Character Map* (2006) ist derzeit eines der besten, klarsten und prägnantesten Werkzeuge der Figurengestaltung, die die New School zu bieten hat. Die Autorin ist seit vielen Jahren Beraterin von Paul Haggis, sie unterrichtet an der UCLA und ist Tutorin im europäischen éQuinoxe-Programm. In Laurie Hutzlers Emotional Toolbox dreht sich letztlich alles um die emotionale Reise der Figur. Entscheidend für die emotionale Wirkung eines Drehbuchs sind nicht so sehr die äußeren Konflikte, sondern vor allem die inneren Spannungen, unter denen eine Figur zu leiden hat und die sie zu lösen versucht. Hutzler stößt die Tür in diese innere Konfliktwelt – die immer gern als Privileg der Prosa gesehen wird – weit auf und eröffnet dem Dramatischen damit neues Terrain.

Das eine entscheidende Werkzeug, mit dem die *Emotional Toolbox* die Figurenentwicklung in den Griff bekommen will – das wichtigste emotionale Werkzeug überhaupt –, ist die *Angst* der Figur. Ängste sind der eigentliche Motor, der Figuren antreibt, und hinter allen Ängsten steht die eine große Angst, nicht geliebt oder akzeptiert zu werden oder überhaupt nicht liebenswert zu sein. Ängste, so Hutzler, seien der Schlüssel zur Empathie, die das Publikum für eine Figur empfinden kann, weil sie zugleich spezifisch und universell seien.

Wie die Figur mit ihrer Angst umgeht, ist für Hutzler die alles entscheidende Frage. Zunächst müssten wir – als Publikum und als Autorin oder Autor – wissen, wie sie ihre Ängste versteckt, hinter welcher Maske sie sie verbirgt. Somit ist eine Geschichte letztlich nichts anderes als ein Prozess des Demaskierens: Das Publikum liebe es, wenn Figuren Stück für Stück die Maske heruntergerissen werde und sie sich ihrer tiefsten Angst und ihrem wirklichen, bedrohten inneren Selbst stellen müssen. Wenn kein Weg mehr an der Auseinandersetzung mit der Angst vorbei führe, würden Figuren sich zunächst auf ihre stärksten Charakterzüge verlassen, behauptet Hutzler, um mit ihrer Hilfe das bedrohte innere Selbst vor der Entblößung zu schützen. Aber Aufgabe der Autorin oder des Autors sei es, die Figur noch weiter zu treiben, auf sie so viel Druck auszuüben, bis sie ihre *comfort zone* verlassen muss. Erst jetzt zeigten sich die Charaktereigenschaften, die sie permanent in Schwierigkeiten bringen und mit denen sie sich auseinandersetzen muss. Entweder der Figur gelingt es nun, neue Eigenschaften in sich hervorzubringen, die sie bei anderen bewundere, weil sie sie selbst dringend benötige, oder sie versinkt nach Laurie Hutzler in der schlechtesten Version ihrer selbst. Geschichten berichten demnach im Grunde immer entweder von einer gelingenden oder von einer scheiternden Charaktertransformation.

Gegenüber dem *want* – dem äußeren Ziel der Figur – ist das *need* – das innere Ziel der Charaktertransformation – also das eigentlich Wichtige an einem Drehbuch: Die Facetten des Umgangs der Figur mit ihren Ängsten sind universell verständlich und der eigentlich emotionale Fokus der Geschichte. Und wenn die emotionale Reise der Figur – der Weg zu ihrem *need*, das Verfehlen oder Ergreifen des *need* – stimmig ist, dann ist auch die Geschichte stimmig, behauptet Hutzler, gleichgültig, in welcher Form sie erzählt wird. In der *Emotional Toolbox* geht es immer wieder darum, eine Figur an der Konfrontation mit ihren größten Ängsten wachsen zu lassen. Ihre große Stärke und Stimmigkeit gewinnt Laurie Hutzlers Dramaturgie aus diesem Insistieren auf der emotionalen Stimmigkeit des *character arc* – eine Dramaturgie, die ebenso für Blockbuster wie für komplexe Charakterdramen geschaffen ist.

Die Kategorien, die die klassische Filmdramaturgie zur Entwicklung der Psyche einer Figur vorschlägt, wirken häufig wie selbstgestrickt und sind zumeist eine Kreuzung aus einem trivialisierten Freud mit einem trivialisierten (und omnipräsenten) C.G. Jung – Psychologie aus dem Heimlabor. Aus dem Blickwinkel mancher New-School-Dramaturgen ist es erstaunlich, wie wenig sich die Filmdramaturgie bislang um die professionelle Psychologie gekümmert und wie wenig Anleihen sie hier gesucht hat. Rachel Ballons Bücher *Breathing Life into Your Characters* (2003) und *Blueprint for Screenwriting* (2005) sowie William Indicks *Psychology for Screenwriters* (2004) betreten in dieser Hinsicht Neuland. Beide Autoren sind ausgebildete und praktizierende Psychotherapeuten und suchen ihre Inspirationen bei der professionellen Psychologie.

Indick orientiert sich vor allem an der (frühen) Psychoanalyse – er schlägt die Charakterlehren von Sigmund und Anna Freud, Alfred Adler, Erik Erikson und Rollo May als Werkzeuge zur Figurenentwicklung vor. Sein Buch bricht die Theorie der Psychoanalyse auf ein Set von Arbeitskategorien herunter, die er an Filmbeispielen erläutert und durch Übungen ergänzt. Indicks Buch wird in den USA neuerdings sehr gern verwendet – dabei wirkt es ein wenig wie ein Psychoanalyse-Lexikon aus dem Sortiment einer Bahnhofsbuchhandlung: Schnell gelesen, schnell vergessen, irgendwie alles drin, irgendwie informativ und irgendwie doch zu dürftig, um wirklich brauchbar zu sein.

Rachel Ballon ist da schon ein anderes Kaliber, auch wenn sie weniger in die wissenschaftliche Trickkiste greift als Indick. Ihrer Meinung nach besteht für Autorinnen und Autoren die eigentliche Herausforderung beim Gestalten einer Figur darin, nicht immer Replikate ihrer selbst zu schreiben. Als Methode zu diesem Ziel bietet sie analog zum *method acting* von Lee Strasberg ein *method writing* an, das eine Figur vom Archetypischen ausgehend hin zum Individuellen konstruiert: Die »Essenz« einer Figur ist zunächst ihr Grundbedürfnis, ihre primäre Motivation, die sich aus ihrer Backstory erklären lässt.

Die Pointe von Ballons neuem, von der Transaktionsanalyse Eric Bernes inspiriertem Modell: Die Backstory einer Figur liegt nicht nur in einer fernen Vergangenheit – im Gegenteil. Eine Figur ist auch in der Gegenwart ein Zusammenspiel der drei Ich-Instanzen Kinder-Ich, Erwachsenen-Ich und Eltern-Ich, eine Überlagerung dreier Zeitschichten mit den jeweils entsprechenden Verhaltensweisen. Durch das Kinder-Ich zum Beispiel ist die Tiefenschicht der Backstory auch in der Gegenwart der Figur noch bestimmend. Aus den Defiziten, die eine Figur in ihrer Backstory erlitten hat, ergibt sich ihre primäre Motivation. Rachel Ballon empfiehlt Maslows Motivationspsychologie als ein höchst brauchbares Instrument, mit dem sich die primäre Motivation der Figur herausdestillieren lasse. In der in den 1980er Jahren entwickelten »Bedürfnispyramide« postuliert Maslow fünf Grundbedürfnisse, die – auf elementaren physiologischen Grundbedürfnissen (Nahrung, Kleidung, Obdach, Sexualität etc.) aufbauend – zunehmend elaborierter werden: Sicherheitsbedürfnisse, soziale Bedürfnisse (Kontakt, Liebe, Vertrauen etc.), das Bedürfnis nach Achtung und Anerkennung und schließlich das Bedürfnis nach Selbstverwirklichung.

Eine Figur, die eine aus den Wunden ihrer Vergangenheit rührende primäre Motivation ihres Handelns hat, ist aber noch lange nicht »rund«, sondern wirkt noch wie ein Typus. Um aus ihr ein Individuum zu machen, bietet Ballon verschiedene Techniken an, die sich häufig mit Indicks Rezepten decken: Was sind – Anna Freud folgend – die spezifischen Abwehrmechanismen einer Figur? Was sind – Sigmund Freud und dem gesamten psychiatrischen Katalog folgend – ihre neurotischen oder gar psychotischen Anteile? Der interessanteste Ansatz von Ballon aber ist sehr viel einfacher und effektiver. Sie schlägt vor, eine Figur zu individuieren, indem das Grundgefühl ihrer primären Motivation nach und nach durch weitere Emotionen ergänzt wird: Schreiben gleicht einem Malen mit Emotionen – in einer zweiten Schicht werden auf die Grundierung der primären Motivation weitere die Figur bestimmende, aber noch recht universale Emotionen aufgetragen (»sad, bad, mad, glad«). Und in einer letzten Schicht lässt sich mit unterdrückten oder gegensätzlichen spezifischen Emotionen ein wirkliches Individuum – eben mit unterdrückten und gegensätzlichen Anteilen – schaffen. Die Idee der Überlagerung und des Spiels von Ich-Anteilen und die Idee der Überlagerung und des Spiels sich ergänzender und differenzierender Emotionen in der Charaktergestaltung gehören mit zum Besten, was die New School hinsichtlich der Figurenkonzeption zurzeit zu bieten hat.

New-School-Dramaturgien wirken wie eine einzige große Reise in das Innere von Figuren. Über die New School zu sagen, dass sie primär an der *Figur* interessiert ist, ist daher nur die halbe Wahrheit. Sie erobert für die Filmdramaturgie tatsächlich ein neues und bislang nur schwer zu betretendes Terrain, weil sie sich primär für das *Innere* der Figuren interessiert – ihre moralischen Dilemmata, ihre versteckten Ängste, die Komplexität verschiedener einander überlagernder Zeitschichten. Die Gestaltung dieser inneren Konflikte ist für jede Form von Drama die wahrscheinlich schwierigste Herausforderung, innere Konflikte gelten daher traditionell als Domäne der Prosa. New-School-Dramaturgien wollen sich damit nicht abfinden – und leisten einen bleibenden Beitrag zu einer Neudefinition des Dramatischen, indem sie das entscheidende Moment des Prosaischen, die Gestaltung der inneren Konflikte, in sich aufnehmen. Und was hat die New School zum zweiten Standbein des Dramas – dem Plot – zu sagen?

Drei Akte, acht Sequenzen und unzählige Genres

Die Old-School-Dramaturgie arbeitet mit drei zentralen Story-Paradigmen, drei architektonischen Modellen: Der Dreiaktstruktur, der Acht-Sequenzen-Methode und dem Modell der Reise des Helden. Heute scheint es so, als seien sämtliche Helden nach ihren Reisen um die Welt müde nach Hause zurückgekehrt – die Heldenreise hat als Paradigma ihre Schubkraft verloren und spielt in der New School nahezu keine Rolle mehr. Die Acht-Sequenzen-Methode – als Verfeinerung der Dreiaktstruktur – dagegen scheint derzeit das etablierteste Paradigma überhaupt zu sein. Paul Joseph Gulino (Screenwriting. The Sequence Approach; 2004), David Howard (How to Build a Great Screenplay; 2004) und Chris Soth (The Mini Movie Method; DVD-Serie; 2005) stellen das Modell bis in die letzten Verästelungen hinein vor. David Howard hat dabei die Rolle des Thronfolgers von Schulgründer Frank Daniel übernommen, sein Buch hat bereits ein paar Jahre nach seinem Erscheinen die Rolle der offiziellen Bibel der Schule – perfekt ergänzt durch Gulino, der in elf sehr handfesten Filmanalysen das zentrale Handwerkszeug des sequence breakdown vorstellt. Hierzulande noch unüblich, ist ein sequence breakdown ein Zwischenschritt zwischen einem Exposé und einer Outline: Um an ein Ziel (das long term want des zweiten oder dritten Aktes) zu gelangen, muss eine Figur verschiedene Etappenziele (short term wants) erreichen; die Sequenzen – Soth nennt sie mini movies – erzählen den Weg des Protagonisten zu diesem jeweiligen Zwischenziel. Ein sequence breakdown formuliert die Spannung der jeweiligen Sequenz als Frage (»Wird der Protagonist sein Etappenziel erreichen?«) und nennt die Strategien und Hindernisse auf diesem Weg.

Die Acht-Sequenzen-Methode hat den großen Vorteil, dass sie die langen Durststrecken der Akte in kurze und besser handhabbare Teilstrecken zu untergliedern hilft. Und die Methode hat besser als jede andere geklärt, was *Spannung* eigentlich ist: Spannung entsteht durch eine noch nicht beantwortete Frage – das Publikum hofft, dass der Protagonist sein Ziel erreicht, und es fürchtet, dass er es nicht schafft. Um Spannung aufzubauen, muss in einem *sequence breakdown* also das jeweilige Ziel der Figur genau formuliert sein, und es müssen die Momente der Hoffnung und der Befürchtung klar akzentuiert sein. Die Acht-Sequenzen-Methode verwendet dieses basale Modell wie ein Fraktal – es liegt der Makrostruktur der Akte, den Sequenzen und der Mikrostruktur der Einzelszenen zugrunde und funktioniert immer gleich: Auch in Akten und Szenen hat eine Figur ein Ziel, Strategien, dieses Ziel zu erreichen – und auch in Akten und Szenen hofft und fürchtet das Publikum mit dem jeweiligen Protagonisten, ob er das Ziel erreichen wird oder nicht. Spannung also ist tatsächlich immer ein Konglomerat mehrerer einander überlagernder Spannungsbogen: Oberhalb der Aktspannung liegt die Sequenzenspannung, und darüber wiederum die Spannung der Einzelszene.

Obwohl die Acht-Sequenzen-Methode auch Kategorien zur Figurenentwicklung bereitstellt, liegt ihre eigentliche Stärke in der Entwicklung des Plots. Immer wieder insistieren Dramaturgen der Schule auf der Frage nach dem *Ziel* der Figur: Was sind die Teilziele auf ihrem Weg dorthin? Welche Schritte muss der Protagonist auf diesem Weg gehen? Was sind die jeweiligen Hindernisse und Strategien? Aber anders als

BEING JOHN MALKOVICH
(1999; D: Charlie Kaufman;
R: Spike Jonze)

die Heldenreise macht das Acht-Sequenzen-Modell keine inhaltlichen Vorgaben, die seine Brauchbarkeit einschränken würden – etwa wann der Held seinem Mentor zu begegnen, wann er seine Welt zu verlassen hat etc. Gerade Gulinos Filmanalysen beweisen die große Flexibilität der Acht-Sequenzen-Methode auch bei formal sehr ungewöhnlichen und innovativen Filmen wie zum Beispiel BEING JOHN MALKOVICH. Auch Linda Aronsons Buch *Screenwriting Updated. New (and Conventional) Ways of Writing for the Screen* (2001) demonstriert die erstaunlichen Möglichkeiten, die das scheinbar konventionelle Story-Paradigma der unter den acht Sequenzen liegenden Dreiaktstruktur bereithält, wenn das Paradigma gegen den Strich gebürstet wird: Filme mit Flashbacks, grundsätzlich nicht-lineare Erzählweisen und Multi-Protagonisten-Filme – formal innovative Erzählweisen lassen sich durch ein Zerbrechen, Addieren und neues Zusammenfügen der herkömmlichen Dreiaktstruktur an ihren zentralen Schnittstellen (Wendepunkten, *midpoint*, Sequenzenden) leicht und elegant erklären.

Trotz dieser erstaunlichen Flexibilität aber stoßen auch die Paradigmen der drei Akte und acht Sequenzen an ihre Grenzen. Haben Sie schon einmal versucht, einen Fernsehkrimi auf acht Sequenzen aufzubauen? Findet sich tatsächlich in jedem *Tatort* eine Dreiaktstruktur? Die Grenzen dieser Paradigmen markieren ziemlich genau auch die Grenze zwischen Old School und New School. Während die Old School sich in der Suche nach der einen dramaturgischen Universalformel erschöpft, während sie ihre Paradigmen dehnt und quetscht, um jede noch so widerständige Erzählstruktur mit einzutüten, wählt die New School schon längst einen anderen – und vielversprechenderen! – Weg. Die Zauberformel heißt *Genre*. Die New School sucht eben nicht mehr nach einem einheitlichen Plot-Modell – sie ist diversifiziert, hat unzählige Formeln für verschiedenste Genres, arbeitet spezialisiert.

Ein Beispiel. Billy Mernit unterrichtet Screenwriting an der UCLA. Sein Buch *Writing the Romantic Comedy* (2000) setzt den Standard für sämtliche Genre-Bücher der New School, in ihm werden die Grenzen zwischen Filmwissenschaft, Filmgeschichte und den üblichen Drehbuchratgebern durchlässig. Mernit zieht die genreüblichen Storypatterns noch aus den letzten Winkeln der Videotheken. Ein Genre beherrschen heißt unter anderem auch, dessen Geschichte zu kennen, und New-School-Dramaturgen kennen sie bis ins kleinste Detail – Standard-Plots, typische Konstellationen, typische *character arcs*. Sie schreiben vor dem Hintergrund der Tradition ihres Genres – weil das Publikum dieses Genre genau kennt. Und weil es immer schwieriger wird, das Publikum zu überraschen.

»Well structured junk is still just junk«, schreibt Jeff Kitchen, und er gibt ein letztes Stichwort zum Unterschied zwischen Old School und New School: Drei oder vier Akte, acht oder zwölf Sequenzen, Heldenreise, Seitenangaben, wo der *midpoint* zu stehen hat – die Old School der Filmdramaturgen ist strukturbesessen, »screenplay is structure«, ihre Story-Paradigmen sind griffig und prägen Ausbildung und Schreiben auch heute noch. Sie hat eine Tendenz zur genreübergreifenden Dramaturgie und ein dementsprechendes Faible für bisweilen nivellierende Paradigmen. Darin liegt genau das Problem: Ein Paradigma, das auf alles passen soll, wird den spezifischen Erfordernissen eines Genres nicht gerecht, weil es zu weit ist. Die New-School-Dramaturgien sind daher häufig stärker am Genre und dessen spezifischen Figurenkonzeptionen und -konstellationen orientiert, wirken weicher und diversifizierter – Paradigmen eines Thrillers passen nun mal nicht auf ein Charakterdrama.

John Truby

Für John Truby lohnt es sich, aus der Rolle des objektiv Referierenden zu fallen und eine Lobeshymne anzustimmen: Er ist der am meisten unterschätzte, tatsächlich aber interessanteste und umfassendste aller Dramaturgen der letzten zehn bis 15 Jahre – der ungekrönte König der New School. Bis vor kurzem kursierte seine Dramaturgie ausschließlich in Form einer Software unter dem unsäglichen Namen Blockbuster und in Mitschnitten seiner Vorträge und Seminare. 2007 endlich erschien sein Buch *The Anatomy of Story: 22 Steps to Becoming a Master Storyteller*, das hoffentlich zu einer weiten Verbreitung seines Ansatzes beitragen wird.

Die Software arbeitet im Grunde wie ein dramaturgischer Berater – sie stellt dem Benutzer Fragen und bietet auf diesem Weg einen Kompass durch die berüchtigte *development hell* des Schreibens vor dem Schreiben. Weil es in der Dramaturgie aber keine unschuldigen Fragen gibt, impliziert der Fragenkatalog ein dramaturgisches Konzept mit eigenem Profil. Die Schwerpunkte, die *Blockbuster* setzt, liegen in grundlegenden Fragen zur Figuren- und Plotentwicklung sowie zur Genrezugehörigkeit der erzählten Geschichte. Das Programm stellt aber auch weitaus elaboriertere Fragen – etwa zur adäquaten Visualisierung der Welt, in der die Geschichte am besten spielen sollte, und zur Symbolik. Außerdem wartet es mit Tipps zum strukturierten *rewrite* auf. *Blockbuster* ist – ob als Software oder als Buch – die dramaturgische Essenz der New School. Und es verwundert nicht, dass seine Dramaturgie mit den anderen der hier vorgestellten Ansätze hervorragend kompatibel ist.

John Truby empfiehlt, im ersten Entwicklungsschritt des Stoffes zunächst sieben zentrale Fragen zu klären. Dies sind zum einen strukturspezifische Fragen zum Ziel des Protagonisten, zu seinem hauptsächlichen Plan, das Ziel zu erreichen, zum Antagonisten und zur letzten entscheidenden Auseinandersetzung zwischen Protagonist und Antagonist. Zum anderen sind es figurenspezifische Fragen, die auf das *need* der Figur zielen: Zu Beginn einer Geschichte solle eine Figur eine große Schwäche haben, die sie überwinden müsse, um ein besseres Leben führen zu können. Das *need* hat für Truby immer zwei Facetten: eine psychologische und eine moralische – sowohl der psychologische *character arc* als auch der *moral arc* sind für die Entwicklung einer Figur bedeutend. Trubys Dramaturgie ist daher – anders als die Ansätze von Williams und Kitchen – nie eingleisig moralistisch, obwohl auch er – darin den Moralisten verbunden – im *moral arc* einer Geschichte ihr eigentliches Zentrum sieht: Eine Geschichte, schreibt er, sei eine »sequence of moral actions designed to express a larger theme. The lack of a strong moral argument and theme is the greatest weakness in most fiction writing.«

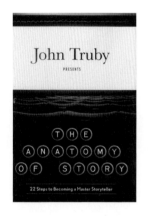

Die Geschichten, die Trubys Dramaturgie hervorbringt, kreisen also um die Veränderung eines Protagonisten, der – zunächst mit einem moralischen und psychologischen Charakterfehler behaftet – ein für ihn und die Gesellschaft wertvolles Ziel verfolgt. Hierfür greift er (wie in der Dramaturgie von Stanley Williams) zu moralisch und psychologisch dubiosen Handlungen. Durch Gegendruck des Antagonisten und Interventionen seiner Helfer wird der zu jeder Veränderung unwillige Protagonist schließlich zur Veränderung gezwungen. In einer moralischen Entscheidung am Ende der Geschichte beweist er, dass er seine – psychologische und moralische – Lektion gelernt hat: Das Publikum bekommt einen abschließenden Einblick in den neuen Status quo der Figur, an dem sich ihre Transformation sehr genau ablesen lässt.

Truby ist sehr an einer Balance zwischen figuren- und plotorientiertem Erzählen gelegen: Auf der ersten Entwicklungsphase der sieben Schritte baut die zweite Phase auf – in nunmehr 22 Schritten leitet *Blockbuster* den Benutzer zur fertigen Outline eines Drehbuchs. Wiederum stellt das Programm Fragen, die nun zum Großteil um die Struktur des Plots kreisen. Truby bezeichnet seine Dramaturgie gerne als *3-act-killer*, und das Paradigma, das er anbietet, ist tatsächlich sehr flexibel und undogmatisch: Statt Wendepunkten und *midpoint* präferiert er eine Anzahl von *reveals* – Momente, in denen der Protagonist neue Informationen bekommt. Die *reveals* können den Wendepunkten des Dreiakt-Paradigmas entsprechen (und tun dies tatsächlich auch viel stärker, als Truby behauptet), sie müssen es aber nicht – zeitgenössisches Erzählen habe eine Tendenz zu einer größeren Anzahl von *reveals* und zu komplexeren narrativen Strukturen, die sich nicht mehr in der Dreiaktstruktur abbilden ließen.

Zur zweiten Entwicklungsphase der 22 Schritte gehört neben der Plotentwicklung auch eine tiefere Entwicklung der Figur – zum Beispiel in ihre Backstory hinein: Das – psychologische und moralische – *need*, das bereits in der ersten Entwicklungsphase festgelegt wurde, sollte aus dem *ghost*, einer immer noch nicht vernarbten psychischen Wunde in der Vergangenheit der Figur, verständlich werden. Zwischen Laurie Hutzlers primär an der Gegenwart der Figur interessierten Dramaturgie – in der ihre Backstory in ihren Ängsten immer nur implizit präsent ist – und der ihr ähnlichen, aber komplexeren Backstory-Dramaturgie von Rachel Ballon – die die Backstory in die (gegenwärtigen) Ich-Zustände übersetzt – sucht Truby einen einfachen (und traditionelleren) Weg: Der *ghost* – als Verkürzung der Backstory – ist ein traumatisierendes Ereignis, unter dem die Figur immer noch zu leiden hat und aus dem sich ihr *need* ergibt.

Eine der großen Stärken von Trubys Dramaturgie, die sie zur komplexesten, umfassendsten und konsistentesten der New School macht, ist die Berücksichtigung des genrespezifischen Erzählens: In jedem Genre tauchen die 22 Schritte der zweiten Entwicklungsphase auf – aber in spezifischen Variationen. Im Krimi etwa tritt an die Stelle des Antagonisten das Rätsel, das es zu lösen gelte. Im Thriller – zum Beispiel – ist das Ziel des Protagonisten genrespezifisch immer gleich: Der Protagonist kämpft angesichts eines übermächtigen Antagonisten um sein Überleben. Und nur der Film, der diesen Überlebenskampf zeige, sei wirklich ein Thriller. En détail erklärt Truby, wie die 22 Schritte in jedem Genre zwischen Komödie und TV-Drama, zwischen Action-Film und narrativem Masterpiece in der jeweiligen genrespezifischen Variante erscheinen. Autorinnen und Autoren sollten zunächst ein Genre beherrschen und genrekonsistent erzählen können. Der entscheidende Weg zu dramaturgischer Innovation führe nicht hinter ein Genre zurück, sondern über ein Genre hinaus – dramaturgische Innovation bestehe darin, zwei oder drei Genres mit ihren jeweils spezifischen Spielzügen miteinander zu kreuzen. Nur auf diese Weise entstünden Drehbücher, die – präzise in ihrem Genre-Hintergrund – die jeweils gekreuzten Genres transzendieren könnten, ohne in einem narrativen Nirwana zu landen.

Mit den vorgeführten Beispielen sollte nachgewiesen sein, dass es jenseits der reinen Ansammlung verschiedener neuer Autoren und ihrer dramaturgischen Ansätze tatsächlich so etwas wie eine New School gibt. Unter dem zupackenden Label lassen sich Dramaturgien versammeln, die – anders als ihre stärker an Story-Paradigmen orientierten Vorgänger – primär an inneren Konflikten ihrer Figuren interessiert sind, die großen Wert auf das moralische Fundament einer Geschichte legen und den psychologischen *character arc* der dramaturgischen Tradition um einen moralischen *character arc* erweitern, die ihr psychologisches Inventar stärker aus der Wissenschaft beziehen und nicht mehr ausschließlich aus der Jung'schen Archetypenlehre oder manch anderer obsoleter Quelle, und die sich schließlich zugunsten diversifizierter, genrespezifischer Paradigmen von den großen vereinheitlichenden Paradigmen ihrer Vorgänger verabschieden. Der Begriff »New School« ist sinnvoll für diese analytische dramaturgische Bewegung, die unterwegs ist auf dem Weg ins Innere der Figuren, von denen sie schreibt – und die der Prosa dadurch weiteres Terrain abnimmt und dem Drama neues hinzugewinnt.

Linda Aronson: *Screenwriting Updated. New (and Conventional) Ways of Writing for the Screen.* Los Angeles: Silman-James Press 2001. 300 S.

Rachel Ballon: *Blueprint for Screenwriting. A Complete Writer's Guide to Story Structure and Character Development.* Mahwah, N.J.: Lawrence Erlbaum 2005. 184 S.

Rachel Ballon: *Breathing Life into Your Characters. How to Give Your Characters Emotional and Psychological Depth.* Cincinnati: Writer's Digest Books 2003. 256 S. [www.rachelballon.com]

Peter Dunne: *Emotional Structure. Creating the Story Beneath the Plot. A Guide for Screenwriters.* Sanger: Quill Driver Books 2007. 244 S.

Paul Joseph Gulino: *Screenwriting. The Sequence Approach. The Hidden Structure of Successful Screenplays.* New York: Continuum 2004. 224 S.

David Howard: *How to Build a Great Screenplay.* New York: St. Martin's Press 2004. 464 S.

Laurie Hutzler: *The Emotional Toolbox.* E-Book; 2006.

Karl Iglesias: *Writing for Emotional Impact. Advanced Dramatic Techniques to Attract, Engage, and Fascinate the Reader from Beginning to End.* Livermore: Wingspan 2005. 240 S.

William Indick: *Psychology for Screenwriters. Building Conflict in Your Script.* Studio City: Michael Wiese Productions 2005. 320 S.

Jeff Kitchen: *Writing a Great Movie. Key Tools for Successful Screenwriting.* New York: Billboard Books 2006. 352 S. [www.developmentheaven.com]

Billy Mernit: *Writing the Romantic Comedy.* New York: Collins 2000. 304 S. [www.billymernit.com]

Chris Soth: *The Mini Movie Method*. DVD Series; 2005. [bestellbar auf www.milliondollarscreenwriting.com]

John Truby: *Blockbuster*. [Software zur Drehbuchentwicklung; www.truby.com]

John Truby: *The Anatomy of Story: 22 Steps to Becoming a Master Storyteller*. London / New York: B&T 2007. 464 S.

Stanley D. Williams: *The Moral Premise. Harnessing Virtue for Box Office Success*. Studio City: Michael Wiese Productions 2006. 196 S. [www.stanwilliams.com]

Kate Wright: *Screenwriting is Storytelling. Creating an A-List Screenplay that Sells*. New York: Perigee Trade 2004. 288 S.

Dem Diversen seine Zonen schaffen

Margrit Tröhler: *Offene Welten ohne Helden. Plurale Figurenkonstellationen im Film*. Marburg: Schüren 2007. 604 S., Euro 34,-.

»Mit einem Bein in London, mit dem anderen in Paris!« So müsse man Romane schreiben, forderte 1851 Karl Gutzkow in *Die Ritter vom Geiste*. Und dabei »das nebeneinander existierende Leben von 100 Kammern und Kämmerchen zu einer überschaubaren Einheit machen.« Solch ein Erzählen des Nebeneinanders ersetzt den Längsschnitt durch die Zeit mit dem Querschnitt durch den Raum. Es zersplittert den Fokus des *einen* Helden in die Multiperspektivität vieler, womöglich Nicht-HeldInnen. Ähnlich, aber radikaler, formuliert Botho Strauß über 100 Jahre später, was er vom modernen Dichter verlangt: »Statt in gerader Fortsetzung zu erzählen, umschlossene Entwicklung anzustreben, wird er dem Diversen seine Zonen schaffen, statt Geschichte wird er den geschichtlichen Augenblick erfassen, die gleichzeitige Begebenheit. Er wird Schauplätze und Zeitwaben anlegen oder entstehen lassen anstelle von Epen und Novellen« (*Der junge Mann*; 1984).

Das ambitionierte Kino scheint in den letzten 20 Jahren alle Anstrengungen zu unternehmen, diesen Anspruch der Romanciers einzulösen. Seitdem US-Independent-Erfolge wie NASHVILLE und SHORT

Karl Gutzkow: *Die Ritter vom Geiste. Roman in neun Büchern* (Zweitausendeins 1998)

Botho Strauß: *Der junge Mann* (dtv 2003)

NASHVILLE (1975; D: Joan Tewkesbury; R: Robert Altman)

SHORT CUTS (1993; D: Raymond Carver, Robert Altman, Frank Barhydt; R: Robert Altman)

MYSTERY TRAIN (1989; D+R: Jim Jarmusch)

NIGHT ON EARTH (1991; D+R: Jim Jarmusch)

SMOKE (1995; D: Paul Auster; R: Wayne Wang)

PULP FICTION (1994; D+R: Quentin Tarantino)

Karsten Treber: *Auf Abwegen: Episodisches Erzählen im Film* (Gardez! 2005)

BRONENOSEC POTJOMKIN (Panzerkreuzer Potemkin; 1925; D: Nina Agadshanowa-Schutko, Sergej M. Eisenstein; R: Sergej M. Eisenstein)

CUTS von Robert Altman, MYSTERY TRAIN und NIGHT ON EARTH von Jim Jarmusch, SMOKE von Wayne Wang und PULP FICTION von Quentin Tarantino das Experimentieren mit multiplen Plots in die Öffentlichkeit gerückt haben, sind in den 1990er Jahren international eine Vielzahl von Filmen dieser Strategie gefolgt, sodass man inzwischen von einem »kulturellen Phänomen« sprechen kann, wie Margrit Tröhler schreibt. Unter dem reizvollen Titel *Offene Welten ohne Helden* veröffentlichte die Professorin für Filmwissenschaft der Universität Zürich in diesem Jahr ihre Habilitationsschrift, die sich den pluralen Figurenkonstellationen im Film widmet. Damit öffnet sie einen zweiten Zugang zu dem bunten Forschungsfeld, nachdem Karsten Treber derartige Filme unter dem Aspekt des Episodischen untersucht hatte.

Die 600 Seiten starke Abhandlung von Margrit Tröhler, einer Schülerin von Christian Metz, basiert auf der weitreichenden Kenntnis filmwissenschaftlicher Theorien und setzt diese auf ihren Suchwegen »durch den Wald der Konzepte« größtenteils voraus, was unbewanderte Leser überfordert, dem interessierten Fachpublikum aber virtuose bis austarierende Gedankenflüge bietet. Der leicht zugängliche praktische Ertrag ihrer Arbeit ruht in dem dreiteiligen Modell, mit dem sie die Vielfalt pluraler Figurenkonstellationen in eine Ordnung bringt und daran filmhistorische und kulturwissenschaftliche Erkenntnisse knüpft.

Wassermoleküle können bekanntlich zum Eisblock erstarren, in Flüssigkeit verlaufen oder als Dämpfe in alle Winde zerstäuben. An solche Aggregatzustände erinnert es, wenn Tröhler das Gewühl an Figuren in ein Spektrum gliedert, das vom kompakten Kollektiv (»Gruppenfigur«) über das Beziehungsgeflecht (»Figurenensemble«) zum Pluralismus loser Identitäten (»Figurenmosaik«) reicht. Auf der Suche nach der »geschlossenen Gruppenfigur« beginnt Tröhler bei Sergej M. Eisensteins PANZERKREUZER POTEMKIN. Die Bürger von Odessa, die Matrosen und die Gardesoldaten blieben, auch wenn sie in Rollen oder Rangstufen differenziert wurden, zentriert in der Gesamtidee ihres jeweiligen Kollektivs. Dramaturgische Dynamik schöpften solche Filme aus dem Kampf zwischen den Gruppierungen und führten darüber einen »expliziten Wertediskurs«. Mafiafilme oder Kriegsfilme wären wohl aktuelle Beispiele. Sind die Kollektive nicht als Oppositionen angelegt und lösen sich facettenreich auf, so spricht Tröhler von der »offenen Gruppenfigur« und pointiert: »Die Figuren im offenen Kollektiv sind *Teil eines Ganzen*, im geschlossenen Kollektiv sind sie *Teil für das Ganze*.«

Anders steht es mit dem »Figurenensemble«. Darunter subsumiert Tröhler Schicksals- und Zwangsgemeinschaften, auch Wahlverwandtschaften, Berufs- und Aktionsgruppen, also: Überlebende, die sich nach dem Flugzeugabsturz auf eine Insel retten oder im Rettungsboot über den Ozean treiben, Ärzte, die im Team operieren, Gangster, die einen

Coup planen, Freunde, die eine Peergroup bilden, Mietnachbarn, die einander kennen. Ein Figurenensemble sei eine bunte, mehr oder weniger freiwillige oder zufällige Gemeinschaft, die an einem zentralen Ort zusammengeführt werde, teilweise durchmischt mit familiären Beziehungen oder Paarverbindungen. Solche Filme würden ihre Spannung durch die Kontrastierung verschiedener Lebensstile entfalten, die sie nicht wertend, sondern mit einem »ethnografischen Blick« erforschen.

Endgültig zerreißt für Tröhler die Einheit der Gruppe bei der letzten Art pluraler Figurenkonstellation, dem »Figurenmosaik«: Zerstreut im Raumgefüge nehmen sich diese Individuen nicht mehr im Zusammenhang wahr, oftmals kennen oder begegnen sie einander nicht mal. Ihre unvollständigen Geschichten werden simultan erzählt, treffen sich zufällig oder aber kreuzen einander, ohne sich zu berühren. Nicht die Figuren stiften die Einheit des Ganzen, sondern der Zuschauer, der gefordert ist, den fragmentierten Raum zu kartografieren und die Mosaiksteine nach Gemeinsamkeiten und Unterschieden abzuklopfen, um daraus ein Gesamtbild zusammenzupuzzeln. »Der Sinn eines simultandramatischen Schauspiels wird erst durch Kooperation des Publikums vollendet«, schrieb einst schon Karin Hörner in ihrer Studie zu den Simultandramen Ferdinand Bruckners. Margrit Tröhler vergleicht die »aktive Beobachtungssituation« des Zuschauers mit dem Verfolgen einer Schachpartie, bei der man neue Konstellationen und Interaktionen erwartet, indes durch plötzliche Wendungen überrascht werden kann.

Karin Hörner: *Möglichkeiten und Grenzen der Simultandramatik* (Lang 1986)

Teils problematisch erscheint, dass Tröhler an wenigen Filmen Begriffe entwickelt und sie im Fortlauf ihrer Untersuchung auf einen breiteren Zusammenhang überträgt. Solche Feststellungen schweben damit im luftleeren Raum und werden in insistierenden Kreisbewegungen festgeschraubt, ohne die Aussagen anhand von Filmbeispielen auszudifferenzieren. Die Formel »Chronotopos des Alltags« etwa, die Tröhler in Weiterführung von Michael M. Bachtins Theorien am Film HINTER VERSCHLOSSENEN TÜREN entwickelt und zu einem Charakteristikum des Figurenensembles und des Figurenmosaiks erhebt, lässt sich nicht auf prägnante Exempel aus dem US-amerikanischen Kino anwenden (TRAFFIC, MAGNOLIA, CRASH), die durchaus nicht-alltägliche und spannungsgeladene Ereignisse erzählen. Derartige Unschärfen hätten vermieden werden können, wenn Tröhler den beeindruckenden Fundus an Filmen, den sie zusammenträgt, nicht in »Zwischenspielen« kursorisch abgehandelt, sondern in die Hauptteile eingebunden hätte – als Vergleichskoordinaten bei der Positionsbestimmung ihrer zentral behandelten Filme.

HINTER VERSCHLOSSENEN TÜREN (1991; D+R: Anka Schmid)

TRAFFIC (2000; D: Simon Moore, Stephen Gaghan; R: Steven Soderbergh)

MAGNOLIA (1999; D+R: Paul Thomas Anderson)

CRASH (L.A. Crash; 2004; D: Paul Haggis, Robert Moresco; R: Paul Haggis)

Tröhlers Buch bleibt sicherlich nicht das letzte zu diesem Thema. Allein die Frage fasziniert, wie dieses »kulturelle Phänomen« der 1990er Jahre historisch eingeordnet werden kann: Ist es Zufall, dass diese »andere Logik des Erzählens«, die den Zuschauer zum Kombinieren verschiedener Lebenswelten verführt, parallel zu den Netz- und Windows-Strategien der Neuen Medien populär wurde? Und warum tauchen diese Filme, in denen ein Pluralismus an Lebensprojekten und Perspektiven das binäre Konfliktmuster klassischer Erzählungen verdrängt, gerade nach dem Ende des Kalten Krieges auf? Fiel mit dem eisernen Vorhang auch die ideologisch verbrämte Sicht, sodass die Hardbody-Heroes der 1980er weggeschwemmt wurden und schließlich der Blick auf offene Alltagswelten ohne Helden frei wurde?

Roman Mauer

Into the Future

Katharina Bildhauer: *Drehbuch reloaded. Erzählen im Kino des 21. Jahrhunderts*. Konstanz: UVK 2007. 288 S., Euro 29,-.

Der coole, dem Zeitgeist abgelauschte Titel macht an. Der Untertitel *Erzählen im Kino des 21. Jahrhunderts* klingt vielversprechend und zukunftsweisend. Und doch: »Noch eine Dissertation«, mag mancher Leser denken, wenn er das Werk im Buchhandel in die Hand bekommt und es dann schnell wieder in die Auslage zurücksteckt. Ist doch der Text eng durchsetzt mit Fußnoten, die den Lesefluss hemmen; die Anmerkungen – zu denen auch nicht immer übersichtliche Schaubilder der einzelnen besprochenen Drehbuchtheorien gehören – und das Register nehmen allein schon 75 Seiten des Bandes ein. Man sollte sich von all dem jedoch nicht abschrecken lassen. Näher als in diesem Buch kommt man in der deutschsprachigen Literatur im Moment kaum an den Paradigmenwechsel zwischen Old School und New School in der Filmdramaturgie heran. Nach der Dissertation von Dennis Eick hat Beatrice Ottersbach, die Herausgeberin der Filmbücher in der UVK Verlagsgesellschaft – wieder mit finanzieller Unterstützung der nordmedia – erneut ein wichtiges akademisches Werk auf den Markt gebracht, das zurückzuwirken vermag auf die Praxis des Drehbuchschreibens und des filmischen Erzählens.

Die Autorin Katharina Bildhauer hat ihre erklärte Absicht, dem Drehbuch im akademischen Bereich, aber auch in der Praxis mehr Aufmerksamkeit zu verschaffen, auf eine einfache und trotz der akademischen Sprache recht einleuchtende Weise umgesetzt. Sie untersucht nach wissenschaftlichen Kriterien, wie ein Drehbuch strukturiert und seine Handlung dramaturgisch tatsächlich aufgebaut ist, und sie vergleicht dies mit den gängigen Drehbuchkonzepten. Zu dem Korpus der von ihr untersuchten Ratgeber zählen neben Syd Field und Robert McKee auch Linda Seger, David Howard, Eugen Vale und

Christopher Vogler. Von den deutschsprachigen Vertretern sind Oliver Schütte und Claus Peter Hant mitberücksichtigt und analysiert.

Bei ihrer Untersuchung stößt Bildhauer sofort auf Probleme. »Generell wird deutlich, wie die Drehbuchratgeber ihre Modelle mitunter selbst beschränken, indem sie normative Aussagen treffen, die eventuell nicht einmal inhaltlich, sondern lediglich aufgrund ihrer Benennung einer anderen Aussage entgegenstehen und somit, besonders im Hinblick auf ihren impliziten oder expliziten Anspruch auf Allgemeingültigkeit, fragwürdig wirken.« Das mag etwas klausuliert klingen, weist aber deutlich auf die vielen inneren Widersprüche in den Ratgebern hin, die dann in der Analyse genau aufgeführt werden.

Im nächsten Untersuchungsschritt kommt Bildhauer zu dem Ergebnis, dass bestimmte Gestaltungsbereiche des Drehbuchs und des Films in den Manuals überhaupt keine Erwähnung finden. Sie führt das darauf zurück, dass die Ratgeber alle im Wesentlichen auf den Dramentheorien des Theaters basieren, angefangen bei dem vielzitierten Aristoteles. Vor allem das Geschlossene des Dramas als eine sich selbst begrenzende Erscheinung, die in all ihren Teilen auf sich selbst zurückdeutet, die in sich gerundet und abgeschlossen sein soll, verhindert den Blick auf medienspezifische Erscheinungen. Gestaltungsmöglichkeiten der Narration wie im Roman oder rein bildsprachliche Möglichkeiten und die vielfältigen Potenziale der Montage, der künstlichen Auffaltung von Zeit und Raum, die alle für den Film typisch und spezifisch sind, geraten so gar nicht erst in den Fokus und bleiben bei den untersuchten Drehbuchratgebern meist unberücksichtigt.

Man will sich durch den Rückbezug auf Aristoteles und die Theatertheorien Autorität leihen, dabei hat schon Gustav Freytag im Vorwort für seine *Technik des Dramas* geschrieben: »Man darf als sicher betrachten, dass einige Grundgesetze des dramatischen Schaffens für alle Zeit Geltung behalten werden, im ganzen aber sind sowohl die Lebensbedürfnisse des Dramas in einer beständigen Entwicklung begriffen als auch die Kunstmittel, durch welche Wirkungen ausgeübt werden.« Um wie viel mehr gilt diese alte Einsicht Gustav Freytags für das technisch vermittelte filmische Erzählen. Und so ist die Schlussfolgerung von Katharina Bildhauer inzwischen nur allzu gut nachvollziehbar: »Die gängige Drehbuchtheorie scheint den Entwicklungs- und Veränderungsprozess, der sich bis zur heutigen Zeit bereits vollzogen hat, zu ignorieren, sich dabei in noch größerem Maße als die älteren Regelwerke selbst zu beschränken und präsentiert – in Anlehnung an diese – nur *eine* Form, den Idealtypus des konventionellen Erzählschemas. Dadurch erscheint die Drehbuchliteratur wenig fortschrittlich.« Deutlicher kann das Urteil über die Old School, aus deren Werken der untersuchte Korpus besteht, nicht ausfallen.

Gustav Freytag: *Die Technik des Dramas* (Autorenhaus 2003)

Bildhauer bemängelt auch, dass in den Ratgebern keine konsequente Differenzierung zwischen dem Erzählten und der Erzählung stattfindet. Sie sucht nach Alternativen für die normativen Dramaturgien und findet sie zum Beispiel in klassischen literaturwissenschaftlichen Theorien. »Ursprünglich wurde die Unterscheidung zwischen *fabula* und *syuzhet* von den russischen Formalisten erdacht, die eine objektive und wissenschaftliche Basis für die Literaturanalyse schaffen wollten und diese später auf den Film ausweiteten. Mit *fabula* bezeichneten sie die gedachte Abfolge von Ereignissen, die im *syuzhet* arrangiert und verbunden sind.«

Umberto Eco: *Lector in fabula* (dtv 1998)

Über die Filmtheoretiker Kristin Thompson und David Bordwell führt Bildhauer der Weg zu Umberto Eco, der eine moderne Version dieser Auffassung in *Lector in fabula* liefert. »Die Fabel ist das grundlegende Schema der Erzählung, die Logik der Erzählung, die Syntax der Personen, der zeitliche geordnete Ablauf der Ereignisse [...]. Der Plot hingegen ist die Geschichte, wie sie tatsächlich erzählt wird, wie sie an der Oberfläche erscheint mit ihren zeitlichen Verschiebungen, Sprüngen, Einblendungen von vorangegangenen und zukünftigen Ereignissen (beziehungsweise Antizipationen und Flashbacks) [...].«

Natürlich werden Story und Plot auch in den Drehbuchratgebern besprochen, aber zu Recht vermisst Bildhauer dabei eine gewisse Konsequenz; die Begriffe werden meist sehr allgemein behandelt, auch uneinheitlich, und eine eindeutige Definition unterbleibt. Das hat nach Bildhauer zur Konsequenz, dass Anforderungen, die lediglich für die Fabel gelten, wie beispielsweise die zeitliche Abfolge, die finale Ausrichtung oder die vorgezeichnete Ursache-Wirkung-Verbindung aller Ereignisse, zum Teil auch auf den Plot übertragen werden.

Bevor sie sich dann den Merkmalen alternativer Erzählkonzepte anhand von zeitgenössischen Drehbuchbeispielen widmet, versucht sich Bildhauer den – wie sie findet – so schwer vermittelbaren, besonderen Erzählmöglichkeiten im Drehbuch etwas anzunähern. Sie kommt hier aber über theoretische Fragen der Perspektive, des »Wer erzählt?«, »Wer sieht?« nicht hinaus.

MEMENTO (2000; D: Christopher Nolan, nach der Kurzgeschichte von Jonathan Nolan; R: Christopher Nolan)

FIGHT CLUB (1999; D: Jim Uhls, nach dem Roman von Chuck Palahniuk; R: David Fincher)

Erfolgreicher widmet sie sich der Analyse aktueller Filme und ihrer Drehbücher, die gegen die alten narrativen Formeln verstoßen. Sie sucht sich dabei Filme, die achronologisch erzählen wie MEMENTO, die verdeckt oder vorsätzlich unzuverlässig erzählen wie FIGHT CLUB oder THE USUAL SUSPECTS, sie untersucht multiperspektivisches und multiprotagonistisches mehrsträngiges Erzählen wie in MAGNOLIA, CRASH oder TRAFFIC und unterzieht diese Werke einer sehr genauen strukturellen Analyse. Aus diesen Ergebnissen auch so etwas wie eine neue Dramaturgie abzuleiten wäre zu viel verlangt. Immerhin wird hier aber ein Konzept in Aktion vorgestellt, das auch unkonventionellen Drehbüchern gerecht wird und ein Überdenken der bisherigen Beurteilungsmethoden für Drehbücher und Filme einfordert.

Die neu auftauchenden Strukturen in den Drehbüchern und Filmen versteht Bildhauer nicht nur als formale Veränderungen, sondern führt sie auf deren veränderte Inhalte zurück, in denen neue Erfahrungen wie Zentrumslosigkeit, Fragmentierung und Pluralität von Empfindungen eine Rolle spielen. Sie zitiert in diesem Zusammenhang Anke Sterneborg aus ihrem Artikel über A BEAUTIFUL MIND: »Die Art, in der derzeit im Kino die systematische Zersetzung von Wirklichkeit betrieben wird, spiegelt die um sich greifende Verlorenheit des Menschen in einer aus den Fugen geratenen Welt, in der den Bildern von Film und Fotografie nicht mehr zu trauen ist.«

Aber die Welt war schon für Hamlet aus den Angeln oder eben aus den Fugen. Das ist eine durchaus alte Erfahrung. Die Zersplitterung einfach zu übernehmen ist nicht unbedingt eine ästhetische Spiegelung, wie Lars-Olav Beier in seiner Studie über die Filme von Arriaga und Iñárritu in dieser Ausgabe von *Scenario* zeigt. Der Weg zu einer New School der Drehbuch- und Filmdramaturgie – wenn wir sie denn für das Entwerfen neuer überraschender Drehbücher überhaupt brauchen – ist in Deutschland noch weit. Aber Katharina Bildhauer weist mit ihrer Dissertation den Weg dorthin.

Jochen Brunow

THE USUAL SUSPECTS (Die üblichen Verdächtigen; 1995; D: Christopher McQuarrie; R: Bryan Singer)

MAGNOLIA (1999; D+R: Paul Thomas Anderson)

CRASH (L.A. Crash; 2004; D: Paul Haggis, Robert Moresco; R: Paul Haggis)

TRAFFIC (2000; D: Simon Moore, Stephen Gaghan; R: Steven Soderbergh)

A BEAUTIFUL MIND (2001; D: Akiva Goldsman, nach der Biografie von Sylvia Nasar; R: Ron Howard)

Ein alter Bekannter, neu entdeckt

Stephen King: *Das Leben und das Schreiben*. Berlin: Ullstein Tb 2006. Aus dem Amerikanischen von Andrea Fischer. 333 S., Euro 8,95.

Als ein befreundeter Drehbuchautor mir *Das Leben und das Schreiben* von Stephen King empfahl, erinnerte ich mich sofort an meine Schulzeit. Unter der Schulbank wanderten damals Kings Schreckensgeschichten von Hand zu Hand: *Es, Sie, Friedhof der Kuscheltiere, Brennen muss Salem, Christine* oder die Romane unter dem Pseudonym Richard Bachman. Mein Deutschlehrer rümpfte nur abfällig die Nase über den Autor, diesen Trivialschreiber – aber das war uns damals völlig egal. King war cool, mit seiner klaren und bildreichen Sprache konnte er mich damals so unmittelbar in Bann ziehen wie kein anderer Schriftsteller. Das las sich doch anders als die anstrengenden Pflichtlektüren des Unterrichts – weiche von mir, Jenny Treibel!

Kings Geschichten drehten sich um den Schrecken des Todes, den Schmerz des Abschieds, meist spielten sie in Maine auf dem Lande oder in der Kleinstadt. Unter schönem Schein brodelte das Dunkle. Und war die landschaftlich so schöne Eifel, in der ich aufwuchs, nicht auch so eine

Stephen King: *Es; Sie; Friedhof der Kuscheltiere; Christine* (Ullstein 2005); *Brennen muss Salem* (Zsolnay 2006)

Theodor Fontane: *Frau Jenny Treibel* (dtv 2007)

Lesezeichen

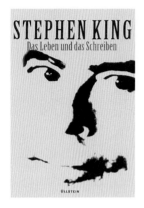

STAND BY ME (1986; D: Raynold Gideon, Bruce A. Evans; R: Rob Reiner)

THE SHAWSHANK REDEMPTION (Die Verurteilten; 1994; D+R: Frank Darabont)

CARRIE (1976; D: Lawrence D. Cohen; R: Brian De Palma)

MISERY (1990; D: William Goldman; R: Rob Reiner)

THE SHINING (1980; D: Stanley Kubrick, Diane Johnson; R: Stanley Kubrick)

DOLORES CLAIBORNE (Dolores; 1995; D: Tony Gilroy; R: Taylor Hackford)

Welt der brüchigen Idylle? Oft genug geschahen bedrohliche Dinge: der plötzliche Tod eines Nachbarn, der Selbstmord eines Lehrers, der komische Kauz, über den das Gerücht umging, dass er es mit Schafen trieb, ein Toter im Wald, die alte Kirche, in der man Menschenknochen lagerte. Aber immer fand alles Bedrohliche seine logische Erklärung, keine Mörder, keine Geister, alles nur Hirngespinste – verdammt schade. Kings Bücher trösteten mich. Es war die Zeit, in der ich ohnehin nicht an das Gute im Menschen glauben mochte, und auch King war Pessimist.

Mit Beginn des Studiums geriet Stephen King bei mir in Vergessenheit. Manchmal studierte ich in der Buchhandlung in Bonn noch die Klappentexte seiner Bücher, entschied mich aber dann doch dagegen, einen seiner neuer Romane zu kaufen – dieser Autor gehörte zu meiner Jugend, und da wollte ich ihn auch belassen. Die Erinnerungen an seine Geschichten flammten allenfalls im Kino wieder auf, auch beim Sichten einer DVD oder im Fernseh-Nachtprogramm. Die Verfilmungen STAND BY ME, DIE VERURTEILTEN oder auch CARRIE, MISERY, SHINING und DOLORES begeistern mich bis heute, die meisten Adaptionen aber enttäuschten mich. Mit *Das Leben und das Schreiben* aber kehrte King in mein Leben zurück.

Ich freute mich, etwas über das Leben des als menschenscheu geltenden Mannes zu erfahren. Einmal habe ich eine Reportage über ihn im Fernsehen gesehen, in der er ein wenig über sich erzählte, und es entstand das Bild eines klugen und bescheidenen Autors, der mit seiner Frau in einer wunderschönen Villa in Maine lebt. Natürlich erhoffte ich mir jetzt von der Lektüre des Buches, als Drehbuchautor etwas lernen zu können. Kings Geschichten rufen förmlich danach, verfilmt zu werden. Bei seinen Beschreibungen ist er ein Meister der Präzision, und die vermeintliche Äußerlichkeit wird zum Abbild der Seele seiner Figuren. Durch diese Intensität liest man seine Geschichten und hat zugleich einen Film vor Augen: Der kleine Vampirjunge, der nachts vor dem Fenster schwebt und hereingelassen werden will, der schöne rote '58er Plymouth Fury, der im Autokino zwischen den anderen Autos seine Insassen tötet ...

Angenehm unprätentiös schildert King im ersten Teil des Buches sein Leben und seine Laufbahn. Er schreibt ehrlich über Missachtung, Höhen und Tiefen und den langen Kampf um seinen Erfolg, bevor mit *Carrie* die sagenhafte Karriere begann. Der Text gibt Mut, »weiterzumachen«, einen langen Atem zu haben und seine Ziele nicht aus den Augen zu verlieren. Der Leser erfährt viel über den steinigen Weg des Schreibens, über das Leid und die Freude der Einsamkeit. King berichtet, wie seine Frau *Carrie* buchstäblich vor dem Mülleimer rettete, er erzählt von seinem Alkoholproblem, von Lehrern, die sein Talent erkannten oder aber ihn demütigten, von seinem Lektor, seiner Familie – er vergisst niemanden und dankt denen, die an ihn glaubten und bis heute an ihn glauben. Ob Roman- oder Drehbuchautor – wer davon lebt, andere mit Worten begeistern zu müssen, dem wird vieles bekannt vorkommen.

King ist nicht nur ein »Vielschreiber«, sondern auch ein »Vielleser«. Jeden Tag lesen und jeden Tag schreiben ist für ihn ein Schlüssel zum Autorendasein. Ohne Fleiß geht es nicht, allerdings ist Fleiß allein auch keine Erfolgsgarantie. King wehrt sich gegen jede Art von Patentrezept, und er hält nicht viel von Literaturseminaren. Schreiben bedeutet für ihn einen ständigen Kampf mit sich selbst und der Umwelt. Das Buch entkräftet auch das Vorurteil, King lege es als Autor darauf an, verfilmt zu werden. Er schreibt so filmisch, weil er Filme liebt. Als Jugendlicher legte er jedes Wochenende 14 Meilen zurück, um ins Kino zu kommen. Am liebsten sah er Poe-Verfilmungen. Der Film DAS PENDEL DES TODES inspirierte ihn dazu, seinen ersten gleichnamigen Roman zu schreiben: »*Das Pendel des Todes* wurde mein erster Bestseller. Ich nahm die gesamte Auflage mit im Ranzen in die Schule, und bis zum Mittag hatte ich zwei Dutzend Exemplare verkauft.«

PIT AND THE PENDULUM (Das Pendel des Todes; 1961; D: Richard Matheson, nach der Erzählung von Edgar Allan Poe; R: Roger Corman)

Seine Weise, die Welt mit Kinoaugen zu sehen, macht Stephen King für Produzenten, Regisseure und Drehbuchautoren so interessant. Sein Buch enthält mehr brauchbares Handwerkszeug als die meisten Dramaturgiebücher, die ich gelesen habe. Im zweiten Teil, *Was Schreiben ist*, lädt er den Leser ein, näherzurücken, er beschreibt den Ort seines Schaffens, den Schreibtisch und seinen Lieblingssessel. Nachdem er uns sein Umfeld erklärt hat, gibt er in den Kapiteln *Werkzeugkasten* und *Über das Schreiben* Einblick in die Entstehung seiner Romane und Geschichten. Er gibt Tipps und Ratschläge, schreibt auch offen über eigene Fehler, erhebt dabei keinen Anspruch auf Allgemeingültigkeit. Dieser offen subjektive Blick unterscheidet das Buch wohltuend von vielen anderen Dramaturgiebüchern.

Die Überarbeitung und Kürzung des eigenen Textes ist für King das entscheidende Moment des Schreibens. Der kritische Blick aufs eigene Werk brauche Zeit, man solle die erste Fassung des Manuskripts mindestens sechs Wochen ruhen lassen und es erst aus der Schublade holen, »wenn es wie ein fremdartiges Relikt aussieht, das man in einem Kramladen oder dem Flohmarkt erstanden hat.« Auch als Drehbuchautor muss man sich die Zeit nehmen, sein eigenes Werk mit fremden Augen zu sehen, es sei denn, man ist bereit, arbeitsteilig zu schreiben: In den amerikanischen *writers rooms* schreibt immer ein anderer Autor des Schreibteams den *rewrite*.

King half mir tatsächlich, ein Drehbuchproblem zu lösen. Es war, als hätte er neben mir gestanden und mir auf die Finger geklopft, als ich das Äußere einer Person detailliert beschrieb, weil ich irrtümlicherweise glaubte, nur so ihre Emotion spiegeln zu können: »Viel

Stephen King

wichtiger als die äußere Beschreibung der Figuren sind meiner Meinung nach Schauplatz und Umgebung, um den Leser in die Geschichte hereinzuziehen. Und nie kann die äußerliche Beschreibung einer Figur eine Charakterstudie ersetzen [...]. Eine gute Beschreibung besteht für mich aus einigen geschickt gewählten Beobachtungen, die einen Eindruck vom Ganzen vermitteln.« Neben diesem gibt er noch viele weitere, nur scheinbar simple, jedoch sehr nützliche Tipps. Am Herzen liegt ihm insbesondere die Vermeidung des Passivs und die Streichung und Vermeidung von überflüssigen Adjektiven und Adverbien. In seinem Streben nach Vereinfachung befindet er sich in guter Gesellschaft mit Truffaut und Hitchcock, die überzeugt sind, dass ein Künstler besser ein Vereinfacher als ein Verkomplizierer sein sollte.

Im letzten Teil *Über das Leben: Ein Nachtrag* schreibt King, wie er beinah ums Leben kam, als er auf einem Spaziergang von einem Auto angefahren wurde. Der Unfallverursacher schien einer seiner Geschichten entsprungen zu sein: Ein schmieriger Typ in einem Dodge, der die Kontrolle verlor, als sein Rottweiler ihn während der Fahrt ablenkte. King musste die Arbeit an *Das Leben und das Schreiben* für viele Monate unterbrechen, und er beschreibt sehr eindringlich, wie er auch durch das Schreiben wieder zurück ins Leben fand. Kings wahre Geschichte vom Unfall, vom Ringen mit dem Tod und vom schweren Weg zurück an den Schreibtisch ist so gelungen, dass man wie bei seinen Romanen sofort einen »Film im Kopf hat«.

King hatte sich vorgenommen, ein Buch über Bücher zu schreiben, das so kurz ist, dass kein Blödsinn drin steht – es ist ihm gelungen. Und wenn ich das nächste Mal zu meinen Eltern in die Eifel fahre, werde ich auf dem Dachboden nach meinen alten King-Büchern suchen.

Christoph Callenberg

Gescheitert in Hollywood

Doris Dörrie: *Und was wird aus mir?* Zürich: Diogenes 2007. 420 S., Euro 22,90.

Doris Dörrie beschreibt in ihrem neuesten Roman *Und was wird aus mir?* drei Deutsche, die in Hollywood gestrandet sind. Alle drei verbindet eine Filmkarriere in Deutschland in den 1970er beziehungsweise 1980er Jahren. Nach einem anfänglichen Erfolg im heimischen Kino sind sie damals ins Mekka nach Los Angeles aufgebrochen. Rainer, der Filmregisseur, ist in der Traumfabrik zunehmend heruntergekommen. Heute versucht er wenigstens den Schein zu wahren, vor allen Dingen seiner Tochter gegenüber, die ihn einmal im Jahr besucht. Er nistet sich in fremden Villen ein, um so noch das äußere Bild des Erfolgs zu gewährleisten.

Johanna, die schon lange nicht mehr als Schauspielerin arbeitet, ist nach Deutschland zurückgekehrt und gerade als Requisiteurin aufgrund eines eigenen Fehlers aus der laufenden Produktion des *Rigoletto* geflogen. So flüchtet sie zu ihrem ehemaligen Liebhaber Rainer, in dessen erstem Film sie die Hauptrolle spielte. Heidi, die in diesem Werk ebenfalls mitspielte, arbeitet heute als okkultes Medium in Hollywood.

Die drei Protagonisten sind Kinder der 1980er Jahre, und auch der Roman scheint in dieser Zeit stehengeblieben zu sein. Käme nicht das Wort *iPod* vor, könnte die Geschichte auch vor 20 Jahren spielen. Die Probleme und Konflikte wirken veraltet und knöchern. Von den heutigen Gegebenheiten in Hollywood ist in diesem Roman nichts zu spüren. Und, vielleicht das größte Manko, der Ort des Geschehens, Hollywood, entspricht dem Klischee, wie es schon so oft beschrieben wurde. Doris Dörrie überrascht den Leser nicht mit neuen Einblicken oder Erkenntnissen.

Doris Dörrie

Leider bleiben auch die Figuren oberflächlich und belanglos. Es entsteht kein roter Faden, und es herrschen die Effekte vor, wie der Geist einer toten Japanerin, die durch Heidi zu neuem Leben erwacht. Zudem wird immer wieder auf *Rigoletto* verwiesen. Diese Oper hat Dörrie zwei Jahre vor Erscheinen des Buchs in München inszeniert. So entsteht das seltsame Gefühl der Kolportage und einer billigen Wiederverwertung ihrer Arbeit.

Die einzigen erhellenden Gedanken stellen sich nach dem Lesen ein. Warum schreibt eine erfolgreiche Autorin einen Roman über erfolglose Filmemacher? Wer das Buch liest, muss und soll auch unweigerlich an reale deutsche Regisseure in Hollywood denken. Los Angeles war schon immer der Sehnsuchtsort für deutsche Filmemacher, aber nur die wenigsten haben es geschafft. Und so ist dieser Roman vielleicht – freiwillig oder unfreiwillig – so etwas wie der schale Abgesang auf die Generation der deutschen Filmemacher der 1970er und 1980er Jahre. Sie sind bis auf wenige Ausnahmen schon lange im Kino bedeutungslos, und es gibt nur zwei Regisseure aus dieser Generation, die auch heute noch Erfolge vorweisen können. Und diese beiden arbeiten in Hollywood. Aber sowohl Wolfgang Petersen als auch Roland Emmerich schreiben ihre Drehbücher nicht selbst und gehören also – anders als Dörrie – nicht zu den Autorenfilmern.

Und was wird aus mir? macht auf erschreckende Weise deutlich, dass Dörries Generation, die es nach Wenders, Fassbinder, Herzog & Co. besonders schwer hatte, nach anfänglichen Erfolgen sowohl an der Kinokasse als auch in ihrem künstlerischen Ausdruck gescheitert ist. In diesem Roman zeigt es sich im Inhalt und leider auch im Werk selbst.

Oliver Schütte

Schalt aus und schau hin!

Johanna Sinisalo: *Glasauge*. Aus dem Finnischen von Elina Kritzokat. Berlin: Tropen 2007. 256 S., Euro 19,80.

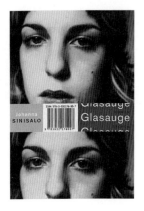

Nokia, die Kaurismäki-Brüder, die Leningrad Cowboys und meine Schwägerin – alles Gute kommt aus Finnland! Nun liegt der neue Roman von Johanna Sinisalo vor mir auf dem Tisch. *Glasauge*, erschienen bei Tropen in der Reihe *Trojanische Pferde* (!), ist ein finnischer Roman über Drehbuchautoren, die für Seifenopern arbeiten.

Es gibt eine Menge Gerüchte über das Ameisenvolk der Daily-Schreiber, das einzig Richtige davon: sie verdienen wirklich viel Geld! Rund 10.000 Euro monatlich, häufig sogar mehr und womöglich über Jahre hin, welcher normale Drehbuchautor verdient das schon? *Rote Rosen, Wege zum Glück, Verbotene Liebe, Marienhof, GZSZ, Bianca* – hier trifft der normale Drehbuchautor auf zwei Arten von Kollegen – diejenigen, die, wie er selbst, den Traum vom Kino aufgegeben haben oder es satt haben, sich in den *Tatort* hineinzukämpfen, und die anderen, die nie im Leben was anderes gemacht haben als sich Charaktere und neue Storys für tägliche »Formate« auszudenken. Die Gruppe dieser Autoren vor allem ist stolz auf ihre Arbeit und in der Überzahl, und so dauert es nicht lange, bis auch mancher Neuankömmling sich hier zu Hause fühlt. Endlich tut er das, wovon er immer geträumt hat: Er schreibt viele Stunden am Tag, jeden Tag! Seine Geschichten, deren VG-Wort-Rechte er mit mindestens fünf anderen Urhebern teilt, werden täglich verfilmt und täglich gesendet! Ein Millionenpublikum schaut täglich zu, sogar die Mama ist darunter, und endlich versteht sie auch, was der Bub so den ganzen Tag als Drehbuchautor tut.

Ich habe nur selten Autoren kennengelernt, die mit so viel Selbstbewusstsein ihre Sache vertreten wie Autoren für Soaps. Die sogar mit Streik drohen, um zu erreichen oder zu erhalten, was sie richtig finden. Die wissen, wenn sie zusammenhalten, können sie einen riesigen Produktionsprozess stoppen und ihrem Auftraggeber Millionen Euro Verluste bescheren! Sind die Soap-Autoren also nicht nur Söldner, sondern auch ein revolutionäres Potenzial? In *Glasauge* erfährt der Leser, dass sie beides sind und noch mehr, nämlich Menschen, die zu allem fähig sind, sogar zu Mord! Die Ich-Erzählerin Taru ist Journalistin mit abgeschlossenem Hochschulstudium in Kommunikation, Publizistik und Sozialwissenschaften und mit Zusatzausbildung in Drehbuchschreiben an der Hochschule für Kunst und Medien in Helsinki. Bis zu Beginn ihres Studiums hat sie nie Serien geguckt. Taru lässt sich auf die schöne neue Welt der Seifenoper ein. *Dein Viertel* ist *die* finnische Soap, sie wird dreimal wöchentlich gesendet und von über einer

Million Zuschauern, also gut einem Fünftel des Landes gesehen. Wie die Stoffentwicklung vonstatten geht, wie man die richtigen Charaktere entwickelt, welche Struktur eine einzelne Folge haben muss und mehr erfährt man in diesem Psychothriller besser als in jedem Handwerksbuch zum Drehbuchschreiben. Und unterhaltsamer ist es sowieso.

Als Soap-Autorin findet die Heldin im Laufe des Geschichte Erfüllung und Ablehnung, verliebt und entliebt sich, macht sich Freunde und Feinde, will aussteigen und bleibt doch und entdeckt schließlich Seiten an sich, die ihr bisher verschlossen waren. Als Paula, die Urheberin und Head-Autorin der Serie, immer häufiger Tarus Ideen entweder blockiert oder Figuren erschafft und verunstaltet, die Tarus wirklichem Leben entspringen, fängt diese an, ihre Rachefantasien in die Tat umzusetzen.

»Sie ist mein Feind. Sie ist hinter mir her. Sie ist meine Göttin, und ich habe mich gegen sie erhoben. Ihr Ziel ist es, mich zu brechen, zu zerschmettern, zu vernichten. [...] Nein, das ist zu dramatisch. Sie ist schließlich nur ein Mensch. Fleisch und Blut. Ein Hautsack mit enorm viel Blut darin. Bald begegnen wir uns, und nur eine wird aufrecht stehenbleiben ...«

Schreiben in der Gruppe, Kollegensolidarität und Konkurrenz, Schreiben unter permanentem Druck, Schreiben mit einer intriganten, eifersüchtigen Chefin vor der Nase, die die Lorbeeren kassiert für deine Erfindungen, Schreiben trotz Liebe, Intrige und Verrat, Schreiben trotz Leben, Schreiben und Leben, Schreiben auf Leben und Tod. Unser Leben schlägt zurück, durch den Bildschirm! *Behind the screen* findet genau dasselbe statt wie vor dem Schirm – darum geht es in *Glasauge*.

»Ihr müsst euch das so vorstellen: Fernsehen wird nicht einfach in eine Richtung aufgenommen. Nicht nur ihr seht den Fernseher, sondern der Fernseher sieht auch euch; er ist ein riesiges Auge, ein Glasauge in der Ecke des Wohnzimmers. Von dort aus, in diesem von Menschen bewohnten Raum, schaut er sich um und saugt alles, was geschieht, in sich hinein, holt es sich direkt von euch. Und nach diesem Prinzip, ein und allein nach diesem Prinzip, schreibt man Drehbücher.«

Johanna Sinisalo

In *Glasauge* tragen die Protagonisten, sprich die Soap-Autoren, so wunderbare Namen wie Timo, Pantse, Staha, Kirsikka. Die Charaktere von *Dein Viertel* heißen Sinikka, Ilmari, Marketta, Jatta, Tiki, Muammar, Peetu. Ob der Name der Romanautorin Johanna Sinisalo vielleicht das Pseudonym einer deutschen Drehbuchautorin ist, die mit *Glasauge* ihren Schlüsselroman geschrieben hat? Wie dem auch sei, es ist gut, dass es dieses Buch gibt und dass die Geschichte in Finnland spielt. Manchmal muss man weit weg gehen, um der eigenen Welt ins Auge zu blicken.

Monika Schmid

Auf der Suche nach der verlorenen Realität

Daniel Sponsel (Hg.): *Der schöne Schein des Wirklichen. Zur Authentizität im Film*. Konstanz: UVK 2007. 188 S., Euro 19,-.

Ein Begriff geistert durch alle Debatten der Republik: Authentizität. Er soll Legitimität verschaffen, verheißt Aufmerksamkeit und Anerkennung. Ein jeder muss sich inzwischen Gedanken darüber machen, ob er jetzt auch authentisch rübergebracht hat, was eigentlich unhinterfragbar seine ureigensten Gefühle und Gedanken sind. Vor allem im Zusammenhang mit den Medien wird die behauptete Authentizität, ebenso wie tatsächlicher Wirklichkeitsbezug, zum Gradmesser der Qualität von fiktivem wie von dokumentarischem Erzählen. In dieser Situation erweckt der Untertitel dieser Publikation, *Zur Authentizität im Film*, natürlich sofort die Neugier des professionellen Filmerzählers.

Die Reihe *kommunikation audiovisuell*, deren 40. Band dieses Buch ist, veröffentlich in unregelmäßigen Abständen Beiträge aus der Hochschule für Fernsehen und Film in München. Seit der Berufung von Dr. Michaela Krützen auf die Professur der Abteilung »Kommunikations- und Medienwissenschaft« – sie ist damit auch Herausgeberin der Reihe – kommt der Anspruch, zwischen Medienwissenschaft und Medienpraxis zu vermitteln, vermehrt zum Tragen. Und so sind es neben ausgewiesenen Medienwissenschaftlern vor allem professionelle Filmemacher, die in diesem Band zu Worte kommen. Der Herausgeber selbst, Daniel Sponsel, ist Dokumentarfilmregisseur und schildert in seinem Beitrag *Die Wirklichkeit des Filmemachers* seine Probleme bei der Herstellung eines Dokumentarfilms über die klandestine Arbeit von Unternehmensberatern. Er möchte mit dem Band generell den Blick schärfen für die Fragen, die sich stellen, wenn man mit bewegten Bildern eine Geschichte erzählen will, die sich so oder so ähnlich ereignet hat, ereignen könnte oder die gerade geschieht. Eine umfassende Standortbestimmung des Mediums Film aus zeichentheoretischer Perspektive, wie sie Lorenz Engell gleich zu Eingang des Bandes liefert, erscheint mir persönlich dazu nicht zwingend nötig.

Der Aufsatz des Filmemachers Heiner Stadler, *Über den Kreislauf der Bilder*, führt da schon näher ans Thema. Stadler geht der Frage nach, welche Bedeutung ein kollektives Bildergedächtnis für die Wahrnehmung und Interpretation von neuen Bildern hat. Er widerspricht in dem Zusammenhang explizit den Simulationstheoretikern wie Baudrillard: »Wir sind nicht, wie manche Kulturkritiker behaupten, bei der Fiktionalisierung der Realität angekommen, sondern vielmehr bei der Erschaffung der Realität nach fiktionalem Vorbild.«

Michaela Krützen: *Dramaturgie des Films. Wie Hollywood erzählt* (S. Fischer 2004)

Leider exemplifiziert Stadler seine Auffassung fast ausschließlich an amerikanischen Kriegsfilmen wie APOCALYPSE NOW, SAVING PRIVAT RYAN und BLACK HAWK DOWN und traut sich an deutsche Filme wie DER UNTERGANG oder SOPHIE SCHOLL nicht heran, obwohl doch gerade sie unter diesem Ansatz interessant wären. Über die Dreharbeiten zu DER UNTERGANG hieß es seinerzeit im Ringen um Aufmerksamkeit und »Authentizität«, in den Kulissen hätte es gerochen wie im Führerbunker. SOPHIE SCHOLL wurde zum Kinostart damit beworben, in dem Film erfahre man endlich die wahre Wahrheit über die *Weiße Rose*, als würde sie aus den Verhörprotokollen der Henker, die der Autor und sein Regisseur für ihre Fiktion benutzt haben, unmittelbar hervorgehen und der Film wäre nicht ein ästhetisches Produkt. Abgesehen davon, dass der Werbespruch indirekt insinuierte, vorherige Filmwerke über das Thema hätten Lügen verbreitet.

Im Fernsehen hat die eine oder andere kritische Anmerkung die überbordende Eventkultur der Geschichtsbewältigung bisher nicht verhindern können. Den aktuellen Umgang mit deutscher Geschichte in Film und Fernsehen bedauern viele, Kollegen, Macher und Kritiker gleichermaßen, wenn man sie nur konkret darauf anspricht. Eine genaue wissenschaftliche Aufarbeitung dieser fatalen Tendenz erschiene mir wichtiger als unter einem Titel wie *Das Zusammenspiel von Fiktion und Realität* (Bernd Scheffer) eine weitere Untersuchung zum Thema »Der elfte September und die USA als Teil Hollywoods«.

Ganz unmittelbar mit der Frage der Authentizität für die hiesige aktuelle Filmproduktion befassen sich hingegen zwei Spielfilmregisseure, Dominik Graf und Andreas Gruber. Ihre Beiträge haben mich sofort gepackt und sind für mich die Höhepunkte des Bandes. Das nur unter anderem auch deshalb, weil sie sehr genau den Anteil von Autor und Regisseur, vom narrativen und vom inszenatorischen Urheber an der Herstellung der Authentizität differenzieren und beide mit einem deutlich spürbaren – immer noch nicht selbstverständlichen – Respekt von Autoren sprechen.

Andreas Gruber befreit in seinem Text *Ein Moment in der Besessenheit vom Ablauf* den Begriff der Authentizität von der Schlacke der aktuellen Rhetorik und nimmt seine konkreten Bedingungen »Stimmigkeit, Präsenz und Gegenwärtigkeit« als Ausgangspunkte für seine Überlegungen zu einer neuen »Dramaturgie des Augenblicks«. Er versteht, wie es im Untertitel heißt, den Augenblick als Antithese zum Plot und wirft den im Umlauf befindlichen Konzepten, Lehrbüchern und Leitfäden für Film- und Fernsehdramaturgie vor, sich nur auf den Ablauf, auf die Handlungskonstruktion zu beziehen. Dadurch hat sich seiner Ansicht nach die Filmdramaturgie nie ernsthaft von der Dramaturgie des Theaters und der Literatur emanzipiert. Dieser Überlegung kann man

APOCALYPSE NOW (1979; D: John Milius, Francis Ford Coppola, Michael Herr, nach der Erzählung von Joseph Conrad; R: Francis Ford Coppola)

SAVING PRIVAT RYAN (Der Soldat James Ryan; 1998; D: Robert Rodat; R: Steven Spielberg)

BLACK HAWK DOWN (2001; D: Ken Nolan, nach dem Buch von Mark Bowden; R: Ridley Scott)

DER UNTERGANG (2004; D: Bernd Eichinger, nach dem Buch von Joachim C. Fest; R: Oliver Hirschbiegel)

SOPHIE SCHOLL – DIE LETZTEN TAGE (2005; D: Fred Breinersdorfer; R: Marc Rothemund)

Andreas Gruber inszenierte in der Reihe *Bella Block* den Film IM NAMEN DER EHRE (2002), zu dem Jochen Brunow das Drehbuch schrieb.

mit gewissen Abstrichen im Wesentlichen für die Dramaturgien der Vergangenheit, die der Old School angehören, zustimmen. Sie treffen aber nicht mehr unbedingt für die dramaturgischen Wege der New School, wie sie André Georgi in seinem Artikel über die neuen Tendenzen auf dem amerikanischen Markt für Manuals in diesem Buch vorstellt.

Gruber beklagt trotzdem nicht ganz zu Unrecht, dass die vielen narrativen Möglichkeiten der Filmsprache sich in der übernommenen Terminologie und dem Vokabular des Theaters nicht wiederfinden, und verweist auf »Bildausschnitt, Kameraführung, Lichtführung, Wahl der Optik, Montage, die Wechselwirkung von Bild und Musik etc.«, die er als dramaturgische Optionen auch für das Drehbuch versteht. Würde der Autor ständig technische Anweisungen ins Drehbuch schreiben, Regie und Kamera hielten sich kaum daran, abgesehen davon, dass es ihm so kaum gelänge, einen emotionalen *flow* und einen *flow* der Bilder beim Leser zu erzeugen. Viele der technischen Möglichkeiten gehen durchaus in den Text des Drehbuchs ein, das darauf angewiesen ist, ausschließlich mit sprachlichen Mitteln Bilder zu evozieren. Diese Notwendigkeit ist – da hat Gruber vollkommen recht – nie direkter Gegenstand der Dramaturgien, hier sind die Drehbuchautoren – bisher – weitestgehend auf sich gestellt.

> Meine Überlegungen zum Filmischen im Kurzgedicht Haiku, das eben genau auf den von Gruber geforderten Augenblick, auf das »Hier und Jetzt« gerichtet ist, sind ein Versuch, in diese Richtung zu denken und sprachliche Formen zu finden, die der Bedeutung des reinen Augenblicks im Film adäquat sind und entsprechend gegenwärtige Bilder heraufbeschwören können (vgl. S. 99-114 in diesem Band).

Gruber vertraut noch auf die Abbildfunktion der Filmbilder, schreibt ihnen »konkrete Komplexität« zu; für ihn als Regisseur ist klar, wo ein Bild ist, muss Realität gewesen sein. »Alle, die Drehbücher schreiben, wissen, dass man sich manchmal ganz elegant darum herumschwindeln kann, konkret zu werden. Aber der Augenblick der Wahrheit für den Regisseur – und natürlich auch für das Drehbuch – kommt unweigerlich mit der ersten Klappe jeder Einstellung.«

Indem er auf dem Gegensatz zwischen abstrahierender Struktur des Theaters und der Sprache und der komplexen Konkretheit des Bildes beharrt, klammert Gruber allerdings die möglichen Metamorphosen zwischen Bild und Sprache aus. Eben nicht die genauen Beschreibungen filmtechnischer Vorgänge lassen aus dem Drehbuch gegenwärtige Bildvorstellungen entstehen, sondern eher die sprachliche Verdichtung konkreter Beobachtungen, wie sie zum Beispiel das Haiku nutzt. Aber es geht Andreas Gruber bei seiner Forderung nach einer »zweiten Dramaturgie des Augenblicks« nicht um ein Entweder-Oder, »sondern um die Integration und Fortentwicklung einer dann tatsächlich originär filmischen Dramaturgie, die schon im Drehbuch das dramaturgische Potenzial der filmischen Möglichkeiten im Sinne der Erzählung nutzt.« Es geht ihm darum, »... eine erzählerische Behauptung durch die Dichte und Authentizität des inszenierten Augenblicks oder der Situation so glaubwürdig erscheinen zu lassen, dass etwa Figuren sich und ihre Umstände nicht durch Dialoge oder symbolische Handlungen rechtfertigen müssen.« Gruber betont auf diese Weise, dass der Film als Film zu sprechen anfängt, jenseits der Dialoge mit dem Rauschen der Blätter im Wind, und dass dieser Wahrheit bereits im Drehbuch und nicht erst in der Inszenierung Rechnung getragen werden sollte. Sein Artikel liefert natürlich noch keine vollständige neue Dramaturgie, aber konkrete Vorgaben für ein Umdenken, und ist damit ein weiterer Hinweis auf einen Paradigmenwechsel weg von der Old School der Filmdramaturgie hin zu so etwas wie einer noch nicht vollständig ausformulierten New School.

Dominik Graf fragt in seinem Artikel *Magma des Schreckens oder kurze Bemerkung über das Töten* nach der aktuellen filmischen Darstellung des Grauens der uns umgebenden Formen der Gewaltanwendungen. Er findet im aktuellen Mainstreamkino nur noch einen topografisch distanzierten Erzählstil, der das Gefühl des Unkörperlichen, des Körperlosen, des Glatten, daher letztlich Gefahrlosen vermittele und so grob verharmlosend mit den Gewaltorgien umgehe, die er anrichtet. Und Graf konstatiert daher: »Das internationale Erzählkino hat [...] im Großen und Ganzen die Position der Körperlichkeit, die es einmal innehatte, längst aufgegeben.« Er trauert – durchaus nachvollziehbar – den Zeiten des New Hollywood nach und Regisseuren wie Peckinpah und Aldrich, die den Alptraum des – amerikanischen – Lebens noch lebendig nachzuzeichnen vermochten.

»Worauf es mir ankommt«, schreibt Graf, »ist die Versehrbarkeit des Körpers im Film. Die Verletzlichkeit des Körpers des Einzelnen und die Brüchigkeit des ›Körpers der Welt‹. Der Körper – ich meine unsere konkrete Wahrnehmung der Außenwelt, unser Empfinden von ihm – hat das stärkste Wissen über sich selbst. Der Körper bewahrt in seinem Gedächtnis, in seiner Angst, in seiner Schutzbedürftigkeit und in seinen Sehnsüchten eine Einheit von Chaos und Paradies gleichermaßen auf.« Er glaubt, dieses Moment des Körperlichen gehe im aktuellen Kino verloren, es verschwinde unter einer von digitalen Effekten erzeugten, erstarrten Oberflächenglätte, »... das Blut rinnt in grafisch geordneten, computergesteuerten Bahnen.«

In seinen Ausführungen holt sich Dominik Graf Unterstützung bei einem schon historischen Theoretiker und einer aktuell wirkenden Theoretikerin. Zum einen zitiert er quasi als Motto Siegfried Kracauer, für den der Film das Mittel zur Errettung der physischen Realität war: »Doch um uns die physische Realität erfahren zu lassen, müssen Filme wirklich zeigen, was sie zeigen.« Zum anderen bezieht Graf sich auf Elisabeth Bronfen, die viel über die psychologischen Aspekte des Kinos gearbeitet hat: »Auf dieser Offenbarung eines unerträglichen und gleichzeitig faszinierenden Wissens, dem wir nicht ausweichen können, zu beharren, bedeutet, dass es nach dem 11.9. kaum um ein Verbot von Bildern, die den unvorstellbaren Tod darstellen, gehen kann, sondern darum, eine Brüchigkeit in die Betrachtung dieser Visualisierungen einzuführen. Eine Mahnung davor, die reine Gegenwart des gewaltsamen Geschehens nicht aus den Augen zu verlieren.«

Graf kennt die Praxis des Filmemachens für Kino und Fernsehen und weiß aus Erfahrung: »Wir reden zwar in unseren hiesigen Drehbuchsitzungen viel über die Emotionalität der Figuren und über die Gefühle des Zuschauers – aber wir sind in unseren Filmen kaum noch in der Lage, mit jenen verheerenden Emotionen, die die physische Gewalt in unserem Leben anrichten kann, umzugehen.« Wenn er dann die Todesformen im Fernsehen mit ihrem Johannisbeerblut, dem immergleichen zügigen Zusammenbruch mit schräg aufgerissenem Mund oder den seltsamen Einschusswunden karikiert, folgt man Graf gerne. Wenn er gegen die Zensur wettert – »Zensur des Unzeigbaren, des Furchterregenden, des Pornografischen« – und ihre Aufhebung fordert, wenn er gegen das »Geschrei über die angebliche Unzumutbarkeit von Bildern« anschreibt, dann bekommt man allerdings leicht das Gefühl, es gehe ihm womöglich nur um ein immer weiteres Hinausschieben der Grenze des Darstellbaren, um die nackte, schiere, »reine« Realität, und er vergesse dabei die Gewalt, die den Bildern selbst innewohnt. Vielleicht ist das eine Unterstellung, aber die kinematografische und moralische Strenge Kieslowskis – dessen Werk der Untertitel seines Textes paraphrasiert – ist nicht Grafs Sache. Die Bilder selbst sind längst Teil der uns umgebenden Gewalt, denn sie brechen und verändern »unsere konkrete Wahrnehmung der Außenwelt, unser Empfinden von ihm (dem Körper)«, den Graf in seiner Verletzlichkeit zeigen möchte. Es besteht für mich kein Zweifel daran, dass uns auch Bilder zwar nicht physisch, aber doch psychisch verletzen können. Wie die uns umgebende Bilderflut scheinbar nicht nur Raum und Zeit außer Kraft setzt, sondern immer häufiger auch Ursache und Wirkung trennt, darin liegt eben auch Gewalt, und auch dazu muss sich jeder Film, seine Autoren und Regisseure, neu verhalten.

Graf endet mit einer konkreten Aufforderung: »Vielleicht können also wir, die Autoren und Regisseure, das abstrakte und öde Primat der Dramaturgie-Effektivität und all die endlos wiederholten Kino-Mord-Zitate sowohl aus dem Schreiben als auch aus der Inszenierung unserer endlosen Szenen des Todes wieder ein wenig verbannen?« Daran möchte man gerne mitwirken. Nur wie sollen die Bilder aussehen, wie die Erzählhaltung, die dies bewerkstelligt? Darüber möchte man gerne mehr erfahren. Der von Graf geschätzte und erwähnte Sam Peckinpah lässt die Fliegen auf einem billigen Leinensack erzählen. Sollen wir den Sack öffnen und in das durch die Hitze der Wüste aufgequollene, schon leicht in den Zustand der Verwesung übergehende tote Antlitz von Alfredo Garcia schauen? Was würde uns das erzählen? Die Bei-

KRÓTKI FILM O ZABIJANIU
(Ein kurzer Film über das Töten; 1988; D: Krzysztof Kieslowski, Krzysztof Piesiewicz; R: Krzysztof Kieslowski)

spiele, die Graf aufführt, weisen denn auch in eine ganz andere Richtung: Antonioni, PROFESSIONE: REPORTER, Jacques Tourneurs CAT PEOPLE oder der unbekannte Dokumentarfilmer, der den Mord, der vor seinen Augen geschah, auf die Tonspur verbannte. Für diese Beispiele allerdings bräuchte man keine Aufhebung der »Zensur des Unzeigbaren, des Furchterregenden, des Pornografischen«.

Jochen Brunow

PROFESSIONE: REPORTER (Beruf: Reporter; 1975; D: Mark Peploe, Peter Wollen, Michelangelo Antonioni; R: Michelangelo Antonioni)

CAT PEOPLE (Katzenmenschen; 1942; D: DeWitt Bodeen; R: Jacques Tourneur)

Dancer between the Lines

Dagmar Benke / Christian Routh: *Script Development. Im Team zum guten Drehbuch.* Konstanz: UVK 2006. 294 S., Euro 19,90.

Ich streunte während der Berlinale nachts über die Partys: Die Menschen vom Film standen wie immer herum und führten gewichtig ihre geschäftigen Gespräche, ich suchte nach Menschen, die ich kannte. Auch wenn alle schon einen Kleinen im Tee hatten und die Musik gut war – ich erinnere einen jazzigen Soul –, konnte von Partystimmung keine Rede sein. Da sah ich Dagmar – allein mitten auf der Tanzfläche. Sie hatte sich aus allen Gesprächen ausgeklinkt, tanzte vergnügt, vollkommen selbstvergessen, als gäbe es tatsächlich eine Zeit zu feiern nach all dem Stress des Tages. Dagmar hatte beschlossen zu feiern, und das zeigte sie, entspannt und sich gelöst bewegend: eine schöne, zierliche Frau, immer modesicher und dabei selbstbewusst – sie musste nicht befürchten, ihr Scharfsinn könnte übersehen werden. Sie fand immer, dass beides seine Zeit hatte, die Arbeit, aber auch das gute Leben, und wer sie kannte, weiß, dass das neben ihrer Familie und angesichts eines immer vollen Terminkalenders gar nicht so leicht war. In dieser Nacht auf der Berlinale wurde es dann tatsächlich noch eine gute Party.

Als ich gefragt wurde, ob ich Dagmar Benkes letztes Buch besprechen möchte, das kurz vor ihrem allzu frühen Tod erschien, weil ich sie gut kannte und sie und ihre Arbeit schätze, da war mir klar, dass dieser Text keine reine Rezension werden konnte, dass er nicht auskommen könnte ohne die Erinnerung an sie und das, was sie wesentlich mitgestaltet hat. Wenn ich an Dagmar zurückdenke, dann sehe ich sie so: bei aller Anspannung gelöst als *dancer between the lines*.

Als wir uns Ende der 1990er Jahre kennenlernten, hatte sie schon 15 Jahre im Film- und Fernsehgeschäft hinter sich, hatte gerade mit Jürgen Seidler und Oliver Schütte die Development-Agentur *Scripthouse* gegründet und war bereits eine sehr gefragte Dramaturgin. Nach einem geisteswissenschaftlichen Studium war sie erst lange Zeit Redakteurin für *Das kleine Fernsehspiel*, realisierte Dokumentarfilme als Autorin, Regisseurin und Produzentin, um sich dann über Seminare bei Linda Seger und anderen ihre Ausbildung quasi für ihr großes Talent zusammenzustellen. Bis vor wenigen Jahren war der Beruf der Film- und Fernsehdramaturgin oder des Script Consultant aufgrund der Autorenfilmertradition hierzulande so gut wie vergessen.

Nebenher reiste sie quer durch Europa von Seminar zu Seminar, arbeitete als Drehbuchautorin, dann als Dozentin für Script Development am erfolgreichen Binger Institute in Amsterdam und schrieb neben ihrem Familienleben mit Mann und Sohn zwei Fachbücher. Das erste, *Freistil*, öffnete der Branche den Blick auf dramaturgische Formen jenseits des linearen Dreiakters. Ihr zweites, *Script Development*, um das es hier gehen soll, präsentiert sich als konstruktive und hilfreiche Auseinandersetzung mit dem Stiefkind des deutschen Films: der Stoffentwicklung.

Dagmar Benke: *Freistil* (Lübbe 2002)

Dieses Stiefkind kannte Dagmar gut, es war ihr regelrecht zugelaufen, als sie im Laufe der Jahre sicher hunderte Projekte las und betreute. Das Buch beschäftigt sich im Wesentlichen mit zwei wichtigen Grundlagen der Entwicklung: Welche analytischen Fragen muss man an den Stoff stellen, um ihn weiterzubringen und eine vollkommene Einheit von Form, Inhalt und Vision zu erzielen, und wie spricht man mit dem Autor und vermittelt die Fragen und Optionen, die den kreativen Prozess voranbringen? Sie mochte diesen Prozess, auch den Umgang mit uns Autoren.

Neben praktischen Hinweisen zu den verschiedenen Verkaufstexten wie dem Exposé, dem Pitch, dem Treatment erklärt das Buch, warum sich besonders Bildertreatment und Step-Outline so hervorragend als Textformen für das szenische Arbeiten eignen. Außerdem erläutert Dagmar die Analyseform, die sie selbst erfolgreich über viele Jahre entwickelt und praktiziert hat. Sie erklärt, welche Fragen man wann und wie an ein Drehbuch stellen muss, um eine Analyse aufzubauen, und wie man diese in einen für den Autor annehmbaren, klaren Text überträgt, der nicht überfordert, sondern motiviert. Ein ganzes Kapitel erläutert die Kunst des Analysegesprächs und warum Vertrauen, Respekt und Anerkennung und die Klärung der Vision als Basis des Gesprächs die wichtigsten Verbündeten in einem Prozess darstellen, der selbst dann noch ein verwegenes Abenteuer bleibt, denn eine Reise ins Innere der Fantasie ist nicht zu kontrollieren, sondern höchstens kompetent zu begleiten.

Auch dem Loben widmet Dagmar Benke Aufmerksamkeit. Denn hierzulande gehört ein salopp formuliertes »Hey, das war gar nicht so übel« schon beinahe zum Höchsten, was manch einer in den Drehbuchbesprechungen über die Lippen kriegt. Sie gibt handfeste Vorschläge, wie man den Autor aufbaut und motiviert, beschreibt, was seine Kreativität blockieren kann und wie man ihn da rausholt, und darüber hinaus auch, wie man Konfliktsituationen zwischen den verschiedenen

Parteien und Positionen aufbrechen kann. Und dabei ist alles, was sie schreibt, gelebte Erfahrung. Wer sie kannte, hört sie bei der Lektüre dieses Buches förmlich sprechen. Sie spielt den Prozess der Drehbuchentwicklung einmal Schritt für Schritt durch und liefert damit ein praktisches Handbuch, das sich im Dschungel der Ratgeber und Drehbuchschulen wohltuend pragmatisch und uneitel präsentiert.

Wie viele, die mit Stoffen arbeiteten, faszinierte Dagmar natürlich auch das Schreiben selbst. Ein paar Mal arbeitete sie als Drehbuchautorin, schrieb etwa den Uschi-Obermaier-Film DAS WILDE LEBEN. Hier erlebte sie dann auch das Übliche: ihr Drehbuch, dem es gelang, das oberflächliche Stationendrama einer *chronique érotique* gelungen zu umschiffen, und das sich für die Frau hinter der Oberfläche der Skandale interessierte, wurde von den Machern verwurstet. Sie war mutig genug, sich dem auszusetzen. Jammern war nicht ihr Ding. Sie hat diese wie auch andere Erfahrungen sicher einfließen lassen in ihre Arbeit. Dagmar blickte nach vorne, nicht zurück.

DAS WILDE LEBEN (2007; D: Dagmar Benke, Achim Bornhak, Olaf Kraemer, nach dem Buch von Uschi Obermaier; R: Achim Bornhak)

Auch deshalb besetzte Dagmar auf so konstruktive Weise die Schnittstelle zwischen Kreativen und denen, die die Entscheidungen treffen. Zumal sie gerne mitredete, mitmischte und dabei auch viel bewegte. So engagierte sie sich stark dafür, den Beruf, den sie mit so viel Leidenschaft und Können ausübte, klar zu definieren und somit zu schützen. Wie die meisten intelligenten, starken Frauen war sie in der Arbeitswelt lange auf den Alleingang angewiesen, das gab ihr auch einen Hauch von Unnahbarkeit, Strenge, aber auch Souveränität. Und dass sie sich offen und neugierig links und rechts des eigenen Lebens mit Mann und Kind umschaute, ist sicher keine Selbstverständlichkeit. Unvergessen ihr Lachen: ein tiefes, wohlklingendes Perlen, durchaus weiblich, auch wenn es oft etwas von einem Lausbub hatte, in ihren Augen tanzte der Schalk.

Sie liebte das Kino leidenschaftlich als einen Ort der Sehnsüchte, die das Leben niemals erfüllen könnte, aber auch als Ort der Wahrheit, der Widerspiegelung des realen Lebens, seiner Abgründe. Es war ihr wichtig, so sagte sie einmal zu mir, sich trotz der Profession die Unmittelbarkeit des Erlebens zu erhalten, wenn sie ins Kino gehe. Als wir ein anderes Mal über Erotik im Film sprachen, beschrieb sie eine Szene, die sie persönlich erotisch fand: Ein Mann liebkoste den Handschuh einer Frau, dann streifte er ihn langsam ab; ihr gefiel die Auslassung als Moment perfekter Sinnlichkeit.

Als Dagmar an Krebs erkrankte, blieben ihr kaum mehr sechs Monate. Begleitet wurde sie, die selbst so gerne Menschen begleitete, von ihrem Mann Jürgen Seidler und ihrem Sohn Samuel. Statt einer großen Trauerfeier wünschte sie sich eine Party. Nicht jammern, nicht klagen, feiern sollten alle. Das haben wir getan. Weinen mussten wir trotzdem.

Petra Lüschow

Drehbu

Scenario

h des Jahres

Bisherige Preisträger

Jahr	Titel	Autor / Co-Autor
1988	KOAN	Peter Kramm / Oliver Schütte
1989-1991	keine Preisvergabe	
1992	DIE DENUNZIANTIN	Detlef Michel
	DIE KANUKINDER	Evamaria Steinke / Wolfgang Wegner
1993	LENYA	Wolfgang Limmer
1994	ZARAH L.	Regine Kühn
1995	KEIN WORT DER LIEBE	Alfred Behrens
1996	ROSSINI	Helmut Dietl / Patrick Süskind
1997	ST. PAULI NACHT	Frank Göhre
1998	SONNENALLEE	Thomas Brussig / Leander Haußmann
1999	keine Preisvergabe	
2000	GLOOMY SUNDAY	Ruth Toma / Rolf Schübel
2001	1. FEUER UND FLAMME (verfilmt) (Arbeitstitel: *Pissed and Proud*)	Natja Brunckhorst
	2. SCHATTEN DES JAGUAR (unverfilmt)	Clemens Murath
2002	1. GOOD BYE LENIN! (verfilmt)	Bernd Lichtenberg / Wolfgang Becker
	2. NIMM DIR DEIN LEBEN (unverfilmt)	Thomas Wendrich
2003	1. FICKENDE FISCHE (verfilmt)	Almut Getto
	2. NAPOLA (unverfilmt)	Maggie Peren / Dennis Gansel
2004	1. HERR LEHMANN (verfilmt)	Sven Regener
	2. THE FAR SIDE OF THE SEA (unverfilmt)	Marei Gerken
2005	BUNKER 5	Harry Flöter
2006	DR. ALEMÁN	Oliver Keidel
2007	SIERRA	Christoph Fromm

Kurze Geschichte des Preises

Der Deutsche Drehbuchpreis für das beste unverfilmte Drehbuch wird vom Beauftragten der Bundesregierung für Kultur und Medien vergeben. Er wird verliehen, »um die Bedeutung des professionellen Drehbuchschreibens hervorzuheben, gute Textvorlagen für attraktive Filme zu fördern und einen fördernden Anreiz für Drehbuchautoren zu bieten.« Der Verband Deutscher Drehbuchautoren – VDD – hat die Gründung des Preises initiativ begleitet.

Die erste Verleihung des Deutschen Drehbuchpreises fand 1988 auf Vorschlag einer unabhängigen Fachjury statt. Bis 1999 fiel der Preis noch in die Zuständigkeit des Bundesinnenministeriums, seit 2000 wird er vom BKM verliehen. 1989 bis 1991 erfolgte keine Preisvergabe. Wurde der Preis anfangs rückwirkend verliehen, so ist er ab 2000 gekennzeichnet mit dem Jahr der Verleihung. (Der Drehbuchpreis 1998 wurde im Februar 1999 verliehen, somit gibt es keinen Drehbuchpreis 1999.) In den Jahren 2001 bis 2004 wurden jährlich zwei Drehbuchpreise verliehen, unter anderem im Rahmen der Veranstaltung zum Deutschen Filmpreis. Ab 2005 wird in Zusammenarbeit mit der Deutschen Filmakademie eine »Lola« für das beste verfilmte Drehbuch vergeben, und das beste unverfilmte Drehbuch wird im Rahmen einer Sonderveranstaltung als Einzelpreis gewürdigt. Seit 2007 wird das beste unverfilmte Drehbuch in *Scenario*, dem Film- und Drehbuch-Almanach, vollständig abgedruckt.

»Der Preisträger des Deutschen Drehbuchpreises erhält eine Prämie von bis zu 30.000 Euro, von der 25.000 Euro zweckgebunden für die Herstellung eines neuen Drehbuches mit künstlerischem Rang zu verwenden sind. Der Preis wird für Drehbücher vergeben, mit deren Verfilmung noch nicht begonnen wurde. Vorschlagsberechtigt für den Drehbuchpreis sind alle filmfördernden Institutionen in Deutschland. Seit 1995 ist auch der Verband Deutscher Drehbuchautoren vorschlagsberechtigt. Es gibt kein Selbstvorschlagsrecht der Drehbuchautoren.«

Die Mitglieder der Jury für den Deutschen Drehbuchpreis 2007: Thomas Bauermeister (Vorsitzender), Thomas Frydetzki, Frank Göhre, Inga Prudenz, Susanne Schneider und Ruth Toma.

© Christoph Fromm
Herzogstr. 89
80796 München
christoph_fromm@web.de

Sierra

Drehbuch für einen Kinofilm

von

Christoph Fromm

Regie: Florian Schwarz
Dramaturgie: Susan Schulte und Michael Hild

gefördert vom BKM

4. Fassung 10.6.2007

1   **LKW - I/T**   1

Beginn der Titel.

Ein Lastwagen der UNO, beladen mit ca. fünfzehn Bundeswehrsoldaten beiderlei Geschlechts, holpert offensichtlich über eine Erdpiste. Man sieht nur die Soldaten im Inneren des Lastwagens. Verstaubt, verschwitzt, eng aneinandergedrängt, schlecht gelaunt. Die meisten haben ihre Helme auf, so auch der Obergefreite ALBERT JAKSCH, Anfang zwanzig, der mit einer Gesamtlänge von gut einsneunzig und seinen mindestens einhundert Kilo Kampfgewicht nur mühsam Platz zwischen seinen Kameraden findet. Jaksch ist nicht direkt dick, aber man hat das Gefühl, er ist seinen Babyspeck noch nicht ganz losgeworden. Seine Züge haben etwas von einer schicksalsergebenen Bulldogge, die man allerdings nicht zu sehr reizen sollte. Hinter seiner stets ungeputzten, tropfenförmigen Stahlbügelbrille wirken seine Augen übergroß. Das gibt ihm etwas Kindliches, vor allem, wenn er blinzelt. Die Soldaten lauschen mit geteilter Aufmerksamkeit den Worten ihres Feldwebels KNOLL, einem früher bestimmt mal athletischen Blondschopf mit Oberlippenbart, dem die Dreißiger einen kräftigen Bauchansatz verpasst haben, und dessen bemüht jovialer, pfälzischer Tonfall auch dem Betriebsratsvorsitzenden eines mittelständischen Betriebes gut zu Gesicht stehen würde. Knoll ist während seiner Ansprache sichtlich um körperliches Gleichgewicht bemüht.

KNOLL: Also was mir beim letzten Mal nicht so gut gefallen hat. Wenn wir ins Lager reinkommen, freundliche Gesichter. Leute, wir sind Botschafter aus einem Land, wo's uns allen unendlich viel besser geht. Da müssen wir ein Beispiel für sein. Freiheit und Demokratie, das will ich in euren Gesichtern lesen.

Also wir sind freundlich, wir sind hilfsbereit, wir sind immer Herr der Lage, und trotzdem müssen wir natürlich aufpassen, dass wir uns keine der zahllosen Krankheiten einfangen, die da draußen rumschwirren. Also nie vergessen, das sind Menschen wie wir, aber Körperkontakt vermeiden.

JAKSCH: (halblaut) Gut Freund, drei Schritt vom Leib.

Knoll überhört die Bemerkung, zerrt zwei Kartons auf, in denen sich Plastikhandschuhe und Mundschutz befinden, reicht den Karton weiter.

KNOLL: Weiterreichen ...

Ein Soldat, den alle wegen seiner einfältigen Bemerkungen ND (Abkürzung für „Nur dumm") nennen, wendet sich an Jaksch.

ND: Die zwei Bambuschicks am Lagereingang sind nicht für die Tonne ...

Ein kleiner, schmaler Gefreiter mit wieselflinken Augen, stark vorspringender Nase und einem aufmüpfigen Mund, der eigentlich DOBER heißt und den alle nur DOBSI nennen, gibt die Antwort:

DOBSI: (grinst) Da setzt unser Reis schon an den richtigen Stellen an ...

Jaksch hebt kurz mit den Händen seine nicht unbeachtliche Brustmuskulatur an.

JAKSCH: (voll gespielter, hinterhältiger Überzeugung) Entwicklungshilfe pur ...

Er krönt diese Ausführungen unter allgemeinem Gelächter mit folgendem Satz:

JAKSCH: Da sitzt d'Mutter wieder am Küchentisch und fragt sich: Wat hamm wa falsch gemacht?

Der Spruch des Tages. Man spürt, Jaksch und seine Sprüche sind für die Soldaten das Lebendigste in dieser trostlosen Umgebung. Es ist eine Sprache gegen die Trostlosigkeit, und Jaksch ist ihr unerschöpflicher Motor. ND knallt nach einem weiteren, besonders tiefen Schlagloch mit seinem unbehelmten Kopf gegen eine der Stahlstreben. Jaksch drückt ND dessen Helm auf den Kopf, schlägt mit der flachen Hand nochmal oben drauf.

2 AFRIKA/SAVANNE/FLÜCHTLINGSLAGER SÜD – A/T   2

Drei weiße 12-Tonner-UNO-Lastwagen, die zwei vorderen mit Lebensmitteln beladen, der hinterste mit Knolls Zug, passieren den

Lagereingang. Dort sitzen tatsächlich zwei junge Frauen, die im Gegensatz zu den meisten anderen Lagerinsassen noch relativ normal ernährt aussehen. Sie flechten Hüte und Matten aus Bambusfasern. Einige der Soldaten, die inzwischen Plastikhandschuhe und Mundschutz tragen, winken ihnen zu. Ein gespenstisches Bild.

Haupttitel.

Die Frauen springen auf und folgen ebenso wie alle anderen Lagerinsassen, soweit sie noch laufen können, den drei LKWs. Die Eindrücke werden rasch deprimierender. Die Lastwagen rollen an aus Wellblech, Blättern und Holzstangen gefertigten Notunterkünften vorbei. Überall von Hunger und Krankheit gezeichnete Menschen. Schmutzige Notverbände. Aussätzige, denen bereits Gliedmaßen fehlen. Malariakranke mit fiebrigen Augen, die sich nur noch mühsam erheben können. Andere, die nur noch kraftlos den Kopf heben und liegen bleiben. Der von den LKWs aufgewirbelte Staub verhüllt rasch die schlimmsten Eindrücke. Die Lastwagen halten in der Mitte des Camps vor der mit internationalem Personal besetzten Krankenbaracke. Die Schlange dort löst sich sofort auf, die Menschen laufen mit ihren Essgefäßen zu den Lastwagen. Die Stimmung bei den Soldaten ist in angespannte Nervosität umgeschlagen. Knolls salbungsvolle Worte verblassen in der Praxis schnell. Die ersten Schwarzen drängen sich vor den Lastwagen mit den Lebensmitteln, wollen auf die Ladefläche klettern.

KNOLL: Lebensmittel sichern! SCHIERNAGEL! DOBER!

Ein athletischer Soldat, den wegen seines urdeutschen Musikgeschmacks alle nur WOTAN nennen, Dobsi und einige andere Soldaten springen von der Ladefläche, drängen sich zu den Lastwagen mit Lebensmitteln durch. ND hat sichtlich Angst, die Ladefläche zu verlassen.

KNOLL: (zu ND) Gehen Sie runter! Sorgen Sie da unten für Ordnung, Mann!

JAKSCH: (zu ND) Keine Panik. Bist mit Reinigungsmittel vollgepumpt bis oben hin.

KNOLL: Jaksch, Sie helfen ihm! (blickt auf die Uhr) Wir sind schon wieder fast eine Stunde hinten.

JAKSCH: Als ich hier noch mit achtzig über die Löcher getanzt bin, Herr Hauptfeld, gab's kein Zeitproblem.

KNOLL: Dass Sie hier nicht mehr hinters Lenkrad kommen, Jaksch, ist mein größter Trost. Avanti!

Jaksch zieht genervt seine Plastikhandschuhe an.

JAKSCH: Jaja! Muss erst meine Desinfektionsgarderobe vervollständigen. Kontakt zur Basis!

Er stülpt sich seinen viel zu kleinen Mundschutz vors Gesicht, springt nach unten zwischen die bis zum Skelett abgemagerten, zerlumpten Schwarzen und arbeitet sich wie ein Schwimmer in der Brandung zur Ladefläche des nächsten Lebensmittel-LKWs durch.

JAKSCH: (zu den Schwarzen) Drei Schritt vom Leib! Three steps back! Bertelsmannsprachkurs verpasst oder was?

Er wuchtet sich auf die Ladefläche, wo bereits die ersten Reissäcke geöffnet wurden. Jaksch nimmt dem sichtlich überforderten Dobsi die Kelle aus der Hand.

JAKSCH: Muss da jetzt erst mal Ruhe reinbringen, die Kohlensäcke sind ja heute extrem vital ...

WOTAN: Wir ham sie zu gut gefüttert, Mann.

Jaksch schiebt seinen Mundschutz hoch, brüllt die Schwarzen an.

JAKSCH: Three steps back! No food! Two lines! Right side men, left, women and children! No line, no food!

Tatsächlich beginnen sich jetzt erstaunlich schnell zwei Reihen zu bilden. Jaksch zieht schnell wieder seinen Mundschutz vors Gesicht. Offensichtlich ist der Gestank unerträglich.

JAKSCH: Ich nehm Frauen und Kinder ...

Die Essensausgabe beginnt. Wotan bedient die Männer, Jaksch die Frauen und Kinder. Reis wird in Behälter geschöpft. Jaksch beugt sich zu einem kleinen Kind herunter, das ihm eine der Mütter hinhält.

JAKSCH: Na, klarer Fall für die Kinderkelle ...

Er schöpft der Frau mit einer kleinen Kelle einmal zusätzlich Reis in einen Behälter, streichelt dem Kind mit Plastikhandschuhen über den Kopf. Versucht die Fliegen aus dessen Augen zu verscheuchen, die sich sofort wieder dort sammeln. Die Frau starrt ihn hungrig an, will offensichtlich mehr Reis. Beiläufig schiebt sie einen kleinen roten Halbedelstein in Jakschs Plastikhandschuh. Jaksch öffnet seine Hand, mustert den Stein, schiebt ihn in den Mund, beißt darauf, spuckt abfällig einige kleine Splitter aus. Der Stein ist offensichtlich wertlos. Jaksch mustert die Frau, wirft den Stein vor ihren Augen in die Luft, fängt ihn wieder. Die Frau fühlt sich ertappt, senkt den Kopf. Jaksch lächelt mitleidig, schiebt den Stein in die Hosentasche.

JAKSCH: Klarer Fall für noch drei Kinderkellen ...

Er füllt der Frau noch drei Kellen in ihr Gefäß. Knoll klopft ihm von hinten auf die Schulter.

KNOLL: Jaja, harte Schale, weicher Kern.

JAKSCH: (sarkastisch) Bewunder immer wieder Ihre Menschenkenntnis, Herr Hauptfeld.

Die Frau verbeugt sich zum Dank, will Jaksch die Hand küssen, Jaksch wehrt verlegen ab.

JAKSCH: Schon okay. Drei Schritt vom Leib ...

Seine abwehrende Handbewegung geht über ...

3   **CAMP/DUSCHBARACKE – I/N**   3

... in stoisches Einseifen. Nach einem weiteren heißen, strapaziösen Tag befinden sich die Soldaten unter der Dusche. Da Jaksch auf einige Wasserspritzer nicht reagiert, spritzt Dobsi ND Wasser ins Gesicht, während Wotan andächtig seinen durchtrainierten Körper mit einer Lotion pflegt.

>DOBSI: (zu ND) Gib mal die Desinfektionspampe ...
>
>ND: Gleich ...

Er spritzt sich aus einer großen Plastikflasche etwas Flüssigkeit in die Hand, verteilt sie auf seinem Körper. Zu seiner Überraschung färbt sich seine Haut knallrot.

>ND: Was'n das?
>
>WOTAN: Is neu. Das Alte is aus.
>
>JAKSCH: Damit optimieren sie normalerweise die Pissbecken.
>
>ND: Kühlt aber angenehm.
>
>WOTAN: Gib her!

Alle reiben sich jetzt lachend mit dem neuen Desinfektionsmittel ein.

>WOTAN: Kühlt? Brennt wie Tripper!
>
>ND: Des is nicht das Mittel, des kommt von dem Bambuschick!
>
>DOBSI: Der Jaksch nimmt Diamanten, Wotan lässt sich in Naturalien bezahlen!

Wotan will Dobsi als Antwort ein nasses Handtuch auf den Hintern klatschen, der weicht aus, es trifft ND.

>JAKSCH: Es tut nem erwachsenen Menschen weh, euch reden zu hören. Beim nächsten Nachschubflug in'n Norden morgen früh is mein Platz fest gebucht. Gleich neben der Landebahn gibt's den wirklich guten Stoff, die Neunzigsechzigneunzig-Prinzessin und alles ... (ihm fällt nichts mehr ein) ... was zu nem zivilisierten Betriebsausflug gehört.

Erste Jubellaute bestärken Jaksch, in seiner Rede fortzufahren.

>JAKSCH: Da brauchste allerdings nicht mit ner Schüssel Reis rumzubetteln, auch nicht mit müden Euros, da zählen nur Dollars, und wo ihr die gewinnen könnt, wisst ihr ja alle!

Die Soldaten, rot von Desinfektionsmittel, stimmen ihm mit Indianergeheul bei. Jaksch lässt seinen Arm schwer auf Wotans durchtrainierte Schultern fallen.

>JAKSCH: Ich werd mir heut Abend deinen Skalp holen, mein Freund!
>
>ND: Und meinen!

Jaksch schlägt ihm leicht auf die kahle Birne.

>JAKSCH: Deinen hab ich ja schon.

Jaksch, nackt unter der Dusche, setzt seine Brille auf. Er hat die Gläser mit rotem Desinfektionsmittel eingerieben. Das rote Desinfektionsmittel fließt von der Brille wie Blut über sein lachendes Gesicht.

4   CAMP/SCHLAFZELT – I/N   4

Jakschs Hand knallt einen Pik-Buben auf eine Pik-Zehn und ein Pik-As. Das Skatspiel findet auf einem Campingtisch statt, umstellt von drei Stühlen gleicher Bauart, auf denen sich zurzeit Jaksch, Dobsi und ND befinden. Jaksch hat offensichtlich gegen Dobsi und ND gespielt, beginnt grinsend seine Karten zu zählen, während sich die beiden anderen im Gezänk aufreiben. Fünf weitere Soldaten, unter ihnen Wotan, haben sich um den Tisch versammelt und verfolgen mit einer Mischung aus Amüsement und Spannung das Spiel. Der Rest lümmelt auf den Feldbetten, döst, liest oder trinkt stumm vor sich hin.

>   ND: (meint den Buben) Ich dachte, du hast den Schwanzkopf!

Dobsi winkt resigniert ab, ND wird seiner Meinung nach nie die Finessen des Skatspiels kapieren. Jaksch hat gelassen seine Karten gezählt.

>   JAKSCH: ... achtundfünfzig, zweiundsechzig. Mit zwei spielt drei mal Bock macht hundertsechsundvierzig Miese für jeden. (grinst) Bar oder in Sachwerten?

Dobsi überreicht Jaksch murrend hundertsechsundvierzig Dollar. ND zieht sich seine Uhr vom Handgelenk, gibt sie dem Schätzer.

>   ND: Für die hab ich mal fünfzehnhundert Mark bezahlt, da krieg ich siebenhundertfünfzig Euro raus.

Der „SCHÄTZER" ist ein Soldat, der hinter einem Tisch sitzt, auf dem sich bereits die unterschiedlichsten Wertgegenstände befinden, die offensichtlich gegen Geld getauscht wurden: Halbedelsteine, Uhren, Walkmen, Sonnenbrillen. Der Schätzer mustert kurz die Uhr von ND, schüttelt sie, drückt ihm dann hundertfünfzig Dollar in die Hand.

>   JAKSCH: (meint das Geld) Die Hälfte davon ist Solidaritätszuschlag. (Er schnippt mit den Fingern) Kuli!
>
>   KULI: (off) Ja, Massa!

Ein weiterer Soldat serviert Jaksch einen nach unzähligen Kalorien aussehenden Cremekuchen sowie einen Kaffee samt Papierserviette, während zwei neue Mitspieler Platz nehmen: Wotan und eine ziemlich dicke und offensichtlich ziemlich betrunkene Soldatin namens HÄUSLER. Der „Kuli" spielt seine Rolle mit unterschwelliger Ironie, bietet Jaksch Zucker an.

>   KULI: Drei Löffel, Massa?
>
>   JAKSCH: Frag nicht so blöd. (zu Häusler) Ey, das Prekariat ist unter sich. Hast was zum Setzen ...
>
>   WOTAN: ... außer deiner Pfanne?

Die Häusler ignoriert die gemeine Anspielung auf ihr ausladendes Gesäß mit stoischer Trunkenheit. An ihrem breiten, phlegmatischen Gesicht scheint jegliche Beleidigung abzuprallen. Unter dem Gelächter der anderen zieht sie ihre uralten Segeltuchturnschuhe aus und stellt sie auf den Tisch.

JAKSCH: Die kannste bestenfalls als Topflappen verwenden.

Die Häusler platziert sorgfältig zwei Ecstasypillen auf den Spitzen ihrer verdreckten Turnschuhe.

HÄUSLER: (mit stoischer Trunkenheit) Ich gewinn sowieso.

JAKSCH: Dein Optimismus ehrt dich, aber ohne was Handfestes kömma hier nicht unsere Zeit mit dir verschwenden.

Er nimmt eine der Pillen und zerdrückt sie zwischen den Fingerspitzen. Häusler nickt nachdenklich, nimmt ihre Turnschuhe vom Tisch, platziert einen kleinen, durchsichtigen Stein in der Mitte, nicht größer als eine Perle. Es könnte ein Rohdiamant sein.

HÄUSLER: Handfest genug?

JAKSCH: Werden wir gleich sehen.

Unter den aufmerksamen Blicken der anderen legt er den durchsichtigen Stein auf einen Steinblock neben dem Tisch.

JAKSCH: Diamantenhammer!

KULI: Jawohl, Massa!

Der „Kuli" reicht Jaksch einen schweren Maurerhammer, Jaksch holt aus und lässt ihn auf den Steinblock krachen. Er nimmt den Hammer weg, der durchsichtige Stein liegt unverletzt vor den prüfenden Augen der Soldaten. Jaksch überreicht den Stein dem „Schätzer". Er nickt Häusler scheinbar ermunternd zu, beginnt, nachdem Wotan abgehoben hat, auszuteilen.

JAKSCH: Der Flug morgen ist schon so gut wie gebucht, Handgepäck gecheckt ...

Er klopft kurz gegen eine Zahnbürste, die in seiner Brusttasche steckt.

JAKSCH: (summt beglückt) Und dann Ramba zamba ole ...

WOTAN: (nimmt die ersten Karten auf) Ich dachte bisher, ich spende hier für deine Mom und deinen Dad. Du sparst alles für den Neuaufbau der heimischen Spedition.

DOBSI: (stichelt) Vielleicht kommst du ja beim nächsten Hochwasser bis knapp hinter Gera.

WOTAN: Auf jeden Fall solltest du 'n Extrafloß für dich bauen. Dann kommt's nächste Mal wenigstens die Zugmaschine durch.

Gelächter. Jaksch droht kurz an Souveränität einzubüßen.

JAKSCH: Jaja, ich bin die Hure, das große Arschloch, aber wenn's ernst wird, kommt ihr doch alle zu mir und netzt meine Brustwarzen mit euren Tränen.

Alle nehmen ihre Karten auf. Die Häusler ist so betrunken, dass sie die Karten falsch herum einsortiert.

    DOBSI: (flüstert Jaksch zu) Die hat's doch nicht mehr drauf. Lass sie laufen.

    JAKSCH: Knoll sagt immer, seid fair zu den Frauen. Ich muss ihr ne Chance geben.

    HÄUSLER: Hundertzwanzig ...

Jaksch und Wotan blicken sie erstaunt an.

    WOTAN: Du willst allein gegen uns beide spielen?

    HÄUSLER: Grand ohne vier ...

Wotan und Jaksch lächeln sich triumphierend zu.

    JAKSCH: Contra ...

    HÄUSLER: Re ...

Die Häusler spielt das erste As aus ...

    Schnitt.

Die Stimmung hat sich völlig verändert. Alle am Tisch verfolgen fassungslos, belustigt, gespannt das Duell. Die Häusler hat sich offensichtlich als gleichwertiger Gegner entpuppt. Jeder hat noch zwei Karten. Die Häusler spielt eine Dame aus, Jaksch hat noch einen Buben und eine Lusche, er zögert.

    JAKSCH: Wie viel haben wir?

    WOTAN: Vierundfünfzig. Sie fünfzig.

Jaksch legt den Buben auf Häuslers Dame, Wotan zuckt verlegen die Achseln, er kann nur eine Lusche dazugeben. Jaksch spielt seine Lusche, Wotan kann wieder nur eine Lusche dazulegen, die Häusler spielt leicht lächelnd ihr letztes As aus. Sie hat mit 61 zu 59 gewonnen. Jaksch lehnt sich in seinem Stuhl zurück, lächelt kopfschüttelnd. Zündet sich eine Zigarette an.

    ND: Ohne vier spielt fünf mal Bock zehn, Contra zwanzig, Re vierzig macht ...

    JAKSCH: Gib dir keine Mühe, is zu hoch für dich ...

    SCHÄTZER: (trocken) Neunhundertsechzig Miese für jeden.

Wotan und Jaksch drücken der Häusler je einen dicken Packen Dollarnoten in die Hand.

    HÄUSLER: Kann ich meine Topflappen wiederhaben?

Jaksch drückt sie ihr ebenfalls knurrend in die Hand.

    DOBSI: Mach mal Pause.

    JAKSCH: Nix. Des is mein Stuhl. Hier wird weiter gezockt, bis ich im Flieger sitze!

    WOTAN: Hab gar nicht gewusst, dass du so geil bist, Dicker.

JAKSCH: Ich hatte Angst, du kannst dich sonst nicht mehr beherrschen.

Er reicht dem Schätzer seinen roten Halbedelstein.

JAKSCH: Das sind fünfhundert Flocken. Brauchst nicht mehr draufhauen, den hab ich schon gestern getestet.

Der Schätzer will den Stein beiseite legen, Wotan nimmt ihn in die Hand. Man spürt, auch er ist sauer, weil er verloren hat, und er gibt Jaksch dafür die Schuld.

WOTAN: So sieht er mir aber gar nicht aus.

JAKSCH: Du traust mir nicht? Bin tief enttäuscht, menschlich ...

Ehe Jaksch es verhindern kann, legt Wotan den Stein auf den Block, schlägt mit dem Hammer darauf. Er nimmt den Hammer weg, der Stein ist zu Glasstaub zerbröselt. Schweigen. Alle sehen Jaksch an. Nun richten sich auch die Soldaten im Hintergrund von ihren Betten auf. Ein Kreis bildet sich hinter Jaksch. Die Sache verspricht endlich mal etwas Abwechslung.

JAKSCH: Was sagt man dazu? Da rettet man den verschrumpelten Arsch dieser Kohlensäcke und die haben nichts Besseres zu tun, als einen abzulinken ...

WOTAN: (weist auf den Tisch) Das hier ist die Bank. Wer hier bescheißt, bescheißt jeden von uns.

JAKSCH: Du siehst das grade 'ne Spur zu einseitig. Wir sind beide verarscht ...

WOTAN: (lächelt schmal) Komm her, Dicker. Ich mach's dir, wie du's noch nie gehabt hast ...

JAKSCH: (zieht kurz die Nase hoch) Für dich nehm ich noch nicht mal die Kippe aus'm Maul ...

Ein kurzer Blick in die Runde genügt Jaksch, um zu wissen, dass er auf keine Verbündeten zählen kann. Er dreht sich um, will den Kreis hinter sich durchbrechen und aus dem Zelt stürmen, doch drei Soldaten werfen sich über ihn, reißen ihn zu Boden. Jaksch tritt verzweifelt um sich, trifft das Zeltgestänge, ein Teil der Zeltplane kommt herunter. Jaksch gelingt es, sich loszureißen, er rappelt sich hoch und erhält zwei harte Faustschläge mitten ins Gesicht. Erstaunt blickt er die Soldatin Häusler an, die ihn geschlagen hat. Eine Revanche für sein dummes Gerede. Auch der Schätzer scheint plötzlich ziemlich munter, tritt nach Jaksch, verfehlt ihn, trifft eine weitere Zeltstange, die Plane begräbt Jaksch und einige Soldaten unter sich. Die Häusler kippt den Rest ihrer Bierflasche auf die Plane. Mehrere Soldaten treten blindlings auf das zuckende Planenbündel ein, unter dem Schmerzensschreie ertönen.

SCHÄTZER: (zu ND) Hör auf, das is der Falsche!

ND: (lacht) Mir doch scheißegal!

Jakschs Schädel taucht am unteren Ende der Plane auf, seine Brille hängt ihm schief überm Gesicht. Vier Soldaten stürzen sich auf ihn, ehe er entkommen kann. Verschwommen sieht er, wie Wotan auf ihn zukommt. In der Hand hat er die Flasche mit dem roten Desinfektionsmittel.

> WOTAN: Jetzt werden wir mal im Namen von Freiheit und Demokratie ne innere, moralisch-ethische Reinigung vornehmen ...

Vier Soldaten halten Jaksch an Armen und Beinen fest. Wotan drückt ihm die Nase zu und versucht, ihm das rote Desinfektionsmittel einzuflößen. Jaksch spuckt Wotan das Mittel ins Gesicht. Es sieht aus, als ob er Blut spuckt.

> KNOLL: (off) Aufhören!

Die Soldaten lassen ab von Jaksch. Knoll steht, in Begleitung von zwei Mitgliedern der Feldgendarmerie, vor ihnen. Knoll mustert den umgestürzten Tisch, die Spielkarten und die Plane am Boden. Er bückt sich, entdeckt zwei von den Halbedelsteinen zwischen den anderen verpfändeten Wertgegenständen.

> KNOLL: Wem gehört das?

Alle schweigen. Blicken Jaksch an.

> KNOLL: (scharf zu Jaksch) Wo haben Sie das her?

Jaksch hält es für das Beste zu schweigen, Knoll ist ohnehin alles klar.

> KNOLL: Das wird ein Nachspiel haben. Schämen Sie sich!

5	**LAZARETTBARACKE/ZELLE – I/T**	**5**
6	**CAMP/LANDEBAHN – A/T**	**6**
7	**FLUGZEUG/HIMMEL – A/T**	**7**

Jakschs kleine Zelle ist an die durch ein rotes Kreuz gekennzeichnete Lazarettbaracke angegliedert. Einige Leichtverletzte der vorabendlichen Schlägerei verlassen mit kleineren Verbänden die Baracke, unter ihnen Dobsi und ND.

> ND: Danke, Jaksch, für den freien Tag!

Glucksendes Gelächter. Jaksch ignoriert sie und starrt durch seine leicht schiefsitzende Brille und das vergitterte Zellenfenster auf die Landebahn, wo gerade eine Zweipropellermaschine von ca. zwanzig Soldaten mit Lebensmitteln, Medikamenten und Trinkwasserbehältern beladen wird. Seine Zelle wird mit dem Gefangenenmenü von Feldgendarm RAGA betreten, der ununterbrochen Kaugummi kaut und seine Sätze möglichst knapp formuliert.

> JAKSCH: (meint das Flugzeug) In zwei Stunden ist der im Hauptkaff ...

RAGA: (schüttelt den Kopf) Fliegt direkt 's große Lager bei Bamako an. LKW-Verkehr is tutti. Archer, der Hund, hat alles dichtgemacht. Fünfzigtausend Flüchtlinge. Wer durch will, gibt ihm dreiviertel der Ladung. Die meisten der Leute da oben sehn gar nicht mehr gut aus.

JAKSCH: Umso wichtiger wird der Nachschub vom Hauptkaff aus. Werd meine Strafversetzung beantragen.

RAGA: War zwei Monate dort. Is 'n Dreckloch.

Jakschs Sehnsüchte fokussieren sich in folgendem Satz:

JAKSCH: Da kannste dir hygienisch ein'n kauen lassen.

RAGA: Die sind da alle so versifft, da brauchste'n Ganzkörperkondom.

JAKSCH: Na und? Die blasen mit Windstärke zwölf durch jedes Plastik.

Er präsentiert Raga einen sehr kümmerlich aussehenden Stein, der auf den ersten Blick bereits nach Glas aussieht.

JAKSCH: Können wir da nicht was drehen, auf Kaution? Du stellst das Essen noch dreimal hier rein, und schon bin ich wieder da.

RAGA: (mustert beinahe mitleidig den Stein) Haste dir den aus'm Arsch geholt?

JAKSCH: Ich hab bereits investiert. Der Schröder, der fliegt, hat hundert Flocken von mir kassiert. (mit wachsender Verzweiflung) Komm, funk ihn an, das merkt keine Sau.

Die Maschine dreht jetzt bei, rollt an den Start.

Als Antwort steckt Raga Jakschs vermeintlichen Edelstein in den Mund, zerbeißt ihn mühelos, spuckt die Glassplitter aus.

RAGA: Was is los mit dir, Jaksch? Wenn'n Trick nicht funktioniert, sollte man ihn kein zweites Mal probieren. Deine Worte.

Jaksch nickt, starrt voller Bitterkeit aus dem Fenster, wo die Maschine gerade abhebt.

RAGA: (off) Komm, wir spielen ne Runde Offiziersskat. Entspannt dich. Um deinen Nachtisch. Ich hab meinen aufgehoben.

Der besteht aus einem kümmerlichen Ananasring aus der Dose. Jaksch mustert ihn voller Resignation. So tief ist er gesunken. Und wie immer in völlig aussichtslosen Situationen lächelt er.

JAKSCH: (zu Raga) Teil aus ...

Seine Gedankengänge werden von einem weit entfernten Knall unterbrochen. Jakschs Kopf ruckt zur Seite, und im selben Moment zerplatzt das aufsteigende Flugzeug am Himmel mit einem lauten Knall zu einem Feuerball. Jaksch starrt ungläubig auf die in den

Urwald und auf die Landebahn herabregnenden Teile. Erneut hört man entfernt den Abschuss von weiteren Stinger-Flugabwehrraketen. Die Einschläge nähern sich bedrohlich dem Camp. Geschrei, alles läuft vor Jakschs Zellenfenster aufgescheucht umher.

> LAUTSPRECHERSTIMME KNOLL: Bitte bewahren Sie Ruhe! Nach Rücksprache mit der internationalen Einsatzleitung haben wir Befehl erhalten, abzurücken. Sammeln an den Fahrzeugen in Hangar 1 in fünf Minuten, das heißt Ortszeit Zwölfuhrfünfundfünfzig. Folgende Fahrer nehmen in ihren Fahrzeugen Platz: Abel, Bernhard, Dieckmann, Eberharter, Fink ...

Jaksch dreht sich zu Raga um, der weicht zum Eingang zurück.

> RAGA: Ich muss erst die Erlaubnis einholen. Das ist Vorschrift!

Jaksch stürzt zur Tür, doch Raga ist schneller. Er schlüpft nach draußen, schließt von außen ab.

> JAKSCH: Lass mich raus, du Arsch!!

Man hört nur noch Ragas sich rasch entfernende Schritte. Jakschs verzweifeltes und erfolgloses Rütteln an der Tür wird von einer weiteren Lautsprecheransage Knolls begleitet.

> LAUTSPRECHERSTIMME KNOLL: Nehmen Sie nur das Nötigste mit. Dies ist nur eine vorläufige Evakuierung.

Die ersten Raketengeschosse schlagen in das Camp ein. Jaksch sieht, wie der Propeller seiner Klimaanlage hinter dem Lüftungsgitter in der Wand stehen bleibt. Ein weißer UNO-Lastwagen, auf dem ein Teil der Mannschaft hastig Platz genommen hat, fährt ab. Jaksch brüllt ihm hinterher.

> JAKSCH: He!! Dobsi! Hier bin ich!!!

Ein weiterer Lastwagen und drei Schützenpanzer mit dem Rest der Mannschaft folgen dem ersten Laster.

> JAKSCH: Wotan! Herr Hauptfeld!! Ihr Arschlöcher!!

Die Fahrzeuge kurven mit beachtlicher Geschwindigkeit durch die Betonpfeiler am Eingang und verschwinden in einer Staubwolke. Man sieht, weitere Lastwagen, Jeeps und Baumaschinen sind zurückgelassen worden.

Unheilverkündende Stille. Jaksch kann seine neue Lage für einen Moment nicht fassen. Ein Blick auf den Haufen Spielkarten und das Essen, beides von Raga zurückgelassen.

> JAKSCH: (ziemlich leise) Kutter ...

Trotzig schiebt er sich den ersten Bissen seines Essens in den Mund. Es wirkt wie eine Henkersmahlzeit.

8   CAMP/ZELLE – I/T   8

Circa vier Stunden später. Jaksch hat sein Essen vertilgt, bis auf den Nachtisch, die Ananasscheibe aus der Dose. Jetzt sitzt er allein in seiner inzwischen brütend heißen, unklimatisierten Zelle und schwitzt aus allen Poren. Er tippt vergeblich auf seinem nicht mehr allzu neuen Handy herum, hat keinen Empfang. Außerdem neigen sich die Batterien dem Ende zu. Resignierend schaltet er das Handy aus, steckt es weg. Jaksch macht, was er immer macht, um seine Nerven zu beruhigen. Er spielt mit sich Karten. Offiziersskat. Um seinen Nachtisch. Er verteilt die Karten offen, gleichzeitig mit der rechten und linken Hand.

JAKSCH: (zu sich) Es sieht gut aus für die Linke, ich fürchte, der Nachtisch wird ihr gehören ...

Er legt ein Pik-As auf die linke Seite. Hinter ihm schließt jemand die Zellentür auf.

JAKSCH: (mit dem Rücken zur Tür) Seid ihr feigen Säue endlich wieder da. War wohl zu schattig im Urwald?

Ein zierlicher, rotlackierter großer Zeh tritt auf das Pik-As. Der Zeh gehört der vierzehnjährigen SHEELA. Sie klemmt den Lauf ihrer Kalaschnikow unter Jakschs Kinn und nötigt ihn aufzustehen. Jaksch ist so groß, dass Sheela den Arm weit ausstrecken muss, damit ihn die Spitze der Kalaschnikow noch berührt, als er steht. Sie besitzt ein für ihre vierzehn Jahre viel zu altes, vom Krieg ausgezehrtes Gesicht mit hohlen Wangen und kleineren Narben. Kurze Kraushaare, in die drei Rastasträhnen geflochten sind. Sie trägt den viel zu weiten, notdürftig zurechtgeschnittenen Tarnanzug eines Erwachsenen, der ihr mit einem Gürtel um den Leib gebunden ist. In dem Gürtel stecken Patronen und einige chinesische Handgranaten. Hinter ihr stehen weitere, zerlumpte Kindersoldaten. Nur die wenigsten tragen eine Uniform, die meisten Gummilatschen. Um den Hals Ketten mit Glasperlen, Amuletten, Vogelfedern. Schutzfetische, wie man später erfahren wird. Alle kauen Marungiblätter. Einer der Kindersoldaten, AHMADOU, zwölf Jahre alt, der knallrot entzündete Augen hat, sagt in afrikanischem Dialekt mit selbstverständlicher Beiläufigkeit:

AHMADOU: (Yorouba Dialekt) Erschieß ihn.

SHEELA: (Mende Dialekt) Nicht hier drin. Oder willst du ihn raustragen?

[Die Art der Dialekte wird davon abhängen, wo der Film angesiedelt sein wird. Ich habe ihn vorläufig mal im Gebiet Sierra Leone, Guinea, Mali angedacht. Es sollte sich auf jeden Fall zumindest teilweise um ehemaliges englisches Kolonialgebiet handeln, da später im Film mehrheitlich Pidgin Englisch gesprochen werden soll. In Sierra Leone ist die Amtssprache Englisch. Die Kinder sollten unterschiedliche Dialekte sprechen, da ihre Einheit aus verschiedenen Gebieten zusammengewürfelt sein soll.]

Man hört ein leises, hässliches Quietschen. JAKOUBA, vierzehn Jahre alt, mit einer breiten, hässlichen Narbe, die quer über Gesicht und Hals verläuft und unter seinem viel zu großen, durchlöcherten McDonald's-T-Shirt verschwindet, prüft mit beiden Händen das Bett in dem Raum. Das Quietschen kommt von der Federung.

JAKOUBA: (Mende Dialekt) Wieso raustragen?

SHEELA: (fährt ihn an) Finger weg. Das ist mein Bett.

Jakouba nimmt die Hände von der Matratze. Er hat offensichtlich Angst vor Sheela.

SHEELA: (zu Jaksch) Hands up. Go out.

Jaksch befolgt ihre Befehle, die routiniert sind. Er hebt die Hände und geht auf die geöffnete Zellentür zu. Sheelas Gewehrlauf bohrt sich in seinen Rücken. Jaksch ahnt, was mit ihm geschehen soll. Ein Blick in die vom Krieg zerstörten Gesichter der Kinder genügt ihm. Es sind nicht die verrückten, roten Augen von Ahmadou, die ihm Angst machen, sondern die toten, leblosen Augen in den Gesichtern der meisten. Von draußen hört man LKW-Motoren aufheulen. Dann das Geräusch von aufeinanderprallendem Blech. Jaksch schluckt, würgt einen offensichtlich für solche Notfälle gelernten UNO-Satz heraus.

JAKSCH: UNO. Help. Good friend. Don't shoot ... (mit wachsender Panik) Don't shoot me, ihr verfluchten Kohlensäcke!

Ein schmerzhafter, genau berechneter Hieb Sheelas mit dem Gewehrlauf von hinten zwischen Jakschs Beine ist die Antwort. Er trifft Jaksch auf die schmerzhafteste Art und Weise. Jaksch krümmt sich zusammen, Tränen schießen ihm in die Augen. Ahmadou nützt den Augenblick, um Jaksch seine Armbanduhr vom Handgelenk zu ziehen. Sheela zieht ihm sein Handy aus der Hosentasche, steckt es ein.

SHEELA: Go out.

Jaksch stolpert aus seiner Zelle. Jakouba schnappt sich Jakschs Nachtisch, den Ananasring, und stopft ihn sich gierig in den Mund. Mitkonkurrenten um den heiß begehrten Bissen stößt er rüde zurück. Es ist klar, das T-Shirt hat er einem erwachsenen Toten abgenommen, die Löcher sind Einschusslöcher.

9 CAMP/VOR LAZARETTBARACKE – A/T   9

Jaksch tritt ins Freie und blinzelt benommen in die Sonne. Er hört einen Motor aufheulen, blickt zur Seite. Im letzten Augenblick springt er zurück, sodass der UNO-Lastwagen ihn knapp verfehlt, aber dafür einen Teil der Baracke mitnimmt, als er schleudernd um die Ecke biegt. Vor seinen Augen rasen zwei weitere weißlackierte UNO-LKWs die Campstraße rauf und runter. Die Planierraupe wird gerade dazu missbraucht, das Duschzelt zu überrollen, während der Minibagger, beladen mit fünf Kindersoldaten, die Dosenbier in sich reinschütten, ziellos und schwankend durch die Gegend kurvt. Einige Kindersoldaten haben die Lebensmittelkonserven geplündert, hacken die Dosen mit Schraubenziehern auf, gießen sich die Flüssigkeit in den Mund, während andere ihnen die Dose bereits wieder aus der Hand reißen. Ein ca. zehnjähriges Mädchen, SITA, legt fünf der Konservendosen unter einige Steine, schiebt eine entsicherte Handgranate darunter. Die Explosion schleudert die Steine und Konserventeile durch die Gegend, die Kindersoldaten stürzen sich jubelnd auf zerfetzte Würstchen, verspritzte Linsen und ausgelaufene Gulaschsuppe. Ein durch die Explosion hochgeschleuderter Stein hat Sita am Kopf getroffen, sie blutet stark. Trotzdem geht sie lachend und etwas benommen zu den Essensresten und beginnt, mit den Fingern das Essen vom Boden zu kratzen. Ein kleiner, ca. achtjähriger Junge erscheint neben ihr, TERMINATOR. Er hält einen Büchsenöffner in der Hand. Der Minibagger fährt inzwischen nur noch im Kreis. Einer der Kindersoldaten ist runtergefallen, richtet sich betrunken auf. Drei Lastwagen rasen auf ihn zu. Der Junge, völlig

betrunken, breitet lachend die Arme aus, die Lastwagen verfehlen ihn knapp. Er verschwindet torkelnd in einer Staubwolke. Die drei Lastwagen rasen an Jaksch und Sheela vorbei.

Hinter dem Steuer sitzen die ältesten Kindersoldaten, so um die sechzehn Jahre alt. Sie spielen offensichtlich eine Mischung aus wildem Wettrennen und Boxauto. Zwei der LKWs touchieren sich, einer kracht in die Kommandobaracke. Jaksch sieht, dass andere Kindersoldaten auf die verschiedenen Fahrer Wetten abschließen. JOSHUA, ein dreizehnjähriger, hagerer Bursche in einem roten Fußballshirt, auf dem die Nummer 13 und „Ballack" steht, fordert von Sheela Geld.

JOSHUA: (Mende Dialekt) He, Spider-Man hat gewonnen, gib mir zwanzig Dollar!

Sheela wirft Joshua wütend zwei Zehndollarscheine zu, ohne den Lauf ihrer Kalaschnikow auch nur einen Millimeter zu verrücken. Ihre Laune verbessert sich durch das verlorene Geld nicht. Sheela blickt Jaksch wütend an, macht ihn offensichtlich für das verlorene Geld verantwortlich.

    SHEELA: You not good for me.

Sie tritt zwei Schritte zurück, die Waffe nach wie vor auf Jaksch gerichtet. Terminator lacht kurz, schlägt die Hände vors Gesicht. Jaksch entgeht dieses sichere Vorzeichen seiner Erschießung nicht.

    JAKSCH: (erschrocken, hastig) No, hey, I am good for you. Me good driver. You make lot of money.

Er weist auf die wieder in einer Staubwolke verschwindenden LKWs.

    JAKSCH: Me best.

Sheela blickt ihn misstrauisch an. Jaksch weiß, er redet um sein Leben. Vergeblich versucht er zu lachen, es wird nur ein Keuchen daraus.

    JAKSCH: Big Jaksch, big money.

Jakouba, der Mann, der Jakschs Nachtisch gegessen hat, mustert Jaksch.

    JAKOUBA: (sachlich, Mende Dialekt) Erschieß ihn. Er quatscht zu viel.

    JOSHUA: (Mende Dialekt) Er ist von der UNO. Das gibt Ärger.

    JAKOUBA: (Mende Dialekt, zu Joshua) Scheiß drauf. Gib's ihm.

Jaksch versteht das zwar nicht, aber er begreift, dass er hier nicht viele Freunde hat.

    JAKSCH: (zu Sheela) Please. Big Jaksch, big money.

Sheela wirft einen kurzen Blick auf die wenigen Dollarnoten, die sie noch besitzt, sieht, dass Jakouba seine Waffe hebt, um Jaksch zu erschießen.

    SHEELA: (zu Jakouba, Mende Dialekt) Später.

Sie hebt vor einem heranrasenden Lastwagen ihre Kalaschnikow, feuert in die Luft. Der LKW bremst scharf und bleibt stehen. Ein ca. sechzehnjähriger Kindersoldat, genannt BATMAN, streckt seinen vollgedröhnten Kopf aus dem offenen Seitenfenster.

    SHEELA: (Mende Dialekt) Batman, steig aus. Du bist zu langsam.

Batman hat sichtlich wenig Lust, das Fahrzeug zu verlassen, aber er hat offensichtlich Angst vor der deutlich jüngeren Sheela, gehorcht ihr. Er ist so voller Drogen, dass er nur mit Mühe aus dem Fahrzeug klettern kann. Mit der Flugeleganz eines Batman hat er denkbar wenig gemein. Sheela stupst Jaksch mit ihrer Kalaschnikow an. Jaksch ist unendlich erleichtert. Als er auf den LKW zugeht, muss er sich kurz an der Kühlerhaube festhalten. Ihm ist schwindlig, der Schweiß läuft ihm in Strömen übers Gesicht. Er dreht sich zu Sheela um, hebt den Daumen. Sie zeigt ein kurzes Lächeln. Es wirkt seltsam, fremd. Als sei dieses Lächeln aus einem anderen Gesicht geschnitten worden und in ihres gesetzt.

10	**CAMP/PISTE – A/N**	10
11	**LKW/FÜHRERHAUS – I/N**	11

Es ist dunkel geworden. Die Hauptpiste zwischen den Zelten und Baracken ist von einigen Scheinwerfern erleuchtet, die an Generatoren angeschlossen sind. Über die Lautsprecheranlage dröhnt Bob-Marley-Musik. Die meisten Kindersoldaten haben sich inzwischen mit den Campvorräten alkoholisiert oder stehen unter anderen Drogen. Der Minibagger ist umgefallen. Seine diversen Fahrer ebenfalls. Sie liegen auf ins Freie gebrachten Stockbetten, neben einem liegt eine leere Ätherflasche, neben anderen Klebstoffhüllen der Marke Pattex. Jakouba, dem das McDonald's-T-Shirt bis zu den Kniekehlen hängt, versucht vergeblich einen Liegestuhl aufzustellen, als es misslingt, feuert er wütend auf den Stuhl. Der fliegt in die Luft, bleibt abenteuerlich verbogen stehen, Jakouba nimmt vorsichtig in dem Stuhl Platz, der hält tatsächlich. Jakouba schüttet zufrieden grinsend den Rest einer Beck's-Bierdose in sich hinein. Ahmadou, inzwischen völlig weggetreten, pfeift sich eine Pille des Kopfschmerzmittels Tomapyrin nach der anderen ein. Vielleicht will er den Folgen seines Vollrausches bereits jetzt entgegenwirken.

Das nächste LKW-Rennen ist kurz vor dem Start. Drei LKWs sind am unteren Ende der Camppiste angetreten. Jaksch, hinter dem Steuer, zittern die Hände. Ihm ist klar, was auf der Stelle mit ihm passiert, wenn er dieses Rennen verliert.

JAKSCH: (murmelt) Big driver ...

Die anderen, jugendlichen Fahrer hinter dem Steuer bemerken seine Angst, lachen ihn aus. Ziehen an ihren Marihuana-Joints. Der Junge neben der Startlinie senkt den Arm. Der Fahrer neben Jaksch schnipst lachend seinen Jointrest durchs offene Seitenfenster in Jakschs Gesicht. Jaksch ist dadurch irritiert, kommt zu spät weg, verschaltet sich. Er sieht nur Staub, dann schemenhaft einen Lastwagen vor sich, fährt ihm voll ins Heck, der LKW verschwindet aus seinem Blickfeld, man hört lautes Krachen, dann taucht noch ein LKW verschwommen vor ihm auf, Jaksch fährt erneut gegen ihn, sieht wieder nur Staub, gibt Vollgas, hört undeutlich Geschrei, sieht einen Betonblock vor sich, macht eine Vollbremsung. Er befindet sich direkt vor der Campeinfahrt. Offensichtlich überlegt er einen Moment lang abzuhauen, aber abgesehen von den hemmenden Betonklötzen ist an seinem LKW ein Scheinwerfer kaputt, und hinter dem Camp beginnt tiefschwarze Nacht. Als hätte Sheela seinen Gedanken erraten, zerschießt sie im gleichen Moment auch noch seinen zweiten Scheinwerfer. Sie sitzt neben der Ziellinie in einem der Campingstühle, in denen auch Jaksch beim Zocken gesessen hat.

Sie zeigt mit ihrem Gewehrlauf auf drei Kindersoldaten, unter ihnen Joshua und Jakouba, die ihr sichtlich schlecht gelaunt eine Menge Geldscheine übergeben. Sie winkt Jaksch mit ihrer Kalaschnikow aus dem LKW. Jaksch steigt aus, nähert sich ihr mit sichtlicher Angst. Sie weist mit dem Lauf ihres Gewehrs, der für sie wie eine verlängerte Hand zu sein scheint, auf den Fuß des Fahnenmastes in der Mitte des Platzes.

12 CAMP/SANDPLATZ – A/N   12

Jakouba kettet Jaksch mit einem Paar Handschellen am Fahnenmast an. Er tut ihm dabei absichtlich weh, drückt die Handschellen zusammen, sodass die Ringe tief in seine Gelenke schneiden. Es ist klar, er hasst Jaksch, weil er wegen ihm viel Geld verloren hat. Sheela stellt eine offene Dose mit kalten Linsen vor Jaksch hin, aus der offensichtlich bereits viele gegessen haben. Zu allem Überfluss sind die Linsen noch mit schmutzigen Wurstresten gewürzt. Jaksch mustert durch seine verdreckte Brille sichtlich angeekelt die kalten Linsen. Doch Sheela duldet keinen Widerspruch.

SHEELA: You eat and drink. For next race.

Jaksch beginnt daraufhin folgsam zu essen.

13 CAMP – A/T   13

Nächster Morgen. Eine friedliche Sonne bescheint die Reste des Camps. Die meisten Kindersoldaten liegen noch unter den stehengebliebenen Zeltteilen und schlafen. Die Wachhäuschen am Eingang sind allerdings besetzt. Einer der Wachhabenden uriniert gerade aus einem der Häuschen mit dem UNO-Emblem. Sheela liegt oben in einem der Stockbetten und schläft. Ihre Kalaschnikow hat sie neben sich gelegt, gesichert, eine Hand hält das Magazin umklammert, der Lauf zeigt von ihrem Körper weg. So hat sie die Waffe griffbereit und kann sich im Schlaf nicht selbst erschießen. Jakouba, der Mann im McDonald's-Shirt und Joshua, der Mann im Ballackdress, treten mit ihren Waffen vor Jaksch. Der liegt völlig verdreckt im Sand. Seine Hände sind nach wie vor mit Handschellen um den weißen Fahnenmast in der Mitte des Sandplatzes gefesselt. Jakschs Brille ist so verdreckt, dass er die beiden nur verschwommen sieht. Sein Blick gleitet nach oben zu der träge über ihm hängenden Deutschlandfahne.

> JAKOUBA: (Mende Dialekt) Ich nehm sein Shirt. Ohne Löcher.
>
> JOSHUA: (meint die Handschellen, Mende Dialekt) Hast du die Schlüssel?

Jakouba schüttelt den Kopf.

> JOSHUA: (Mende Dialekt) Du hast ihn festgemacht, wieso hast du nicht die Schlüssel?
>
> JAKOUBA: (genervt, Mende Dialekt) Ich brauch keine Scheißschlüssel!

Er zieht eine Machete aus seinem Gürtel. Offensichtlich will er Jaksch die gefesselten Hände abschlagen, um ihm sein Shirt auszuziehen, ehe er erschossen wird. Jaksch sieht es schemenhaft durch seine Brille, springt auf, versucht sich total hilflos vor den beiden hinter dem Fahnenmast zu verstecken.

JAKSCH: (brüllt verzweifelt) He! Scheiße! He!!

Er reißt sich die total verdreckte Brille vom Gesicht, um besser sehen zu können, wiederholt verzweifelt sein UNO-Überlebensvokabular.

JAKSCH: UNO!! Help!! Good friend!! Don't shoot! Please ... He!!!

Sheela taucht hinter Joshua und Jakouba auf, die drehen sich um. Jakouba zeigt wie ein kleiner Junge, der die Schuld von sich ablenken will, auf Jaksch.

JAKOUBA: (meint Jaksch, Mende Dialekt) Er wollte abhauen, wollte mich aufschlitzen, mit meiner Machete ...

JOSHUA: (Mende) Ja, genau! Ein Feind darf nicht Lastwagen fahren!

JAKOUBA: (Mende) Darf auf keinen Fall Lastwagen fahren! Außerdem isst er zu viel!

JOSHUA: (Mende) Und das Geld, das du mit ihm gewonnen hast, ist verhext!

Sie treten zurück, entsichern ihre Waffen.

SHEELA: (Mende Dialekt) Halt!

Jaksch sieht durch seine verdreckte Brille undeutlich, wie Sheela ihre Kalaschnikow auf ihn richtet, näher kommt und dicht vor ihm stehen bleibt. Sein Mund öffnet sich zitternd, aber er kriegt keinen Ton mehr heraus. Sheela starrt ihn an, runzelt leicht verärgert, vielleicht auch verwundert die Stirn. Ihr scheint ein Gedanke zu kommen. Es ist ein kurzer, sehr intensiver Moment zwischen den beiden. Die Luft zittert. Dann drückt Sheela ab, die Salve dröhnt über den Platz, Jaksch starrt, am ganzen Leib zitternd, auf die Kette seiner Handschellen, die Sheela zerschossen hat.

SHEELA: (direkt zu Jaksch) First, you drive for me.

JAKOUBA: (Mende, empört) Was soll das? Knall ihn ab.

SHEELA: (leise, Mende) Wir brauchen ihn.

JOSHUA: (Mende) Wozu?

SHEELA: (scharf, Mende) Wir brauchen ihn.

Joshua und Jakouba sehen sie missmutig an, aber sie gehorchen ihr. Joshua zieht Jaksch an der zerschossenen Kette der Handschelle auf die Füße, sie zerren den zitternden und stolpernden Jaksch auf einen Wink Sheelas hinter ihr her. Sie bleibt vor der Vorratsbaracke stehen. Mehrere Kindersoldaten sammeln sich um sie. Jaksch hat Mühe, dass ihm die Knie nicht weich werden, er stolpert leicht.

JAKOUBA: (Mende) Er denkt, er ist tot!

Die Kindersoldaten lachen.

SHEELA: (zu Jaksch) You white. White like dead man.

Jaksch bemüht sich, in das Gelächter der Kindersoldaten einzufallen, es wird mehr ein Keuchen daraus. Sheela weist auf die Wasserkanister und Lebensmittelkisten in der Vorratsbaracke.

SHEELA: You put this on truck. Truck with water-tank.

Jaksch ist unendlich erleichtert. Er wird also nicht gleich erschossen, man braucht ihn noch. Im Augenblick ist ihm auch völlig egal, wofür.

14   CAMP/VORRATSBARACKE – I/T   14

15   LKW – A/T   15

Jaksch hat einen der UNO-Lastwagen, der durch das Rennen am Vorabend bereits deutlich gezeichnet ist, vor die Vorratsbaracke gefahren. Auf der Pritsche ist unter der Plane ein Wassertank montiert, den Jaksch über einen dicken Schlauch, der zu einem großen Wassertank in der Vorratsbaracke führt, mit Wasser befüllt. Er belädt gleichzeitig keuchend und verschwitzt den Rest der Ladefläche mit Medikamentenkisten, Wasserkanistern und Lebensmittelvorräten. Er benützt einen Gabelstapler, der LKW verfügt über eine Hebebühne. Trotzdem ist das Beladen in der Hitze äußerst anstrengend, vor allem, da ihm niemand hilft. Aber Jaksch ist vom Tötungsobjekt, zumindest vorübergehend, zur Attraktion mutiert. Er kann sowohl mit Gabelstapler als auch mit der Hebebühne geradezu artistisch umgehen, und er spielt vor den versammelten Kindersoldaten um sein Leben. Sheela, Ahmadou, Joshua, Jakouba, Sita, Terminator und die anderen Kindersoldaten beobachten ihn amüsiert. Kauen Marungiblätter, essen, trinken. Sie wirken beinahe wie kleine Zuschauer bei einer Zirkusveranstaltung. Und Jaksch weiß, er muss seinem Publikum etwas bieten, wenn er nicht draufgehen will. So fährt er mit dem unbeladenen Gabelstapler so enge Kurven, dass der kurz auf zwei Rädern steht, oder jongliert den beladenen Gabelstapler rückwärts und mit eleganten Drehungen vor die Hebebühne, sodass es beinahe wie ein Tanz aussieht. Einige der kleineren Kinder lachen. Unter den Blicken der Älteren verstummen sie wieder. Schließlich ist der LKW beladen. Jaksch tritt völlig erschöpft vor Sheela.

JAKSCH: Can I please have some water? (meint seine Brille) For my glass. Nix drive without see.

Sheela reicht ihm eine Plastikwasserflasche.

SHEELA: Drink.

Jaksch trinkt dankbar und gierig, putzt dann mit dem Wasser seine Brille. Er will sie an seinem T-Shirt abwischen, doch das ist völlig verdreckt. Er will die Brille nass wieder aufsetzen, Sheela nimmt sie und putzt sie an ihrem nur unwesentlich saubereren Ärmel ab.

Der viel zu weite Ärmel rutscht dabei ein wenig nach oben, sodass man den Beginn einer breiten Narbe sieht. Sheela merkt, dass Jaksch ihre Narbe gesehen hat, zieht den Ärmel ihrer Uniformbluse wieder bis zum Handgelenk. Jaksch stellt fest, sie gehört zu den ganz wenigen, die trotz der Hitze eine langärmelige Uniformbluse tragen.

> SHEELA: Let's go.

Jaksch klettert ins Führerhaus, bemerkt verwundert, dass keiner der Kindersoldaten Anstalten macht, auf die Ladefläche zu klettern. Sie scheinen Angst vor der Fahrt zu haben. Sheelas Gewehrlauf zeigt daraufhin auf Ahmadou, Sita, Terminator, Joshua und Jakouba.

> SHEELA: (Mende) Ihr kommt mit. (Die sehen sich zögernd an) (Scharf) Das ist mein Befehl!

Die fünf ausgesuchten Kindersoldaten blicken sich sichtlich ängstlich an.

> SHEELA: (Mende) Und nehmt ihm die Handschellen ab!

Jakouba kramt nochmal missmutig in seinen Taschen, findet jetzt die beiden kleinen Schlüssel, die an einem Ring hängen.

16 PISTE/WEGGABELG./EING. FLÜCHTLINGSLAGER SÜD – A/T   16

Jaksch, von den Handschellen erstmal befreit, gelangt an eine Weggabelung, das ihm und uns bekannte Flüchtlingslager liegt vor ihm. Erleichtert will er mit dem UNO-Lastwagen auf den Lagereingang zuhalten, der merkwürdig verlassen aussieht. Auch in den Zelten und Baracken ist, soweit erkennbar, niemand zu sehen.

> SHEELA: (zu Jaksch) Stop! Not this way. This!

Sie weist die Piste entlang, die vom Lager wegführt. Jaksch hält an.

> JAKSCH: But this is the camp ...

Er wird leiser. Auch er hat längst begriffen, hier stimmt etwas nicht.

> SHEELA: (blickt starr geradeaus) Not this camp. Other camp.

> JAKSCH: (leise) But, your people are here, I know ...

> SHEELA: (tonlos) This are not my people. This are piece of shit. Drive ...

Jaksch starrt zum Campeingang. Die Körbe und Matten der Frauen, die vor dem Eingang gesessen haben, sind noch da. Ein leichter Windstoß hebt eine der Matten an, und Jaksch kann einen weiblichen Fuß und eine Wade darunter erkennen, ehe die Matte wieder darüberfällt. Er begreift jetzt, was sich in und um die Zelte im Inneren des Camps befinden muss. Offensichtlich haben mit Sheela verbündete Einheiten ein Massaker angerichtet. Er schluckt krampfhaft, um sich nicht zu übergeben.

> AHMADOU: (leise) Drive.

Jaksch kuppelt wie automatisch ein und fährt langsam davon. Einige Plastiktüten fliegen geisterhaft durch den Lagereingang.

17   LKW/FÜHRERHAUS – I/T   17

18   ERDPISTE – A/T   18

Jaksch fährt die Piste entlang, und obwohl seine Brillengläser einigermaßen sauber sind, sieht er durch einen Schleier von Schweißtropfen alles nur verschwommen. Die Lianen und Äste der Bäume, die über die Windschutzscheibe streifen, scheinen nach ihm zu greifen. Er kann nicht verhindern, dass er immer wieder zusammenzuckt. Er weiß, jedes Wort kann eine Kurzschlussreaktion bei Sheela auslösen, aber er kann auch nicht einfach immer weiter ins Nirgendwo fahren. Er nimmt seinen ganzen Mut zusammen.

JAKSCH: (heiser) The medicine, water, for what?

Sheela scheint erleichtert, dass er die Stille durchbricht.

SHEELA: We bring it to big camp in the north. There are my uncles, my aunts. Mende people.

Jaksch ist für einen Augenblick erleichtert. Sie braucht ihn also erstmal noch. Dann fällt ihm etwas ein. Er hält an, hebt beruhigend die Arme.

JAKSCH: Just, moment. I muss ... (lächelt verzerrt) look, Karte.

Er zieht eine Militärkarte aus dem Handschuhfach, breitet sie vor Sheela und Ahmadou aus.

JAKSCH: We, hier. (Sein Finger fährt ungläubig hoch in den Norden, beinahe ans Ende der Karte.) Not this camp?

Sheela wirft einen flüchtigen, misstrauischen Blick darauf.

JAKSCH: Bamako?

SHEELA: Yes. (aggressiv) I can read.

JAKSCH: Of course.

SHEELA: I can read!

JAKSCH: We don't drive to Bamako?

SHEELA: Yes.

JAKSCH: (fassungslos) But ... this are mindestens threehundred Kilometer, da sind two countries dazwischen ... Scheiße (er sucht nach englischen Wörtern) ... überall war ... too dangerous.

Man spürt, Sheela würde ihn für diese Einwände am liebsten umbringen, aber es ist zu spät. Ahmadou hat sich aus dem Seitenfenster gebeugt, ruft aufgeregt nach hinten auf die Ladefläche.

AHAMDOU: Bamako ... threehundred kilometers!

SHEELA: (böse zu Jaksch) You drive, or we don't need you. I know special way. Through the swamp.

JAKSCH: Swamp? Was, zum Geier, heißt swamp?

Er sieht an den mittlerweile um das Führerhaus herumstehenden restlichen Kindersoldaten, dass „swamp" nichts Gutes bedeutet. Jaksch begreift jetzt, warum sie bereits bei der Abfahrt im Militärcamp so ängstlich waren. Sie kannten Sheelas verrückten Plan. Und warum sie so martialisch gerüstet sind: In ihren viel zu breiten Gürteln stecken Ersatzmagazine und jede Menge chinesischer Stielhandgranaten.

JAKOUBA: (Mende) Dreihundert Kilometer sind zu weit.

SHEELA: (meint Jaksch, Mende) Er ist einer von der UNO. General Archer sagt, die UNO lügt.

Jaksch hat nur „UNO" und „General Archer" verstanden.

JAKSCH: (fassungslos) You fight for General Archer?

Er blickt die um ihn herumstehenden Kindersoldaten an, die triumphierend lächeln.

SHEELA: We best. We Che Guevara.

JAKSCH: Oh Scheiße. You sicher, General Archer wants to bring you this to north? He many men um das camp around ...

SHEELA: (wütend) Shut up!

Offensichtlich hat Jaksch einen ganz wunden Punkt getroffen.

JAKOUBA: (Mende) General Archer ist kein Mende.

Sheela wendet sich an alle.

SHEELA: (Mende) General Archer ist für uns. Er will, dass die Mende stark sind. Ihr habt versprochen, ihr helft mir, den Lastwagen nach Bamako zu bringen!

Schweigen. Alle sehen sich unsicher an.

JOSHUA: (Mende Dialekt) Warum fragen wir nicht den General? Oder wenigstens den Hauptmann? (englisch zu Jaksch) You can ask General Archer with this?

Er weist auf das Funkgerät im Lastwagen.

JAKSCH: Of course.

SHEELA: You ask nobody. You are liar!

Sie reißt das Funkgerät samt Kabeln aus der Verankerung, wirft es aus dem Seitenfenster.

SHEELA: (Mende Dialekt) Der General ist weit weg. Ich entscheide. (ruft) Wir wollen alle, dass das Volk der Mende stark ist!

AHMADOU: (leise, nigerianischer Dialekt) Ich bin Yorouba.

Sheela kämpft verzweifelt um ihre Autorität.

SHEELA: (Mende) Wir sind alle Lykaons, Wildhunde!

Die Parole erweckt keine große Begeisterung.

SHEELA: (Mende Dialekt) Es wird eine gute Reise, mit gutem Stoff!

Sie holt einen Brustbeutel unter ihrer Armeebluse hervor, zieht eine Fotofilmdose heraus, öffnet sie, lässt einen Klumpen Crack in ihre Handfläche gleiten, drückt ihn Ahmadou in die Hand. Der lacht auf, legt den Arm um sie. Sheela drückt weiteres Crack durch das Seitenfenster in die Hände von Joshua, Jakouba, Terminator, Sita.

SHEELA: (Mende Dialekt) Und wenn wir im Lager sind, gibt es noch viel mehr Stoff!

Man hört, wie die Kindersoldaten lachend hinten auf die Ladefläche klettern.

JAKSCH: (leise, bitter) Die Begeisterung kennt keine Grenzen.

Für einen Moment scheint es beinahe, als ob Sheela sich schämt, die Zustimmung ihrer Soldaten nur mit Drogen erkauft zu haben.

SHEELA: Don't talk. Drive.

19 URWALDPISTE – A/T   19

20 LKW – I/T   20

Der weiße UNO-Lastwagen fährt auf einer holprigen Schlammpiste durch den Urwald. Die Vegetation wird immer wilder, wuchernder, Wurzeln schlängeln sich über die immer schmaler werdende Piste, die Räder wühlen sich durch erste brackige Sumpflöcher. Jaksch sitzt hinter dem Steuer, Sheela und Ahmadou sitzen neben ihm. Hinten auf der Ladefläche befinden sich neben dem Wassertank, den Medikamentenkisten und den Wasserkanistern Sita, Terminator, Joshua und Jakouba. Sie haben die Plane hinter dem Führerhaus ein Stück zurückgerollt, sodass Joshua und Terminator Ausblick auf die Straße vor ihnen haben. Augenscheinlich sind sie als eine Art Ausguck eingeteilt. Das ist auch dringend nötig, denn Sheela und Ahmadou schenken der Strecke denkbar wenig Aufmerksamkeit. Sie ziehen abwechselnd an einer Crackpfeife und sind bester Laune. Sheela zieht einen kleinen, braunen Stoffbären aus ihrem Rucksack. Er kann sogar brummen, wenn man ihn nach vorne kippt, was Ahmadou und Sheela zu beinahe hysterischem Gelächter veranlasst. Sheela klemmt den Bären als eine Art Maskottchen hinter die Windschutzscheibe. Sie nimmt Jaksch dessen Blauhelm ab, setzt ihn Ahmadou auf, lacht sich beinahe tot über dessen Aussehen. Ahmadou stülpt den Helm über den Stoffbären, Jaksch fährt durch ein Schlagloch, Helm und Bär fallen beinahe auf den Boden, Sheela hält sie fest.

SHEELA: (fährt Jaksch an) Slowly!

JAKSCH: Slowly not good. You know, the car must dance ...

SHEELA: (unterbricht ihn scharf) Slowly!

Im selben Augenblick schlägt Joshua auf das Dach des Führerhauses.

SHEELA: Stop!

Jaksch steigt in die Bremse. Er kann auf der Piste vor sich zunächst nichts erkennen. Jaksch blinzelt durch seine Brille.

SHEELA: You better wash your glasses.

Jetzt erst sieht man quer über die Piste verteilt einige runde Kreise, wo die Erde offensichtlich aufgegraben worden ist. Minen. Jaksch atmet tief durch. Presst betreten die Lippen zusammen. Nimmt seine Brille ab, spuckt in die verdreckten Gläser. Währenddessen:

SHEELA: Terminator!

Der achtjährige Junge klettert von der Ladefläche, geht zu den Minen. Er ist so klein, dass der Kolben seiner Kalaschnikow hinter ihm durch den Schlamm schleift. Er begutachtet die Minen. Gräbt mit einer Machete an der Seite vorsichtig die Erde auf, man sieht das Metall einer Mine.

SHEELA: (Mende Dialekt) Gibt's noch mehr Minen? Geh weiter!

Terminator blickt sie ängstlich an.

SHEELA: (Mende Dialekt) Na los!

Terminator macht sehr vorsichtig einige Schritte. Wer weiß, was hier noch alles vergraben ist. Sheela hat ihn offensichtlich ausgewählt, weil er der Kleinste und Leichteste ist. Aber natürlich ist es auch für ihn lebensgefährlich.

SHEELA: (ungeduldig, Mende Dialekt) Noch weiter!

Jaksch verfolgt, wie der kleine Junge langsam hinter einer Biegung verschwindet. Er erwartet jeden Augenblick eine Explosion.

JAKSCH: (schluckt) It's no use.

SHEELA: You UNO. You good for medicine, not good for war.

Terminator umgeht vorsichtig weitere Erdkreise im Boden. Vor ihm taucht eine Stacheldrahtrolle auf, die quer über der Piste liegt. Im Draht steckt eine blauweiße Papageienfeder. Terminator sieht sie, dreht sich um.

TERMINATOR: Mama Monita!

Sheela und Ahmadou, aber auch die drei anderen Kindersoldaten blicken sich besorgt an. Offensichtlich handelt es sich hier nicht um Verbündete.

SHEELA: (Richtung Terminator, Mende Dialekt) Komm her!

Terminator geht zurück, wobei er exakt in die Fußstapfen seines Hinweges tritt. Dabei hüpft er gelegentlich ein wenig, sodass es beinahe wie ein Kinderspiel aussieht. Währenddessen:

SHEELA: (zu Jaksch) We go this way.

Sie weist links von sich neben die Straße. Jaksch kann keinerlei Weg erkennen. Nur verfilztes, stacheliges Unterholz, und etwas weiter entfernt Mangrovengewächs, Sumpfgelände.

SHEELA: Swamp ...

Jaksch kapiert jetzt, dass „swamp" Sumpf bedeutet, schüttelt heftig den Kopf.

JAKSCH: Not with this car. Impossible!

SHEELA: Go.

Jaksch zeigt ihr seine Militärkarte, weist auf das riesige, eingezeichnete Sumpfgelände. Dort ist nicht mal ein Pfad eingezeichnet.

JAKSCH: Swamp, water, bullshit! No way!

Sheela packt seine Karte, stopft sie zerknüllt ins Handschuhfach.

SHEELA: (weist mit dem Finger auf ihre Schläfe) The way is here. Go!

Jaksch zuckt die Achseln, biegt wütend ins Unterholz ein, die LKW-Reifen wühlen sich durch den weichen Untergrund. Ahmadou lacht und zieht an der Crackpfeife. Die drei Kindersoldaten hinten auf der Ladefläche blicken sich besorgt an.

21 SUMPFGEBIET/URWALDPFAD – A/T   21

Der LKW steht mitten in einem undurchdringlichen Urwaldgebiet. Vor ihm schlängelt sich eine Art Trampelpfad zwischen hohen Bäumen und Unterholz durch. Hinter dem LKW ist eine breite Schneise zu sehen, die Jaksch in den Urwald gefräst hat. Im Augenblick ist Jaksch dabei, schweiß- und schlammverkrustet mit einer Kettensäge einen der Urwaldriesen zu fällen, die ihnen den einzigen für den LKW fahrbaren Weg versperren. Mückenschwärme stürzen sich dabei auf ihn. Ahmadou, Jakouba, Joshua, Sita und Terminator laden währenddessen Bodenbleche vom LKW und schieben sie über Sumpflöcher vor die Vorder- und Hinterräder des Lastwagens. Sheela beteiligt sich nicht an diesen anstrengenden und schmutzigen Arbeiten. Sie ist ganz Anführerin, sichert mit ihrer Kalaschnikow das Gelände. Man spürt, dass sie stolz auf ihre Position ist und jederzeit bereit, sie gnadenlos zu verteidigen. Der Baum kracht vor Jaksch ins Unterholz.

JAKSCH: (zu Sheela) Wenn hier other soldiers, they come.

SHEELA: They are not crazy enough to come here.

JAKSCH: (nickt, lächelt unfroh) Wir sind richtig sicher.

Er begutachtet das erste Bodenblech, kickt es wütend dicht an den Vorderreifen.

JAKSCH: Dicht an die Reifen! Sonst säuft die Karre gleich ab. Is ja eh egal.

Unkontrolliert macht er mit laufender Motorsäge einen ebenso verzweifelten wie erfolglosen Ausfall gegen die Moskitoschwärme. Die Kindersoldaten gehen furchtsam auf Abstand. Sie haben sichtlich großen Respekt vor der Motorsäge.

> SHEELA: (scharf zu Jaksch) Work!

> JAKSCH: (zu Sheela) Me tablets, medicine, or Malaria! Ill! Die! No Jaksch, no driver!

> SHEELA: Later. Now, you work!

Jaksch geht wütend zum nächsten Baum, der den Weg versperrt. Er betrachtet seinen von Stichen verschwollenen Arm.

> JAKSCH: (leise) Das wird das Ende vom Jaksch. Ich komm heim in der Kiste.

Wütend haut er die Säge in die Baumrinde.

22 SUMPFGEBIET/URWALDPFAD – A/T   22

23 LKW/FÜHRERHAUS – I/T   23

Etwas später. Jaksch wirft völlig erschöpft und verdreckt die Kettensäge auf die Ladefläche, klettert ins Führerhaus, wo ihn Sheela und Ahmadou erwarten. Die beiden teilen sich bereits wieder eine neue Pfeife. Sheela weist bedröhnt auf einen kleineren Baum, der dem Lastwagen nach wie vor im Weg steht.

> SHEELA: What's with this tree?

> JAKSCH: No problem.

Jaksch kurbelt das Seitenfenster herunter, um den Crackqualm aus dem Lastwagen zu entlassen.

> JAKSCH: (stöhnt wegen dem Crack) Da siehst Bäume, die gibt's gar nicht.

> AHMADOU: (bedröhnt, Yorouba Dialekt) Er sieht aus wie'n Nilpferd auf Brautschau.

Sheela und Ahmadou klatschen sich mit der flachen Hand gegenseitig auf die Stirn, lachen überdreht. Jaksch lässt den Motor kommen.

> SHEELA: You dirty like hippo. Work good against moskitos.

Die beiden lachen erneut überdreht. Jaksch lässt die Kupplung kommen, beugt den Kopf aus dem Führerhaus, fährt langsam über die Bodenbleche, gibt dann Gas, mäht zum Schrecken, dann zur Freude von Sheela und Ahmadou den kleinen Baum nieder und fährt schlingernd in zwei Kehren einen leichten Abhang nach oben. Dabei wird die inzwischen ohnehin nutzlose, zwei Meter hohe Funkantenne von einem Ast abrasiert. Sita, Terminator, Joshua und Jakouba heben die Bodenbleche auf und laufen damit hinter dem davonfahrenden LKW her. Der Schlamm, den der LKW aufwirbelt, fliegt ihnen ins Gesicht.

JOSHUA: Fuck!!

SHEELA: (zu Jaksch) Slowly!

JAKSCH: No way! Dann steckt die Scheiße wieder fest!

SHEELA: (beugt sich aus dem Führerhaus, Mende Dialekt) Na los, schneller! Schwingt euren Arsch da rauf!

Die vier anderen Kindersoldaten werfen fluchend die Bodenbleche auf die Ladefläche. Joshua und Jakouba springen auf, zerren Sita und Terminator hinter sich her. Terminator hält die abgebrochene Funkantenne in der Hand, besteht darauf, dass sie mitgenommen wird. Alle vier sind über und über mit Schlamm bespritzt.

AHMADOU: (Yorouba Dialekt) Das Nilpferd hat Junge gekriegt.

Sheela und Ahmadou lachen überdreht. Jaksch folgt dem schmalen Pfad durch Gestrüpp und kleinere Bäume. Er fährt über eine Kuppe und bremst scharf. Direkt vor ihnen befindet sich eine zehn Meter tiefe, ca. fünfzig Meter breite Schlucht. Über sie führt eine Brücke, die mit einem Lastwagen deutlich überfordert scheint.

24 BRÜCKE – A/T   24

25 LKW – I/T   25

Jaksch starrt auf die Brücke.

SHEELA: Good bridge. Drive.

JAKSCH: You good for war, not good for truck.

Er steigt aus, Sheela und die anderen ebenfalls. Jaksch vergleicht die Breite der Brücke mit seinem LKW. Sie wirkt nicht nur zu schwächlich, sondern auch zu schmal für den Lastwagen. Jaksch klopft auf das wacklige Holzgeländer. Er sucht sichtlich Verbündete unter den Kindersoldaten, versucht einen Scherz mit Ahmadou.

JAKSCH: (zu Ahmadou) You make big chain saw Massaker with this.

Ahmadou hat sichtlich größten Respekt vor der Kettensäge.

AHMADOU: Oh no. Not me!

SHEELA: (zu Jaksch) Don't talk. Work.

Jaksch tritt als Antwort mit voller Wucht links und rechts gegen das morsche Holzgeländer. Ca. zwei Meter auf jeder Seite springen in Stücke und fallen in die Schlucht

JAKSCH: (meint das Holz) Topqualität.

SHEELA: (zu den anderen, Mende Dialekt) Los, hoch.

TERMINATOR: (leise, Mende Dialekt) Ich geh zu Fuß.

SHEELA: (Mende Dialekt) Wir können ihn nicht mit dem Lastwagen allein lassen. Er haut sofort ab. Wir fahren alle.

| 26 | BRÜCKE – A/T | 26 |

| 27 | LKW – I/T | 27 |

Etwas später. Der Rest des Brückengeländers ist von Jaksch beseitigt worden. Jaksch sitzt alleine im Führerhaus. Der Motor läuft. Alle sechs Kindersoldaten sitzen hinten auf der Ladefläche des LKWs. Sie haben offensichtlich große Angst. Joshua bekreuzigt sich, die anderen küssen ihre Amulette, Sheela drückt fest die Hahnenfeder um ihren Hals.

    SHEELA: (nach vorne zu Jaksch) Go ...

Sie wirkt erheblich weniger selbstsicher als bisher. Terminator presst sich die Hände vor die Augen. Jaksch starrt auf die Brücke vor sich, putzt ein letztes Mal seine Brille.

Er gibt Gas, schaltet schnell hoch und fährt mit mindestens fünfzig über die Brücke. Die Brücke ist so schmal, dass sich seine Vorderreifen manchmal teilweise über dem Rand der Brücke befinden. Aber ansonsten geht es überraschend gut, die Brücke hält. Die Kindersoldaten blicken sich erleichtert an, Ahmadou klatscht lachend seine Hand gegen die von Sheela, greift sich die abgebrochene Antenne, erhebt sich, breitet mit dem Rücken zur Ladeklappe und völlig bedröhnt die Arme aus und dirigiert die Aktion mit der Antenne wie mit einem Taktstock. Im selben Moment fährt der LKW über eine durchgebrochene Planke, macht einen kleinen Satz, gerät ins Schlingern, Jaksch muss gegensteuern, Ahmadou verliert das Gleichgewicht, stürzt von der Ladefläche, fällt in die Schlucht. Die Kindersoldaten schreien auf, Jaksch erreicht die gegenüberliegende Seite, hält. Er steigt aus, tritt an den Rand der ca. zehn Meter tiefen Schlucht. Die Kindersoldaten folgen ihm. Terminator presst sich rasch seine Hände wieder vors Gesicht. Man sieht, was er nicht sehen will. Ahmadou liegt am Boden der Schlucht. Er ist gegen einen Fels geschlagen, schwer verletzt. Seine schmerzverzerrten Schreie hallen durch die Schlucht.

    AHMADOU: (Yorouba Dialekt) Helft doch!! Ich kann nicht mehr ... Hilfe ...

Seine Worte gehen über in unartikuliertes Schreien. Alle starren auf Sheela. Die lehnt sich nach kurzem Zögern gegen einen Baumstamm und richtet ihre Waffe auf den Verletzten. Der sieht es.

    AHMADOU: (Yorouba Dialekt) Nicht ... warte, ich kann, ich schaff es ...

Verzweifelt beginnt er, mit seinen gebrochenen Armen und Beinen über die Steine zu kriechen, er hat keine Chance. Sheela feuert auf ihn. Den Rückstoß ihrer Waffe fängt sie durch den Baumstamm auf. Sie ist keine sehr gute Schützin, sie braucht zwei längere Salven, bis Ahmadous Schreie aufhören. Mit verrenkten Gliedern liegt seine Leiche am Boden der Schlucht. Terminator dreht der Schlucht den Rücken zu, nimmt die Hände vom Gesicht. Stille. Sheela geht mit starrem Gesicht auf den Lastwagen zu, an Jaksch vorbei. Jaksch steigt ebenfalls wieder ein, die restlichen Kinder klettern auf die Ladefläche.

Jaksch fährt mit einem scharfen Ruck an. Sie nimmt die Crackpfeife, die sie mit Ahmadou geraucht hat und die auf den Boden gefallen ist, zündet sie an, inhaliert. Es ist ihre Art, von Ahmadou Abschied zu nehmen.

    SHEELA: (leise zu Jaksch) You were too fast. Next time, I shoot you.

    JAKSCH: And who drive?

    SHEELA: I don't care.

Sie blickt Jaksch an. Jaksch hat längst begriffen, dass Sheela unbarmherzig und grausam gegen andere sein kann. Jetzt begreift er zum ersten Mal, dass sie das mindestens genauso sehr gegen sich selbst ist.

28   SUMPFGEBIET/URWALD/LAGERFEUER - A/N   28

Mitten im Sumpfgebiet brennt neben dem Lastwagen ein kleines Feuer. Das Holz ist nass, qualmt erheblich, doch selbst der Qualm ist kein wirksamer Schutz gegen die Mückenschwärme, die sich auf die gesamte Truppe stürzen. Sheela sitzt alleine im Führerhaus des LKWs, die Türen sind offen. Sie raucht immer noch Crack. Ihr Blick wirkt unstet, flackernd, beinahe wahnsinnig. Jaksch versucht sich hilflos der Mücken zu erwehren.

    JAKSCH: (zu Sheela) He, wie have many Malaria pills on the truck ...

Terminator hebt den Finger an die Lippen, bedeutet Jaksch, still zu sein.

    TERMINATOR: (flüstert) She is crazy ...

Auch die restlichen Kindersoldaten haben sichtlich Angst vor Sheela, die in sich versunken Crack raucht und scheinbar nichts mehr um sich herum wahrnimmt. Joshua und Jakouba sehen sich immer wieder an, flüstern zusammen. Möglicherweise haben sie vor, in der Nacht zu verschwinden. Sheela dreht sich plötzlich blitzschnell im Sitz um, ihr Gewehr im Anschlag. Joshua und Jakouba verstummen. Sheela klettert aus dem LKW. Sie zieht ihre Machete aus dem Gürtel, geht zur Ladefläche, winkt Joshua zu sich. Der geht voller Angst auf sie zu. Sie hackt zwei Seilstücke von einer Rolle, fesselt Joshua an Händen und Füßen, bindet ihn hinten am Lastwagen fest. Sie winkt Jakouba zu sich.

Schnitt.

29   SUMPFGEBIET/URWALD/LAGERFEUER - A/N   29

Tiefe Nacht. Die Kindersoldaten sind von Sheela rund um den Lastwagen festgebunden worden, sodass sie sich gegenseitig nicht befreien können. Jaksch ist mit zwei Paar Handschellen von ihr an

Händen und Füßen gefesselt und mit den Händen an die Stoßstange gekettet worden. Sheela selbst hat sich mit ihrer Kalaschnikow im Führerhaus eingeschlossen und schläft. Eine Hand hält das Magazin der gesicherten Waffe umklammert, deren Lauf von ihr weg zeigt. So hat sie die Waffe sofort zur Hand und kann sich nicht selbst erschießen. Neben ihren Amuletten hängen die zwei Schlüssel für Jakschs Handschellen. Jaksch wird weiter von Mücken geplagt, kann sich wegen der Handschellen überhaupt nicht mehr wehren. Er zögert, versucht Terminator auf sich aufmerksam zu machen, doch der rührt sich nicht. Es bleibt ihm nichts anderes übrig, als sich an einen seiner Hauptpeiniger zu wenden, Joshua, den Mann mit dem Ballack-T-Shirt. Er bedeutet ihm, seine gefesselten Hände rüberzuschieben.

JAKSCH: (flüstert) He, Ballack ... (Joshua reagiert nicht) Bimbo ... pst ... hands ...

Joshua begreift, streckt seine auf den Rücken gefesselten Hände nach hinten, so weit er kann, Jaksch kriegt sie zu fassen, beginnt die Stricke an der scharfen Kante der Stoßstange zu reiben, was für Joshua sichtlich schmerzhaft ist. Jaksch hält inne.

JAKSCH: (flüstert) When I free you, you help me. You shoot my hands ... Fessel peng ... capito?

Joshua nickt.

JAKSCH: (flüstert) Ballack, guter Mann ...

Er schleift Joshuas Handfessel vollends durch, der löst seine Fußfesseln und befreit seine Kameraden. Die nehmen nur das Nötigste mit, Terminator greift sich den Büchsenöffner. Anstatt Jaksch ebenfalls zu befreien, türmen die vier Kindersoldaten so schnell sie können.

JAKSCH: (halblaut) He!

Ihm fällt ein, dass es sicherlich besser ist, Sheela jetzt nicht zu wecken.

JAKSCH: (flüsternd) I helped you! Ballack, du Drecksack! Ihr verdammten Scheißkohlensäcke!

Terminator blickt ihn an.

JAKSCH: Gebt mir wenigstens ne Malariapille ...

Terminator schlägt die Hände vors Gesicht. Sita nimmt ihn bei der Hand. Die beiden verschwinden hinter Joshua und Jakouba. Jaksch reißt an seiner Handschelle, vergeblich.

| 30 | **SUMPFGEBIET/URWALD/LAGERFEUER – A/T** | 30 |

Jaksch erwacht, weil Sheela ihm mit dem flachen Gewehrkolben heftig gegen die von der Sonne verbrannte Wange schlägt, was besonders schmerzhaft ist. Jaksch schreit auf, Sheela ist außer sich vor Wut.

SHEELA: Where are they? Where are they, fat, white pig?!

Jaksch versucht schützend, die Hände über sein Gesicht zu halten, reißt an seiner Handschelle.

    JAKSCH: Don't know!!

Sheela ist völlig verzweifelt. Tränen der Wut stehen ihr in den Augen. Sie wirft ein kurzes Stück Seil, einen Rest der Fessel, vor Jaksch.

    SHEELA: You helped them!

    JAKSCH: No!

Sheela richtet ihre MP auf ihn, entsichert sie.

    SHEELA: Don't lie on me!

    JAKSCH: No ...

    SHEELA: (schreit) Don't lie on me!!

Jaksch schweigt, senkt den Kopf. Sheela holt aus, will ihn nochmal mit dem Gewehrkolben schlagen, begreift im letzten Augenblick, Jaksch lauert nur darauf, nach dem Gewehr zu greifen. In wilder Wut beginnt sie, mit dem Kolben auf einen Topf über dem erloschenen Lagerfeuer einzudreschen, verbeult ihn völlig, fügt dabei sich Verletzungen zu, die sie nicht zu bemerken scheint. Es ist ein Ausbruch, der deutlich macht, welcher Selbsthass, welches Gewaltpotenzial in diesem Mädchen stecken. Schließlich hält sie erschöpft inne. Ihre Hände und Unterarme bluten. Jaksch mustert den total zerbeulten Topf.

    JAKSCH: (leise) The plane, your people shoot, was full mit medicine, water, eat for camp in the north.

    SHEELA: You liar! You UNO. You feed our enemies!

    JAKSCH: Me German. We feed everybody ... (Sheela sieht ihn verächtlich an) Nobody wants us to bring this truck to north. Not your soldiers, not General Archer. We better give up.

    SHEELA: If I give up, I shoot you.

    JAKSCH: Okay. Let's drive.

Sheela sieht ihn an, lächelt plötzlich. Ihre Stimmungen wechseln so schnell wie das Licht in der afrikanischen Dämmerung.

    SHEELA: Not like this.

Sie wirft Jaksch die Schlüssel für seine Handschellen zu. Während Jaksch sich befreit, öffnet sie einen der Wasserkanister. Jaksch will sich das Wasser mit beiden Händen ins Gesicht klatschen.

    SHEELA: We need this water for drink.

Sie zeigt ihm, wie eine afrikanische Morgentoilette aussieht. Sie kippt etwas Wasser in eine Blechtasse. Dann taucht sie den Finger hinein, fährt sich mit dem nassen Finger über die Augenbrauen, in den Mund, unter die Achseln. Danach schiebt sie sich einige Marungiblätter in den Mund. Jaksch tut es ihr nach, besteht aber auf seiner Zahnbürste, die nach wie vor in der Brusttasche seines Uniformhemdes steckt.

JAKSCH: Grundausstattung für jeden Fernfahrer. Zahnbürste und Schachtel Kippen ...

Er versucht das zu tun, mit was er auch bei seinen Kameraden immer gut durchkam: zu quatschen. Er beginnt mit einem Schluck Wasser, seine Zähne zu putzen. Stöhnend befühlt er sein sonnenverbranntes Gesicht.

JAKSCH: You Sonnencreme? Sun oil?

Sheela starrt ihn an, als ob er komplett verrrückt geworden sei. Wieso sollte sie Sonnenöl besitzen?

JAKSCH: (winkt ab) Schon gut. Meine Mutter wollt immer ne Safari machen. Hab gewusst, warum ich nicht mitwollte ...

Sheela versteht nicht, was er vor sich hin brabbbelt, aber es scheint sie, zumindest im Augenblick, zu beruhigen. Sie wirft ihm eine Konservendose Bohnen zu.

SHEELA: Breakfast ...

JAKSCH: (mustert missmutig die Dose) Beans?

SHEELA: You loaded the truck ...

JAKSCH: (stöhnt) Das hab ich nicht gebucht!

Sie wirft ihm noch eine Packung Malariatabletten zu.

SHEELA: Dessert ...

JAKSCH: Endlich, die Malaria-Einheitspille. Das wird ja ne richtige Wellness-Tour ...

Trotz der eingeschränkten Frühstücksauswahl hat Jaksch tierischen Hunger, will die Bohnendose mit einem Schraubenzieher öffnen.

SHEELA: First work. Now, you are alone. You have to work for five.

Sie wirft ihm ein kleines Fläschchen zu. Jaksch starrt perplex auf den roten Nagellack.

SHEELA: Come on, boy!

Sie nimmt ihn mit der Kalaschnikow ins Visier, streckt ihm langsam ihren Fuß hin. Es ist offensichtlich ein Spiel, das ihr gerade eingefallen ist.

SHEELA: First clean.

Jaksch tunkt einen Zipfel seines Hemdes in den Wasserbecher, beginnt damit Sheelas großen Zeh zu säubern.

JAKSCH: Jaja, I'm Spezialist with this. I win big prize with truck, Lackierung. Titten wie Luftballons ... äh very nice picture ...

SHEELA: Don't talk. Work.

Jaksch bläst gegen ihren Zeh, Sheela muss kichern, da es kitzelt.

SHEELA: Don't! Don't make me laugh.

Jaksch sieht sie an, überlegt sich, nochmal gegen ihren Zeh zu pusten, doch ihr Gesicht hat sich wieder so verhärtet, dass er es lieber sein lässt.

| 31 | SUMPFGEBIET/DSCHUNGELPFAD – A/T | 31 |

| 32 | LKW/FÜHRERHAUS – I/T | 32 |

Der LKW kämpft sich, langsam dem schmalen Trampelpfad folgend, durch das Sumpfgebiet. Jaksch machen offensichtlich die Bohnen zu schaffen, er kann eine kräftige Blähung nicht unterdrücken. Sheela öffnet das Seitenfenster.

JAKSCH: Not, moskitos!

Er greift sich eine Autan-Spraydose, sprüht damit wild über sein Gesicht, seine Brillengläser, sein Hemd.

SHEELA: Don't!

Sie beginnt wegen dem Autan zu husten, streckt den Kopf aus dem Seitenfenster.

SHEELA: Moskitos are better than you!

JAKSCH: (sauer) Shut the window! I can't drive with moskitos! Please!

Sheela ist zwar nicht einverstanden, schließt aber das Seitenfenster. Jaksch wischt sich mit dem Hemd das Autan von den Brillengläsern. Sheela lacht kurz auf, nimmt ihren kleinen Stoffbären vorne von der Ablage, klopft ihm auf den dicken Bauch.

SHEELA: (Mende Dialekt) Die spinnen, die Weißen. Was Pombe?

JAKSCH: (elektrisiert) Bombe? Is he ... peng?!

Offensichtlich hat er Angst, bei dem Bären könnte es sich um eine der vielen Sprengfallen handeln, die speziell für Kindersoldaten in Form von Stofftieren verteilt werden.

SHEELA: (lächelt kurz) No! Pombe is Suaheli, means „beer". (leise) I got him from a boy of Uganda.

An ihrem Tonfall ist zu erkennen, dass dieser Junge auch nicht mehr lebt. Sie küsst kurz eines ihrer Amulette. Sie stupft mit ihrem Gewehrlauf in Jakschs Bauch.

SHEELA: You and Pombe are the same.

Jaksch starrt auf den Gewehrlauf, der auf seinen Bauch zeigt. Ist das noch Spaß oder bereits wieder Ernst? Er versucht zu grinsen.

SHEELA: (ernst) Don't laugh on me. Never laugh on Sheela.

JAKSCH: (voller Angst) I don't. I laugh about me. Like you.

SHEELA: (lacht schrill auf) Brothers! Pombe and Jaksch!

Sie kann Jaksch nicht richtig aussprechen, sagt immer „Hack".

JAKSCH: (zu sich) Jaja, alles Hacke, alles Kacke ... Hack kommt heim in der Kiste ...

SHEELA: (zu ihrem Bären, Mende Dialekt) Komischer Mensch. Spricht mit sich. Wer zu viel mit sich spricht, ruft die Geister. Luftgeister!

Sie ahmt Jakschs Blähungen nach und macht sich gemeinsam mit ihrem Bären über Jaksch lustig. Prustet ihm in seine Stofftierschnauze. Jaksch schüttelt den Kopf, muss grinsen. Sheela sieht ihn an, Jaksch unterdrückt schlagartig sein Grinsen. Es besitzt in hohem Maße etwas Unwirkliches: Ein vierzehnjähriges Mädchen, das mit seinem Stoffbären spricht und eine Kalaschnikow im Arm hält.

JAKSCH: (zu sich) 'N einzelner Mensch kann sich's nicht vorstellen. Selbst wenn er von morgens bis abends drüber nachdenkt, er kann sich's nicht vorstellen.

Abrupt stoppt er den LKW.

SHEELA: Something wrong with the truck?

JAKSCH: No, with my Bauch. Wampe, kaputt!

33   SUMPFGEBIET/BAUM – A/T   33

Sheela steht mit ihrem Gewehr vor einem größeren Baum, hinter dem Jaksch sich offensichtlich seiner Notdurft entledigt. Sie hat Pombe im Arm, grinst ihm verstohlen zu, ahmt Jakschs offensichtliche Bemühungen um Erleichterung mit aufgeblähten Backen nach. Schließlich taucht Jaksch wieder auf, wischt sich den Schweiß von der Stirn.

SHEELA: Alright?

Jaksch schüttelt den Kopf. Mit sichtlicher Besorgnis resümiert er die Konsistenz seiner Notdurft.

JAKSCH: Weißlich cremig, irgendwie lebendig ...

Er stapft ...

34   SUMPFGEBIET/LKW – A/T   34

... zum LKW zurück, öffnet das Handschuhfach, entnimmt ihm eine Eineinhalb-Liter-Flasche Whisky.

SHEELA: Don't! You are driver!

Offensichtlich hat sie mit Alkohol in Verbindung mit Fahrzeugen schlechte Erfahrungen.

JAKSCH: (sarkastisch) Wir sind gegen Drogen, ja? This is not alcohol, medicine! (Er nimmt einen Schluck) Muss unbedingt desinfizieren. (Er nimmt noch einen Schluck) Desinfection!

SHEELA: Stop it! You driver!

JAKSCH: (blickt auf die Uhr des LKWs) Genau, me driver, und deswegen ist jetzt Mittagspause, kleine Kohlensackfee! Break!

Er klettert auf die Ladefläche und durchsucht den Vorrat an Esskonserven.

JAKSCH: Des gibt's doch nicht, die sahen aus wie Gulaschkonserven! Kommt alles vom Stress ...

Er klettert mit einer Bohnenkonserve vom Lastwagen.

JAKSCH: Can't you shoot a monkey or something?

SHEELA: Do you see a monkey?

JAKSCH: Hier gibt's nur Moskitos.

Jaksch zieht das Autanspray aus der Tasche, sprüht damit auf die Wolke ein. Er entzündet den Strahl mit seinem Feuerzeug, sodass er mit der Stichflamme einige Moskitos erwischt.

JAKSCH: (grinst Sheela an) Flammenwerfer ...

Der Strahl erstirbt, da das Spray alle ist.

SHEELA: You are a real killer. UNO-Moskitokiller ...

Jaksch trägt fluchend etwas Holz und Steine zusammen, Sheela beobachtet ihn belustigt.

SHEELA: (zu ihrem Bären, Mende Dialekt) Kuck ihn dir an, Pombe, er ist genauso faul wie Mohamed, mein großer Bruder. Der redet auch immer, damit er nicht arbeiten muss.

Während Sheela mit ihrem Bären spricht und durch das Eintauchen in ihre Kinderwelt abgelenkt ist, glaubt Jaksch, etwas zu hören: ein Hubschraubergeräusch. Er geht zum Lastwagen und kehrt mit einem Zwanzig-Liter-Kanister Sprit zurück, dessen Inhalt er über das gesammelte Holz kippt.

JAKSCH: Diese Sumpfscheiße ... da hilft nur Sprit ...

Er will das Holz mit seinem Sturmfeuerzeug anzünden, doch da hat Sheela den Hubschrauber ebenfalls gehört. Sie fährt herum, richtet ihre MP auf Jaksch.

SHEELA: Don't!

Jaksch starrt sie an, schließt das Feuerzeug. Das Hubschraubergeräusch entfernt sich wieder. Jaksch stellt sich dumm.

JAKSCH: What?

SHEELA: You think I'm stupid? You think I'm dumb? You think I don't hear helicopter?

JAKSCH: I hear nothing. (lauter werdend) All I will, is one fucking warm beans every day! (er starrt sie an) What? Shoot me für beans? Okay, shoot!!

SHEELA: (aggressiv) I shoot, when I must.

JAKSCH: I see.

Sheela begreift, er spielt auf Ahmadous Erschießung an.

SHEELA: He would have cried for hours. (verächtlich) But you didn't shoot.

JAKSCH: Exactly, I didn't shoot.

Er nimmt die Bohnenkonserve, versucht sie mit einem Schraubenzieher aufzustechen, rutscht ab.

JAKSCH: Scheiße!

SHEELA: You let people cry, but you have good ghosts.

JAKSCH: (aggressiv) Yes, I have very good ghosts!

Er greift sich die Whiskyflasche, die er ans Feuer bugsiert hat, will einen Schluck nehmen.

SHEELA: (scharf) Stop this shit!

Sie richtet ihre Waffe auf Jaksch, ihr Gesicht verzerrt sich.

    JAKSCH: (meint ihre Pfeife) He! You have your medicine, I have my.

    SHEELA: Crack is different. For crack, you need guts.

    JAKSCH: Jaja ...

Sheela streckt ihm ihre Pfeife hin.

    SHEELA: Take it. (sie wirft ihr Feuerzeug daneben) Smoke.

    JAKSCH: When I smoke this, we never come to the camp.

Sheela wirkt plötzlich erheblich älter, erwachsener.

    SHEELA: When you smoke this, you are no longer UNO.

    JAKSCH: I'm not your soldier.

    SHEELA: You are a big, white coward. Nothing else.

Jaksch greift sich erneut die Bohnenkonserve.

    JAKSCH: Hab ich jemals was anderes behauptet?

Er betrachtet die Crackpfeife, überlegt offensichtlich. Ist das ein Weg, um Sheelas Vertrauen zu gewinnen? Und so vielleicht flüchten zu können? Er geht zum Lastwagen, holt die Karte aus dem Handschuhfach des Führerhauses, steckt sie von Sheela unbemerkt ein.

    JAKSCH: (Meint das Crack) Ist das auch gut gegen Kohldampf? No hunger?

    SHEELA: No hunger. No fear.

Jaksch zögert jetzt doch.

    SHEELA: What you think? You get hooked? It's not important. Perhaps you die tomorrow. This is important.

Jaksch wirft die Bohnenkonserve weg, greift sich die Pfeife.

    JAKSCH: Was soll's. Ich komm eh heim in der Kiste.

    SHEELA: (triumphierend) Moment ...

Sie kettet Jaksch mit einer Hand und einer zwei Meter langen Eisenkette an der Stoßstange des LKWs fest.

    SHEELA: Now you are ready for crack! (grinst) No danger for Sheela ...

Sie steckt einen Klumpen Crack in die Pfeife, erhitzt ihn mit dem Feuerzeug. Man spürt, welche Genugtuung es für sie bedeutet, Jaksch verführt zu haben.

    SHEELA: This stuff is really great. Kills your head. Kills your bad dreams. You wake up in the morning and you are totally new.

Sie hält Jaksch das Mundstück hin. Jaksch zieht an der Pfeife. Sheela lächelt triumphierend.

35 SUMPFGEBIET/LKW – A/N   35

Inzwischen ist wieder schlagartig die Dunkelheit hereingebrochen. Die beiden sitzen am qualmenden Lagerfeuer, Jaksch mit einer Hand angekettet an der Stoßstange des LKWs. Sheela leuchtet mit einer Taschenlampe auf ihre Zehen, unter dem anderen Arm hat sie ihre Kalaschnikow eingeklemmt. Jaksch lackiert mit der freien Hand ihre Zehen, wobei er sein Tätigkeitsfeld infolge des Cracks auf ihre gesamten Füße ausgedehnt hat, die er sorgfältig mit Hieroglyphen und Mustern bemalt. Sheela ist sichtlich stolz auf ihre frisch verschönerten Füße.

SHEELA: You like my feet?

Er schnuppert an dem frischen Nagellack auf ihren Füßen, lacht bedröhnt.

JAKSCH: Perfekt! Wie'n frisch lackierter Kotflügel.

Sheela runzelt ärgerlich die Stirn.

JAKSCH: (lacht erneut) Really nice feet.

SHEELA: (scharf) Don't laugh on me.

JAKSCH: (beruhigend) He, I laugh on crack, that's what you want, we are equal ...

SHEELA: (scharf) We not!

JAKSCH: Okay, you are the boss, I am the driver, but (er grinst bedröhnt) you clever, you don't shoot your driver ...

SHEELA: You never know.

Sie lächelt grimmig. Jaksch erwidert ihr Lächeln mit einer denkbar gutmütigen Grimasse.

SHEELA: You only like your car. You sleep with your car.

Jaksch mustert die Baumkronen über sich. Unter dem Einfluss des Cracks scheinen die Baumkronen wie schwarze Felsen über ihm zu hängen.

JAKSCH: (bedröhnt) We smoke more. Wachen morgen früh auf und sind von oben bis unten frisch lackiert wie deine Füße. (Sheela sieht ihn ärgerlich an) Smoke more. Good for us. (lacht) Große Macumba.

SHEELA: (lacht ebenfalls überdreht) I know, why you want us to smoke more. You think, I sleep for days with this stuff. But on too much crack, we don't sleep. We get crazy. Ready for everything ...

Das ist natürlich nicht gerade das, was der gefesselte Jaksch brauchen kann.

SHEELA: You want to treat me. You want to leave me alone. Like the others.

JAKSCH: No ...

SHEELA: Don't lie on me!

JAKSCH: I want to go nothing. I am on crack. I can't go nowhere ...

SHEELA: (aggressiv) Smoke more, smoke more. Okay, I smoke more. I smoke until I forget you are my driver.

Ängstlich verfolgt Jaksch, wie sie neues Crack in die Pfeife füllt.

JAKSCH: (plötzlich sichtlich besorgt) He, stop it. Hör auf! Scheiße!

SHEELA: (äfft ihn nach) Seiß ...

JAKSCH: Ja, Kacke!

SHEELA: Kack. Hack! Talk to yourself. Nobody wants to talk to you. Talk to yourself! Fat, white boy!

Sie grinst lüstern, richtet den Lauf ihrer MP auf ihn.

SHEELA: If you were not so ugly, I could do everything with you.

JAKSCH: I know, I am ugly.

SHEELA: I don't need any man. Crack is better than one hundred man!

Jaksch hat sichtlich Angst, sie dreht völlig durch.

JAKSCH: (gleichzeitig) Of course. We need no man, no woman. (bedröhnt) No woman, no cry!

SHEELA: (weiter) Crack's better than such a fat, white pig, you can only cut up.

JAKSCH: Cut?! (beschwichtigend) He, du stehst doch auf dicke Männer. You like fat man. They are ... harmlos. Look, Pombe!

Sheela mustert ihren Stoffbären, der hinter der Windschutzscheibe auf der Ablage steht. Ein übertriebenes, schrilles Lachen bricht aus ihrem Mund.

SHEELA: This is my man. My only man. (zärtlich) He loves me.

Ihre Stimmung wechselt wieder schlagartig. Sie versucht, sich ihren Schmerz nicht anmerken zu lassen. Ihre Kalaschnikow richtet sich wieder auf Jaksch.

SHEELA: Tell me a story. If you tell me a good story, you can keep your fat body.

Sie berührt kurz mit dem Lauf ihrer MP seinen Bauch.

SHEELA: (kichert böse) Inside such a fat body, there must be many good stories.

Jaksch betrachtet den Lauf ihrer MP, sucht sichtlich fieberhaft nach einer guten Geschichte, die Sheela interessieren könnte.

JAKSCH: Naja ...

SHEELA: (ungeduldig) Come on ...

JAKSCH: (hastig) Okayokay, ich such nur noch den richtigen Einstieg. Äh ... starting ...

SHEELA: In Africa, you start, where you like. You tell, what you like. It's easy.

JAKSCH: Easy for you! Show me. How you become soldier?

Sheela beginnt tatsächlich, spontan und zwanglos zu erzählen.

SHEELA: My father had no more money for school. So they send me to my aunt, in another village. She was rich, she had a big shop. But when I come there, the shop was burned, my aunt gone. A truck came, just like this ...

JAKSCH: Rotkreuz ...

SHEELA: No, soldiers and weapons. They took me back to my village. But when I come there, it was burned, too.

JAKSCH: (versucht sie aufzumuntern) Zweimal knapp entkommen. (Sheela sieht ihn fragend an) You lucky!

SHEELA: (leise und bitter) Yeah, I'm lucky. So I stayed with Papa Doc.

JAKSCH: Big boss. Leader?

SHEELA: Big leader and big magic man.

JAKSCH: And your parents? (Sheela schweigt) Did you see them?

Sheela stockt, schüttelt den Kopf. Man spürt, das ist nicht die ganze Geschichte.

Sie beginnt mechanisch, ihre Waffe zu sichern und wieder zu entsichern, als wolle sie sich krampfhaft von etwas ablenken. Jaksch fürchtet, offensichtlich nicht zu Unrecht, dass sie auf dumme Gedanken kommt.

JAKSCH: How did you meet Papa Doc?

Sheela reißt besonders heftig am Sicherungshebel ihrer Waffe.

SHEELA: (abgehackt) Papa Doc made us to wild dogs. We are Lykaons! We eat everybody. So our heart becomes strong and no bullet can hurt us!

Jaksch befürchtet für einen Augenblick erneut, sie will ihn erschießen.

JAKSCH: Where is he?

Sheela beginnt beinahe entrückt zu lächeln.

SHEELA: The bullets, they shoot on him, they were burned in the air, he has the second eye. But Papa Doc wanted too much money. If you want too much money, the ghosts don't help you anymore.

JAKSCH: The only help, you get for such money, is in Switzerland.

SHEELA: What?

JAKSCH: (lacht bedröhnt) Big magic Switzerland.

Sheela schüttelt ärgerlich den Kopf, sie versteht nicht, was Jaksch mit Switzerland meint.

SHEELA: General Archer caught him und cut his ears off, down in the harbour, so everybody can see. You know, a magic man, you can't kill with a bullet, you have to cut all the ghosts in him.

Sie zieht ihre Machete aus ihrem Gürtel und beginnt damit unkontrolliert auf das Gras einzudreschen.

JAKSCH: (beruhigend) Jajaja, the ghosts of Switzerland.

Sheela starrt ihn keuchend an.

SHEELA: We must get down. I have something to get down ... sleep well.

Sie holt etwas Marihuana und Zigarettenpapier aus ihrem Brustbeutel, dreht einen Joint. Jaksch versteht immer noch nicht, warum Sheela jetzt für Archer, den Mörder ihres ehemaligen Kommandanten, kämpft.

JAKSCH: But now, you fight for General Archer. Why?

SHEELA: He has the power now from two big men.

JAKSCH: And he gives you the crack.

SHEELA: I get the magic power from Papa Doc and the white powder (crack) from General Archer. Two big men protect me.

JAKSCH: But what are you fighting for? For General Archer? For your people?

Sheela zündet den Joint an, zieht heftig daran, reicht ihn Jaksch. Sie starrt hilfesuchend in die Schwärze des Sumpfwaldes rund um sie herum. Nichts als bedrückende, lähmende Stille.

SHEELA: Yes, for my people. And for Allah.

JAKSCH: (leise) What has Allah to do with this?

SHEELA: We fight for Allah, so he is not bored ... (sie lacht kurz und schrill) Allah needs me. So nothing can happen to Sheela. Nothing ...

Ihr Kopf sinkt erschöpft nach unten. Sie reißt ihn hastig wieder hoch, bedroht Jaksch mit der Waffe. Der hebt beruhigend seine gefesselte Hand.

SHEELA: (grinst) Big Jaksch, big money!

Sheela erhebt sich, geht einmal um den LKW, schließt sich im Führerhaus ein, wie jede Nacht. Plötzlich öffnet sie nochmal die Tür, wirft eine Wolldecke über den am Boden angeketteten Jaksch, zum ersten Mal. Jaksch ist es trotzdem alles andere als gemütlich. Er weiß, in der unberechenbaren, cracksüchtigen Sheela tickt eine Zeitbombe, die jederzeit losgehen kann. Und auch in ihm tickt diese Zeitbombe jetzt.

36 SUMPFGEBIET/LASTWAGEN – A/N 36

Etwas später. Jaksch erhebt sich von seiner Wolldecke, man sieht, dass er die Militärkarte unter seinem T-Shirt versteckt hat. Er schleicht an seiner Kette zur Seitentür, überzeugt sich, dass Sheela im Führerhaus schläft. Wie immer hält sie ihre Kalaschnikow schussbereit im Arm. Er kriecht, soweit es ihm seine Kette und die Handschellen erlauben, unter den LKW und schraubt dort einen Kreuzschlüssel vom Ersatzreifen. Seine Koordination leidet sichtlich unter den Folgen von Crack und Marihuana. Er benötigt mehrere Versuche, aber schließlich passt eines der vier Schlüsselenden tatsächlich in die Schrauben der Stoßstange. Jaksch schraubt die Stoßstange vom Lastwagen, wobei er immer wieder abrutscht, innehält und ängstlich darauf horcht, ob Sheela aufgewacht ist. Es gelingt ihm, die Stoßstange herunterzuschrauben. Jaksch wirft einen letzten Blick auf Sheela. Er sieht die Schlüssel für die Handschellen an ihrem Hals schimmern, aber er traut sich nicht, mit dem Schraubenschlüssel das Seitenfenster einzuschlagen. Er bindet einen Zehn-Liter-Wasserkanister an die Stoßstange und schleppt sie wie einen schmalen Schlitten hinter sich her in den Sumpf.

37 MONTAGE SUMPFGEBIET/PFAD/LICHTUNG – A/T 37

Morgendämmerung. Der Dunst verwandelt den Sumpf in eine unwirkliche Landschaft. Jaksch ist offensichtlich die ganze Nacht gelaufen. Das Handgelenk, an dem die Handschelle und die Stoßstange befestigt sind, ist aufgeschürft und dick geschwollen. Jetzt, wo es hell wird, muss Jaksch entsetzt feststellen, dass er vom Pfad abgekommen ist. Keine LKW-Spuren oder Spuren abgesägter Bäume weit und breit. Er tastet nach seiner Militärkarte, hat sie offensichtlich verloren. Er schleppt sich auf seinen eigenen Spuren zurück. Tritt immer wieder in tiefe Wasserlöcher, wobei er teilweise bis zur Brust einsinkt und sich nur mühsam wieder herausarbeiten kann, scharfe Schilfblätter schneiden seine Hände und sein Gesicht auf, die Stoßstange verfängt sich immer wieder in Schlingpflanzen. Unbeherrscht reißt er sie aus dem Morast, wobei er weitere, wertvolle Kraft verschwendet. Viel zu schnell wird es wieder heiß. Der Wasserkanister, den er mitgenommen hat, ist beinahe leer. Die Sonnenstrahlen stechen wie Speerspitzen durch die Bäume. Jaksch glaubt, zu Tode erschöpft, ihre Kronen begännen sich zu drehen. Er torkelt, Stoßstange und Kanister nach wie vor hinter sich herschleppend, über eine Lichtung, sein Fuß bleibt wieder im Morast stecken. Mit letzter Kraft reißt er ihn heraus, schleppt sich auf einen mit Bäumen bewachsenen Grashügel, bricht zusammen. Er hört ein Geräusch, fährt herum und glaubt, im Dunst hinter sich Sheela zu erkennen. Es ist nur ein abgestorbener Baum. Erschöpft dreht er sich wieder um und glaubt nun, wie eine Erscheinung, Sheela im Gegenlicht vor sich zu sehen. Diesmal ist sie es wirklich.

 JAKSCH: (röchelt) Okay ... me liar ... knall mich ab ... (flüstert verzweifelt) Scheißkohlensackfee ...

Er beginnt vor Erschöpfung, Verzweiflung zu weinen. Nimmt seine Brille ab, klappt sie zusammen. Sheela betrachtet ihn beinahe verwundert. Zum ersten Mal stellt sie fest, dass Jaksch durch die Strapazen der letzten Tage, durch die Sonne, die Mückenstiche, den Bartwuchs und nicht zuletzt durch die Tränenspuren auf seinen Wangen erwachsener aussieht. Sie nimmt seine Brille, setzt sie ihm wieder auf.

 SHEELA: (hat ihn offensichtlich verstanden) First you drive.

38 SUMPFGEBIET - A/T   38

39 LKW/FÜHRERHAUS - I/T   39

Jaksch, völlig verdreckt und total erschöpft, manövriert den inzwischen bereits erheblich ramponiert aussehenden LKW den Trampelpfad entlang durch das Sumpfgebiet. Auch die Ordnung im Führerhaus hat ziemlich gelitten. Sheela stopft neues Crack in ihre Pfeife. Sie ist sichtlich bedröhnt, steckt ihren Brustbeutel mit dem Crack achtlos in die Brusttasche ihrer Uniform. Sie erhitzt ihre Pfeife, verbrennt sich dabei die Finger, doch sie reagiert nicht darauf, macht einfach weiter. Jaksch verfolgt es besorgt.

 JAKSCH: Perhaps you make a break?

Sheela lacht verächtlich, bietet Jaksch die Pfeife an. Jaksch schüttelt den Kopf, versucht ihre Hand wegzudrücken, ist so erschöpft, dass sie leicht ausweichen kann. Sie hält ihm erneut die Pfeife hin.

 SHEELA: You need no break with this ... you drive day and night ... who the fuck cares about you ...

Jaksch lässt sich die Pfeife von ihr in den Mund schieben, nimmt einen Zug, hustet.

 SHEELA: Better than beans.

Sie wischt Jakschs Brillengläser mit einem Lappen sauber. Sie glaubt, Jaksch endgültig zu ihrem Untergebenen gemacht zu haben, zu einem ihrer Soldaten.

 SHEELA: (beinahe zärtlich) You are my driver.

40 SUMPF/SAVANNE/BERGE/BÖSCHUNG/SCHLUCHT - A/T   40

41 LKW/FÜHRERHAUS - I/T   41

Der LKW fährt aus dem Sumpfgebiet heraus, durch hüfthohes Büffelgras, nähert sich am Rande einer Böschung einer schroffen Bergkette. Jaksch hält davor. Die Felsen vor ihm ragen wie zwei abwehrende Steinhände in die Luft, die vor Hitze zittert.

JAKSCH: Right or left?

Sheela öffnet das Handschuhfach, wo sie die von ihr zerknüllte Militärkarte vermutet. Die ist weg.

SHEELA: Where is the map?

JAKSCH: (zuckt die Achseln) You said, you have the way in your head.

SHEELA: You lost it. Don't lie on me! You lost the map!

Jaksch weiß inzwischen, es hat wenig Sinn, Sheela anzulügen.

JAKSCH: Ja ... lauf du mal kilometerweit mit ner Stoßstange am Arsch ... (schluckt, leise) Yes, I lost it.

SHEELA: (rastet völlig aus) You goddam motherfucker!

Sie schlägt ihm mit dem Handrücken ins Gesicht, presst anschließend verzweifelt die Hände vor ihr Gesicht.

SHEELA: My people will die!

JAKSCH: They die anyway! Your General Archer stands round the camp. Nobody comes through. He let your people die!

SHEELA: (schreit) It's not true, it's not true, it's not true!! (sie weint) Why did you run away from me?

JAKSCH: Why? You really ask, why?! Because you are totally crazy! Everybody runs away from you!

SHEELA: (gleichzeitig) It's not true! You are as crazy as me, you are the same as me, you are the same!

JAKSCH: (redet sich immer mehr in Rage) Why we go to this fucking camp?

SHEELA: (brüllt) There are my people!

JAKSCH: Are your parents there?

SHEELA: (leise) Stop it.

JAKSCH: No! You don't know anybody there!

SHEELA: (weint) There are my people. Mende, like me. They wait for me.

JAKSCH: They don't wait for you. You really think, twenty thousand people wait for this fucking drop of water?

SHEELA: It's better than nothing.

JAKSCH: It's more bad than nothing.

SHEELA: (leise) I got you from Allah for this.

JAKSCH: Was?

Er beginnt verzweifelt zu lachen.

SHEELA: Stop it.

JAKSCH: (lacht weiter) It's only, because you want to do something good, for your good ghosts. (hört auf zu lachen) But it don't work. The good ghosts don't come back to you, not with crack, not with me, not with anybody. You killed too many people!

SHEELA: (rastet völlig aus) Don't tell anybody, I kill, don't tell ...

Sie feuert knapp an ihm vorbei, sodass das Seitenfenster in tausend Stücke zerspringt. Stille. Beide starren sich an.

JAKSCH: Okay. I said, I don't drive with moskitos in the car. We go back to the next street.

SHEELA: Here are no moskitos. They are only in the swamp. I have the way in my head. Turn left.

Jaksch beginnt wortlos, den LKW nach rechts zu wenden.

SHEELA: What are you doing? Turn left!

Sie greift ihm ins Lenkrad, der Lastwagen dreht nach links, Jaksch tritt aus Versehen aufs Gas, der LKW macht einen Satz nach vorne, rutscht dann wie in Zeitlupe seitlich die steile Böschung hinunter, kippt um. Er rutscht bis zu einem Vorsprung. Jaksch klettert aus dem Führerhaus, tritt an den Rand, von dem aus es nochmal gut hundert Meter senkrecht in eine Schlucht geht. Wäre der LKW über den Rand gefallen, wären Sheela und Jaksch tot. Jaksch schüttelt kurz fassungslos den Kopf, dann packt er die Crackpfeife, die neben ihm zwischen die Sitze gefallen ist, und schleudert sie in hilfloser Wut auf die Ablage. Er greift ins Handschuhfach, überzeugt sich, dass die Whiskyflasche noch heil ist, nimmt einen großen Schluck. Er blickt Sheela an, atmet tief durch.

JAKSCH: Wenn die kaputt gewesen wäre, hätt ich dich totgeschlagen.

Er nimmt noch einen Schluck.

42 BERGKETTE/BÖSCHUNG – A/T 42

Sheela hat das erste Mal ihre langärmelige Uniformjacke ausgezogen, schleppt im T-Shirt ca. einen Meter lange, vorne spitz zulaufende, oberschenkeldicke Baumstämme heran, die Jaksch zurechtgesägt hat. Jaksch schlägt sie dicht vor dem umgestürzten LKW schräg in den Boden, sodass sich eine Art schräger Stellwand aus Holzstämmen vor dem LKW ergibt. Zum ersten Mal sieht man, dass Sheelas Oberarme durch Brandnarben völlig entstellt sind. Sheela arbeitet wie eine Besessene, der Schweiß läuft ihr in Strömen über den Körper. Man spürt, sie will ihren Fehler wiedergutmachen. Ihre Uniformjacke liegt in der Nähe des LKWs im Gras. Als Sheela zurückgeht, um einen neuen Stapel Hölzer zu holen, fällt Jakschs Blick auf die Uniformjacke und die Brusttasche mit dem Crack. Er starrt auf die steilen Berge vor sich, die aussehen, als könnten sie jeden Augenblick über ihm zusammenstürzen.

Schnitt.

Jaksch sitzt hinter dem Steuer des umgekippten Lastwagens. Der Motor läuft. Das Stahlseil aus der Motorwinde ist um einen ca. zwanzig Meter vor ihm liegenden Baum gekettet. Sheela mustert besorgt die Holzkonstruktion. Es ist klar, die Gefahr, dass Jaksch mit dem LKW in die Schlucht stürzt, ist groß. Jaksch gibt vorsichtig Gas, lässt millimeterweise die Kupplung kommen. Der Lastwagen rutscht langsam auf die Seitenfläche der Rundhölzer, bleibt hängen, rutscht weiter, knickt einige Hölzer um, gewinnt an Höhe, die zwei linken Räder berühren wieder den Boden, dann fällt der LKW auf alle vier Räder. Sheela jubelt, klatscht in die Hände. Jaksch steigt aus, kontrolliert, ob die Reifen etwas abgekriegt haben. Es scheint alles in Ordnung. Sheela hebt ihre Uniformjacke auf, läuft zu Jaksch, bleibt vor ihm stehen. Stolz zieht sie ein Schweizermesser aus einer der Uniformtaschen, zeigt Jaksch den eingebauten Kompass.

> SHEELA: With this, we find way.

Jaksch kann darüber nur müde lächeln. Sheela greift in die Brusttasche ihrer Uniform, ihr Gesichtsausdruck verändert sich schlagartig.

> SHEELA: (gefährlich leise) Give it back to me.
>
> JAKSCH: (nimmt seinen ganzen Mut zusammen) It's gone. Forever.
>
> SHEELA: (starrt ihn entsetzt an) What are you doing? What the fuck are you doing?! Give it back to me.
>
> JAKSCH: (schluckt) I can't. It's gone.
>
> SHEELA: (hasserfüllt) I don't shoot you. I shoot your foot, then your leg ...
>
> JAKSCH: If you shoot my foot, I can't drive, if you shoot mein verdammten Zeh, I can't drive and if we take more crack, we die here! And all your people die! (er hebt beruhigend die Hände) Okay, I promise, I drive to the camp. But you give me your gun.
>
> SHEELA: Never!
>
> JAKSCH: Without crack, you go crazy, you shoot me anyway. Give me your gun, we drive.
>
> SHEELA: Never!
>
> JAKSCH: Okay. Then we stay. We have beans for at least three months.

Er will sich eine Bohnenkonserve vom Lastwagen holen, Sheela schießt knapp vor ihm in den Boden, sodass die Erde hochspritzt. Jaksch brüllt auf, hüpft theatralisch auf einem Bein herum, hält sich mit beiden Händen den zweiten Stiefel. Sheela denkt, sie hat ihn getroffen. Doch sie hält weiter Abstand.

> SHEELA: Sorry ... show it to me.
>
> JAKSCH: (stöhnt) You shoot me ...

SHEELA: Take your shoe off ... (sie richtet die Waffe gegen seinen Kopf) ... take it off!

Jaksch stellt trotzig seinen zweiten Fuß auf den Boden. Es ist kein Loch im Stiefel, kein Blut zu sehen.

JAKSCH: You beinahe shoot me!

Sheela begreift, er ist nicht getroffen. Und sie begreift, das war eine Falle, um an ihr Gewehr ranzukommen.

SHEELA: (leise, gefährlich) Get into the car.

JAKSCH: But ... you get crazy without crack ...

SHEELA: It's your problem. Get in. Now ...

Aus ihrem Blick wird klar, noch ein weiteres Wort und sie wird auf Jaksch schießen.

43 LKW – I/T

44 SAVANNE – A/T

Jaksch fährt auffallend langsam auf einem kaum erkennbaren, aber gut befahrbaren Weg durch die Savanne. Es ist heiß. Sheela sitzt schweißnass an die gegenüberliegende Tür gepresst. Ihre Kalaschnikow ist auf Jaksch gerichtet. Es ist klar, beide belauern sich, und Jaksch fährt nicht zufällig so langsam. Sie versucht, sich zusammenzureißen und sich nichts anmerken zu lassen, aber sie zittert periodisch, hat Fieber, Schweißausbrüche, offensichtlich erste Entzugserscheinungen.

SHEELA: Drive ... faster ...

JAKSCH: If I drive faster, we have another accident ...

Sie trinkt mit einer Hand hastig Wasser, das direkt wieder von ihrer Haut, aus ihrem Gesicht zu rinnen scheint. Speichel läuft aus ihrem Mund. Doch ihre Waffe bleibt bei alledem auf Jaksch gerichtet.

JAKSCH: Sehr appetitlich ... how about a little beans-snack?

SHEELA: Drive ...

Sie starrt entsetzt auf einen Berg, der draußen vorbeigleitet.

SHEELA: You drive circle ...

JAKSCH: (aggressiv) You are totally crazy! You can't see ...

SHEELA: I see everything. I see, you liar! I know this mountain! (sie richtet zitternd die Waffe auf ihn) Drive faster!!

JAKSCH: (sehr aggressiv) Why? You think, when we get your people, you shoot me?

Er klopft mit dem Knöchel wütend gegen seine Stirn, deutet auf ihre.

JAKSCH: I know, what's in your fucking head! (er atmet tief durch) Okay!!

Er hat eine steile Böschung entdeckt, biegt vom Weg ab, fährt sie mit Vollgas hoch, der Lastwagen springt mindestens zehn Meter weit über die Kante, knallt auf den Boden, Jakschs und Sheelas Köpfe werden gegen das Kabinendach geschleudert, Sheela schreit entsetzt auf, Jaksch nützt den Moment, um ihr die MP aus der Hand zu reißen. Er stoppt abrupt den Lastwagen.

45   LKW – I/T   45

Sheela starrt ihn und ihre Waffe in seiner Hand an.

    SHEELA: (sehr ruhig) Okay. You kill me.

Sie schließt die Augen, öffnet sie wieder, da nichts geschieht. Starrt Jaksch hasserfüllt an.

    SHEELA: Kill me, you fucking bastard ...

Sie stürzt sich auf ihn, Jaksch schleudert sie von sich weg. Sheela beginnt, sich in autoaggressiven Schüben das Gesicht zu zerkratzen.

    SHEELA: Kill me! Kill me!!

Jaksch versucht sie festzuhalten, zunächst vergeblich.

    JAKSCH: Stop it, stop diese Quadratscheiße ...

    SHEELA: (keucht) There are animals in my head ...

    JAKSCH: Bullshit ...

Er merkt, dass er so nichts ausrichten kann, greift sich die Handschellen aus der Zwischenablage, fesselt Sheela, die sich verzweifelt wehrt.

    SHEELA: (schreit) The Lykaons, they eat my head ...

    JAKSCH: Schwachsinn ...

In hilfloser Wut gibt er ihr eine Ohrfeige.

    JAKSCH: Ich hab auch keine Scheißviecher im Kopf!

Er gibt ihr noch eine Ohrfeige. Sheela kauert sich wimmernd gegen die Beifahrertür. Ihr Körper wird von Zuckungen geschüttelt. Jaksch starrt auf seine Hände, die ebenfalls hilflos zittern. Ist es sein eigener Entzug, die Erschöpfung, beides?

    SHEELA: (wimmert) Give me crack or ... kill me ...

Hilflos presst er sich die Hände auf die Ohren.

    JAKSCH: Kein Laut mehr, kein Laut!!

Er gießt etwas Wasser in einen dreckigen Lappen, mit dem er normalerweise den Ölstand misst, knallt ihr die Flasche Wasser in den Schoß und den angefeuchteten Lappen.

    JAKSCH: Hier ist Wasser, hier is'n kalter Wachlappen gegen dein Fieber, und jetzt halt die Fresse, oder ich schmeiß dich aus der ...

Er bricht ab, starrt durch das geöffnete Seitenfenster hinter Sheela.
Er reißt die Kalaschnikow hoch und schießt an Sheela vorbei durch
das Fenster. Mehrere lange Feuerstöße. Sheela starrt ihn einfach
nur an. Offensichtlich glaubt sie, dass er jetzt auch total verrückt
geworden ist, aber sie hat nicht einmal mehr die Kraft, sich darüber
zu wundern. Jaksch springt mit der Waffe aus dem Fahrzeug.

46 SAVANNE/LKW – A/T   46

Jaksch geht suchend durchs Gras, hebt schließlich den kleinen
Kadaver einer Antilope triumphierend hoch. Sie ist durch Jakschs
Salve erheblich gezeichnet.

   JAKSCH: Meat!!

Er läuft zum LKW zurück.

   JAKSCH: Dinner tonight: Beans and meat!

Sheela wirft einen Blick auf das jämmerliche Fellbündel in Jakschs
Hand, würgt Flüssigkeit aus dem Seitenfenster.

   JAKSCH: (grimmig) Erzähl mir nicht, du kannst kein Blut
   sehen.

47 VERLASSENES DORF – A/T   47

48 LKW/FÜHRERHAUS – I/T   48

Der LKW fährt langsam durch ein verlassenes Dorf. Die Trümmer
qualmen noch. In den Eingängen liegen Leichen. Allen sind ausnahmslos die Hände abgehackt worden.

   JAKSCH: Why they have no hands?

Sheela ist so entkräftet, dass sie nur noch flüstern kann. Sie wischt
sich tatsächlich mit dem feuchten, dreckigen Lappen über die Stirn.

   SHEELA: Mama Monita don't want them ... to vote for General
   Archer. So she cuts ... their hands ...

   JAKSCH: But now she killed them.

   SHEELA: Perhaps the General kills them, because ... they
   didn't vote for him.

Jaksch muss Brechreiz unterdrücken, presst sich ein Tuch vors
Gesicht. Sheela nimmt ihn gar nicht mehr wahr. Mit fiebrigen Augen
starrt sie auf die verkohlten Leichen.

   SHEELA: (murmelt Namen) Sosso ... Onika ...

49 SAVANNE/LAGERFEUER – A/N   49

Jaksch hat den Lastwagen in die Mitte einer Baumgruppe von
Schirmakazien gefahren. Über einem kleinen Lagerfeuer, das er von
allen Seiten mit Wellblech abgeschirmt hat, hängt die gerade mal

hasengroße Antilope. Jaksch drückt das Wellblech beiseite, greift gierig nach der Antilope, verbrennt sich die Finger.

JAKSCH: Ahaha ...

Er platziert die Antilope auf einem umgekippten Wasserkanister, der ihm als Tisch dient, beginnt, sie mit Sheelas Schweizermesser zu zerteilen. Das Fleisch ist offensichtlich zu zäh und Jaksch zu hungrig, er nimmt die gesamte Antilope, beißt gierig hinein. Er kaut, betrachtet die nach wie vor mit Handschellen gefesselte, zitternde und fiebrige Sheela. Er reißt für Sheela ein Bein ab, drückt es ihr in die Hand.

JAKSCH: Iss!

Sheela schüttelt unmerklich den Kopf.

JAKSCH: Eat! Sonst wirste nie wieder normal.

Er drückt Sheela das gebratene Bein in die gefesselten Hände, sie wirft es angeekelt in den Dreck.

JAKSCH: Sag mal, tickst du noch?

Er nimmt das Bein hoch, bläst den Sand weg, beißt hinein.

JAKSCH: Das ist ... very good. Du isst das jetzt und wirst wieder normal, verdammte Scheiße!

Er versucht, ihr das Fleisch mit Gewalt in den Mund zu schieben, Sheela wird erneut übel, sie würgt.

JAKSCH: Scheißcrack ...

Sheela kniet am Boden, starrt auf das glühende Feuerholz, starrt in die Dunkelheit. Zittert. Wirkt wie hypnotisiert.

SHEELA: (murmelt Namen) Sosso ... Onika ...

JAKSCH: (aggressiv) Was?

Sheela erhebt sich, weicht zitternd vor etwas zurück, das sie aus der Dunkelheit auf sich zukommen sieht. Der Entzug hat offensichtlich einen psychotischen Schub bei ihr ausgelöst.

SHEELA: (murmelt) Father ... mother ... I smell ...

Jaksch ist nicht zuletzt deswegen sauer, weil er nicht mehr weiteressen kann. Er steht auf, will Sheela zum Feuer ziehen.

JAKSCH: Da ist niemand. Komm her, glotz ins Feuer ... light makes the ghosts go ...

SHEELA: (entsetzt) No!!

JAKSCH: Reg dich ab. Iss was!

Er drückt ihr ein neues Stück Fleisch in die Hand. Sheela starrt ihn weggetreten an. Lacht plötzlich überdreht.

SHEELA: (abgehackt) We are Lykaons, wild dogs! We eat everything! Makes our heart strong and protects us ...

Jaksch packt Sheela an den Armen, das Fleisch fällt ihr aus der Hand.

JAKSCH: Was ist das ... kranke Scheiße!

SHEELA: You stole my crack ... you made me tell ...

Sie reißt sich los, läuft davon, in die Dunkelheit. Jaksch winkt ärgerlich mit der Hand ab, stolpert ihr dann trotzdem hinterher.

JAKSCH: He, warte, stop! Um was zum Geier ...

Er kann Sheela nicht finden, starrt in die Dunkelheit. Die Silhouetten der Bäume scheinen sich vor ihm zu bewegen. Ein Windstoß lässt die Blätter rauschen, Jaksch fährt herum, starrt auf zwei Felsen, die wie zwei Gestalten hinter ihm in der Dunkelheit stehen.

JAKSCH: Komm zurück! Ich hau ab!!

Er läuft zum LKW zurück ...

50   LKW – I/N   50

... klettert ins Führerhaus, schlägt die Tür zu. Er zittert.

JAKSCH: (flüstert) Father ... mother ... Sosso ... Onika ...

Er starrt nach draußen, in die Glut des Feuers. Vor seinen Augen scheinen sich zwei Gesichtsmasken aus der Glut zu bilden. Er schlägt aufs Lenkrad.

JAKSCH: Das ist Bullshit, Einbildung, Crackscheiße ... (er lächelt verzweifelt) 'N einzelner Mensch ... (schreit nach draußen) Ich hau jetzt ab ...

Er lässt den Motor an, gibt Vollgas im Leerlauf, blickt nach draußen. Sheela kommt nicht zurück. Jaksch fährt an, bleibt wieder stehen. Er stellt den Motor ab.

51   LKW/SAVANNE – A/T   51

Jaksch ist, den Kopf auf dem Armaturenbrett, eingeschlafen. Er schreckt hoch, blickt nach draußen in die bereits grelle Sonne. Er steigt aus und geht suchend zwischen Dornbüschen und Schirmakazien entlang. Er hört ein leises, rhythmisches Geräusch, als würde jemand kleine Kiesel gegen Steine werfen. Er folgt dem Geräusch und entdeckt Sheela, mit dem Rücken gegen einen Baumstumpf gekauert. Sie starrt ins Leere, zittert am ganzen Körper, ihre Zähne schlagen unkontrolliert gegeneinander. Daher das Geräusch. Jaksch kniet sich neben sie. Sie scheint ihn nicht wahrzunehmen. Sie starrt auf die beiden Felsen, die Jaksch letzte Nacht gesehen hat und die tatsächlich entfernt an zwei menschliche Gestalten erinnern.

JAKSCH: (leise) I am your driver. It's my job.

Er nimmt die Schlüssel von seinem Hals und schließt ihr die Handschellen auf. Sie zittert so heftig, dass er Probleme hat, das Schloss zu finden.

JAKSCH: (beruhigend) Schsch ... come on. I make you some beans ...

Er versucht, ihre Hand zu nehmen, nach dem dritten Versuch lässt sie es geschehen. Er führt sie ...

52   LAGERFEUER/SAVANNE – A/T   52

... zum Lagerplatz, nimmt die Reste der gebratenen Antilope, schleudert sie ins hohe Gras.

JAKSCH: Sit down. Sit ...

Er beginnt, mit Sheelas Schweizermesser die Dose zu öffnen, stellt sie zur Erwärmung auf einen Stein, den er in die Glut schiebt. Er legt etwas Holz auf.

SHEELA: (leise) They want you forget everything, you love. Then you are a good fighter. No love, no fear. If you do such thing, you know, bad ghosts will come and catch you anyway. So you can do everything. So you are a good fighter.

JAKSCH: (murmelt hilflos) Bad ghosts won't catch you. They catch the people, who forced you to do this thing. (etwas sicherer) The ghosts are not stupid. They catch Papa Doc, and one day, they catch General Archer.

Er hält Sheela einen Löffel Bohnen hin, sie schüttelt den Kopf.

JAKSCH: Come ...

Er nimmt sie an der Hand, steht mit ihr auf, tritt mit ihr vor die beiden Felsen.

JAKSCH: You see your parents?

SHEELA: (starrt auf die Felsen) No. But they are there, outside.

JAKSCH: Talk to them.

SHEELA: My father, Sosso, was very strong. Always when I did something wrong, he hit me. (mit Tränen in den Augen) Now, when I hit somebody, I feel his power ...

Sie kann nicht mehr weitersprechen, bricht ab.

JAKSCH: He understands you. And he protects you against the bad ghosts.

Er starrt in die Sonne, die wie ein glühender Ball über ihnen steht, Sheela folgt seinem Blick. Jaksch führt Sheela zum Lagerfeuer zurück. Er bietet ihr erneut Bohnen aus der Dose an. Jetzt kann sie ein paar Bissen essen.

SHEELA: You say sorry to your parents, sometimes?

JAKSCH: Schon ne Weile her.

SHEELA: Tell me of your parents.

JAKSCH: Naja, mein Alter, my father and me, we had one truck together. It was not really our truck, it belonged the bank.

SHEELA: Bank of Switzerland?

JAKSCH: No, German bank, but the same shit. We make good business, but then big water comes, house away ...

SHEELA: Truck away ...

JAKSCH: No, we make big Floß, wood, Kanister, Fässer, 's volle Programm. We put truck on it and swim to Gera. Big town. But three Kilometer before, too much water for our Floß. Floß, truck away, and me soldier. Fight for peace and democracy and Scheißdreck ... Me first name, Albert.

SHEELA: (lächelt) Me, Phebee.

JAKSCH: Not Sheela?

SHEELA: Sheela is fighting name. Like TV-lion Sheela, you know?

Sie faucht wie ein Löwe, Jaksch grinst.

JAKSCH: (spricht es mühsam aus) Phebee ... is good name.

SHEELA: It means, I am born outside. In the savage. (traurig) Phebee is gone.

Stille. Jaksch versucht zu verbergen, dass sie ihn berührt hat. Jaksch gibt Sheela aus einer Blechtasse Wasser zu trinken. Ihre Hände zittern so, dass sie die Tasse nicht halten kann. Er versucht, sie erneut mit Bohnen zu füttern, sie weigert sich zu essen. Er versucht ihr aufzuhelfen. Ihr wird schwindlig, er muss sie halten, damit sie nicht stürzt. Er legt sie vorsichtig neben das Feuer.

53   LAGERFEUER/BÄUME – A/T   53

Etwas später. Die Sonne brennt unbarmherzig vom Himmel. Jaksch hebt Sheela auf, trägt sie in den Schatten einiger Bäume. Säbelt mit Sheelas Schweizermesser einen Zweig von einem Baum, fächelt Sheela damit Luft zu.

54   LADEFLÄCHE/LKW – A/N   54

Jaksch zieht Sheela auf die Ladefläche des LKWs. Er legt Sheela auf eine Decke und deckt sie mit einer weiteren zu. Sheela stopft sich einen Zipfel der Decke wie einen Knebel in den Mund. Jaksch greift sich eine offene Büchse kalter Bohnen, löffelt den Rest. Er betrachtet Sheela, zieht die Handschellen aus seiner Jackentasche.

JAKSCH: (verlegen) Höchste Zeit, die Fangeisen anzubringen.

Sheela hält ihm ihre Hände hin. Jaksch zögert, macht es sich dann auf seiner Matte bequem.

JAKSCH: Lass gut sein.

Sie legt sich ebenfalls hin, beobachtet ihn. Er schließt die Augen, macht sie nach einer Weile wieder auf. Sieht, dass Sheela ihn beobachtet. Sie lächelt. Sie kapiert genau, dass Jaksch noch zu viel Angst hat, um einzuschlafen, ohne dass sie gefesselt ist. Sie greift sich die Handschellen, fesselt sich, wirft Jaksch den Schlüssel zu.

Jaksch grinst und ist im selben Augenblick total erschöpft eingeschlafen. Sheela schließt die Augen.

    SHEELA: (murmelt die Namen ihrer Eltern) Sosso ... Onika ...

55 LADEFLÄCHE/LKW – A/N   55

Etwas später. Tiefe Nacht. Sheela schreckt hoch, starrt mit angstgeweiteten Augen in die Dunkelheit. Hat offensichtlich albtraumartige Erscheinungen. Jaksch gibt ihr total verschlafen die Taschenlampe, macht das Licht an.

    JAKSCH: If ghosts are coming, put the light on them. They go ...

Er legt sich wieder hin, schläft sofort weiter. Sheela legt sich ebenfalls wieder hin. Presst die Hände um die eingeschaltete Taschenlampe.

56 LADEFLÄCHE/LKW – A/T   56

Es ist hell geworden. Jaksch schläft. Sheelas leiser Zuruf schreckt ihn auf.

    SHEELA: Please, give me my gun. Let me feel it ...

Jaksch zögert, dann nimmt er das Magazin raus, drückt ihr die Waffe in die Arme. Sie umschlingt sie, presst ihre Wange an das Metall.

    JAKSCH: Keep it.

Kurzer Blick auf den Sonnenstand.

    JAKSCH: Let's go.

    SHEELA: Where?

Jaksch zieht ihr Schweizer Taschenmesser aus der Tasche, klappt den Minikompass auf.

    JAKSCH: (weist auf eine Bergkette) Always to north.

    SHEELA: (niedergeschlagen) You are right. I don't know the way anymore. Everything in my head is gone.

    JAKSCH: Ach was. Was man mal in der Rübe hat, bleibt drin. You remember.

Er hilft ihr hoch. Sie ist so schwach, dass er sie in den Arm nehmen muss, damit sie nicht fällt. Sie legt erschöpft ihren Kopf an seine Brust.

    SHEELA: Perhaps you are right. It makes no sense, to go to the camp.

Jaksch tatscht verlegen über ihren Kopf.

    JAKSCH: (brummt) Everybody we can help, makes sense.

    SHEELA: And perhaps ... (voller Angst) you don't tell them?

Jaksch schüttelt verlegen den Kopf.

SHEELA: (leise, voller Hoffnung) Perhaps ... one or two of them like me. I can stay with them ... you know a lot about people.

JAKSCH: Ja. Leider.

Er nimmt einen großen Schluck aus seiner inzwischen halbleeren Whiskyflasche, hält sie Sheela hin.

JAKSCH: Bomberfrühstück?

Sheela schüttelt den Kopf. Er hebt sie von der Ladefläche, sie gehen gemeinsam langsam zum Führerhaus, Jaksch mit seiner Whiskyflasche, Sheela schleift ihre unschädlich gemachte Kalaschnikow hinter sich her.

57 SAVANNE – A/T   57

58 LKW/FÜHRERHAUS – I/T   58

Die Landschaft wirkt heiß und leer, der Lastwagen in der endlosen Weite verloren. Ein sich sinnlos bewegendes Relikt der Zivilisation in einer reglosen Wildnis.

Jaksch kämpft sich mit dem LKW durch hohes Gras und tiefe Schlaglöcher. Mückenschwärme stürzen sich unbarmherzig durch das von Sheela zerschossene und von Jaksch notdürftig mit einem Stück Plastikplane geflickte Seitenfenster. Jaksch wirft einen Blick auf die kraftlos im Beifahrersitz hängende Sheela. Ihre Hände befinden sich nach wie vor in Handschellen.

JAKSCH: Ich denke, hier gibt's keine Moskitos?

Er nebelt mit einer neuen Antimückenspraydose die gesamte Kabine ein, versucht einen hilflosen Scherz.

JAKSCH: Nur Bohnen, aber drei Kartons Antimückenspray. Turned auch'n bisschen ...

Er drückt drei Malariapillen aus der Packung, gibt sie Sheela.

JAKSCH: Hier, Malaria-Einheitspille, hilft immer.

Sheela schluckt mühsam die Tabletten mit etwas Wasser.

JAKSCH: Besser oder schlechter? (Keine Antwort) Wie geht's den Tieren im Kopf?... (Sheela schweigt) Soll ich dir die Fangeisen aufmachen? (weist auf die Handschellen) Open?

Sheela schüttelt den Kopf.

SHEELA: Tell me a story. I am afraid to sleep.

JAKSCH: Leichte Übung. Jaksch talking, talking, talking. African vodoo-man. Talking you crazy.

Sheela lächelt schwach. Sie zittert immer wieder. Wenn sie durch die Scheibe in die Weite der Savanne blickt, sieht sie mehr als wir. Wir erahnen ihre Albträume nur. Jaksch hat jetzt zwei Aufgaben. Den LKW zu steuern und Sheela Geschichten zu erzählen, damit sie nicht wieder durchdreht.

JAKSCH: What's the name of your people in the north?

SHEELA: Mende ...

JAKSCH: We also Clans in Germany. Me Thüringer. Bratwurstspezialist. Eigentlich only two big Clans in Germany, East and West, and Bavarian. Würde jetzt zu weit führen.

Er sieht, sie ist total erschöpft eingeschlafen.

JAKSCH: Naja, so spannend wie bei euch ist es bei uns natürlich nicht.

59   SAVANNE/PISTE – A/T   59

60   LKW/FÜHRERHAUS – I/T   60

Der Weg durch die Savanne ist für Jaksch als Fahrer weniger anstrengend. Die Brauntöne werden von grünen Flecken unterbrochen, die Landschaft wird sanfter und hügeliger. Der Horizont so weit, dass einem die Augen wehtun, wenn man zu lange hinschaut. Sie folgen einer teilweise sandigen, teilweise morastigen Piste. Jaksch wirft einen flüchtigen Blick auf Sheelas Minikompass im Schweizermesser. Die Nadel zeigt nach Norden. Jaksch fährt ziemlich schnell, ungefähr achtzig. Der LKW schlingert abenteuerlich, doch Jaksch hat die Sache, zumindest momentan, im Griff. Sheela wacht auf, starrt apathisch aus dem Fenster. Der Entzug hat sie offensichtlich in eine Depression gestürzt.

JAKSCH: You know, the car must dance, the car must jump ... (er merkt, dass sie ihm nicht zuhört) I think, we have not more than two hundred kilometres. What you think? (Sheela zuckt die Achseln) Did you sleep well?

SHEELA: Yes.

Jaksch merkt natürlich, das stimmt nicht. Um Sheela abzulenken, geht er etwas vom Gas. Hält Sheela mit einer Hand einen speckigen Stapel Spielkarten hin.

JAKSCH: Take two cards.

SHEELA: You can't drive and play cards.

JAKSCH: Hast du ne Ahnung, was ich alles beim Fahren kann. (er guckt ihre Karten an) Ten and boy ... thirteen. Now you have to decide: One card more or not. Over twentyone, you lost. But, attention ...

Er schüttet aus einer Plastikpackung Nüsse auf seinen und ihren Sitz.

JAKSCH: It's like real life. (Er zitiert sie) You never know.

Sie hat verstanden, starrt ihn mit erloschenen Augen an.

SHEELA: This was in another life.

Schnitt.

61 FÜHRERHAUS/LKW – I/T   **61**

Etwas später. Jaksch spielt mit Begeisterung, Sheela lustlos. Jaksch hat offensichtlich die meisten Nüsse gewonnen. Jaksch setzt gerade so viele Nüsse, dass Sheela ihren gesamten Rest setzen muss.

>   SHEELA: I lose ...
>
>   JAKSCH: That's life. Wait.

Er nimmt noch eine Karte.

>   JAKSCH: Shit! Twenty-four. It's all yours.

Sheela kann es gar nicht glauben. Jaksch schiebt ihr die Nüsse zu.

>   JAKSCH: You see! You have only to wait for your chance.
>
>   SHEELA: You let me win.
>
>   JAKSCH: I never, never let anybody win. I can't afford!
>
>   SHEELA: (leise) Albert, I can't stand it without crack. I try, but ... I'm afraid of myself. Bound me ...

Jaksch stoppt den Lastwagen.

>   JAKSCH: Look ... (er nimmt die Spielkarten) I show you now very bad ghosts. They cost me lot of money.

Er mischt blitzschnell die Karten, hebt die oberste Karte ab, zeigt Sheela das Pik-As. Er schiebt das As in die Mitte des Stapels, mischt erneut, hebt wieder die oberste Karte ab, wieder das Pik-As. Er mischt immer wieder, zeigt Sheela immer wieder das Pik-As. Sie staunt.

>   JAKSCH: You think, I'm a magic man?
>
>   SHEELA: Yes.
>
>   JAKSCH: Bullshit. I ... ich bescheiß dich. There are now ghosts. Papa Doc, General Archer, they want to believe you in ghosts, so they can ... bescheißen dich. Bullshit you.
>
>   SHEELA: But I have seen ...
>
>   JAKSCH: When they shoot on Papa Doc, they have no bullet in the gun. Platzpatronen. Cheap trick. No man can stand really bullets. Believe only one thing: Believe nothing and fuck the ghosts! What you want in real life? Tell me ...
>
>   SHEELA: (leise) I want to go to school. But I am bad with numbers. I can write, but I am too stupid for numbers.
>
>   JAKSCH: Impossible. You are playing cards so well ...
>
>   SHEELA: It's useless. Bound me ...
>
>   JAKSCH: You behave yourself without bound. Und jetzt werd ich dich mal in die Grundrechenarten einweihen.

Schnitt.

62 SAVANNE – A/T   **62**

63 LKW/FÜHRERHAUS – I/T   **63**

Etwas später. Jaksch hat für Sheela in der Seitenablage zwischen den Sitzen in zwei Reihen fünf und drei Nüsse aufgebaut.

    JAKSCH: Okay, five and three … hurry up. Next hole is coming!

Tatsächlich wirbelt das nächste Schlagloch die Nüsse durcheinander. Sheela boxt Jaksch gegen den Oberarm.

    SHEELA: You drive too fast!

    JAKSCH: Vorsicht! … und?

    SHEELA: Eight.

    JAKSCH: Saugut … now without nuts.

Sheela will nach den Nüssen greifen, doch Jaksch ist schneller.

    SHEELA: You promised me the nuts, when I'm right!

    JAKSCH: You get it, when you are right. Five and five!

Sheela zählt fünf und nochmal fünf an ihren Fingern ab.

    SHEELA: Ten!

    JAKSCH: Okay, dafür gibt's eine Nuss, für jeden!

    SHEELA: You liar! You promised me all!

    JAKSCH: (kaut grinsend seine Nuss) Okay, noch eine letzte Fangfrage: sieben und acht. Ohne Finger! Count in your mind!

Sheela beginnt in Gedanken zu zählen.

    JAKSCH: Da sind jetzt so viele Zahlen, kein Platz mehr für Geister.

    SHEELA: Fifteen!

    JAKSCH: Alright! You won the capital prize of …

Er will ihr die Nüsse in seiner Hand geben, im selben Augenblick macht der Lastwagen einen mehrere Meter weiten Satz über eine im Gras verborgene Sandwelle. Sheela schreit auf, schlägt die Hände vors Gesicht, Jaksch steuert gelassen mit einer Hand gegen, ohne die Nüsse zu verlieren.

    JAKSCH: You don't want your prize?

    SHEELA: Man … fuck … I think, we die!

    JAKSCH: At home, I drive every day like this.

    SHEELA: (begeistert) I want to learn! Slow down …

Ehe Jaksch es verhindern kann, schlüpft sie auf seinen Schoß.

    JAKSCH: Hehe … (grinst) höchste Ansprüche an die Konzentrationsfähigkeit des Fahrers … okay …

Er verlangsamt den LKW, schaltet runter, übergibt Sheela das Steuer.

    JAKSCH: Gradeaus ... locker halten ...

Sie tritt das erste Mal mit ihren rotlackierten Zehen auf seinen Stiefel, der Motor brummt los, der LKW macht einen kleinen Satz.

    JAKSCH: Hehe ... sehr temperamentvoller Fahrstil ...

Er tritt die Kupplung, Sheela gibt Gas, der Lastwagen bleibt trotzdem langsam. Sie sieht Jaksch vorwurfsvoll an, der lacht.

    JAKSCH: Look here ... Kupplung first, second, shift the gear, third, Kupplung and gas ...

    SHEELA: Let me try ...

Sie versucht es, der Motor stirbt ab. Sheelas Stimmung kippt sofort. Sie schlägt sich gegen den Kopf.

    SHEELA: (wütend) I am stupid!

    JAKSCH: Ach was. Kann nicht jeder so'n Naturtalent sein wie ich.

    SHEELA: I can't do numbers, I can't do nothing ...

Sie will von Jakschs Schoß, Jaksch hält sie fest.

    JAKSCH: You can't do anything without mistakes. One mistake after the other, that's life.

    SHEELA: I hate your mistakes. Let me go.

Jaksch hebt sie kurz an, rutscht auf den Beifahrersitz, sodass sie alleine hinter dem Steuer sitzt.

    JAKSCH: Now, turn the key. Do it!

    SHEELA: (zögert, wirft ihm einen listigen Blick zu) When I can drive, I don't need you anymore.

    JAKSCH: Before you can drive alone, we can go through whole Africa.

Er dreht den Zündschlüssel herum. Man sieht, dass der LKW mit einem Hüpfer anfährt.

    JAKSCH: (off) And now, you learn, why you learn numbers. We start with the magic numbers of the most famous German game: Eighteen, twenty, two, three, four, seven ...

64   SAVANNE/SANDPISTE – A/T   64

65   FÜHRERHAUS – I/T   65

Etwas später. Sheela fährt alleine im Schritttempo über die sandige Piste. Sie ist trotz der glühenden Hitze total euphorisch, dreht am Lenkrad. Jaksch sitzt auf dem Beifahrersitz, fächelt sich mit einem Teil der Fußmatte Luft zu. Er schwitzt aus allen Poren.

SHEELA: (meint den LKW) He do, what I want! He really do!

JAKSCH: Jaja. Das kann sich rasch ändern.

SHEELA: You must be hard to me. Only this way, I learn.

JAKSCH: No problem. What are the magic numbers?

SHEELA: Eighteen, twenty, two, three ..., four, seven ...

Im selben Augenblick fährt Sheela über eine Kuppe, es geht eine steile Böschung nach unten. Jaksch versucht mit der Handbremse den LKW vergeblich zum Stehen zu bringen.

JAKSCH: Ohohoh! Ramsch ohne truck ...

Sheelas Stimmung kippt schlagartig wieder.

SHEELA: It was my mistake. I am stupid, stupid, stupid!

Sie schlägt sich mit der flachen Hand gegen den Kopf.

JAKSCH: Hehehe, geht auch so genug kaputt ... Scheiße ...

Der LKW rutscht nach einem kurzen Flachstück über eine weitere Böschung. Man sieht, dass er ...

66   FÜHRERHAUS/LKW – I/T   66

67   SAVANNE/TEERSTRASSE – A/T   67

... direkt auf eine Teerstraße runterrutscht, auf der reger Flüchtlingsverkehr herrscht. Jaksch hupt. Jakschs Schädel bricht durch die Plastikplane des zerschossenen Seitenfensters.

JAKSCH: Weg da! Weg!! Attention ... !

Der LKW kracht mitten zwischen die auseinanderlaufenden Flüchtlinge, Jaksch stoppt ihn ruckartig auf dem Teer. Sheela und Jaksch blicken auf die Straße, auf die Flüchtlinge, blicken einander fassungslos an, Sheela beginnt zu strahlen.

SHEELA: A street! I found a street!

Sie umarmt Jaksch.

JAKSCH: Fragt sich nur, welche.

Sheela beugt sich aus dem Seitenfenster, spricht eine Frau an, die ein großes Bündel auf dem Kopf schleppt.

SHEELA: (Mende) Wo geht die Straße hin?

FRAU: (weist in zwei Richtungen) Bamako, Koulikoro ...

SHEELA: (Mende Dialekt) Und wo ist das große Lager? (die Frau versteht sie nicht) Big camp?

Die Frau weist von der Straße weg geradeaus weiter.

FRAU: Three days.

JAKSCH: (ironisch) Dann ist ja alles klar.

FRAU: Don't go this way. Very dangerous.

Sie geht weiter. Sheela und Jaksch sehen sich an.

JAKSCH: Very dangerous!

SHEELA: You know, what we do first? Street closing.

JAKSCH: (perplex) What?

SHEELA: You want to eat only beans for the next days?

JAKSCH: Nö, aber Moment mal ...

Sheela will mit ihrer Kalaschnikow aussteigen. Jaksch kommt ihr zuvor, nimmt die Waffe hastig an sich.

JAKSCH: Okay, okay, we do street closing. Kleine Abwechslung im Speiseplan kann nicht schaden. But we do it like UNO. I do it.

SHEELA: You can't shoot.

Jaksch stößt das Magazin in die Waffe.

JAKSCH: I don't need to shoot. Calm and friendly. This is the way, you must do a thing like this.

SHEELA: We see.

Sie zupft eine kleine, weiße Hühnerfeder aus einem ihrer Amulette, steckt sie sich ins Haar, auch Jaksch kriegt eine Feder ins Haar.

SHEELA: Against the bullets.

JAKSCH: I don't need anything against bullets. This is a peace mission.

Er will die Feder aus seinem Haar zupfen.

SHEELA: Don't. Or you are unlucky.

JAKSCH: (ironisch) Unterstützt sicher voll meine Autorität.

Er greift ins Handschuhfach, schnappt sich den Whisky, nimmt einen großen Schluck.

JAKSCH: First thing, bei Kontakt zur Basis: Desinfection.

Er bietet Sheela die Flasche an.

SHEELA: I don't need. These are my people.

Jaksch bemerkt zum ersten Mal, wie taktlos diese Sprüche sind, presst schuldbewusst die Lippen zusammen.

JAKSCH: Naja, gut für die Nerven. Good for nervous.

SHEELA: I am not nervous. You are nervous. And you have the gun.

Sie klettert aus dem Lastwagen. Jaksch nimmt trotzig noch einen Schluck Whisky, stellt dann den Lastwagen schräg über die eine Hälfte der Straße. Er zieht sich seine erheblich ramponierte UNO-Uniformjacke an, klopft den Staub vom UNO-Abzeichen.

| 68 | **TEERSTRASSE – A/T** | 68 |

| 69 | **LADEFLÄCHE/LKW – A/T** | 69 |

    Jaksch klettert aus dem LKW und steigt auf die Ladefläche des Lasters, zieht Sheela neben sich.

    JAKSCH: (laut) Okay, this is a peaceful UNO street closing!

Niemand beachtet ihn. Alle schlurfen apathisch weiter.

    JAKSCH: (zu Sheela) Los, translator ...

Sheela übersetzt, keiner reagiert.

    JAKSCH: You have now the opportunity to give us rice, chicken, what you like ...

Die Flüchtlinge starren Jaksch und Sheela ängstlich an. Das kennen sie offensichtlich. Die ersten beginnen wegzulaufen.

    SHEELA: You make them fear!

    JAKSCH: (hastig) ... and you get medicine and drink water!

Die Wirkung dieser Worte ist durchschlagend. Sofort drängen sich die Flüchtlinge um den Lastwagen, halten schreiend Gefäße und kranke Kinder in die Höhe.

SHEELA: Are you crazy? This things are for my people in the camp!

JAKSCH: Only little bit.

Sheela starrt auf die Menschentraube, die sich vor dem Lastwagen zusammenballt.

SHEELA: Little bit!

JAKSCH: You told me, these are all your people!

Sheela schüttelt den Kopf.

JAKSCH: (zu Menge) Okay, you all line up! Right side, women and children, left side, men.

Schnitt. Jaksch sitzt auf der Ladefläche, verteilt Medikamente und Trinkwasser, bekommt dafür Lebensmittel wie Reis, Hirse, Hühner. Es hat etwas von der Speisung der Zehntausend, friedliche, ausgelassene Stimmung, Jaksch ist als großer Zampano absolut in seinem Element. Er tauscht gerade einer Frau eine Portion Reis gegen drei Packungen Malariatabletten.

JAKSCH: You take monday and friday two pills, that's enough. It's medicine from Germany!

FRAU: Thank you ...

JAKSCH: No problem. We help everybody.

Er wirft Sheela den Reis zu. Sheela stopft gerade ein weiteres, lebendiges Huhn in einen Karton, in dem sich bereits zwei Hühner befinden.

SHEELA: You don't think, three chicken are enough for you?

JAKSCH: One more.

Er winkt einen jungen Mann zu sich, der eine Trainingsjacke und ausgetretene Gummilatschen trägt. Er hat einen Rucksack auf dem Rücken, an dem ein Huhn mit zusammengebundenen Füßen hängt. Der Mann lehnt das Angebot von Jakschs Malariatabletten ab.

MANN: I want ten ampoules. Antibiotic ...

JAKSCH: You are a doctor?

MANN: (lächelt) Yes.

Er zieht blitzschnell eine Machete unter seiner Jacke hervor, Jaksch wirft sich brüllend zur Seite, die Machete, die auf seinen Hals gezielt hat, streift ihn an der Schulter, Jaksch stößt mit den Füßen nach dem Mann, der erneut ausholt, der verliert seine Machete, klammert sich an Jakschs rechten Fuß, Jaksch kriegt die MP zu fassen, die neben ihm auf der Ladefläche liegt, reißt sie herum und drückt blindlings ab. Der Feuerstoß geht hauptsächlich durch die LKW-Plane, Jaksch stößt wie wild mit den Füßen um sich, bemerkt, dass er frei kommt, richtet sich keuchend auf. Der Mann liegt am Fuß des LKWs, Blut spritzt rhythmisch aus seinem Hals. Die Menschen laufen schreiend auseinander. Jaksch starrt keuchend auf den schwerverletzten, wie unter Stromstößen zuckenden Mann. Man begreift, er hofft nichts mehr, als dass der Mann aufhört sich zu bewegen, doch der tut ihm diesen Gefallen nicht. Sheela greift vorsichtig nach der Kalaschnikow, will Jaksch offensichtlich helfen. Jaksch lässt es nicht zu. Er drückt ab. Einmal kurz. Dann länger. Dann noch länger. Dann steht er einfach nur da. Lässt sich von Sheela die MP aus der Hand nehmen. Sheela zieht ihm vorsichtig die Uniformjacke aus. Es scheint nur ein kleiner Schnitt an der Schulter zu sein.

> SHEELA: You were lucky.
>
> JAKSCH: (tonlos) Lucky ...

Sie klettert von der Ladefläche, untersucht den Toten. Mustert eine Tätowierung an seinem Handgelenk.

> SHEELA: He is one of Archer's officers. (Jaksch sieht sie erstaunt an) Many of them have no uniforms. We have to go.

Sie wirft den Rucksack des Toten samt Huhn auf die Ladefläche. Es poltert, im Rucksack befindet sich etwas Schweres. Sheela öffnet den Rucksack, zieht eine Kalaschnikow heraus, will sie Jaksch überreichen. Jaksch senkt den Kopf, schüttelt ihn leicht. Er verliert die Fassung, Sheela legt kurz ihre Hand auf seinen Arm.

> SHEELA: Your first? (Jaksch nickt unmerklich) Too many good ghosts in you. Better you go home.
>
> JAKSCH: What you think I'm trying?

70　STEPPE/SANDPISTE – A/T　70

71　FÜHRERHAUS/LKW – I/T　71

Die Landschaft wird karger, von Felsgruppen und Sand bestimmt. Jaksch sitzt hinter dem Steuer. Sheela sitzt neben ihm. Eine Kalaschnikow auf den Knien, eine am Boden. Mit einem Fernglas sucht sie den Horizont ab. Jaksch schwitzt, fühlt sich sichtlich unwohl.

> JAKSCH: Where we going? (ängstlich) To desert?

Sheela sieht durch ihr Fernglas die Staubfahnen von Fahrzeugen am Horizont, seitlich von ihnen. Sie sagt es Jaksch nicht. Stattdessen weist sie auf eine dunkle, glatte Bergkette vor ihnen.

> SHEELA: To the mountains. Archer comes from a small town near the sea. He don't like mountains.

Sie überqueren eine Kuppe. Ein ca. 30 Meter breiter Fluss mit dunklem Wasser glitzert vor ihnen in der Sonne.

> JAKSCH: And I don't like water. Can we go back?
>
> SHEELA: We killed their man. They are after us.

Jaksch fährt langsam ans Ufer. Sheela mustert den Fluss, erinnert sich an Jakschs Floßerzählung.

> SHEELA: Do we build now a raft?

JAKSCH: Bestimmte Sachen macht man nur einmal im Leben.
Sie steigen aus.

72 FLUSSUFER/FLUSS – A/T   72

Jaksch zieht das Stahlseil ein Stück aus der Frontwinde. Blickt suchend das Ufer entlang, fühlt sich offensichtlich unwohl.

JAKSCH: Somebody must go on the other side with this. You can swim?

SHEELA: You not?

JAKSCH: No. Not very good. And I must drive the truck.

Sheela begreift, warum Jaksch das Ufer so ängstlich absucht.

SHEELA: You are afraid of crocodiles!

Jaksch wischt sich den Schweiß von der Stirn.

JAKSCH: Do you see some?

SHEELA: No, but perhaps they are here.

JAKSCH: They are not here. You go through the river, before they come.

SHEELA: Why you don't go through, before they come? I bullshit the truck, you bullshit the crocodiles.

JAKSCH: Okayokay, we Los.

SHEELA: (versteht nicht) I don't lose.

JAKSCH: We see.

Er zwickt zwei Grashalme ab, kürzt einen, lässt die beiden in seiner Hand verschwinden.

JAKSCH: Who takes the short one, goes.

Sheela mustert die zwei Grashalme in Jakschs Hand, sieht Jaksch an. Ihr ist völlig klar, Jaksch wird versuchen, sie zu betrügen. Jaksch wirkt nervös, der Schweiß läuft ihm in Strömen übers Gesicht.

JAKSCH: Come on, they are after us, we have no time!

Sie fasst den linken Grashalm an, wartet einen Augenblick, während Jaksch den linken Grashalm mit seinem Daumen offensichtlich kürzt, zieht dann den rechten Grashalm. Sie hat tatsächlich gewonnen.

SHEELA: (euphorisch) You want to cheat me, but I cheat you better! Now, go to the crocodiles!

JAKSCH: (besorgt) You know this river?

SHEELA: Yes, and they call it crocodile river!

JAKSCH: Haha, selten so gelacht.

Sheela zeigt Jaksch einen ihrer Fetische, die um ihren Hals hängen. Es ist ein Ring aus einem Knochen.

SHEELA: Look, this Grigris much power. Bone of lion. Papa Doc prayed on it. Magic power. All bullets, they fired on me, when we took the bigtown Mile Thirty-eight: They melt in the air.

Sie will Jaksch den Knochen um den Hals hängen.

JAKSCH: (sauer) I have my own Hokuspokus.

Er nimmt die Kettensäge von der Ladefläche, wirft sie an, greift sich das Stahlseil, hängt es sich über die Schulter, watet ins Wasser. Er lässt die Kettensäge aufheulen.

JAKSCH: Kommt nur her, ihr Scheißviecher ...

Er tritt in ein Schlammloch, stolpert, verschwindet gurgelnd unter Wasser, wird von der Strömung mitgerissen, verliert die Kettensäge, hat Glück, dass sie gleich ausgeht, erreicht halb im Laufschritt, dann wieder mit wilden, hektischen Schwimmbewegungen klatschnass das andere Ufer. Als er seinen Hintern aus dem Wasser wuchtet, rutscht seine Hose nach unten, sodass man mindestens die Hälfte seines blanken Gesäßes sieht. Sheela schüttet sich beinahe aus vor Lachen. Jaksch begreift, sie hat ihn verarscht, hier gibt es weit und breit keine Krokodile. Wütend schlingt er das Stahlseil um einen dicken Baumstamm, watet zurück. Angst hat er nach wie vor. Und es geht ihm nicht gut. Er schwankt im Wasser, die Konturen verschwimmen vor seinen Augen. Hastig wischt er über seine Brille, die ihm schief im Gesicht sitzt.

JAKSCH: Das wird das Ende vom Jaksch. Ich komm heim ...

Er bricht ab, verharrt regungslos, starrt auf etwas, das wie der Rücken eines Krokodils aussieht. Er blinzelt heftig, es scheint ein Baumstamm zu sein, der langsam in einiger Entfernung vorbei treibt. Doch es ist kein Baumstamm: Es ist die Leiche eines Schwarzen. Jaksch glaubt an eine Halluzination. Mehrere Leichen folgen. Jaksch blickt sich hastig um. Sheela steht am gegenüberliegenden Ufer und starrt ausdruckslos auf die vorbeitreibenden Leichen. Jaksch versucht, ihnen auszuweichen, watet hektisch durch das Wasser, in dem sich immer mehr Leichen sammeln. Er bleibt stehen, starrt über die Leichen hinweg zu Sheela. Man spürt, er ist kurz davor umzudrehen. Ein letzter Blick zu Sheela, die klein und hilflos am gegenüberliegenden Ufer steht. Jaksch reißt sich zusammen, watet panisch und im Laufschritt durch das Wasser ans andere Ufer, zu ihr. Gemeinsam starren er und Sheela auf die vorbeitreibenden Leichen, die bald die gesamte Flussoberfläche durchsetzen: Zivilisten, hauptsächlich Frauen und Kinder. Jaksch zittert, lässt sich kraftlos in den Sand fallen, wendet sich ab. Er hofft offensichtlich, dass, wenn er sich wieder umdreht, die Leichen vorbeigetrieben sind. Er schreckt hoch, weil sich der LKW leicht bewegt. Die Leichen treiben nicht vorbei. Sie stauen sich in der Flussbiegung und ziehen an dem Stahlseil, das den LKW mit dem Baum am anderen Ufer verbindet.

JAKSCH: (heiser) We lose ... Seil.

Sheela begreift, sie müssen jetzt über den Fluss. Durch die Leichen.

SHEELA: I drive.

Jaksch weiß, das kann sie nicht. Er setzt sich hinters Steuer, Sheela auf den Beifahrersitz. Jaksch schlägt die Hände vors Gesicht. Unbewusst derselbe Reflex wie beim kleinen Terminator. Die Leichen zerren erneut an dem Stahlseil, der LKW ruckt nach vorne.

SHEELA: (ängstlich) We must go ...

Jaksch bindet sich den Stofflappen, den er normalerweise zur Ölkontrolle benutzt, gegen den Gestank vors Gesicht, betätigt den Anlasser. Das Stahlseil schnellt zwischen den Leichen aus dem Wasser, spannt sich über die Wasseroberfläche und die Leichen, die Winde zieht den LKW langsam durch den Fluss. Jaksch hält den Anblick verstümmelter, halbverwester Leichen nicht mehr aus, schließt krampfhaft die Augen. Es ist, als würden Sheela und er endgültig die Grenze ins Reich des Krieges und des Todes überschreiten. Kurz vor Erreichen des gegenüberliegenden Ufers gerät der LKW in ein tieferes Loch, droht zu kippen, Sheela schreit auf, Jaksch reißt die Augen auf, gibt hastig Gas, der Wagen taucht bis zur Windschutzscheibe ins Wasser, arbeitet sich aber mit stotterndem Motor ans Ufer. Dort allerdings stirbt der Motor endgültig ab. Jaksch bleibt sitzen, legt den Kopf auf die Hände über dem Lenkrad.

SHEELA: No good place. Let's go.

Jaksch versucht den LKW zu starten, er springt nicht mehr an. Wütend reißt er sich den Lappen vom Gesicht, springt aus dem Lastwagen ...

73   FLUSSUFER – A/T   **73**

... reißt die Kühlerhaube hoch.

JAKSCH: (zu sich) Ich steh's nicht durch. Dieses Dreckland, lauter Wahnsinnige. (laut) War, war, war! Ich kann nicht ... (brüllt mit Tränen in den Augen) ... das hab ich nicht gebucht!!

Sheela legt ihm vorsichtig die Hand auf die Schulter, Jaksch schlägt sie weg.

JAKSCH: Fass mich nicht an, mit deinen Killerpfoten!

SHEELA: (leise) Let's go. No good place.

JAKSCH: Dann krieg du die Kiste wieder zum Laufen! Ich hab die Schnauze voll!

Er setzt sich mit dem Rücken zum Fluss auf den Boden. Er zittert, ist sichtlich kurz davor, sich zu übergeben. Sheela zögert, betrachtet den Motor. Fasst schüchtern an einige Kabel, zuckt vor dem heißen Metall zurück. Sie holt den Knochenring unter ihrem T-Shirt hervor, beginnt zu murmeln:

SHEELA: (Mende) Papa Doc, ich weiß, dass du da draußen bist ...

JAKSCH: (mit dem Rücken zu ihr) Papa Doc is dead!

SHEELA: Yeah, he is dead, put his power in this ring is alive. You white people don't know, things are living. Like our truck. He is a white elephant. (weiter in Mende) Papa Doc, du bist tot, du brauchst deine Kraft nicht mehr. Gib dem Motor deine Kraft ...

Jaksch tritt neben sie.

JAKSCH: Den Hokuspokus kannste 'n Hasen geben...

SHEELA: You must believe ...

JAKSCH: I believe, 's is der Regler oder die Lichtmaschine. Und das ist beides beschissen.

Er überbrückt den Regler mit einem Schraubenzieher.

JAKSCH: Try ...

Sheela klettert ins Führerhaus, dreht den Zündschlüssel. Nichts.

JAKSCH: 'S is die Lichtmaschine. Das is noch beschissener als beschissen.

74 FLUSSUFER/MONTAGE – A/T 74

Schnitt. Ungefähr eine Stunde später. Jaksch hat die Lichtmaschine komplett zerlegt, betrachtet die mindestens dreißig Teile. Er schwitzt heftig, die Aufregung um die defekte Lichtmaschine könnte der Grund sein.

JAKSCH: Normalerweise you throw away the whole shit and put a new lightmachine in it, but now ...

Er beginnt, die Teile trocken zu reiben und wieder zusammenzusetzen.

Schnitt. Jaksch hat die Lichtmaschine wieder verkabelt, versucht, den LKW zu starten. Nichts rührt sich.

SHEELA: You have to try it again.

JAKSCH: Ach nee.

SHEELA: When our magic man throws the bones, he does it many times, until he has the right picture.

JAKSCH: I did it right, I know! We have to go to foot.

SHEELA: Perhaps it's like a story. A story you can tell many different ways, there is not one way, which is right.

JAKSCH: A lightmachine, there is only one way.

SHEELA: But your way is wrong.

Jaksch sieht sie nicht sonderlich freundlich an.

Schnitt. Stunden später. Nachmittag. Jaksch setzt die Lichtmaschine gerade mal wieder zusammen, er ist ziemlich erschöpft, schmutzig. Seine schlechte Laune hat einer gewissen stoischen Resignation Platz gemacht.

JAKSCH: In how many ways we told the story of the lightmachine now?

SHEELA: Six.

JAKSCH: (während er arbeitet) Okay, und welches Teil war letztes Mal übrig ... das. Dann bauen wir das zur Abwechslung mal wieder ...

Sheela stupst ihn an. Etwas raschelt im Gebüsch.

JAKSCH: (elektrisiert) Soldiers? Crocodile?

Sheela schüttelt den Kopf, weist zwischen die Bäume. Jaksch glaubt zunächst an eine Halluzination, putzt heftig seine verschmierte Brille. Dann erkennt er tatsächlich den silbrigen Rücken eines großen, alten Elefanten, der sich etwas Laub von einem der Bäume abreißt. Er scheint kurz in ihre Richtung zu sehen, wedelt mit den Ohren.

SHEELA: (flüstert) This is Papa Doc. Because they cut his ears off, he got big ears as elefant.

Jaksch arbeitet schweißtriefend weiter.

JAKSCH: (sarkastisch) Na dann kann ja nix mehr schief gehen ... okay, dann lassen wir zur Abwechslung die Mutter mal weg.

SHEELA: (beobachtet den Elefanten) I know, Papa Doc will look for me. He is satisfied with me. Therefore, he helps us. He likes cars. When he was a man and big leader, he had a beautiful black car with a silver lion on the front. He only looked at this car, trink coffee in it. He never drive. It's too beautiful, he said, even for me, this car is too beautiful.

Jaksch schließt schwitzend, völlig erschöpft und ohne viel Hoffnung die Lichtmaschine wieder an.

JAKSCH: That's what I also want to do. Only drink coffee in this big, fucking truck.

Sheela ist ins Führerhaus geklettert, betätigt den Zündschlüssel. Beide können kaum glauben, dass der Motor anspringt.

SHEELA: Thank you, Papa Doc.

Sie blicken in die Richtung des Elefanten. Der ist verschwunden.

75 GERÖLLPISTE – A/T 75

76 FÜHRERHAUS/LKW – I/T 76

Der Lastwagen quält sich eine schmale, steinige Bergpiste nach oben. Jaksch sitzt hinter dem Steuer, verschwitzt, mit glasigem Blick. Sheela betrachtet ihn besorgt.

SHEELA: (leise) Don't feel bad for dead people ...

JAKSCH: (aggressiv) I don't ...

SHEELA: Don't feel bad for the guy you killed ...

JAKSCH: (aggressiv) I don't feel bad for anybody, I feel bad for fucking sun! Scheißplanet! How far is it to this fucking camp?

SHEELA: Two, three days ...

JAKSCH: (brüllt) Kann man denn in dem Land nicht einmal ne exakte, stimmige Information kriegen?!

Er fährt verbissen weiter. Hat sichtlich Schmerzen. Sheela fasst mit der Hand an seine verschwitzte Stirn, er stößt sie weg. Sein Blickfeld verschwimmt. Der LKW fährt langsam auf eine Kehre zu. Doch Jaksch lenkt nicht ein, rollt geradeaus auf die Felswand zu.

SHEELA: Stop ... stop!!

Sie zieht die Handbremse. Der Kühler des LKWs rollt gegen die Felswand, der Motor stirbt ab. Jaksch ist total schwindlig. Sein Kopf sackt auf das Lenkrad. Sheela zieht ihm seine Uniformjacke aus, erschrickt. Die Schnittwunde der Machete hat sich entzündet, sein gesamter Arm ist geschwollen.

SHEELA: (leise) Sometimes they poison their blades ...

Jaksch zieht mit letzter Kraft die Antibiotikaampullen aus dem Handschuhfach, die der Mann von ihm wollte.

JAKSCH: Go for the injection ... Behind the malaria ...

SHEELA: (leise) There is no protection against this poison ...

JAKSCH: Go!

Schnitt. Jaksch lehnt auf dem Beifahrersitz, zieht mit zitternden Händen den Inhalt einer Ampulle in eine Spritze, reicht sie Sheela.

JAKSCH: Here, in the arm ...

Sheela zögert, sticht ihm die Spritze in den Arm, drückt die Flüssigkeit durch die Kanüle.

SHEELA: (ängstlich) Better?

JAKSCH: Yes.

Er verliert das Bewusstsein. Sheela klettert auf den Fahrersitz, startet den Motor. Sie muss zunächst rückwärts fahren, findet den Gang nicht.

SHEELA: Where is the back gear?

Jaksch antwortet nicht. Sheela sucht verzweifelt weiter, schaltet, Gas, Kupplung, der LKW fährt ein paar Zentimeter vor, gegen die Wand, der Motor stirbt ab.

SHEELA: Hack (Jaksch) ... Albert ... please ...

Keine Antwort. Sie startet den Motor erneut, fährt voll verzweifelter Wut gegen die Felswand. Verzweifelt probiert sie alle Gänge durch, der Motor stirbt ihr mehrmals ab, sie findet den Rückwärtsgang nicht. Schließlich nimmt sie in ihrer Verzweiflung Jakschs bewusstlose Hand, legt sie unter ihre auf den Schaltknüppel. Probiert mit ihm noch mal alle Möglichkeiten durch. Plötzlich bemerkt sie, man kann den Hebel weiter runterdrücken und dann nach vorne schieben. Kupplung, Gas. Der LKW stößt zurück, droht in die Schlucht zu fallen. Sheela bremst hart. Erster Gang, Kupplung, Gas. Die Räder drehen durch, rutschen weiter nach hinten, verfangen sich im letzten Moment im Geröll und schieben den Lastwagen durch die Kehre. Sheela lacht vor Erleichterung.

SHEELA: We did it, Albert, we did it ...

Ein weiterer, großer Stein lässt den Lastwagen gefährlich aus der Spur hüpfen, Sheela reißt das Steuer herum, bleibt schlingernd auf der Piste. Sie entdeckt rechts auf einem Stein einen verblassten, weißen Pfeil. Sie bremst. Legt vorsichtig den Rückwärtsgang ein. Öffnet die Tür, damit sie besser nach hinten sehen kann. Sie sieht trotzdem nichts, fährt langsam zurück, stößt hart gegen einen Felsen. Sie kurbelt das Steuer verzweifelt herum, fährt nach rechts und räumt mit dem Kotflügel den Stein mit dem Pfeil ab.

77 DORFPLATZ – A/T   77

Eine schmale Geröllpiste führt in die Mitte eines kleinen Bergdorfes. Dorf ist übertrieben: Ein paar halbkreisförmig angeordnete Hütten rahmen einen flachen Betonbau ein, der früher wohl als Polizeistation und als Bar benutzt wurde. Jedenfalls lassen zwei verrostete Schilder diese wohl nur in Afrika mögliche Doppelbenutzung vermuten. Niemand ist zu sehen. Sheela steigt, die Kalaschnikow im Anschlag, aus, betritt nach allen Seiten sichernd ...

78 POLIZEISTATION – I/T   78

... die ehemalige Polizeistation und Bar. Die Räume stehen bis auf zwei verrostete Metallgitterbetten, die sich von einer Sammelstelle des Roten Kreuzes hierher verirrt haben, leer. Die Wolldecken sind mit getrockneten Blutflecken verziert.

79 DORFPLATZ – A/T   79

Sheela öffnet die Beifahrertür, versucht den bewusstlosen Jaksch auszuladen, indem sie einen seiner Arme um ihre Schultern schlingt. Natürlich ist Jaksch viel zu schwer. Als er aus dem Wagen fällt, reißt er Sheela mit sich zu Boden. Hastig befreit sie sich, meint, ein Geräusch gehört zu haben. Sichert mit dem Gewehr nach allen Seiten. Dann versucht sie den am Boden liegenden Jaksch zum Eingang des Baus zu ziehen, vergeblich.

SHEELA: Please, help me Albert ... only little bit ...

Jaksch rührt sich nicht. Verzweifelt sieht sie sich um. Plötzlich hat sie eine Idee. Sie klettert auf die Ladefläche und wirft eine Sackkarre nach unten. Sie rollt Jaksch auf die Sackkarre und zieht ihn damit Stück für Stück ins Innere des Gebäudes. Seine Brille fällt dabei in den Sand. Sheela hebt sie auf, steckt sie ein.

| 80 | **POLIZEISTATION – I/T** | 80 |

Sheela hat eines der Rotkreuzbetten mit Decken versehen und an eine Wand gestellt sowie mehrere Bretter schräg an seine Seite gelehnt. Die Konstruktion erinnert an Jakschs Konstruktion, um den LKW wieder aufzustellen. Sie versucht, Jaksch mit aller Kraft auf das Bett zu schieben. Nach zwei Anläufen gelingt es ihr, dass zumindest Jakschs Oberkörper auf dem Bett liegt. Sie wuchtet seine Beine hinterher.

| 81 | **DORFPLATZ/LKW/LADEFLÄCHE – A/T** | 81 |

Sheela sammelt alle möglichen Medikamente auf der Ladefläche ein.

| 82 | **POLIZEISTATION – I/T** | 82 |

Sheela rührt in einem der Blechteller, aus denen sie bisher ihre Bohnen gegessen haben, einen Medikamentencocktail aus allen Medikamenten, die sie eingesammelt hat, zusammen. Um sie herum verstreut verschiedenste, aufgerissene Packungen. Plötzlich fällt ihr ein, sie hat etwas vergessen. Sie eilt wieder nach draußen.

| 83 | **DORFPLATZ/LKW – A/T** | 83 |

Um den Lastwagen haben sich inzwischen ca. zehn Frauen, Kinder, Halbwüchsige versammelt. Zwei junge Frauen, STELLA und MIRKA, befinden sich bereits auf der Ladefläche und reißen die ersten Kisten auf. Sheela schießt in die Luft.

 SHEELA: Fuck off!

Die Leute laufen schreiend auseinander, die beiden Frauen springen von der Ladefläche, folgen den anderen, Mirka verliert dabei ihre Schuhe.

 SHEELA: (brüllt) This is my truck! I shoot everybody, who goes to my truck!

Sie reißt die Fahrertür auf, greift nach der leeren Spritze, offensichtlich, um Jaksch eine weitere Injektion zu verabreichen. Gleichzeitig springt ein auffallend kleiner, alter Mann auf der Beifahrerseite ins Freie und humpelt eilig davon. Sheela eilt ihm hinterher, stellt ihm ein Bein, sodass der ALTE zu Boden fällt. Das macht er allerdings so geschickt, dass Jakschs Whiskyflasche, die er in der einen Hand hält, nicht beschädigt wird. Als Sheela ihn hochzieht, sieht man, dass er nichts trägt außer einem dreckverkrusteten Lendenschurz und zwei aus alten Autoreifen gefertigten Sandalen. Sein Alter ist undefinierbar, irgendwo zwischen 70 und 90.

 SHEELA: What are you doing? You steel a dying man his medicine!

Wütend reißt sie dem Alten Jakschs Whiskyflasche aus der Hand. Der Alte verzieht seinen Mund zu einem Grinsen. Dabei sieht man, dass ihm alle oberen Schneidezähne fehlen.

ALTER: Me also ill. Old and ill.

Sheela lässt ihn stehen.

84   POLIZEISTATION – I/T   84

Sheela zieht eine neue Spritze für Jaksch auf. Sie ist unschlüssig, soll sie ihm die Spritze geben oder ihren Tablettencocktail oder beides. Sie schüttet etwas Whisky in den Cocktail. Vor lauter Verzweiflung nimmt sie einen kleinen Schluck Whisky, beginnt zu husten und zu weinen. Eine verrunzelte, schwarze Hand nimmt ihr die Flasche weg. Der Alte ist neben sie getreten, nimmt ebenfalls einen Schluck.

SHEELA: They hit him with a poisoned blade. He will die.

Der Alte wirft einen Blick auf die ganzen Arzneien.

ALTER: When you give him this, sure.

Er schlurft zu dem reglos daliegenden, schweißgebadeten Jaksch, fühlt seinen Puls. Jaksch stöhnt, blinzelt kurz.

ALTER: (kichert, in Malinke Dialekt) Wasser für das weiße Mondkalb, Whisky für den schwarzen Krieger.

Sheela versteht ihn nicht.

ALTER: Water for him, whisky for me.

Er greift nach der Whiskyflasche, Sheela zieht sie hastig zurück.

ALTER: Without whisky, I can't find the right plants for him.

SHEELA: You are no magic man. You have no grigris.

ALTER: I'm too old for teeth, too magic for grigris.

Sheela lässt zu, dass er sich die Whiskyflasche schnappt.

ALTER: This is the only magic I need.

Er trinkt ausgiebig, Sheela nimmt ihm die Flasche vom Mund.

ALTER: Now I find the right plants.

Er schlurft davon. Sheela kniet sich neben Jaksch, wischt ihm mit dem Ärmel ihrer Uniformjacke den Schweiß von der Stirn. Sie versucht ihm, sichtlich gegen ihre Überzeugung, Mut zu machen.

SHEELA: He is a big magic man. The Malinke have big magic men. He will help us.

JAKSCH: (öffnet mühsam ein Auge) Der Zahnlückenopa langt mich nicht an …

Es ist nicht klar, ob das Folgende stimmt oder Jaksch im Fieber fantasiert. Wahrscheinlich eine Mischung aus beidem.

JAKSCH: (stöhnt) Darf nicht wahr sein, ich tret als Jungfrau ab. Me like a virgin.

SHEELA: (verwundert) You like Madonna?

JAKSCH: Me Madonna and virgin. Die würden hier glatt vierzig Kamele für mich zahlen ...

SHEELA: (liebevoll) Don't talk ...

JAKSCH: (stöhnt, abgehackt) Mein Alter wollte mich ganz groß einweisen, in seinem Stammpuff in Gera, aber dann ist die Klitsche 'n Bach runter, war's erstmal Essig mit der Entjungferung. Dann kam der Bund, Grundausbildung, da hat man nur Erdhügel geknutscht ...

Sheela wischt ihm erneut den Schweiß von der Stirn.

SHEELA: (beruhigend) You will have many women.

JAKSCH: What you know? You ever be in love?

SHEELA: In war, you are not in love. You make love.

JAKSCH: Schön wär's. Hier wimmelt's von Diamanten und Weibern ... Darf echt nicht wahr sein, dass ich ohne ein'n Stein und ungefickt dieses Land verlasse.

SHEELA: You talk too much.

JAKSCH: Give me a paper. Writer ...

Sheela reißt ein Stück einer Medikamentenpackung ab, gibt ihm die Spritze. Jaksch ritzt seine Adresse in den Karton.

JAKSCH: There you send the box or the ashtray, scheißegal ... (er lächelt schwach) ... da sitzt Mutter wieder am Küchentisch und fragt sich, was hammer falsch gmacht.

Sein Kopf fällt erschöpft zur Seite. Sheela packt ihn, schüttelt ihn verzweifelt.

SHEELA: Don't die, fat, white boy! (sie weint) Don't die, stupid, white ... (sie spricht es falsch aus) ... Hohlensag (Kohlensack) ...

Jaksch lächelt schwach, drückt ihre Hand.

ALTER: (off) He can't die. (On) I didn't look for all this plants for nothing.

Er wirft ein Bündel Kräuter auf den Boden, sortiert wieselflink die besten aus, zerstampft sie auf einem Stein, wirft sie lautlos murmelnd in einen rostigen Blecheimer, der zur Hälfte mit Wasser gefüllt ist. Er drückt Sheela den Eimer in die Hand.

ALTER: Put it in the sun. The power of the plants must grow, and our power also ...

Kichernd bedient er sich erneut aus der Whiskyflasche. Sheela bringt den Eimer ins Freie. Kaum ist sie weg, rutscht der Alte dicht neben Jaksch. Betrachtet zunächst kichernd Jakschs fulminanten Hintern, der halb entblößt über der heruntergerutschten Hose zu sehen ist.

ALTER: (kichert) Good ass! Your ass mustn't die ...

Jaksch glaubt nicht richtig gehört zu haben, dreht mühsam den Kopf.

JAKSCH: (krächzt um Hilfe) Hehe ...

ALTER: When you well, I am your father, you are my mother ...

Jaksch stößt seine Hand weg, gleichzeitig kehrt Sheela zurück.

JAKSCH: (krächzt mit letzter Kraft) Der Zahnlückenopa fasst mich nicht an ...

Schnitt.

85   POLIZEISTATION – I/N   **85**

Stunden später. Jaksch erwacht, weil ihm jemand mit einem Löffel die vergorene Brühe aus dem Eimer einflößt. Er denkt sichtlich, er hat einen Albtraum, als er in das Gesicht des Alten blickt.

JAKSCH: Nicht der Zahnlücken ...

Weiter kommt er nicht, weil er sich das erste Mal übergeben muss. Der Alte hält seinen Kopf über die untere Hälfte eines in der Mitte durchgetrennten Kanisters. Sheela verfolgt sichtlich nicht überzeugt die Therapie des Alten.

SHEELA: What you doing? It's not good for him.

ALTER: Now he vomits two days ...

Jaksch blickt ihn entsetzt an, muss sich erneut übergeben.

ALTER: Then the ghosts decide, whether they want him or not. (er tätschelt Jakschs Hintern) They will like him, but I like him more.

Sheela schubst ihn beiseite, nimmt ihm den Löffel ab, flößt Jaksch weiter die Brühe ein. Der Alte verzieht sich, nachdem er noch einen weiteren Schluck Whisky aus der Flasche entwendet hat. Jaksch übergibt sich erneut. Sheela putzt ihn liebevoll ab, flößt ihm Wasser aus einem Becher ein, den sie aus einem Kanister vollgegossen hat.

JAKSCH: (stöhnt) Nicht der Zahnlückenopa ...

SHEELA: Don't worry. He's gone.

Jaksch übergibt sich erneut, ringt um Luft. Sheela hält liebevoll seinen mächtigen Schädel über den Kanister.

JAKSCH: (keucht) Das wird's Ende vom Jaksch. Ich komm heim in der Kiste...

SHEELA: You talk too much.

JAKSCH: (nickt, flüstert) Das hab ich nicht gebucht ...

Er übergibt sich erneut. Sheela nimmt den mit Erbrochenem gefüllten Kanister ...

86   MONTAGE POLIZEISTATION – I/A/T/N   86

... kippt ihn vor die Station. Einige schwarze Frauen sitzen vor ihren Hütten. Ein paar Kinder spielen in der Nähe des LKWs, flüchten sofort weg vom Lastwagen, als Sheela auftaucht.

Sheela flößt Jaksch erneut Wasser ein. Jaksch übergibt sich, gestützt von Sheela, wieder in den Kanister. Es kommt nur noch Wasser aus seinem Mund.

Sheela wankt völlig übermüdet nach draußen. Leert den Kanister auf einen großen, dunklen Fleck, der sich dank der Therapie inzwischen auf dem Boden gebildet hat.

Sheela wischt Jaksch Gesicht und Mund ab. Jaksch schläft tief und fest. Sie befühlt seine Stirn. Die scheint nicht mehr so heiß, denn Sheela lässt sich völlig erschöpft auf das zweite Rotkreuzbett fallen. Sie schläft sofort und ohne Decke auf dem Rost ein.

87   POLIZEISTATION – I/T   87

Man könnte zunächst glauben, die drei jungen Frauengesichter von Stella, Mirka und RAINBOW gehören in den Bereich von Jakschs Fieberträumen. Doch man hat zwei der drei jungen, schwarzen Frauen bereits draußen vor der Polizeistation gesehen, und sie blicken tatsächlich in Jakschs frisch erwachtes Gesicht. Mirka hebt den Finger an die Lippen, bedeutet Jaksch, leise zu sein. Stella wirft einen schnellen Blick auf die schlafende Sheela. Rainbow setzt sich neben Jaksch auf die Pritsche. Sie führt ihm ein batteriebetriebenes Stirnband vor, das sie im Haar hat, und das abwechselnd in den Nationalfarben von Uganda leuchtet. Dieses Stirnband ist das einzig Luxuriöse an den Dreien, ansonsten sehen sie ebenso von Krieg und Elend gezeichnet aus wie alle anderen Schwarzen auch, die man bisher im Film gesehen hat.

>   RAINBOW: Look, these are the colours of Uganda. I'm Uganda girl. We are best girls of Africa.

Mirka und Stella lachen.

>   RAINBOW: I got it from General Archer. I made love with him two days.

Sie legt einen Arm um den verwirrten Kopf von dem nach wie vor sehr geschwächten Jaksch.

>   RAINBOW: I make love with you for medicine. Malaria medicine.
>
>   JAKSCH: Thank you. But I'm very ill.
>
>   MIRKA: You look better. The old man was good for you. He is also good for us.
>
>   STELLA: (kichert) He puts big magic on us, so we like fat, white boy.

Jaksch kann es nicht fassen. Jetzt, wo er zu geschwächt ist, gehen alle seine Sehnsüchte in Erfüllung. Er versucht sich aufzurichten, aber er ist zu erschöpft.

>   JAKSCH: (fassungslos) 'N einzelner Mensch ... me dying ...

Mirka flößt ihm etwas Wasser ein.

>   MIRKA: Don't die. I never made love with white man. One time I want to try. For small white cock I only take three package malaria pills.
>
>   RAINBOW: Four! Uganda girl, four!
>
>   JAKSCH: Me dying!
>
>   STELLA: No problem ...
>
>   RAINBOW: We take the pills now. When you feel better, we make love.

Die drei wollen wieder gehen.

>   JAKSCH: Moment! This not my medicine!
>
>   MIRKA: You UNO. You medicine for everybody ...

Die drei Frauen hören, wie hinter ihnen eine Waffe entsichert wird. Sheela ist aufgewacht.

>   SHEELA: Medicine is me. I don't tell you again ...

Die drei Mädchen weichen hastig und mit erhobenen Händen zum Ausgang zurück.

RAINBOW: He just wanted some water ...

SHEELA: If there is missing one pill or one drop of water ...

Sie feuert in die Decke. Die Kugeln jaulen als Querschläger durch den Raum. Jaksch schlägt schutzsuchend die Arme über den Kopf. Die drei jungen Frauen machen, dass sie wegkommen.

JAKSCH: Are you crazy?

SHEELA: (wütend zu Jaksch) Why you talk to them? You have nothing to talk with them!

JAKSCH: They wanted to help me. I'm ill!

SHEELA: I know your illness. You are butterfly!

JAKSCH: Wie zu Hause. Kaum zuckt man wieder, schon gibt's auf die Mütze. Immer meckern!

SHEELA: What's this, meckern? (Sie spricht es falsch aus)

Jaksch ahmt das Meckern einer Ziege nach.

SHEELA: I am not!

Sie boxt ihn auf den Oberarm, Jaksch stöhnt auf.

JAKSCH: I'm an ill man!

SHEELA: (schlägt ihn nochmal) I show you, how ill you are!

JAKSCH: Give me my glasses ... I can't see. I thought, it was you ...

Sheela gibt ihm seine Brille.

SHEELA: (sarkastisch) Sure ...

Jaksch setzt die Brille auf.

JAKSCH: Aahhh ... now I see only you.

SHEELA: You don't know anything about women. You are a virgin.

JAKSCH: What?

SHEELA: You told me ... (summt spöttisch) I'm a virgin ...

Jaksch streitet jetzt natürlich alles ab.

JAKSCH: Ah, fever, bullshit ...

Jaksch nimmt einen Schluck Whisky, schüttelt sich, zündet sich dann eine Zigarette an.

JAKSCH: Der Körper verkraftet die üblichen Gifte. Untrügliches Zeichen der Besserung.

Sheela nimmt Jaksch die Zigarette weg, raucht sie selber.

SHEELA: Wash yourself ... then surprise.

JAKSCH: (misstrauisch) Wash? Du hast nicht zufällig ne Dorf-
hochzeit angesetzt?

SHEELA: (versteht, dass ihm was nicht passt) Don't worry ...
wash.

88   EINGANG POLIZEISTATION – I/N   88

89   DORFPLATZ – A/N   89

Einige Stunden später. Es hat begonnen, heftig zu regnen. Sheela
hat sich offensichtlich schön gemacht. Sie trägt ein Baumwollkleid,
hat sich die Haare frisieren lassen. Kopfschüttelnd mustert sie
Jaksch, der keinerlei hygienische Verbesserungen an sich vorgenommen hat. Sheela zieht den nach wie vor geschwächten und
widerstrebenden Jaksch durch die tropische Wasserwand.

JAKSCH: (klatschnass) You see, I wash now ...

90   HÜTTE – I/N   90

Sheela betritt mit Jaksch die Hütte. Dort wird im Schein einer
Petroleumlampe frischgekochte Hirsepampe verteilt. Jeder nimmt
sich aus dem großen Topf mit den Händen. Alle Frauen und Kinder
essen gierig. Natürlich sind auch der Alte und die drei Grazien
Mirka, Stella und Rainbow anwesend. Sheela ist sauer, weil man
ohne sie angefangen hat.

SHEELA: He, it's my meal!

Niemand achtet groß auf ihren Einwand. Alle essen gierig weiter.

SHEELA: (zu Jaksch) I cooked for three hours. It's difficult
meal. I learned it from my mother. Taste ...

Sie drückt sich und Jaksch einen Sitzplatz frei, nimmt den Topf,
bietet Jaksch das Essen an. Jaksch begreift, das hat sie für ihn
gekocht. Er überwindet sich, nimmt eine Handvoll des nicht sehr
appetitlich aussehenden Essens. Alle beobachten ihn, während er
kostet. Sheela besonders ängstlich. Jaksch überwindet sich sichtlich,
aber er spielt seine Rolle perfekt: Er isst zuerst eine Kleinigkeit,
stopft dann scheinbar genussvoll den Rest der Hirse in den Mund.

JAKSCH: Köstlich. Could be from my mother. Grießbrei!

Er nimmt einen kräftigen Schluck aus der Whiskyflasche, die er
glücklicherweise mitgebracht hat.

JAKSCH: Whisky mit Grießbrei. You cooked German special
food!

Der Alte nähert sich Jaksch sofort vertraulich, nachdem er die
Whiskyflasche entdeckt hat.

ALTER: (lacht, zu Jaksch) With my medicine, you can eat
everything!

JAKSCH: Du hast keine Zähne und keine Ahnung. I love this meal!

Er spült einen weiteren Happen mit Whisky hinunter. Sheela lächelt zaghaft, aber glücklich. Sie will natürlich glauben, was Jaksch erzählt. Der Alte greift sich die Whiskyflasche, nimmt ebenfalls einen gewaltigen Schluck. Jaksch lässt seinen Lebensretter ausgiebig trinken, ehe er ihm sanft die Flasche wieder entwendet.

JAKSCH: Hehehe, das ist nur die Beilage ...

Rainbow und Stella bedrängen Jaksch jetzt ebenfalls, sie haben offensichtlich die Hoffnung, Medikamente gegen Sex einzutauschen, nicht aufgegeben. Nur Mirka hält sich zurück.

STELLA: If you make sex with an old man, you die, with a young woman, you get sweet dreams ...

Der Alte gibt einen hustenden, verächtlichen Laut von sich, winkt ab: Schwachsinn.

RAINBOW: For malaria pills I give you all, you can't dream ...

Jaksch kann nicht verhehlen, dass ihm die Reize der beiden Mädchen nicht gleichgültig sind, aber natürlich versucht er, das vor Sheela zu verbergen, die ihn zunehmend wütend und enttäuscht mustert. Jaksch nimmt zur inneren Entspannung gleich noch einen Schluck Whisky, kann jedoch ein glucksendes Lachen nicht unterdrücken, als Rainbow ihm mit der Hand unter dem Tisch über die Hose fährt. Sheela nimmt Jaksch wütend den Whisky weg.

RAINBOW: (zu Jaksch) If she (Sheela) give her (sie meint Mirka) ten packages for meal, you give me twenty for love.

Jaksch weist entsetzt auf die Hirsepampe.

JAKSCH: (entsetzt zu Sheela) You give her ten packages malaria pills für den Fraß?!

Mirka lächelt zufrieden, schiebt sich gleich mal drei Malariatabletten in den Mund.

SHEELA: (verletzt, leise) You said you like it, but you don't like it.

JAKSCH: (hastig) Of course, I like it ...

SHEELA: You are liar!

Sie steht hastig auf, geht nach draußen. Jaksch will ihr nach.

STELLA: (spöttisch) You are in love with this little girl?

Jaksch wuchtet sich hoch, schlängelt sich zum Eingang der Hütte durch. Rainbow hält ihn fest.

RAINBOW: (meint Sheela) This is war girl. She killed. I see in her eyes. She is good for nothing. (sie präsentiert stolz ihre Brüste) They taste like fresh mango ...

Sie führt Jakschs Hand auf ihren blanken Busen. Jaksch ist sichtlich im Zwiespalt. Alle seine Wünsche könnten sich jetzt erfüllen.

Doch da ist längst etwas Anderes, Tieferes zwischen ihm und Sheela. Vielleicht begreift er das erst in diesem Augenblick. Vielleicht begreift er sich aber auch einfach selber nicht.

>JAKSCH: (schüttelt den Kopf, atmet tief durch) Every of you gets one package malaria pills more. But you keep me alone for the rest of the night.

Er geht hastig nach draußen. Die drei Mädchen sehen sich an, lachen laut und schrill über diesen total verrückten Weißen.

91 DORFPLATZ – A/N

Es regnet in Strömen. Durch die Wasserwand ist nur noch schemenhaft der LKW in der Mitte des Dorfplatzes zu erkennen.

Jaksch sieht die Flamme eines Feuerzeugs kurz im Führerhaus aufblitzen, dann wieder. Er tastet sich samt Whiskyflasche zu dem Lastwagen, tappt in ein tiefes Schlagloch, steht bis zum Bauch im Wasser, flucht, kämpft sich zur Fahrertür, klettert in den Lastwagen.

92 LKW/FÜHRERHAUS – I/N

Sheela sitzt auf dem Beifahrersitz und zieht an ihrer Crackpfeife, die sie mit einem Feuerzeug erhitzt. Sie ist offensichtlich bereits ziemlich zugedröhnt.

>JAKSCH: Was soll der Scheiß?!

Er reißt ihr die Pfeife weg, wirft sie auf den Boden.

>JAKSCH: What the fuck are you doing? For this shit you give malaria pills? What's with your people?

Sheela versucht die Pfeife aufzuheben, Jaksch tritt sie beiseite.

>SHEELA: Why don't you let me be happy?

>JAKSCH: This is shit. It destroys you.

>SHEELA: Why are you not happy? Why don't you make love with this three girls? When you were ill, you talked the whole time about sex, now you are healthy and you don't make it. You white people are crazy.

Sie nimmt ihre Crackpfeife vom Boden hoch, erhitzt sie wieder.

>JAKSCH: Stop. Please. I can't stand.

>SHEELA: Don't look at me like this.

>JAKSCH: I like look at you. You are beautiful.

>SHEELA: Clean your glasses. I never get a man. Nobody will pay for me. I only become second wife, never first. I don't want to be second.

Ehe Jaksch sie festhalten kann, springt sie mit ihrer Crackpfeife aus dem Auto. Jaksch hinterher.

93 DORFPLATZ – A/N   93

Jaksch stolpert hinter Sheela her durch die Dunkelheit. Er latscht in ein weiteres bauchtiefes Schlagloch. Sheela verschwindet im Eingang der Polizeistation. Jaksch folgt ihr.

94 POLIZEISTATION – I/N   94

Jaksch stolpert tropfnass in den Raum.

> JAKSCH: Give me this fucking crack! I kill the person, who gave it to you!

Sheela blickt ihn kopfschüttelnd an.

> SHEELA: Look, what you looking. You get ill again.

Sie beginnt, ihm sein nasses T-Shirt oder was davon nach der langen Fahrt noch übrig ist, auszuziehen.

> JAKSCH: (verrutscht die Brille) First the fucking crack!

> SHEELA: This I wanted my whole life. Smoking crack in a police station.

Jaksch will nun endgültig die Crackpfeife an sich bringen, Sheela hält ihn am T-Shirt fest.

> JAKSCH: (er weist auf Sheelas nasses Shirt) What's with you?

Er will ihr ihr Kleid ausziehen, Sheela schlägt aggressiv seine Hände weg.

> SHEELA: Later ...

> JAKSCH: Okay, wollt sowieso knacken. Aber mit der Crackscheiße is Endstation ...

Er schnappt sich Sheelas Crackpfeife, die sie auf das zweite Rotkreuzbett gelegt hat. Jaksch steckt die Pfeife in seinen Hosenbund.

> JAKSCH: Und wenn ich dich nochmal mit dem Kack erwische, gibt' s die Hucke voll. I hit you!

Er lässt sich auf eines der Rotkreuzbetten fallen, das unter ihm zusammenbricht.

> SHEELA: (muss grinsen) Yes, master.

Jaksch rollt sich auf dem am Boden liegenden Gitter auf die Seite.

> JAKSCH: Good night, Mem Sahib.

Pause.

> SHEELA: I talked to one of the three girls, Mirka. It's not far to the camp. About thirty kilometres. But the soldiers of Archer rounded the camp.

> JAKSCH: No problem. We give them some of the medicine.

> SHEELA: You can't give them some. (leise) They always take everything. We have to find a side way.

Sie nimmt ein Stück rostigen Draht von Jakschs zerstörtem Bettgitter, beginnt damit etwas in die Wand zu ritzen.

    JAKSCH: Was wird'n das?

    SHEELA: Our names. Something of us shall stay here.

Sie ritzt „Phebee" und „Albert" in die Wand. Jaksch tritt hinter sie, legt ihr zärtlich seine Pranke auf die Schulter.

    SHEELA: (leise) Don't. Make love for me, it's only pain.

Jaksch schnauft heftig durch die Nase.

    JAKSCH: It's no big thing.

    SHEELA: I think, for men, it's the dream?

    JAKSCH: We say so, but it's no big thing.

Er klopft Sheela nochmal kurz auf die Schulter, legt sich wieder auf seine zerstörte Schlafstatt. Plötzlich schmiegt sich Sheela von hinten an ihn. Er spürt, sie hat ihr Kleid ausgezogen, dreht sich zu ihr um. Er will über ihre Brust streicheln, sie legt seine Hand auf ihre Schulter.

    SHEELA: (flüstert) Don't feel my scars ...

Jaksch fährt vorsichtig mit den Fingerspitzen über ihre Brust.

    JAKSCH: I don't feel scars. I feel our names ...

Sie versuchen, sich zu küssen, Sheela kommt nicht an Jakschs Nase vorbei. Jaksch hat offensichtlich auch nicht viel Erfahrung im Küssen.

    SHEELA: (lächelt) Turn your head, big nose ...

Es gelingt ein erster ungeschickter Kuss. Dann dreht sie sich hastig wieder um, sodass sie mit dem Rücken zu ihm liegt. Jaksch legt vorsichtig eine Hand auf ihren Bauch, sie schmiegt sich an ihn.

    SHEELA: (mit weit geöffneten Augen) I never be second.

Sie bleiben ruhig liegen.

Schnitt. Etwas später. Sie liegen nebeneinander. Sheela lässt etwas Sand, der auf dem Boden liegt, durch ihre Finger rieseln.

    SHEELA: Think, we are at the sea. I never been there.

    JAKSCH: In my country the sea is cold and grey.

    SHEELA: They say, here it's nice.

    JAKSCH: Dont know. We fly directly in the midpoint of deep shit.

    SHEELA: Do we go? To the sea?

Pause.

    JAKSCH: And then?

Sheela steht wütend auf. Sie ist tief verletzt. Dass Jaksch ihr Angebot ablehnt, erträgt sie überhaupt nicht.

SHEELA: (wütend) What you think? That I hang on you, fat boy? It was an offer for one day! I wanted one fucking day from you!

JAKSCH: (verlegen) Ja, okay, hauen wir uns in Sand ...

SHEELA: Not okay! (leise) I know, you don't take me with you to Germany. I don't want to go there! In a country, where the sea is sad.

Voller Wut schüttet sie Jaksch den Rest des Whiskys über den Körper.

SHEELA: Here, for desinfection. Pay attention, that you don't get ill of the fucking cole bags!

JAKSCH: He, you don't are a cole bag. Your are too small and too ...

Er sucht verzweifelt nach einem Ausdruck, der groß genug für seine Gefühle ist.

JAKSCH: (seufzt) 'n einzelner Mensch ...

Sheela ist inzwischen in den Eingang des Gebäudes getreten. Sie bedeutet Jaksch mit einer heftigen Handbewegung zu schweigen. Einige Affen schreien in der Dunkelheit.

| 95 | DORFPLATZ – A/N | 95 |

| 96 | POLIZEISTATION – I/N | 96 |

Sheela sieht die schemenhaft zwischen den Hütten entlanghuschenden Soldaten. Jaksch tritt neben sie.

JAKSCH: Was ...

SHEELA: (zischt) Shut up ...

Sie zerrt Jaksch vom Eingang weg in Deckung.

SHEELA: There are Archers men. They came for revenge, because we shoot one of them.

Jaksch denkt, sie leidet erneut an einer Crack-Paranoia.

JAKSCH: This is bullshit. I see nothing.

SHEELA: Clean your glasses.

Sie schlüpft hastig in ihre Militärkleidung.

JAKSCH: Crack bullshit!

Im nächsten Augenblick explodiert das erste Geschoss vor dem Eingang. Jaksch dreht völlig durch.

JAKSCH: (brüllt) Oh Gott! Habt ihr verdammten Kohlensäcke nichts Besseres zu tun, als euch dauernd gegenseitig abzuknallen?! Was ist das hier für ein Scheißland?!!

Er will mit erhobenen Händen nach draußen.

JAKSCH: (brüllt nach draußen) He, peace! Me UNO!!

Sheela will gerade ihren Stoffbären unter die Jacke stecken, lässt ihn fallen, hängt sich an Jaksch.

SHEELA: Are you crazy?!

JAKSCH: Schnauze voll von dem Scheiß! I give up!

SHEELA: They kill you! Very slowly ...

Die nächste Granate explodiert direkt im Eingang, Betonsplitter surren wie Geschosse durch den Raum. Sheela greift sich eine der Kalaschnikows, wirft Jaksch die zweite zu. Jaksch blickt das Gewehr völlig hilflos an. Er hat offensichtlich Panik.

SHEELA: They have only one mortar ... (Jaksch versteht nicht) ... one big gun. I hear it. When they load, we have thirty seconds to the truck.

JAKSCH: (blickt sie keuchend an) Are you sure, with one big gun?

Sheela sieht Jaksch an, lügt sehr vertrauenerweckend.

SHEELA: Yes. And they shoot very bad. Come on.

Sie beobachtet verwundert, dass Jaksch sich die Metallrückwand des zusammengebrochenen Rotkreuzbettes greift.

JAKSCH: But, when we are in the truck, they shoot the truck.

SHEELA: No. They want the truck, and everything inside. In the truck, we are save.

Sie wartet, bis das nächste Geschoss neben dem Eingang explodiert, dann schubst sie Jaksch ins Freie.

SHEELA: Go!

Sie laufen an Sheelas Stoffbären Pombe vorbei, der allein im Sand zwischen den Trümmern des zerlegten Bettes zurückbleibt.

97 DORFPLATZ – A/N 97

Die beiden laufen – Jaksch mit der Rückwand des Rotkreuzbettes als lächerlichem Schutzschild – in der Dunkelheit zum Lastwagen. Natürlich hat Sheela Jaksch angelogen. Weitere Granaten aus mindestens zwei Werfern schlagen in ihrer nächsten Nähe ein. Jaksch dreht vor Angst völlig durch, will umdrehen.

SHEELA: (brüllt) No! You dying!!

Sie hält Jaksch fest, tritt ihm sogar in den Hintern. Würde es nicht um das Leben der beiden gehen, wäre es eine durchaus komische Situation.

SHEELA: Go!!

Sie laufen zur Beifahrertür des LKWs, Jaksch öffnet die Tür, hechtet ins Innere, Sheela folgt ihm.

| 98 | **DORFPLATZ – A/N** | 98 |

| 99 | **LKW/FÜHRERHAUS – I/N** | 99 |

Sie ducken sich hinter die Konsole des LKWs, während mehrere MP-Kugeln die Windschutzscheibe zerspringen lassen.

    JAKSCH: Didn't you say, we are save in the truck?

Ihm fällt etwas ein, er erschrickt heftig.

    JAKSCH: The key ...

Sheela starrt ihn an. Zieht dann den Autoschlüssel aus der Tasche ihrer Uniformjacke. Jaksch grinst verzerrt, gibt ihr einen hastigen Kuss auf den Mund, sie verzieht schmerzhaft das Gesicht. Jaksch blickt sie irritiert an.

    SHEELA: Go!

Jaksch, am Boden kniend, steckt den Schlüssel ins Schloss, bedient die Pedale mit den Händen, bis der LKW angesprungen ist. Er legt den ersten Gang ein, lässt, noch geduckt, den LKW mit einem Satz losfahren. Wie ein weißes Ungeheuer springt der LKW auf die heranstürmenden Soldaten los. Jaksch linst über die Konsole und lenkt, immer noch auf den Knien, den LKW über den Dorfplatz, während Kugeln über ihm einschlagen. Einer der Soldaten brüllt etwas. Der Beschuss hört auf. Gleichzeitig öffnet sich die Fahrertür. Einer der feindlichen Soldaten ist auf das Trittbrett gesprungen. Er will mit einem Revolver auf Jaksch schießen. Der packt den Soldaten mit seiner linken Hand am Bein, zieht es ruckartig zu sich her, der Soldat verliert das Gleichgewicht, rutscht halb in den Lastwagen. Jaksch packt ihn am Kragen, schlägt den Kopf des Angreifers mehrmals gegen seinen eigenen Kopf, dann wirft er ihn aus dem LKW. Der Lastwagen fährt mit offener Fahrertür auf den Rand des Dorfes zu, die Tür wird gegen einen Fels geschlagen, knallt zu. Jaksch wirft das Amulett auf den Boden, das er dem Soldaten offensichtlich abgerissen hat, richtet sich hinter dem Steuer auf, gibt Vollgas. Drückt den Pickup des feindlichen Kommandos gegen die Felswand. Der Lastwagen fährt schleudernd die schmale Geröllpiste entlang, die aus dem Dorf führt.

| 100 | **GERÖLLPISTE – A/N** | 100 |

| 101 | **FÜHRERHAUS/LKW – I/N** | 101 |

Jaksch biegt auf die eigentliche Geröllpiste ein, ein Scheinwerfer leuchtet ihm den Weg. Das ist auch dringend nötig, denn bei den Kopfstößen hat er sich nicht nur eine heftige Platzwunde zugezogen, auch seine Brille ist erheblich lädiert. Blut läuft ihm über ein gesprungenes Glas. Trotzdem grinst er Sheela überglücklich zu.

    JAKSCH: You have to drive. I can't see.

Sheela lächelt nur schwach. Erst jetzt sieht Jaksch, dass sie verletzt ist. Ihr T-Shirt unter der Uniformjacke ist rot, sie blutet heftig aus einer Bauchwunde. Jaksch tritt auf die Bremse, hält Sheela fest, die droht, vom Sitz zu fallen.

> SHEELA: Don't stop! Go on!

Jaksch schnallt sie im Fahren an, gibt wieder Gas.

> SHEELA: (keucht) We can't go to the camp. When they get us, they eat our heart.
>
> JAKSCH: Where we go?
>
> SHEELA: (hat Mühe zu sprechen) There is a small village, fifty kilometres from here. A good friend of me, Tejan, is living there. When you give him the medicine and the truck, he helps you to come to Bamako. There you get a plane.
>
> JAKSCH: What's with your people?
>
> SHEELA: You were right ... they don't remember me ... but you will ...

Während Sheela gesprochen hat, sind sie aus den Bergen herausgefahren, in die Steppe. Es wird hell. Der Regen hat aufgehört, und der bunte Schleier eines Regenbogens verhüllt die Berge hinter ihnen.

102 STEPPE/SANDPISTE – A/T   102

103 FÜHRERHAUS/LKW – I/T   103

Jaksch wirft einen Blick auf Sheelas Wunde.

> JAKSCH: Are there doctors in this small village?
>
> SHEELA: No doctor will help me.

Jaksch hält an.

> SHEELA: (schwach) Go on ... they are all around here.

Jaksch springt aus dem Wagen, holt Medikamente von der Ladefläche, reißt einen Erste-Hilfe-Kasten auf. Er schiebt Sheelas blutdurchtränktes T-Shirt hoch, sie stöhnt auf. Jaksch zieht hastig eine Morphiumspritze auf, sticht sie ihr in den Arm.

> JAKSCH: You feel better ...

Er drückt ein Mullquadrat auf die Wunde, klebt ein breites Pflaster darüber.

> SHEELA: (schwach) I did this only to get some more drugs ...

Jaksch wendet sich ab, damit Sheela nicht sieht, wie er die Fassung verliert. Sein Blick fällt auf das Amulett, das er dem feindlichen Soldaten abgerissen hat und das nach wie vor auf dem Fußboden der Fahrerkabine liegt. Er hebt es auf. Unten an dem Amulett hängen zwei daumennagelgroße, durchsichtige, rötliche Steine. Sie sehen genauso aus wie der falsche Diamant, den er versucht hat bei dem Skatspiel zu setzen.

Jaksch wirft das Amulett wütend nach draußen auf eine Felsplatte am Boden, stampft mit dem Stiefelabsatz auf die Steine. Sie bleiben ganz.

    SHEELA: (öffnet mühsam die Augen) Magic stones ... don't kill them ...

    JAKSCH: Ich hab die Schnauze voll von dieser Zauberscheiße ...

Er nimmt den schweren Kreuzschraubenschlüssel für den Radwechsel, der in der Fahrerkabine zwischen den Sitzen liegt, drischt in wilder Wut damit auf die Steine ein. Ein Stein fliegt in den Sand. Der andere Stein bleibt unbeschädigt auf dem Felsen liegen. Jaksch starrt ihn an. Offensichtlich handelt es sich um Rohdiamanten.

    SHEELA: (flüstert) Don't be silly. Drive to the village.

Jaksch sucht im Sand nach dem zweiten Diamant, findet ihn.

    SHEELA: (mühsam) When you are at home, with one diamond you buy a truck, with the other a woman. A good woman.

Sie schließt erschöpft die Augen. Jaksch nickt unmerklich.

104   **STEPPE/SANDPISTE/BRÜCKE - A/T**   **104**

105   **FÜHRERHAUS/LKW - I/T**   **105**

Stunden später. Jaksch fährt auf einen Militärposten zu, bestehend aus vier bewaffneten Soldaten in Tarnuniformen und Zivil, der eine Brücke kontrolliert. Neben ihnen steht ein Pickup mit aufmontiertem Maschinengewehr, auf den AFT gesprüht ist. Die Augen der Soldaten sind vom regelmäßigen Rauschgiftkonsum stark gerötet. Aus dem Führerhaus dröhnt ein melancholischer Reggae-Song, den einer der Soldaten mit halb geschlossenen Augen mitsingt. Sheela öffnet mit letzter Kraft die Augen, sieht die Buchstaben auf dem Pickup.

    SHEELA: (entsetzt) This are Archers men. What ...

Jaksch versucht sichtlich, ihr seine Angst nicht zu zeigen.

    JAKSCH: We go to the camp. We go to good doctor. Don't worry. I talk to them.

    SHEELA: You can't!

    JAKSCH: I can talk to everybody.

Er hält vor der Brücke, die Soldaten umstellen, Gewehr im Anschlag, den LKW von allen Seiten. Der singende Soldat ist, ohne seinen Gesang zu unterbrechen, hinter das MG gesprungen, zielt auf die Frontscheibe. Sheelas Entsetzen vergrößert sich, als sie sieht, dass Jaksch drei ihrer Handgranaten zusammengebunden hat und jetzt vor den Augen der Soldaten den Sicherungsstift aus der ersten zieht.

    JAKSCH: I kill me and you and the truck, if you don't let me go!

Er deutet auf den Soldaten, der ihm am nächsten steht.

> JAKSCH: If you let me go, I have present for you. One diamond before, one after the bridge.

Er zeigt auf die zwei Diamanten, die er an zwei Schnüren um seinen Hals gebunden hat. Er reißt die erste Schnur durch, wirft dem Soldat den ersten Diamant vor die Füße. Der starrt den Stein ungläubig an, legt ihn auf einen Stein, stößt mit dem Gewehrkolben darauf. Andächtig hebt er den Stein auf.

> SOLDAT 1: (Temne Dialekt) Das ist wirklich'n Diamant!

> SOLDAT 2: (Temne Dialekt) Du darfst sie nicht gehen lassen. Die haben zwei Leute von uns gekillt.

Sheela flüstert Jaksch im Führerhaus zu.

> SHEELA: They know, we killed their people.

> JAKSCH: (knurrt) Passiert doch hier laufend. (zu Soldat 1) Sorry for your people. It was nothing personal, it's war. Tell General Archer from German officer Jaksch, with this stone, he can buy one thousand new soldiers. Good luck!

Jaksch wartet den weiteren Verlauf der Diskussion nicht ab. Er salutiert militärisch, gibt Gas, fährt über die Brücke. Im Rückspiegel sieht er, wie Soldat 2 auf die Reifen des LKWs schießen will. Soldat 1 schlägt ihm die Waffe nach unten. Jaksch hört eine Megafonstimme. Sie gehört dem Soldat, der bisher hinter seinem MG vor sich hin gesungen hat. Soldat 3 ruft nun mit einem altersschwachen Megafon über die Brücke seinen Kameraden auf der anderen Seite zu.

> SOLDAT 3: (Temne Dialekt, Megafon) Schießt nur, wenn er euch den Diamant nicht gibt!

Er nimmt das Megafon runter, wendet sich an Soldat 2.

> SOLDAT 3: (Temne Dialekt) Lass sie fahren. Aus dem Camp kommen sie sowieso nie wieder raus.

Nahtlos singt er über das Megafon weiter. Im Führerhaus sieht Sheela Jaksch ungläubig an.

> SHEELA: They let you go.

> JAKSCH: I talk everybody crazy. You know ...

Er erreicht die andere Seite der Brücke, wirft, ohne anzuhalten, dem nächsten Soldaten den zweiten Diamanten vor die Füße. Die Soldaten stürzen sich alle auf den Diamanten. Jaksch fährt weiter. Sheela muss trotz ihrer Verwundung lächeln.

> SHEELA: German officer ...

> JAKSCH: Macht immer Eindruck.

Er wirft seine drei Handgranaten aus dem Fenster. Es gibt eine gewaltige Explosion neben dem Lastwagen. Sie fahren aus dem Bild.

106	**WÜSTE/SANDPISTE – A/T**	106

107	**LKW/FÜHRERHAUS – I/T**	107

Die letzten Sträucher haben Sanddünen Platz gemacht, die sich in großen und kleinen Wellen bis zum Horizont erstrecken. Jaksch hält erneut, da Sheela vor Schmerzen wieder zu stöhnen beginnt. Jetzt sind sie doch noch gemeinsam ans Meer gekommen, ein Meer aus Sand. Kurz starren sie auf die reglosen Wellen, Sheela hat Schmerzen, drückt Jakschs Hand. Er untersucht ihre Wunde, pinselt Desinfektionsmittel darauf. Das bereitet Sheela noch größere Schmerzen, doch sie starrt weiter reglos auf das Meer aus Sand.

JAKSCH: (lügt) Don't worry, I can see the bullet, it's not deep …

Sheela hat sichtlich große Schmerzen.

SHEELA: It feels like getting children. I gave my Ma … much pain. Always …

Jaksch zieht eine neue Spritze mit Morphium auf.

JAKSCH: Now, you sleep, and when you awake, we are in camp and your operation is done …

Er will ihr die Spritze in den Arm stechen.

JAKSCH: Count … remember German card play …

SHEELA: (lächelt mühsam) Eighteen, twenty, two, three …

Die Zahlen entsprechen dem Reizen beim Skatspiel. Sie schiebt Jakschs Hand mit der Spritze beiseite.

SHEELA: (stockend) … don't … tell me a story … your stories are better than drugs … liar …

Jaksch begreift, sie will nicht einschlafen. Sie will so lange wie möglich wach an seiner Seite bleiben. Er zögert, dann legt er die Spritze weg, fährt vorsichtig an.

108	**WÜSTE/SANDPISTE – A/T**	108

109	**FÜHRERHAUS/LKW – I/T**	109

Jaksch fährt mit der sterbenden Sheela durch die von Sanddünen dominierte Wüstenlandschaft. Man spürt, es fällt ihm, dem Reden und Sprüche bisher über jede Situation hinweggeholfen haben, immer schwerer zu reden.

JAKSCH: (zu Sheela) I'm really a virgin. Everybody thinks, it's a joke, but it's true. Fucking Jaksch is a virgin. You know, I'm still a virgin now. Technical.

Sheela lächelt schwach. Sie versucht, ihre blutverschmierte Hand auf Jakschs Knie zu legen, aber sie schafft es nicht mehr.

JAKSCH: Deine Schuld. And now, I have no more diamonds, to buy you from your uncle and aunt ... don't worry, I tell them nothing about your parents and the war. Den Scheißkrieg versteht sowieso nur der, der dort war, und selbst der nicht. Man sagt ja immer, Leute, die zusammengehören, haben ein Geheimnis. Wir beide haben 'n großes Geheimnis, big magic Geheimnis. Deine Leute, they like you, ganz sicher. They will like you so much, that I will never have enough diamonds for you ... perhaps I can get a credit ... gibt's da sowas wie Ratenzahlung, 'n Sommerschlussverkauf für Frauen ... oder Leasing ... lebenslänglich ...

Er traut sich nicht, Sheela anzusehen, starrt krampfhaft geradeaus. Man weiß nicht, ist es Schweiß, was unter seiner lädierten Brille hervor läuft, oder sind es Tränen.

110 WÜSTE/FLÜCHTLINGSLAGER NORD – A/T 110

111 FÜHRERHAUS/LKW – I/T 111

Wie eine Fata Morgana taucht in der Mittagssonne das riesige Flüchtlingslager vor ihm auf. Die Leute laufen dem Lastwagen entgegen, halten schreiend leere Wasserkanister und Becher in die Höhe. Jaksch hält, die Leute springen unter lautem Jubel und Lachen auf die Ladefläche, laden Wasser und Medikamente ab.

Jemand reißt die Fahrertür auf, klopft Jaksch auf die Schulter.

Jaksch rührt sich nicht. Er sitzt neben der toten Sheela, während die Leute um ihn herum weiter jubeln und Wasser verteilen. Schließlich nimmt er Sheelas Nagellackdose aus dem Handschuhfach. Sehr vorsichtig hebt er ihren Fuß an und lackiert ihr ein letztes Mal ihre Zehen.

Dann steigt er aus, geht wie in Trance durch das Lager, während der LKW mit offener Tür hinter ihm zurückbleibt.

ENDE

Christoph Fromm: Bio-Filmografie

Christoph Fromm wurde 1958 in Stuttgart-Bad Cannstatt geboren. Bereits während der Schulzeit unternahm er erste Schreibversuche. Er studierte von 1977-1981 an der Hochschule für Film und Fernsehen in München. Während des Studiums arbeitete er als Kameramann und Beleuchter, unter anderem für den 1996 verstorbenen Kameramann Helge Weindler. Seine Abschlussarbeit war das Drehbuch zu dem Film TREFFER. Seit 1983 ist er hauptberuflich Drehbuchautor, unter anderem für die Regisseure Dominik Graf, Friedemann Fromm und Torsten C. Fischer. Daneben schreibt er Kurzgeschichten und Romane. Seit 2002 leitet er gemeinsam mit Franziska Buch die Drehbuchabteilung an der Filmakademie Baden-Württemberg. 2006 gründete er gemeinsam mit Tina Lizius den Primero Verlag.

Bisherige Arbeiten (Auswahl): TREFFER (Spielfilm; 1984). *Drehbuch:* Christoph Fromm. *Regie:* Dominik Graf. *Produktion:* Bavaria/WDR.
Der kleine Bruder (Kurzgeschichten). Göttingen: Edition Herodot 1984.
DOPPELSPIEL (*Tatort*-Episode; 1985). *Drehbuch:* Christoph Fromm. *Regie:* Hajo Gies. *Produktion:* Bavaria / WDR.
DIE KATZE (Spielfilm; 1988). *Drehbuch:* Christoph Fromm, nach dem Roman von Uwe Erichsen. *Regie:* Dominik Graf. *Produktion:* Bavaria/ZDF.
SPIELER (Spielfilm; 1990). *Drehbuch:* Christoph Fromm. *Regie:* Dominik Graf. *Produktion:* Bavaria/ZDF.
Stalingrad (Roman). München: Langen Müller 1993.
PERFECT MIND: IM LABYRINTH (*Tatort*-Episode; 1996). *Drehbuch:* Christoph Fromm. *Regie:* Friedemann Fromm.
SCHLARAFFENLAND (Spielfilm; 1999). *Drehbuch:* Christoph Fromm. *Regie:* Friedemann Fromm. *Produktion:* Hager Moss / Seven Pictures / Babelsberg.
Die Macht des Geldes (Roman). München: Primero 2006.
Die Abenteuer des Gottfried Primero: Isabella und der Zauberer (Kinderbuch, mit Tina Lizius). München: Primero 2006.
Mein Herz in fremdem Land. Prosa Filmakademie BW (Kurzgeschichten; Hg. mit Tina Lizius). München: Primero 2006.

Laudatio der Jury

Drei Bundeswehr-12-Tonner bringen Hilfslieferungen in die Savanne. Die Sprüche der Soldaten sind chauvinistisch, abgebrüht und blind für das Schicksal der von Hunger und Krankheit gezeichneten Menschen. Was sie interessiert, sind die käuflichen Mädchen, die am Lagerrand hocken, um sich mit ihrem noch halbwegs normal ernährten Körper zusätzliches Geld zu verdienen, oder die Kartenrunden in den afrikanischen Nächten, in denen es um die besten Sprüche, Alkohol und um Dollars in schwindelerregender Höhe als Einsatz geht.

Zwei Welten stoßen aufeinander, wenn die deutsche Fahne zwischen zwei Urwaldriesen mitten in Afrika hochgezogen wird.

JAKSCH, ALBERT, Anfang zwanzig, ist einer von ihnen. Obergefreiter Jaksch. Z 7 Zeitsoldat bei der Bundeswehr zum Friedenseinsatz. Gut einsneunzig groß, einhundert Kilo Kampfgewicht, schicksalsergebene Bulldogge, die man allerdings nicht zu sehr reizen sollte. Die stets ungeputzten Gläser der Stahlbügelbrille lassen seine Augen übergroß wirken. Etwas Kindliches geht von ihm aus, in Verbindung mit dem Babyspeck, den er noch nicht ganz losgeworden ist. Jaksch ist noch Jungfrau, aber das ist sein bestgehütetes Geheimnis.

In Gemeinschaft gibt sich Albert Jaksch als schlagfertiges Schlitzohr. Aus einem Kaff bei Gera stammend, hat er sich diese Abgebrühtheit zulegen müssen: Der Betrieb seines Vaters ist durch das Hochwasser pleite gegangen. Während er beim Kartenspiel in der Savanne betrügt und gewinnt, träumt er davon, den Neuaufbau der heimischen Spedition zu finanzieren. Deshalb ist er beim Bund, deshalb ist er jetzt hier in – Sierra Leone, Mali, Guinea, was weiß er denn, wo – als kleines Rädchen einer Entscheidung, die irgendwer, nur bestimmt nicht Albert Jaksch getroffen hat: Hilfe und Frieden dorthin zu bringen, wo ein blutrünstiger Bürgerkrieg zwischen namen- und gesichtslosen Rebellenarmeen tobt, mit dem keiner von diesen jungen Männern auch nur das Geringste zutun hat. Das glauben sie jedenfalls.

Als Jaksch mit einem falschen Diamanten als Einsatz von seinen Kameraden beim Betrug erwischt wird und der Kommandant ihn einbuchtet, hat er Glück und Unglück zugleich. Das Flugzeug, das Hilfsmittel in ein Flüchtlingslager bringen sollte und ihn in die nächstgrößere Stadt, in der ugandische Frauen und »Rambazamba« locken, geht direkt nach dem Start in Flammen auf. Abgeschossen von einer Stinger-Rakete. Seine panikartig abrückende Bundeswehreinheit lässt ihn allein im Bau zurück.

Das Erste, was Jaksch zu sehen bekommt, sind die rot lackierten Zehennägel der 14-jährigen SHEELA – und eine Kalaschnikow, mit der sie Jakschs Kinn hochschiebt. Mit ihrem viel zu weit geschnittenen Tarnanzug, der von einem Gürtel voller Patronen und Handgranaten zusammengehalten wird, ist das Mädchen, das Jaksch gerade mal bis zur Brust reicht, die brutale Anführerin einer Truppe zerlumpter Kindersoldaten, die marodierend herumzieht – ohne Kriegsziel, ohne Strategie. Straßenkinder im tropischen Niemandsland – die niemand braucht und niemand vermisst. Vollgepumpt mit Waffen, Munition, Marihuana und Crack, auf nichts anderes aus als Rausch und grausigen Taumel, um ihre zerstörten Seelen wenigstens für ein paar Augenblicke zu betäuben.

Dass Sheela den erbeuteten Deutschen nicht auf der Stelle erschießt, liegt nur daran, dass sie nicht fahren kann. So soll er für sie hinterm Steuer eines Bundeswehr-LKWs mit anderen Kindersöldnern ein wildes Boxauto-Wettrennen abliefern, sodass sie auf ihn setzen kann. Jaksch fährt um sein Leben. Sheela zählt ihren Gewinn.

Und dann hat sie die Idee, mithilfe dieses riesigen Weißen als Fahrer, Wasser und die erbeuteten Medikamente in ein Flüchtlingscamp ihres Stammes in den Norden zu bringen. Endlich hat sie ein Ziel. Und Sheela bestimmt.

Es geht durch Dörfer, deren Einwohner massakriert wurden, durch einen unpassierbaren, Malaria und Tod bringenden Sumpf, um der Armee eines gefürchteten Generals nicht in die Hände zu fallen. Als Jaksch, stets ans Lenkrad gefesselt, den anderen Kindern zur Flucht verhilft, ohne dass sie ihn ihrerseits befreien, sind er und die sich immer mehr zudröhnende Sheela miteinander allein. Das heißt: voneinander abhängig. So werden sie, notgedrungen zunächst und voll gegenseitigem Misstrauen, Partner im Versuch, irgendwie diese Hölle zu überleben.

Sheela erzählt Jaksch, wie sie Kindersoldatin geworden ist bei »Papa Doc«. Und auch wenn sie – die Erzählungen über alles liebt – plötzlich nicht weiter spricht, ahnt der scheinbar so abgebrühte, schlitzohrige Albert Jaksch aus Gera, der es bis jetzt lustig fand, Einheimische »Kohlensäcke« zu nennen, dass und wie die Eltern von Sheela, die in Wahrheit Phebee hieß, »die in der Wildnis Geborene«, ums Leben gekommen sind. Und wozu »Papa Doc« sie dabei gezwungen hat, um sie ein für allemal zu einer Söldnerin zu machen, der nichts mehr zu grausam ist.

Es ist eine der ganz großen Freundschaftsgeschichten, die hier erzählt wird. Eine unsäglich schwer erkämpfte, nie offen ausgesprochene und umso tiefere Freundschaft, die in diesem Buch herauswächst aus den extremsten Gegensätzen, nicht nur der Herkunft und des Alters, auch der Lebenserfahrungen und -enttäuschungen, aus dem verzweifelten Klammern an Geisterglauben oder an ein imaginäres Zuhause in Deutschland, das auf einmal endlos weit weg ist. Eine Freundschaftsgeschichte, die sogar den Beginn einer zarten, unrealisierten, weil unrealisierbaren Liebesgeschichte wagt.

Für uns alle in der Jury war es atemberaubend zu lesen, wie hier eine Figur, ein durchschnittlicher, ziemlich gegenwärtiger und gedankenloser Deutscher, durch die Begegnung mit dieser Bedrohung in der Fremde und dem persönlichem Leid seiner halb kindlichen, doch vom Leid tausendmal mehr gezeichneten Geiselnehmerin, die brutal und verzweifelt gegen ihre Gebrochenheit anstrampelt – wie dieser Albert Jaksch, man muss es so sagen, zu heldenhafter Größe heranwächst.

Dieses Drehbuch ist reinstes Kino. Wenn Jaksch, endlich am Ziel angekommen, aber nur die eigene Haut und sonst gar nichts gerettet, Sheela das letzte Mal die Fußnägel lackiert, während Wasser und Medikamente unter Freudenschreien im Lager verteilt werden, dann hat er stellvertretend für uns nicht nur ein existenzielles und moralisches Extrem-Abenteuer über- und bestanden, bei dem sich Episches und Dramatisches ohne eine Spur von Rührseligkeit zwingend miteinander verbinden. Dieser Albert Jaksch hat dann für uns eine Tiefe der menschlichen Erfahrungen durchschritten, die fähig macht, zu trauern um einen geliebten Menschen, der einem bis vor kurzem nur fremd und bedrohlich war, fähig macht, die Bedeutung des eigenen Lebens zu erkennen und zu wissen, wozu man lebt, aber auch die eigenen Grenzen zu sehen, um daraus Kraft zur Veränderung zu schöpfen – wenn sie denn überhaupt vorstellbar ist. Das Wachsen dieser beiden Figuren aneinander ist es, das für den Kinozuschauer aus Hoffnungslosigkeit die Spur einer Hoffnung aufscheinen lässt.

Die Jury freut sich außerordentlich und ohne jede Einschränkung, dass der Deutsche Drehbuchpreis 2007 an dieses herausragende Drehbuch geht. Sie gratuliert mit größtem Respekt dem Preisträger Christoph Fromm, ebenso wie seinen dramaturgischen Musen und Mitstreitern, für diese packende, beispielgebende Leistung. Wir können gespannt sein auf einen großen Film, der die Zuschauer berühren wird.

Thomas Bauermeister

Über die Autorinnen und Autoren

Lars-Olav Beier, geboren 1965. Texte für *Steadycam, Filmbulletin, tip* und *Focus*. Mitarbeiter bei der *Frankfurter Allgemeinen Zeitung*. Seit 2001 Redakteur beim *Spiegel*. Mehrere Fernsehbeiträge für den WDR, zuletzt (zusammen mit Robert Müller): SUNSET BOULEVARD – EINE PASSAGE DURCH DIE STADT DES KINOS (2003). Drehbuch für den Film LAUTLOS (2004). Bücher u.a.: »Teamwork in der Traumfabrik« (1993, zusammen mit Gerhard Midding), »Der unbestechliche Blick – Robert Wise und seine Filme« (1996); Mitherausgeber von »Arthur Penn« (1998) und »Alfred Hitchcock« (1999).

Christoph Callenberg, geboren 1974 in Bonn. Abitur am St.-Michael-Gymnasium in Bad Münstereifel, Jurastudium in Bonn und Berlin, Referendariat in Köln und Berlin. Nach mehreren juristischen Tätigkeiten Drehbuchstudium an der deutschen Film- und Fernsehakademie 2003-05. Im Rahmen der Ausbildung schrieb er zwei Langfilmbücher, außerdem entstanden mehrere Kurzfilme nach seinen Vorlagen. Seitdem lebt und arbeitet er als freier Drehbuchautor in Berlin.

Christoph Fromm, geboren 1958, Drehbuchautor und Schriftsteller. Ausführliche Bio-Filmografie auf S. 324 in diesem Band.

André Georgi, 1965 in Kopenhagen geboren, lebt in Hamburg. Nach einem ersten Leben als wissenschaftlicher Mitarbeiter für Philosophie mit Publikationen zu Kant arbeitet er heute als Drehbuchautor. Teilnehmer des *North by Northwest*-Programms und des Autorenprogramms der ifs Köln. Schreibt vor allem Krimis, u.a. für *Bella Block* und *Tatort*. Er unterrichtet Dramaturgie an der Filmschule Hamburg-Berlin.

Benjamin Hessler, geboren 1978 in Bochum. Magisterstudium in Anglistik, Vergleichender Literaturwissenschaft und in Öffentlichem Recht in Münster, danach Werbetexter. Seit 1998 Filmkritiken, Essays und Satiren in *Der Schnitt, taz, Titanic, Junge Welt* und in Anthologien. Student der Hamburg Media School im Fachbereich Drehbuch im Jahrgang 2006. Studentenfilme bisher: AMNESIE (R: Frauke Thielecke), LOVE IS HARD AS WALLS und TRIO (beide R: Marvin Kren).

Thomas Knauf, geboren 1951 in Halle/Saale; Abitur, Schlosser, Theater-Requisiteur, Filmplakatmaler, Filmclubleiter, Regieassistent im DDR-Fernsehen. 1976-80 Studium der Filmwissenschaft in Babelsberg. 1983-84 Studium am Johannes-R.-Becher-Literaturinstitut Leipzig. 1981-90 festangestellter Szenarist der DEFA. Seit 1990 freier Autor, Regisseur, Journalist. Drehbücher: EINE NUMMER ZU KLEIN (1978), RABENVATER (1986), VORSPIEL (1987), TREFFEN IN TRAVERS (1988), DIE ARCHITEKTEN (1990), DIE SPUR DES BERNSTEINZIMMERS (1992), BRENNENDES HERZ (1996), HEISSKALTE LIEBE (*Polizeiruf 110*-Episode; 1997), EIN MANN STEHT AUF (1999), JOURNEY INTO THE SUN (1999), POISON HEART (2001), EXIL (*Tatort*-Episode; 2001). Dokumentarfilme (Buch/Regie): DER SCHINKEL VON BABELSBERG (1992), PREUSSENS TOLERANZ (1993), ZURÜCK NACH TAREE (1994), 1995-96 Beiträge für ORB-Kulturmagazin *Querstraße*, SHALOM ISRAEL (1995), NEPAL – LAND ZWISCHEN HIMMEL UND ERDE (1996), BRASS ON FIRE (2002), KLAUS KURON – SPION IN EIGENER SACHE (2004), KURBAN SAID (2006), BAUERNSTERBEN (2008). Erhielt u.a. den Max-Ophüls-Preis (1988 für VORSPIEL), den DDR-Kritikerpreis (1990 für TREFFEN IN TRAVERS).

Petra Lüschow, Studium der Literatur-, Theater- und Filmwissenschaft an der FU Berlin, Dramaturgie- und Drehbuchstudium an der HFF Potsdam. 1999 feste Dramaturgin bei *Script House* in Berlin. Arbeitet seit 2000 als Autorin, Dramaturgin und Dozentin für kreatives Schreiben (dffb und IFS Köln). Drehbücher u.a. zu NACHBEBEN (2006; R: Stina Werenfels), SIEH ZU, DASS DU LAND GEWINNST (2006; R: Kerstin Ahlrichs) und TANNÖD (vorauss. 2009; R: Bettina Oberli) sowie für TV-Serien wie *Der Bulle von Tölz*. Schreibt daneben auch Prosa.

Roman Mauer, Dr. phil., geboren 1974, lehrt am Institut für Filmwissenschaft und am Institut für Mediendramaturgie der Johannes-Gutenberg-Universität Mainz sowie an der HFF München. Studium der Filmwissenschaft, Literaturwissenschaft und Ethnologie in Mainz. Freier Mitarbeiter für die Redaktion Kultur *Feature FS* (WDR). Dissertation zum filmischen Werk Jim Jarmuschs. Seit 2005 Seminare zur Dramaturgie und zum Schreiben von Hörspielen, u.a. mit Alfred Behrens. Autor und Gastherausgeber für die Reihe »Film-Konzepte«, Artikel für *film-dienst*, Aufsätze zur Geschichte und Ästhetik des Films für die Reclam-Bände »Sachlexikon des Films«, »Filmklassiker« und »Filmregisseure«. Bis 1997 Autor und Regisseur diverser Kabarettprogramme in der freien Szene und Teilnehmer am Treffen junger Autoren / Berliner Festspiele 1990 und 1993. Drehbuchautor (mit Ferdinand P. Barth) von VERIRRTE ESKIMOS (35 mm, 30 Min.; Arte/WDR 2005).

Gerhard Midding, geboren 1961. Studium der Theaterwissenschaft, Kunstgeschichte und Literaturwissenschaft. Texte u.a. für *Filmbulletin*, *Kölner Stadt-Anzeiger*, *Tagesanzeiger* und die *Berliner Zeitung*. Radiobeiträge für den SFB/RBB, Fernsehbeiträge für den WDR. Mitarbeit an verschiedenen Filmbüchern. Eigene Publikationen als Autor oder Herausgeber u.a.: »Mitchum/Russell« (1991), »Teamwork in der Traumfabrik« (1993) und »Clint Eastwood. Der konservative Rebell« (1996).

Monika Schmid lebt in Berlin und arbeitet als Drehbuchautorin und Dramaturgin für Film und Fernsehen. Nach dem Studium der Erziehungswissenschaften und der Psychologie an der FU Berlin und in Oxford war sie mehrere Jahre Mitherausgeberin und Redakteurin der Frauenzeitung *Courage*. 1981 Beginn des Studiums an der dffb mit Schwerpunkt Drehbuch und Regie, Abschluss 1986. Während dieser Zeit und danach Regie und Drehbuch bei mehreren Filmen. 1990-94 Redakteurin beim SDR für Serien und Fernsehspiele (*Tatort*). 1994-97 Producerin und Dramaturgin bei Studio Hamburg. Schwerpunkt: Die Entwicklung der erfolgreichen ARD-Serie *Drei mit Herz*. Neben ihrer Tätigkeit als Producerin war sie Gastdozentin an der dffb, Mitglied der Auswahl-Jury für die deutsche Oscar-Nominierung sowie Gastdozentin an der Henri-Nannen-Schule, Hamburg.

Oliver Schütte arbeitet seit 1986 als Autor für Film und Fernsehen und seit 1990 als Dramaturg. Für sein erstes Drehbuch KOAN erhielt er 1988 den Deutschen Drehbuchpreis. Seit 1995 Leiter der Master School Drehbuch. Er war Mitbegründer der Development-Agentur *Script House* und Initiator und künstlerischer Direktor des *Scriptforum*, der deutschen Drehbuch- und Stoffentwicklungskonferenz. An verschiedenen Institutionen hält er Seminare und unterrichtet an der Filmakademie Baden-Württemberg und an der dffb. Autor von »Die Kunst des Drehbuchlesens« (1999) und »Schau mir in die Augen, Kleines« (2002); Mitglied der European Filmacademy und Gründungsmitglied der Deutschen Filmakademie.

Ruth Toma, geboren 1956 in Kötzting/Niederbayern. 1981 schloss sie ihr Studium an der Akademie der Bildenden Künste München ab. Bis 1990 war sie als Schauspielerin und Autorin Mitglied der Freien Theatergruppe *Fliegende Bauten*. Von 1992 bis 1994 gehörte sie als Drehbuchstudentin zum ersten Jahrgang des weiterführenden Filmstudiums an der Universität Hamburg. Sie erhielt zahlreiche Auszeichnungen für ihre Drehbücher, unter anderem den Deutschen Drehbuchpreis, den Adolf-Grimme-Preis und den Bayerischen Filmpreis. Sie lebt und arbeitet in Hamburg. Drehbuchautorin u.a. für GLOOMY SUNDAY (1999), LIEBESLUDER (2000), SOLINO (2002), ERBSEN AUF HALB 6 (2004), KEBAB CONNECTION (2005), DIE WEISSE MASSAI (2005), EMMAS GLÜCK (2006).

Michael Töteberg, geboren 1951 in Hamburg. Wurde 1978 zuerst Lektor, später dann Geschäftsführer beim Frankfurter Verlag der Autoren. Seit 1994 leitet er die Agentur für Medienrechte des Rowohlt Verlags. Veröffentlichungen u.a.: »Fritz Lang« (1985), »Fellini« (1989), »Filmstadt Hamburg« (1992; erw. 1997), »Film. An International Bibliography« (2002; mit Malte Hagener), »Rainer Werner Fassbinder« (2002). Herausgeber u.a. von »Das Ufa-Buch« (1992, mit Hans-Michael Bock), »Metzler Film Lexikon« (1995, erw. 2005), »Szenenwechsel« (1999). Zahlreiche Editionen, u.a. der Essays, Interviews und Drehbücher von Rainer Werner Fassbinder sowie der Filmbücher von Tom Tykwer, Wolfgang Becker und Dani Levy. Redakteur der Zeitschrift *text + kritik* und ständiger Mitarbeiter am »Kritischen Lexikon zur deutschsprachigen Gegenwartsliteratur« (KLG) sowie am Filmlexikon »CineGraph«. Lebt in Hamburg.

Jochen Brunow, geboren 1950 in Rendsburg, Studium der Germanistik und der Publizistik an der FU Berlin. Arbeit als Filmkritiker, Herausgeber der Zeitschrift *Filme*. Seit 1980 Drehbuchautor. Für das Kino u.a. BERLIN CHAMISSOPLATZ (1980) und SYSTEM OHNE SCHATTEN (1983; Buch und Produktionsleitung; R: Rudolf Thome.) Fürs Fernsehen u.a. die ZDF-Krimireihe Beckmann und Markowski, Episoden für *Bella Block* (IM NAMEN DER EHRE [2002], KURSCHATTEN [2003]) und *Kommissarin Lucas* (SKIZZE EINER TOTEN [2006]) und die Fernsehfilme KLASSENTREFFEN (SAT.1; 2001) und DER MANN UND DAS MÄDCHEN (DRS; 2004). Auch Hörspiele und diverse Radiofeatures. Gründungs- und langjähriges Vorstandsmitglied des Verbands Deutscher Drehbuchautoren. Dozent für Dramaturgie und Stoffentwicklung u.a. an der dffb Berlin und der HGKZ Zürich. Im Frühjahr 1997 *writer in residence* im Grinnell College, USA. Mitglied der Deutschen Filmakademie, Herausgeber von »Schreiben für den Film«. Lebt in Berlin und auf Sardinien.

Danksagung

Ein herzlicher Dank von Herausgeber und Verlag geht an das BKM, die Referatsleiterin Film Ulrike Schauz, an Christine Goldhahn und Erich Liebert; an den Vorstand der Carl-Mayer-Gesellschaft Jürgen Kasten und Hartmann Schmige; an Ruth Toma für ihre Geduld und Erzählfreude bei den vielen Sessions für das Werkstattgespräch; an Sebastiano Toma für die Fotos vom Theater *Die fliegenden Bauten*; an Christoph Fromm, an Uschi Keil von der Agentur *Above the Line* und Michael Hild von der Bavaria für die Abdruckrechte an *Sierra*; an Martin Gressmann für die japanischen Drucke, des Weiteren für die freundliche Unterstützung an Rainer Rother und Peter Latta (Deutsche Kinemathek – Museum für Film und Fernsehen), Manja Meister (defa-spektrum GmbH), Michael Töteberg (Rowohlt Medienagentur), Torsten Radeck (Kinowelt), Katharina Werdnik (Frankfurter Buchmesse) sowie an das *Videodrom*-Team; für das Lektorat danken wir Maurice Lahde, für die redaktionelle Mitarbeit Nicole Felhösi, Barbara Heitkämper, Ulrike Huber, Hanne Kick und Sandra Kuhna.

Fotonachweis

Alle Fotos im *Journal* und alle Illustrationen im Drehbuch: Hauke Sturm. DEFA-Stiftung: 179 oben, 186. DEFA-Stiftung / Waltraud Pathenheimer: 179 Mitte. DEFA-Stiftung / Herbert Kroiss: 179 unten, 182 unten. DEFA-Stiftung / Klaus Goldmann: 180. DEFA-Stiftung / Eberhart Daßdorf: 181. DEFA-Stiftung / Wolfgang Ebert: 184. Deutsche Kinemathek: 115, 117-126, 128. Ruth Toma / Sebastiano Toma: 12, 13, 17, 19. X-Verleih: 34, 35. boxfish films: 87. WDR: 116, 127. Writers Guild of America (www.wga.org): 172, 174, 176. ZDF: 185. Tropen Verlag: 217. Christoph Fromm: 324. Martin Gressmann: 99, 101, 108, 113. Internet: 62, 84 oben, 168, 173, 213, 215. Buchcover: die jeweiligen Verlage. Alle anderen Fotos: DVD-Prints / Archiv des Verlages.

Nicht in allen Fällen konnten wir die Rechteinhaber ermitteln. Berechtigte Ansprüche werden im Rahmen der üblichen Honorarsätze abgegolten.

Recherche Film und Fernsehen
Hg.: Rainer Rother / Deutsche Kinemathek – Museum für Film und Fernsehen
Erscheinungsweise: 2 x jährlich
je ca. 68 Seiten
Einzelheft: € 8,-
Jahresabo: € 12,-
zzgl. Versandkosten
ISSN 1864-5046

Schwerpunkt Heft 1: *Nachspiel DDR:* Merkwürdige Wahrheitssuche. Gespräch mit Tamara Trampe u. Thorsten Trimpop. – Unentrinnbare Verhältnisse. Jugend in einer Gesellschaft mit beschränkter moralischer Haftung (Martin Ahrends). – Eigensinn und Mysterienspiele. Geschlechterverhältnisse in Filmen über die DDR (Claudia Lenssen). – DDR revisited. Mediale Umcodierungen (Claus Löser) u.a.

Schwerpunkt Heft 2: *Medien: Kompetenz – Konsum – Vermittlung:* Kunst ist dazu da, Erkenntnisse zu erschweren. Gespräch mit Hartmut Bitomsky. – Filmvermittlung und Filmausbildung im Nationalsozialismus (Rolf Aurich). – Ich glotz TV! (Frederik Lang und Hanna Sybille Müller). – Die Stunde Null des Web 2.0 (Jürgen Keiper) u.a.

Neben den thematischen Schwerpunkten gibt es eine Reihe fester Rubriken wie »Der Blick von außen« und »Fundstücke«. Und unter der Überschrift »Nachbetrachtet« finden sich Festivalberichte sowie Buch- und DVD-Besprechungen.

Infos und Abos unter: www.bertz-fischer.de/rff.html

www.bertz-fischer.de
Bertz + Fischer, Wrangelstr. 67, 10997 Berlin
Tel. 030 / 6128 67 41, Fax 030 / 6128 67 51
mail@bertz-fischer.de

BERTZ + FISCHER

scenario

agentur für film und fernsehen gmbh
rambergstr. 5 | 80799 münchen
t. 089-34020927 | f. 089-38398689
mail@agentur-scenario.de | www.agentur-scenario.de

schauspieler | autoren | regisseure

15.–19. Oktober 2008

FRANKFURTER BUCHMESSE
EHRENGAST ›TÜRKEI‹

Treffen Sie Ihre Partner aus der internationalen Verlagswelt und entdecken Sie neue Stoffe.

Besuchen Sie den Gemeinschaftsstand internationaler Verlage der Frankfurter Buchmesse auf der Berlinale 2008 auf dem European Film Market im Martin-Gropius-Bau, Stand Nr. G9.

KONTAKT UND INFORMATION:
Katharina Werdnik | +49 (0) 69 21 02-212
werdnik@book-fair.com | www.buchmesse.de

ARTHAUS PRÄSENTIERT

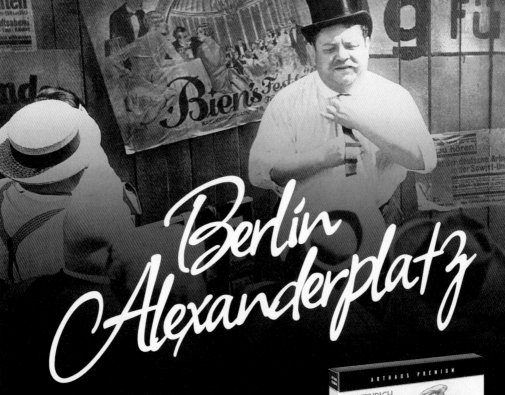

Berlin Alexanderplatz

DAS MEISTERWERK IN NEUEM GLANZ

Die erste Verfilmung von Döblins Jahrhundertroman auf DVD. Heinrich George in seiner Paraderolle. Neu abgetastete und digital bearbeitete Bild- und Tonfassung. Extra-Audio-CD mit dem Hörspiel „Die Geschichte vom Franz Biberkopf". Als weiterer Bonus die Heinrich-George-Dokumentation „Wenn sie mich nur spielen lassen".

ARTHAUS BESONDERE FILME

www.arthaus.de
Kinowelt Home Entertainment GmbH – Ein Unternehmen der Kinowelt Gruppe

DVD DIE VIERTE DIMENSION
www.DVD-DieVierteDimension.de